Die französischen Conseils de Prud'hommes

Schriften zum Arbeitsrecht und Wirtschaftsrecht

Herausgegeben von Abbo Junker

Band 114

PETER LANG

Berlin - Bruxelles - Chennai - Lausanne - New York - Oxford

Monika Flößer

Die französischen Conseils de Prud'hommes

PETER LANG

Berlin - Bruxelles - Chennai - Lausanne - New York - Oxford

Bibliografische Information der Deutschen Nationalbibliothek
Die Deutsche Nationalbibliothek verzeichnet diese Publikation in der Deutschen Nationalbibliografie; detaillierte bibliografische Daten sind im Internet über http://dnb.d-nb.de abrufbar.

Zugl.: München, Univ., Diss., 2023

D 19
ISSN 1433-4666
ISBN 978-3-631-90905-8 (Print)
E-ISBN 978-3-631-90906-5 (E-PDF)
E-ISBN 978-3-631-90907-2 (EPUB)
DOI 10.3726/b21211

Verlegt durch:

Peter Lang GmbH, Berlin, Deutschland

info@peterlang.com http://www.peterlang.com/

Vorwort

Diese Arbeit wurde von der Juristischen Fakultät der Ludwig-Maximilians-Universität München im Wintersemester 2022/2023 als Dissertation angenommen. Gesetzgebung, Rechtsprechung und Literatur sind bis Oktober 2022 berücksichtigt.

Mein ganz besonderer Dank gilt meinem Doktorvater, Herrn Professor Dr. *Abbo Junker*. Er hat diese Arbeit von Beginn bis zum Abschluss entscheidend gefördert. Die begleitende Tätigkeit an seinem Lehrstuhl für (Internationales) Arbeitsrecht, Arbeitsrechtsvergleichung und Bürgerliches Recht war ausgesprochen lehrreich und gewinnbringend.

Herrn Professor Dr. *Martin Franzen* danke ich für die zügige Erstellung des Zweitgutachtens.

Danken möchte ich auch allen Kolleginnen und Kollegen am ZAAR für die umfassende Unterstützung, ganz besonders Anna Kuhn und Sarah Häußinger.

Bei meiner Familie bedanke ich mich von Herzen für die liebevolle und großzügige Unterstützung auf meinem gesamten Werdegang.

München, Februar 2024
Monika Flößer

Inhaltsübersicht

Inhaltsverzeichnis

Abkürzungsverzeichnis

a.A.	andere Ansicht
AcP	Archiv für die civilistische Praxis
AE	Arbeitsrechtliche Entscheidungen
aF	alte Fassung
Abs.	Absatz
AP	Arbeitsrechtliche Praxis
ArbGG	Arbeitsgerichtsgesetz in der Fassung der Bekanntmachung vom 2. Juli 1979 (BGBl. I, 853, 1036), das zuletzt durch Artikel 7, 8, 9, 10 des Gesetzes zum Ausbau des elektronischen Rechtsverkehrs mit den Gerichten vom 5. Oktober 2021 (BGBl. I, 4607) geändert worden ist
ArbR	Arbeitsrecht
Art.	Artikel
AuR	Arbeit und Recht
BAG	Bundesarbeitsgericht
BeckRS	Beck-Rechtsprechung
BetrVG	Betriebsverfassungsgesetz in der Fassung der Bekanntmachung vom 25. September 2001 (BGBl. I, 2518), das zuletzt durch Artikel 6d des Gesetzes zur Stärkung des Schutzes der Bevölkerung und insbesondere vulnerabler Personengruppen vor COVID-19 vom 19. September 2022 (BGBl. I, 1454) geändert worden ist
BGB	Bürgerliches Gesetzbuch in der Fassung der Bekanntmachung vom 2. Januar 2002 (BGBl. I, 42, 2909; 2003 I, 738), das zuletzt durch Artikel 4 des Gesetzes zur Ergänzung der Regelungen zur Umsetzung der Digitalisierungsrichtlinie vom 15. Juli 2022 (BGBl. I, 1146) geändert worden ist
BGBl.	Bundesgesetzblatt
Bull.	Bulletin des arrêts de la Cour de Cassation : Chambres civiles
BVerfG	Bundesverfassungsgericht
BW	Baden-Württemberg

bzgl.	bezüglich
bzw.	beziehungsweise
C. civ.	Code civil
C. com.	Code de commerce
C. org. jud.	Code de l'organisation judiciaire
C. pén.	Code pénal
C. pr. civ.	Code de procédure civile
C. trav.	Code du travail
Cass. 1re civ.	Cour de cassation: 1re chambre civile
Cass. 2e civ.	Cour de cassation: 2e chambre civile
Cass. ch. mixte	Cour de cassation: chambre mixte
Cass. crim.	Cour de cassation: chambre criminelle
Cass. soc.	Cour de cassation: chambre sociale
CE	Conseil d'État
CFDT	Confédération française démocratique du travail (Gewerkschaft)
CFE-CGC	Confédération française de l'encadrement – Confédération générale des cadres (Gewerkschaft)
CFTC	Confédération française des travailleurs chrétiens (Gewerkschaft)
CGT	Confédération générale du travail (Gewerkschaft)
CJA	Code de justice administrative
cons.	considération
Cons. const.	Conseil constitutionnel
CPH	Conseil de Prud'hommes
CPME	Confédération des petites et moyennes entreprises (Arbeitnehmervereinigung)
Curr. Leg. Probl.	Current Legal Problems (Zeitschrift)
déc.	décembre (Dezember)
DARES	Direction de l'animation de la recherche, des études et des statistiques
DIRECCTE	Directions régionales des entreprises, de la concurrence, de la consommation, du travail et de l'emploi
Dr. ouvr.	Le Droit ouvrier (Zeitschrift)
Dr. soc.	Droit social (Zeitschrift)
DREETS	Directions régionales de l'économie, de l'emploi, du travail et des solidarités
DRiZ	Deutsche Richterzeitung

DRiG	Deutsches Richtergesetz in der Fassung der Bekanntmachung vom 19. April 1972 (BGBl. I, 713), das zuletzt durch Artikel 4 des Gesetzes zur Modernisierung des notariellen Berufsrechts vom 25. Juni 2021 (BGBl. I, 2154) geändert worden ist
EGMR	Europäischer Gerichtshof für Menschenrechte
Einf.	Einführung
Einl.	Einleitung
EMRK	Europäische Konvention zum Schutz der Menschenrechte und Grundfreiheiten in der Fassung vom 22. Oktober 2010 (BGBl. II, 1198), das zuletzt durch das 15. EMRK-Protokoll vom 24. Juni 2013 (BGBl. 2014 II, 1034, 1035) geändert worden ist
ErfK	Erfurter Kommentar zum Arbeitsrecht
et al.	et alii / et aliae (lateinisch: folgende)
EuGH	Europäischer Gerichtshof
EuZA	Europäische Zeitschrift für Arbeitsrecht
f./ff.	folgende
Fn.	Fußnote
FNSEA	Fédération nationale des syndicats d'exploitants agricoles (Arbeitgebervereinigung)
FO	Force ouvrière (Gewerkschaft)
FS	Festschrift
gem.	gemäß
GewG-VO	Verordnung über die Errichtung von Gewerbegerichten vom 9. Februar 1849 (GS S. 110)
GewGG 1890	Gesetz betreffend die Gewerbegerichte vom 29. Juli 1890 (RGBl. S. 141)
ggf.	gegebenenfalls
GS	Gesetzsammlung für die Königlich-Preußischen Staaten
GVG	Gerichtsverfassungsgesetz in der Fassung der Bekanntmachung vom 9. Mai 1975 (BGBl. I, 1077), das zuletzt durch Artikel 8 des Gesetzes zur Neuregelung des Berufsrechts der anwaltlichen und steuerberatenden Berufsausübungsgesellschaften vom 7. Juli 2021 (BGBl. I, 2363) geändert worden ist
Hb ArbG Verf	Handbuch des arbeitsgerichtlichen Verfahrens
Hrsg.	Herausgeber

IDCC	code d'identifiant de la convention collective
i.S.d.	im Sinne des/der
i.V.m.	in Verbindung mit
insb.	insbesondere
janv.	janvier (Januar)
JCP-G	Juris-classeur périodique – La Semaine Juridique Édition Générale
JCP-S	Juris-classeur périodique – La Semaine Juridique Édition Sociale
JORF	Journal officiel de la République française
juill.	juillet (Juli)
Jur. Soc. Lamy	Jurisprudence Sociale Lamy (Zeitschrift)
JZ	Juristenzeitung
KSchG	Kündigungsschutzgesetz in der Fassung der Bekanntmachung vom 25. August 1969 (BGBl. I, 1317), das zuletzt durch Artikel 2 des Betriebsrätemodernisierungsgesetzes vom 14. Juni 2021 (BGBl. I, 1762) geändert worden ist
LAG	Landesarbeitsgericht
lit.	Buchstabe
m. Anm.	mit Anmerkung
m.w.N.	mit weiteren Nachweisen
MEDEF	Mouvement des entreprises de France (Arbeitgebervereinigung)
Mouv. Soc.	Le Mouvement social (Zeitschrift)
MüHdb	Münchener Handbuch
n°	numéro (Nummer)
NJW	Neue Juristische Wochenschrift
nov.	novembre (November)
Nr.	Nummer
NZA	Neue Zeitschrift für Arbeitsrecht
oct.	octobre (Oktober)
OECD	Organisation for Economic Cooperation and Development
Rev. Huiss.	La Revue des Huissiers de Justice (Zeitschrift)
RGBl.	Reichsgesetzblatt
RdA	Recht der Arbeit
RDT	Revue de Droit du Travail (Zeitschrift)

RJS	Revue de jurisprudence sociale (Zeitschrift)
Rn.	Randnummer/Randnummern
RPDS	Revue Pratique de Droit Social (Zeitschrift)
S.	Seite
Sem. Soc. Lamy	Semaine Sociale Lamy (Zeitschrift)
sog.	sogenannte/r/s
sept.	septembre (September)
str.	streitig
T. confl.	Tribunal des Conflits
TVG	Tarifvertragsgesetz in der Fassung der Bekanntmachung vom 25. August 1969 (BGBl. I, 1323), das zuletzt durch Artikel 8 des Sozialschutz-Pakets II vom 20. Mai 2020 (BGBl. I, 1055) geändert worden ist
U2P	Union des entreprises de proximité (Arbeitgebervereinigung)
UDES	Union des employeurs de l'économie sociale et solidaire (Arbeitgebervereinigung)
UNSA	Union nationale des syndicats autonomes (Gewerkschaft)
v.	von/vom
VG	Verwaltungsgericht
vgl.	vergleiche
WSI-Mitteilungen	Monatszeitschrift des Wirtschafts- und Sozialwissenschaftlichen Instituts der Hans-Böckler-Stiftung
z.B.	zum Beispiel
ZfRSoz	Zeitschrift für Rechtssoziologie
ZPO	Zivilprozessordnung in der Fassung der Bekanntmachung vom 5. Dezember 2005 (BGBl. I, 3202; 2006 I, 431; 2007 I, 1781), das zuletzt durch Artikel 1 des Gesetzes zur Durchführung der EU-Verordnungen über grenzüberschreitende Zustellungen und grenzüberschreitende Beweisaufnahmen in Zivil- oder Handelssachen vom 24. Juni 2022 (BGBl. I, 959) geändert worden ist
ZZP	Zeitschrift für Zivilprozess

Im Übrigen wird verwiesen auf: *Kirchner*, Abkürzungsverzeichnis der Rechtssprache, 10. Auflage 2021

Einleitung

Die Conseils de Prud'hommes mögen für den deutschen Juristen[1] auf den ersten Blick eigentümlich erscheinen: Ihr Name lässt ohne weitere Kenntnisse nicht den Schluss zu, dass es sich hierbei um die erstinstanzlichen französischen Arbeitsgerichte handelt. Inhaltlich überrascht insbesondere, dass den Gerichten keine Berufsrichter angehören. Die Conseils de Prud'hommes sind eine geschichtsträchtige Institution, die innerhalb Europas einzigartig ist.[2] Ihr Studium lohnt sich aus mehreren Gründen: Sie prägten auch die deutschen Arbeitsgerichte und sind daher aus historischer Perspektive aufschlussreich. Als Eingangsinstanz für individualarbeitsrechtliche Streitigkeiten haben sie zudem eine Bedeutung für die europäischen und besonders auch für die deutsch-französischen Beziehungen: Wer sich kennt, kann besser zusammenwachsen.[3] Frankreich ist einer der wichtigsten Handelspartner Deutschlands,[4] sodass der Blick über die Grenze auch wirtschaftlich wichtig ist. 1

Obwohl die Conseils de Prud'hommes seit Jahrzehnten mal mehr, mal weniger fundamentaler Kritik ausgesetzt sind,[5] haben sie viele wesentliche Merkmale seit ihrer Gründung beibehalten. Ob sie heute als Relikt der Vergangenheit oder als altehrwürdige Institution anzusehen sind, mag der Leser selbst entscheiden. Trotz teilweise sehr lauter Rufe ist ihr Ende bis heute nicht in Sicht. Die letzte große Reform führte zwar punktuell zu fundamentalen Änderungen, allen voran bei der Auswahl der *conseillers*[6]. In seinen Grundzügen bleibt das Gericht aber unangetastet. 2

In der deutschen Literatur werden die Conseils de Prud'hommes zwar häufig erwähnt und oftmals auch (kurz) analysiert, ganz überwiegend jedoch im 3

---

1 Zur besseren Lesbarkeit wird in dieser Arbeit nur die männliche Form verwendet. Die Personenbezeichnungen sollen jedoch alle Geschlechter umfassen.

2 Parallelen weisen – soweit ersichtlich – nur die Arbeitsgerichte einiger Schweizer Kantone auf, welche nach französischem Vorbild errichtet wurden.

3 Zum Nutzen der Arbeitsrechtsvergleichung für die europäische Integration siehe *Junker*, in: FS Canaris, S. 713 f.

4 Siehe Statistisches Bundesamt, Außenhandel 2021, abrufbar unter: https://www.destatis.de/DE/Themen/Wirtschaft/Aussenhandel/Tabellen/rangfolge-handelspartner.pdf?__blob=publicationFile [zuletzt abgerufen am 7.10.2022].

5 Vgl. *Przemyski/Przemyski-Zajac*, Rev. huiss. 1999, 445, 447.

6 Zum Begriff siehe Rn. 119 f.

Kontext der Geschichte der deutschen Arbeitsgerichtsbarkeit.[7] Die Ausführungen betreffen folglich ihre historischen Wurzeln. Mit den modernen Conseils de Prud'hommes und ihrer Besonderheit als Laiengericht befasste sich *Moritz* im Jahr 1987 in einer rechtssoziologischen Abhandlung.[8] *Brexl* behandelte in seiner Dissertation über die Rechtsstellung des französischen Richters auch die Arbeitsrichter und das arbeitsgerichtliche Verfahren (1971).[9] Angesichts zwischenzeitlicher Reformen (maßgeblich 1979 und 2015) haben sich die Conseils de Prud'hommes heute jedoch in vielen Bereichen verändert, sodass eine tiefgehende Untersuchung lohnenswert ist.

4 Methodisch umfasst die Arbeit zum einen eine Analyse des französischen Systems, zum anderen punktuelle (Prozessrechts-)Vergleiche.[10] Als Quellen dienen dabei auch persönliche Eindrücke bei Besuchen der Conseils de Prud'hommes in Straßburg, Lyon, Paris und Caen[11] sowie Rechtsgespräche mit dem Präsidenten des Conseil de Prud'hommes Lyon[12], *conseillers* (Richtern) und französischen Rechtsanwälten.[13] Ihnen ist in besonderem Maße zu danken.

5 Die Arbeit ist kein Handbuch über die Conseils de Prud'hommes, das alle ihre Einzelheiten aufzählt und erläutert. Vielmehr sollen ausgewählte Aspekte vertieft analysiert werden. Auch der Rechtsvergleich erfolgt nicht global,

---

7 Z.B. *Junker*, Grundkurs Arbeitsrecht, Rn. 837; *Linsenmaier*, NZA 2004, 401, 402 ff.; *Prütting*, in: Joussen/Unberath (Hrsg.), Mediation im Arbeitsrecht, S. 103 f.; *Sawall*, Die Entwicklung der Arbeitsgerichtsbarkeit, S. 73 ff.; *Seifert*, Die Entwicklung des Gütegedankens im arbeitsgerichtlichen Verfahren, S. 45 ff.; *Wenzel*, JZ 1965, 697, 697 f.; *Zimmermann*, Die Entwicklung der Gewerbegerichtsbarkeit in Deutschland, S. 14 ff.

8 *Moritz*, Das französische Arbeitsgericht.

9 *Brexl*, Die Rechtsstellung des französischen Richters.

10 Zur Methodik der Rechtsvergleichung siehe *Zweigert/Kötz*, Einführung in die Rechtsvergleichung, S. 4 ff. Zu den Eigenheiten der Prozessrechtsvergleichung gegenüber der allgemeinen Rechtsvergleichung *Gilles*, Prozessrechtsvergleichung.

11 Besuche des Conseil de Prud'hommes (CPH) Straßburg (21.9.2021), des CPH Lyon (28.2.–4.3.2022), des CPH Paris (17.5.2022) und des CPH Caen (19.–20.5.2022). Zur Notwendigkeit der Einbeziehung der Prozessrechtswirklichkeiten *Gilles*, Prozessrechtsvergleichung, S. 38 ff.

12 Der Präsident jedes CPH ist abwechselnd ein Arbeitnehmer und ein Arbeitgeber, alternierend dazu sein Stellvertreter (dazu Rn. 109). Im Jahr des Besuchs (2022) entstammte der Präsident in Lyon der Arbeitnehmerseite. Herr *Augier* war in den Jahren zuvor bereits mehrmals Präsident sowie Stellvertreter.

13 Zur Bedeutung der persönlichen Kontakte für die Rechtsvergleichung siehe *Junker*, in: FS Canaris, S. 710 f.

sondern findet an den Stellen statt, die besonders grundlegend, überraschend anders oder aus einem anderen Grund aus deutscher Perspektive besonders interessant sind.[14] Sofern nicht ausdrücklich anders angegeben, bezieht sich der Vergleich auf das erstinstanzliche Urteilsverfahren vor den deutschen Arbeitsgerichten. Die Analyse der Conseils de Prud'hommes beschränkt sich auf *France métropolitaine*, also ohne die Überseegebiete. Ausgeklammert sind insbesondere der Eilrechtsschutz, Widerklagen und besondere Formen der Prozessbeendigung wie Versäumnisurteile, Anerkenntnis und Verzicht. Die vorübergehenden Regelungen anlässlich der Covid-19-Pandemie sind ebenfalls nicht Gegenstand dieser Untersuchung.

Wenngleich sich die Arbeit im Kern den Conseils de Prud'hommes von heute 6
widmet, blickt sie auch außerhalb des ersten Kapitels immer wieder zurück auf ihre Historie. Ist der Bezug zur Rechtsgeschichte für die Rechtsvergleichung stets aufschlussreich,[15] gilt dies für die Conseils de Prud'hommes in besonderem Maße: Nur über ihre Ursprünge ist die heutige Institution zu begreifen.

14 *Zweigert/Kötz* sprechen von der „Quecksilbersäule des Sichwunderns", *Zweigert/Kötz*, Einführung in die Rechtsvergleichung, S. 67.

15 Vgl. *Junker*, JZ 1994, 921, 923.

§ 1 Historische Entwicklung

Die Conseils de Prud'hommes (CPH) blicken zurück auf eine mehr als 200-jährige Tradition. Ihre geschichtliche Entwicklung ist von großer Bedeutung: Die modernen CPH weisen historisch bedingte Besonderheiten auf, die seit ihrer Gründung im Jahr 1806 bestehen.[16] Zeitweise gab es zudem auch in Teilen Deutschlands CPH. Sie hatten maßgeblichen Einfluss auf die deutschen Arbeitsgerichte, welche über 100 Jahre später errichtet wurden. 7

I. Gründung des ersten Conseil de Prud'hommes 1806 in Lyon

Schon seit dem Mittelalter gab es vereinzelt Institutionen mit dem Namen Conseil de Prud'hommes.[17] Aufgrund ihrer unterschiedlichen Funktion und Kompetenzen sind sie jedoch keine Vorgänger des heutigen Gerichts.[18] Der erste CPH nach heutigem Verständnis wurde 1806 in Lyon gegründet. 8

1. Bedürfnis für die Errichtung

Im Zuge der französischen Revolution wurden die Handels- und Gewerbefreiheit eingeführt und korporative Vereinigungen einschließlich der Zünfte verboten.[19] Der Wettbewerb zwischen Handel- und Gewerbetreibenden war nicht mehr reguliert und die Arbeitsverhältnisse unterstanden keiner ständischen Ordnung mehr.[20] Die neuen Freiheiten führten zu Missverhältnissen zwischen den Gewerbetreibenden, zu unkontrolliertem Wettbewerb sowie 9

---

16 Vgl. *Auzero/Baugard/Dockès*, Droit du travail, Rn. 101.

17 Siehe Rn. 11.

18 *Bataille*, La procédure prud'homale, Rn. 34 ff.; *David*, Dr. soc. 2 (1974), 3, 5–7, 10.

19 Décret du 17 mars 1791 („Décret d'Allarde"), abrufbar unter: https://institutions-professionnelles.fr/reperes/documents/120-1791-le-decret-d-allarde-supprime-les-maitrises-et-jurandes [zuletzt abgerufen am 7.10.2022]; décret du 14 juin 1791 („Loi Le Chapelier"), abgedruckt in *Duvergier*, Collection complète des lois, décrets, ordonnances, règlements et avis du conseil d'état, Band 3, 1791; *Bernert*, in: Scherner/Willoweit (Hrsg.), Vom Gewerbe zum Unternehmen, S. 117; *Boulmier* et al., Le Lamy Procédure prud'homale, Rn. 3; *Kieffer*, Mouv. soc. 141 (1987), 9, 9 f.; *David*, Dr. soc. 2 (1974), 3, 11.

20 *Bernert*, in: Scherner/Willoweit (Hrsg.), Vom Gewerbe zum Unternehmen, S. 117, 120, 123; vgl. *Boulmier* et al., Le Lamy Procédure prud'homale, Rn. 3.

zu Fälschungen von Produkten und Marken.[21] Auch das Verhältnis zwischen Unternehmern und Arbeitern war problematisch und oftmals von Instabilität geprägt; die Arbeitgeber klagten über mangelnden Gehorsam.[22] Eine Neuordnung war erforderlich.[23] Da die Gewerbegerichtsbarkeit und andere besondere Streitbeilegungsgremien aufgelöst waren, entschieden zunächst die ordentlichen Gerichte über die immer komplexer und zahlreicher[24] werdenden Streitigkeiten.[25] Viele Beteiligte empfanden die Verfahrensdauer dort als überlang und die Richter als sachfremd.[26] Letzteres wog überaus schwer, weil die Richter lokale Bräuche und Vorschriften beachten und aufgrund der unzureichenden gesetzlichen Regelungen regelmäßig selbst rechtsfortbildend tätig werden mussten.[27]

In Lyon war das Bedürfnis für ein neues Gremium besonders groß. Die dort ansässige Seidenindustrie stand aufgrund einer Vielzahl von Konflikten, welche besonders der dezentralen Produktion geschuldet waren, unter hohem Druck.[28] Durch Gesetz vom 18. März 1806[29] errichtete *Napoléon Bonaparte*[30]

---

21 *Cotterau*, Mouv. soc. 141 (1987), 25, 33 f.; *Kieffer*, Mouv. soc. 141 (1987), 9, 9 f.; vgl. *Gottlieb*, Über die Amtsbefugnisse des Rats der Gewerbeverständigen, S. VIII f.

22 *Kieffer*, Mouv. soc. 141 (1987), 9, 9 f.

23 *Globig*, Gerichtsbarkeit als Mittel sozialer Befriedung, S. 68; vgl. *Cotterau*, Mouv. soc. 141 (1987), 25, 33, 36; *Kieffer*, Mouv. soc. 141 (1987), 9, 9 f.; vgl. auch *Mollot*, De la Compétence des Conseils de Prud'hommes, S. 2 f.

24 *David*, Dr. soc. 2 (1974), 3, 11.

25 *Bernert*, in: Scherner/Willoweit (Hrsg.), Vom Gewerbe zum Unternehmen, S. 117 f., 123 f.; vgl. *Kieffer*, Mouv. soc. 141 (1987), 9, 9 f. Die Handelsgerichte waren zwar bestehen geblieben, aber nicht für gewerbliche Streitigkeiten zuständig. Ab 1803 erhielten die Polizeibehörden gewerbepolizeiliche Entscheidungskompetenzen; *Bernert*, in: Scherner/Willoweit (Hrsg.), Vom Gewerbe zum Unternehmen, S. 118, 126 f., 134.

26 *Bernert*, in: Scherner/Willoweit (Hrsg.), Vom Gewerbe zum Unternehmen, S. 134; *Kieffer*, Mouv. soc. 141 (1987), 9, 10; *Mollot*, De la Compétence des Conseils de Prud'hommes, S. 24; *Seifert*, Die Entwicklung des Gütegedankens im arbeitsgerichtlichen Verfahren, S. 46.

27 *David*, Dr. soc. 2 (1974), 3, 11; vgl. *Cotterau*, Mouv. soc. 141 (1987), 25, 32 f.; *Mollot*, De la Compétence des Conseils de Prud'hommes, S. 3.

28 Vgl. *Boulmier* et al., Le Lamy Procédure prud'homale, Rn. 3; *Brand*, Band 2, S. 337; *Kieffer*, Mouv. soc. 141 (1987), 9, 10.

29 Loi du 18 mars 1806 portant établissement d'un conseil de prud'hommes à Lyon, abgedruckt in *Bataille*, La procédure prud'homale, Rn. 1187, deutsche Übersetzung in *Gottlieb*, Über die Amtsbefugnisse des Rats der Gewerbeverständigen, S. 91–98.

30 Kaiser der Franzosen 1804–1814/15.

dort den ersten CPH. Dabei stützte er sich auf Vorbilder des *ancien régime* und damit des korporativen Systems.[31] Dort hatten bereits Institutionen bestanden, die zum einen zur gütlichen und gerichtlichen Streitbeilegung berufen waren und zum anderen auch Überwachungs- und Kontrollfunktionen besaßen.[32] Insbesondere hatte es in Lyon bis 1791 ein *Bureau Commun de la Grande Fabrique* gegeben, welches Streitigkeiten zwischen Fabrikanten und Arbeitern der Seidenindustrie schlichtete.[33]

2. Bezeichnung „Conseil de Prud'hommes"

Der Begriff *prud'hommes* geht zurück auf *prod hommes*. *Prod* ist die altfranzösische Form von *preux*, sodass *prud'hommes* wörtlich übersetzt werden kann mit *edle, tapfere, mutige Männer*.[34] Geschichtlich bezeichnete der Ausdruck oftmals besonders bewanderte Männer in verantwortungsvollen Positionen, vor allem Experten in der Justiz.[35] So waren die *Preudhommes* im 13. Jahrhundert „kundige, erfahrene Männer"[36], welche selbst über Streitigkeiten entschieden oder die im Auftrag des Königs Rechtsprechende unterstützten.[37] Die ab dem Jahr 1296 auf Lebenszeit ernannten *24 prud'hommes de Paris* waren Bürger, die 11

31 *Brand*, Band 2, S. 336, 492; *Cotterau*, Mouv. soc. 141 (1987), 25, 34; *Kieffer*, Mouv. soc. 141 (1987), 9, 9 f.; einschränkend *David*, der betont, dass die alten Strukturen nicht einfach wiederbelebt wurden, Dr. soc. n° 2 (1974), 3, 10, 12; vgl. auch *Mollot*, De la Compétence des Conseils de Prud'hommes, S. 18.

32 *Kieffer*, Mouv. soc. 141 (1987), 9, 9.

33 *David*, Dr. soc. 2 (1974), 3, 12; vgl. *Bernert*, in: Scherner/Willoweit (Hrsg.), Vom Gewerbe zum Unternehmen, S. 134 (Bezeichnung als *tribunal commun*); *Brand*, Band 2, S. 339 (Bezeichnung als *tribunal commun des maîtres-gardes*); *Globig*, Gerichtsbarkeit als Mittel sozialer Befriedung, S. 68 (Bezeichnung als *tribunal commun*); *Kieffer*, Mouv. soc. 141 (1987), 9, 10 (Bezeichnung als *maîtres-gardes*); *Mollot*, De la Compétence des Conseils de Prud'hommes, S. 25 (Bezeichnung als *bureau ou tribunal commun*).

34 Vgl. Larousse, Dictionnaire de Français, Eintrag „prud'homme", abrufbar unter: https://www.larousse.fr/dictionnaires/francais/prudhomme/64694?q=prud%27hommes#63969 [zuletzt abgerufen am 7.10.2022]. Zur Etymologie siehe *Wigand*, Zur Bedeutungsgeschichte von „prud'homme".

35 Vgl. *Mollot*, De la Compétence des Conseils de Prud'hommes, S. 18 f.

36 *v. Salis*, Die Conseils de Prud'hommes des Kantons Genf, S. 24; vgl. auch *Dupic*, La justice en France, S. 137.

37 *v. Salis*, Die Conseils de Prud'hommes des Kantons Genf, S. 24; vgl. *Wigand*, Zur Bedeutungsgeschichte von „prud'homme", S. 42.

vor allem für die Überwachung der Zunftregeln zuständig waren.[38] Schließlich wurden auch die Zunftvorstände *preudomes* genannt. Zu ihren Aufgaben gehörte auch die Streitschlichtung.[39]

12 Insbesondere Lyoner Fabrikanten verwendeten für die Beilegungsmethode von Arbeitskonflikten (*conflits professionnels*) bereits die Bezeichnung „Conseil de Prud'hommes".[40] Vor dem Hintergrund der in der Revolution aufgehobenen Zünfte ist die Wiederverwendung des Begriffs im Jahr 1806 erstaunlich.[41] *Mollot* betont, dass der Gesetzgeber mit dem Namen „Prud'hommes" die besonderen Kenntnisse der *conseillers* zum Ausdruck bringen wollte.[42]

13 Obwohl die CPH bereits von Beginn an rechtsprechend tätig waren, erhielten sie nicht die Bezeichnung *tribunal*. Eine Erklärung hierfür bieten ihre Kompetenzen: Besonders zu Beginn nahmen sie auch Aufgaben der Verwaltung wahr.[43] Bis heute ist ihre vorrangige Aufgabe die gütliche Streitbeilegung[44] und nicht – wie üblicherweise in den *tribunaux* – die Rechtsprechung.[45]

3. Zuständigkeit und Kompetenzen

14 Der neue CPH in Lyon[46] sollte kleinere Streitigkeiten schlichten, die täglich zwischen Fabrikanten (*fabricants*) und Arbeitern (*ouvriers*) sowie zwischen

38 *Wigand*, Zur Bedeutungsgeschichte von „prud'homme", S. 44. Vgl. *Przemyski/Przemyski-Zajac*, Rev. huiss. 1999, 445, 445. Siehe dort auch zu den *prud'hommes pêcheurs de Marseille.*

39 *Wigand*, Zur Bedeutungsgeschichte von „prud'homme", S. 44; siehe auch *Brand*, Band 2, S. 339. Zu weiteren Institutionen mit der Bezeichnung *prud'hommes* siehe *Wigand*, Zur Bedeutungsgeschichte von „prud'homme".

40 *David*, Dr. soc. 2 (1974), 3, 12.

41 *Brand*, Band 2, S. 339.

42 *Mollot*, De la Compétence des Conseils de Prud'hommes, S. 19.

43 *Bernert*, in: Scherner/Willoweit (Hrsg.), Vom Gewerbe zum Unternehmen, S. 150. Dazu Rn. 14 ff.

44 Vgl. Art. L. 1411-1 Abs. 1 C. trav., siehe dazu Rn. 285.

45 Vgl. Auftragsschreiben der Justizministerin an *Lacabarats*, Rapport Lacabarats, S. 12. Vorschlag zur Umbenennung in *tribunal de prud'hommes Canayer* et al., La justice prud'homale au milieu du gué, S. 14, 61 (recommandation n° 22); Rapport Lacabarats, S. 20 f. (proposition n° 1).

46 Ein Großteil der Vorschriften, insbesondere über das Verfahren, wurde erst 1809 und 1810 eingeführt, vgl. *Bernert*, in: Scherner/Willoweit (Hrsg.), Vom Gewerbe zum Unternehmen, S. 139. Um ein umfassenderes Bild von den Anfängen zu bieten, wird im Folgenden an einigen Stellen bereits auf diese späteren Regelungen eingegangen.

Werkstattmeistern (*chefs d'ateliers*) und ihren Gesellen (*compagnons*) und Lehrlingen (*apprentis*) entstehen.[47] Handwerker waren nicht erfasst.[48] Scheiterte die Schlichtung, sollte der CPH ein Urteil sprechen.[49] Bei seiner Gründung war der CPH vor allem für die Textilfabriken zuständig, was bald auf weitere Industriezweige erweitert wurde.[50] Die örtliche Zuständigkeit knüpfte an den Ort des Gewerbes an.[51]

Das Ziel dieser Schlichtungen war vorrangig eine Disziplinierung der Beschäftigten.[52] Intendiert war ein Familientribunal, das gleichzeitig Strenge und „väterliche Güte" besaß.[53] Zu diesem Zweck erhielt der CPH Kontroll- und später auch strafrechtliche Befugnisse:[54] Auf der Grundlage von Beschwerden stellte er Gesetzesverstöße wie etwa Materialentwendungen und Veruntreuungen[55] fest, protokollierte diese und konnte gemeinsam mit einem Beamten (*officier public*) die Betriebe aufsuchen.[56] Die Niederschrift über den Verstoß

---

47 Im Original „*Le conseil de prud'hommes est institué pour terminer par la voie de conciliation les petits différends qui s'élèvent journellement, soit entre des fabricants et des ouvriers, soit entre des chefs d'atelier et des compagnons ou apprentis*", Art. 6 Abs. 1 loi du 18 mars 1806. Übersetzung der Berufsbezeichnungen übernommen von *Globig*, Gerichtsbarkeit als Mittel sozialer Befriedung, S. 72. *Brand* übersetzt *ouvriers* hingegen als selbstständige Gewerbetreibende, Band 2, S. 340.

48 *Globig*, Gerichtsbarkeit als Mittel sozialer Befriedung, S. 73. Zur Frage, welche Berufe bzw. Stellungen im Einzelnen in den Kompetenzbereich der CPH fallen siehe *Mollot*, De la Compétence des Conseils de Prud'hommes, S. 165–168.

49 Art. 6 Abs. 2 loi du 18 mars 1806.

50 *Cotterau*, Mouv. soc. 141 (1987), 25, 37; *Kieffer*, Mouv. soc. 141 (1987), 9, 11; vgl. *Mollot*, De la Compétence des Conseils de Prud'hommes, S. 55.

51 Art. 11 décret du 11 juin 1809, abgedruckt in *Mollot*, De la Compétence des Conseils de Prud'hommes, S. 399–412, deutsche Übersetzung in *Gottlieb*, Über die Amtsbefugnisse des Rats der Gewerbeverständigen, S. 113–134.

52 Vgl. *David*, Dr. soc. 2 (1974), 3, 12; *Kieffer*, Mouv. soc. 141 (1987), 9, 10; *Lemercier*, in: Michel/Willemez (Hrsg.), Les prud'hommes, S. 27; *Moritz*, Das französische Arbeitsgericht, S. 143.

53 Rede von *St-Jean-d'Angely* zu den Gründen für den Gesetzentwurf über die Einführung der CPH, gehalten im *Corps législatif* am 11.3.1806, abgedruckt in *Mollot*, De la Compétence des Conseils de Prud'hommes, S. 393–399 (Zitat auf S. 395), deutsche Übersetzung in *Gottlieb*, Über die Amtsbefugnisse des Rats der Gewerbeverständigen, S. 99–108.

54 *Kieffer*, Mouv. soc. 141 (1987), 9, 12.

55 Art. 12 loi du 18 mars 1806.

56 Art. 10–13 loi du 18 mars 1806. Einzelheiten dazu bei *Mollot*, De la Compétence des Conseils de Prud'hommes, S. 342 ff.

und die beschlagnahmten Gegenstände übergab er sodann dem zuständigen Gericht.[57] Ab 1810 konnte er daneben im Falle einer „Störung der Ordnung und Zucht in der Werkstätte“[58] oder bei groben Verfehlungen der Lehrlinge Gefängnisstrafen von bis zu drei Tagen verhängen.[59]

16 Ein weiteres Kontrollinstrument waren die Quittungsbücher (*livres d'acquit*), über die der CPH ein Register führte und Rechnungsabschlüsse (*visa*) ausstellte.[60] Je Webstuhl wurde ein Buch geführt. Dieses war „eine Art Kontokorrent“[61], in dem jegliche Abrechnungen der Werkstattmeister vermerkt wurden. Bei Wechsel des Fabrikanten mussten die noch offenen Posten vom Werkstattmeister oder von seinem neuen Auftraggeber beglichen werden.[62]

17 Darüber hinaus sollte der CPH auch den Wettbewerb zwischen Gewerbetreibenden regulieren[63] und Aufsicht über die Gewerbe führen.[64] So gehörten zu den von ihm protokollierbaren Verstößen auch solche gegen Vorschriften aus den Handels- und Gewerbegesetzen, die die Gewerbetreibenden selbst betrafen – etwa Preisabsprachen oder die Weitergabe von Fabrikgeheimnissen.[65] Der CPH führte darüber hinaus ein Register über Stoffmuster (*dessins*), die bei ihm hinterlegt und bei Streitigkeiten über das Eigentum vor dem Handelsgericht herangezogen wurden.[66] Ab 1809 erfasste er auch Fabrikzeichen

57 Art. 11 loi du 18 mars 1806.

58 *Gottlieb*, Über die Amtsbefugnisse des Rats der Gewerbeverständigen, S. 24.

59 Art. 4 décret du 3 août 1810, abgedruckt in *Duvergier*, Collection complète des lois, décrets, ordonnances, règlements et avis du conseil d'état, Band 17, 1810; *Bernert*, in: Scherner/Willoweit (Hrsg.), Vom Gewerbe zum Unternehmen, S. 140; *Globig*, Gerichtsbarkeit als Mittel sozialer Befriedung, S. 75; vgl. *Gottlieb*, Über die Amtsbefugnisse des Rats der Gewerbeverständigen, S. 24 f.; *Kieffer*, Mouv. soc. 141 (1987), 9, 13.

60 Art. 20 f., 26 loi du 18 mars 1806; *Kieffer*, Mouv. soc. 141 (1987), 9, 13. Einzelheiten dazu in *Mollot*, De la Compétence des Conseils de Prud'hommes, S. 330 ff.

61 „*Une sorte de compte courant pour l'exploitation du métier dont il s'agit*“, *Kieffer*, Mouv. soc. 141 (1987), 9, 13; ähnlich *Mollot*, De la Compétence des Conseils de Prud'hommes, S. 331.

62 Art. 23–25 loi du 18 mars 1086; *Kieffer*, Mouv. soc. 141 (1987), 9, 13.

63 *Kieffer*, Mouv. soc. 141 (1987), 9, 10, 14; vgl. *Mollot*, De la Compétence des Conseils de Prud'hommes, S. 271. *Brand* beschreibt seine Aufgaben als „eine eigentümliche Mischung aus Verlagsgericht und Hausgerichtsbarkeit“, Band 2, S. 340.

64 Vgl. *Gottlieb*, Über die Amtsbefugnisse des Rats der Gewerbeverständigen, S. 29.

65 Vgl. *Gottlieb*, Über die Amtsbefugnisse des Rats der Gewerbeverständigen, S. 25–28, dort auch Aufzählung der weiteren erfassten Tatbestände.

66 Art. 14–19 loi du 18 mars 1806; vgl. *Gottlieb*, Über die Amtsbefugnisse des Rats der Gewerbeverständigen, S. 30 f. Einzelheiten dazu bei *Mollot*, De la Compétence des

(*marques*).[67] Bei Streitigkeiten über Letztere konnte der CPH die Rolle eines Schiedsrichters ohne eigene Entscheidungsgewalt einnehmen.[68] Wurde danach das Handelsgericht mit der Sache betraut, nahm es seine Stellungnahme zur Kenntnis.[69] Schließlich führte der CPH ein Verzeichnis über die bestehenden Gewerbe und deren Beschäftigte und inspizierte die registrierten Werkstätten.[70] Dies sollte auch der öffentlichen Ordnung (*ordre public*) dienen.[71]

Der CPH hatte mithin zwei Funktionen:[72] Er war zum einen ein Gericht, das 18
mit der Rechtsprechung in bestimmten, eng umgrenzten zivil- und polizeirechtlichen Angelegenheiten betraut war. Zum anderen oblagen ihm weitere administrative und juristische Aufträge.[73] Im Folgenden steht die zivilrechtliche – aus heutiger Sicht: arbeitsrechtliche – Rechtsprechung einschließlich der Schlichtung im Fokus, da sie die am längsten währenden Aufgaben der CPH bleiben sollten.

4. Besetzung und Organisation

Der erste CPH bestand aus mehreren gewählten *conseillers*, einem Sekretär und 19
einem Gerichtsdiener.[74] Es gab zwei Organe: das *bureau de conciliation* (später auch *bureau particulier* genannt)[75], welches für die Schlichtungen zuständig war, und das *bureau général*, das die Urteile erließ.[76] Die *conseillers* im ersten

---

Conseils de Prud'hommes, S. 313 ff. *Kieffer* bezeichnet den gewerblichen Rechtsschutz (*protection de la propriété industrielle*) als Herzstück (*pièce maîtresse*) dieser Vorschriften; *Kieffer*, Mouv. soc. 141 (1987), 9, 14.

67 Art. 4–9 décret du 11 juin 1809; *Globig*, Gerichtsbarkeit als Mittel sozialer Befriedung, S. 75. Zur Bedeutung der Fabrikzeichen *Gottlieb*, Über die Amtsbefugnisse des Rats der Gewerbeverständigen, S. 31 f. Ausführlich zu dieser Tätigkeit der CPH *Mollot*, De la Compétence des Conseils de Prud'hommes, S. 271 ff.

68 Art. 6, 12 décret du 11 juin 1809.

69 Art. 6 décret du 11 juin 1809.

70 Art. 29 loi du 18 mars 1806. Einzelheiten dazu in *Mollot*, De la Compétence des Conseils de Prud'hommes, S. 337 ff.

71 *Kieffer*, Mouv. soc. 141 (1987), 9, 13; vgl. auch Rede von *St-Jean-d'Angely* zu den Gründen für den Gesetzentwurf über die Einführung der CPH, gehalten im *Corps législatif* am 11.3.1806, abgedruckt in *Mollot*, De la Compétence des Conseils de Prud'hommes, S. 393, 398.

72 *Mollot*, De la Compétence des Conseils de Prud'hommes, S. 161 f.

73 *Mollot*, De la Compétence des Conseils de Prud'hommes, S. 161.

74 *Bernert*, in: Scherner/Willoweit (Hrsg.), Vom Gewerbe zum Unternehmen, S. 137 f.

75 Vgl. Art. 21 ff. décret du 11 juin 1809; *Mollot*, De la Compétence des Conseils de Prud'hommes, S. 74.

76 Art. 7, 8 loi du 18 mars 1806.

CPH in Lyon waren fünf Fabrikkaufleute (*négociants-fabricants*)[77] und vier Werkstattmeister (*chefs d'atelier*).[78] Auch letztere hatten eigene Beschäftigte. Beide dürften daher nach heutigem Verständnis den Arbeitgebern zuzurechnen sein.[79] Vertreter der einfachen Arbeiter fehlten gänzlich.[80] Die Fabrikkaufleute stellten stets die Mehrzahl der Mitglieder[81], wobei in den ab 1809 gegründeten CPH auch andere Gewerbetreibende zugelassen wurden.[82]

Gewählt werden konnten Fabrikkaufleute, die ihre Tätigkeit seit mindestens sechs Jahren ausübten und nicht insolvent waren. Werkstattmeister mussten ihr selbstständiges Gewerbe seit mindestens sechs Jahren betreiben sowie lesen und schreiben können. Darüber hinaus durften sie keine Materialien zurückhalten, die ihnen oder ihren Arbeitern für die Verarbeitung überlassen worden

77 Das loi du 18 mars 1806 spricht in Art. 1 von *négociants-fabricants* und in Art. 6 von *fabricants*. In Art. 1 décret du 11 juin 1809 ist zudem die Rede von *marchands-fabricants*, ohne dass ein Unterschied zu den *négociants-fabricants* besteht, vgl. *Mollot*, De la Compétence des Conseils de Prud'hommes, S. 42 f.

78 Art. 1 loi du 18 mars 1806. Fabrikkaufleute waren „alle Gewerbetreibenden, die Waren herstellten oder herstellen ließen, um sie zu veräußern"; Werkstattmeister waren „alle Gewerbetreibenden, die im eigenen Gewerbebetrieb mit (gewerblichen) Arbeitnehmern für Fabrikkaufleute Waren herstellten"; *Bernert*, in: Scherner/Willoweit (Hrsg.), Vom Gewerbe zum Unternehmen, S. 136.

79 Vgl. *Globig*, Gerichtsbarkeit als Mittel sozialer Befriedung, S. 77 f.; *Herzog*, Die Vertretung der Parteien vor den Arbeitsgerichten, S. 209.

80 *Olszak*, in: Michel/Willemez (Hrsg.), Les prud'hommes, S. 17. Die heutigen Definitionen von „Arbeitgeber", „Arbeiter" und „Arbeitnehmer" lassen sich nicht auf die damalige Zeit übertragen. Zur besseren Verständlichkeit werden die Begriffe dennoch verwendet und die zugrundeliegenden Strukturen, wo erforderlich, vereinfacht. Die Begriffe Arbeiter (*ouvrier*) und Arbeitgeber (*patron*) werden in den Gesetzen und Dekreten betreffend die CPH seit 1848 verwendet, jedoch unter anderer Definition als heute; *Lemercier*, in: Michel/Willemez (Hrsg.), Les prud'hommes, S. 34 f.

81 Art. 1 décret du 11 juin 1809; *Bernert*, in: Scherner/Willoweit (Hrsg.), Vom Gewerbe zum Unternehmen, S. 136; *Kieffer*, Mouv. soc. 141 (1987), 9, 11. Zu den Gründen hierfür *Mollot*, De la Compétence des Conseils de Prud'hommes, S. 58 f.

82 Namentlich Werkmeister (*contremaîtres*), selbstständige Lohnfärber (*teinturiers*) und Hausgewerbetreibende (*ouvriers patentés*), Art. 1er décret du 11 juin 1809. Werkmeister waren „Leiter der Gewerbebetriebe von Fabrikkaufleuten"; selbstständige Lohnfärber „alle Gewerbetreibenden, die im eigenen Gewerbebetrieb für Fabrikkaufleute färbten"; Hausgewerbetreibende „alle Gewerbetreibenden, die überwiegend allein für Fabrikkaufleute Waren herstellten"; *Bernert*, in: Scherner/Willoweit (Hrsg.), Vom Gewerbe zum Unternehmen, S. 136.

waren.[83] Nach Angaben in der Literatur galten die einzelnen Voraussetzungen trotz der Differenzierung im Gesetzestext jeweils für alle Berufsgruppen.[84] Das Mindestalter betrug 30 Jahre.[85]

Die *conseillers* übten das Amt ehrenamtlich aus und legten einen Amtseid ab.[86] Ihre Wahl erfolgte auf Wahlversammlungen getrennt nach Position und nach Art des Gewerbes.[87] Nach der dreijährigen Amtszeit war eine Wiederwahl möglich.[88] Der Präsident (*président*) und sein Stellvertreter (*vice-président*) wurden für jeweils ein Jahr aus ihrer Mitte gewählt.[89] Die Mitglieder wählten auch den Sekretär des *bureau général*, welcher von außerhalb stammte.[90] Frauen, einfache Arbeiter und Lehrlinge waren weder aktiv noch passiv wahlberechtigt.[91] 21

5. Verfahren

Das Verfahren war summarisch und auf eine schnelle Streitbeilegung ausgelegt.[92] Es gab keine Formvorschriften, die Verhandlungen waren mündlich und 22

---

83 Art. 2, 3 loi du 18 mars 1806.

84 Vgl. *Bernert*, in: Scherner/Willoweit (Hrsg.), Vom Gewerbe zum Unternehmen, S. 136; *Brand*, Band 2, S. 342; *Mollot*, De la Compétence des Conseils de Prud'hommes, S. 47–49, 53. Zudem mussten grundsätzlich alle Wahlberechtigten eine *patente* haben. Sie dazu ausführlich *Mollot*, De la Compétence des Conseils de Prud'hommes, S. 50–52, 62–65.

85 Art. 17 décret du 11 juin 1809.

86 *Bernert*, in: Scherner/Willoweit (Hrsg.), Vom Gewerbe zum Unternehmen, S. 137; *Brand*, Band 2, S. 342; vgl. Art. 20 décret du 11 juin 1809.

87 *Bernert*, in: Scherner/Willoweit (Hrsg.), Vom Gewerbe zum Unternehmen, S. 136 f.; *Kieffer*, Mouv. soc. 141 (1987), 9, 12; vgl. *Lemercier*, in: Michel/Willemez (Hrsg.), Les prud'hommes, S. 32.

88 Art. 4, 5 loi du 18 mars 1806.

89 Art. 9 décret du 3 juillet 1806, abrufbar unter: http://larhra.ish-lyon.cnrs.fr/cdeprudhomme2/decret1806.htm [zuletzt abgerufen am 7.10.2022]; *Bernert*, in: Scherner/Willoweit (Hrsg.), Vom Gewerbe zum Unternehmen, S. 137.

90 Art. 31 loi du 18 mars 1806; Art. 9 décret du 3 juillet 1806; Art. 26 décret du 11 juin 1809; *Kieffer*, Mouv. soc. 141 (1987), 9, 12.

91 *Bernert*, in: Scherner/Willoweit (Hrsg.), Vom Gewerbe zum Unternehmen, S. 136 f.; *Kieffer*, Mouv. soc. 141 (1987), 9, 11 f.; vgl. auch *Olszak*, in: Michel/Willemez (Hrsg.), Les prud'hommes, S. 17.

92 *Bernert*, in: Scherner/Willoweit (Hrsg.), Vom Gewerbe zum Unternehmen, S. 139.

in der Regel öffentlich.[93] Zur Förderung der gütlichen Streitbeilegung mussten die Parteien persönlich erscheinen und durften sich nicht durch einen Anwalt vertreten lassen.[94] Gerichtsgebühren wurden nicht erhoben; es fielen ausschließlich Papier- und Stempelkosten an.[95]

23 Im Vordergrund stand die gütliche Streitbeilegung.[96] Daher mussten die Parteien zunächst vor dem *bureau de conciliation* vorsprechen. Dieses tagte täglich zwischen elf und 13 Uhr und war besetzt mit je einem Fabrikkaufmann und einem Werkstattmeister.[97] Eine Anmeldung war nicht erforderlich.[98] In der weit überwiegenden Zahl der Fälle war die Schlichtung erfolgreich. So betrug die Einigungsquote bei den bis 1848 errichteten CPH über 90 %.[99]

24 Kam ausnahmsweise keine Einigung zustande, wurde die Sache an das *bureau général* verwiesen. Dieses tagte mindestens einmal pro Woche.[100] Die *conseillers* trafen die Entscheidungen mit absoluter Mehrheit, wobei ein

93 *Seifert*, Die Entwicklung des Gütegedankens im arbeitsgerichtlichen Verfahren, S. 48, 52; vgl. *Herzog*, Die Vertretung der Parteien vor den Arbeitsgerichten, S. 210; *Mollot*, De la Compétence des Conseils de Prud'hommes, S. 261.

94 *Cotterau*, Mouv. soc. 141 (1987), 25, 48; vgl. Art. 7 loi du 18 mars 1806; *Bernert*, in: Scherner/Willoweit (Hrsg.), Vom Gewerbe zum Unternehmen, S. 139; *Kieffer*, Mouv. soc. 141 (1987), 9, 12; *Mollot*, De la Compétence des Conseils de Prud'hommes, S. 198 f. Später wurden Ausnahmen eingeführt, Art. 29 décret du 11 juin 1809. Zur Geschichte der Prozessvertretung vor den CPH siehe *Herzog*, Die Vertretung der Parteien vor den Arbeitsgerichten, S. 210 ff.

95 Art. 6 Abs. 2, 32 loi du 18 mars 1806; *Kieffer*, Mouv. soc. 141 (1987), 9, 14. Ab 1809 gab es Gebühren für bestimmte Tätigkeiten der Sekretäre, Gerichtsdiener und Vollstreckungsbeamte, Art. 59–63 décret du 11 juin 1809.

96 Art. 6 Abs. 1 loi du 18 mars 1806; *Mollot*, De la Compétence des Conseils de Prud'hommes, S. 184.

97 Art. 7 loi du 18 mars 1806. Später fanden die Sitzungen in den Abendstunden statt; *Boulmier* et al., Le Lamy Procédure prud'homale, Rn. 4.

98 Vgl. *Mollot*, De la Compétence des Conseils de Prud'hommes, S. 197.

99 *Kieffer*, Mouv. soc. 141 (1987), 9, 15; *Lemercier*, in: Michel/Willemez (Hrsg.), Les prud'hommes, S. 29. Nach den Statistiken bei *Cotterau*, Mouv. soc. 141 (1987), 3, 7 f. lag die Quote zwar auf den ersten Blick niedriger. Dies dürfte aber darauf zurückzuführen sein, dass dort nur die gütlichen Einigungen innerhalb der offiziellen Sitzungen des *bureau de conciliation* erfasst sind, *Cotterau*, Mouv. soc. 141 (1987), 25, 38. Zu früheren Zahlen siehe *Mollot*, De la Compétence des Conseils de Prud'hommes, S. 184 f.

100 Art. 8 loi du 18 mars 1806.

Anwesenheitsquorum von zwei Drittel der Mitglieder des CPH erfüllt sein musste.[101] Zu Beginn konnte das *bureau général* nur bei einem Streitwert bis 60 Fr. durch Urteil entscheiden.[102] Ab 1809 konnte es über Streitigkeiten jeden Streitwerts entscheiden; lag dieser jedoch höher als 60 Fr., konnten die Parteien vor dem Handelsgericht (*tribunal de commerce*) Berufung eingelegen.[103]

Zu Beginn der CPH gab es nur wenige geschriebene Gesetze. Das Recht 25
basierte zu weiten Teilen auf Bräuchen und Gewohnheitsrecht. Daher hatte die neue Institution gerade in ihren frühen Jahren eine große Bedeutung für die Rechtsfortbildung.[104]

6. Erfolgreicher Start und Gründungen in weiteren Städten

Der CPH war eine erfolgreiche Einrichtung.[105] Dies zeigen insbesondere die von 26
Beginn an beträchtliche Zahl an eingeleiteten Verfahren und die sehr hohen Einigungsquoten.[106] Obwohl die Arbeitgeber die Institution dominierten und dort auch die Disziplinierung der Beschäftigten bezweckt wurde,[107] waren die CPH auch bei Letzteren angesehen. Den Beschäftigten wurde im Vergleich zu den Revolutionsgesetzen mehr Schutz gewährt und sie bekamen eine Möglichkeit, ihre Rechte geltend zu machen.[108] Die Verfahrensregeln schützten vor Willkür und die Parteien konnten *conseillers* unter bestimmten Voraussetzungen

---

101 Art. 24 décret du 11 juin 1809. Nach *Mollot* konnten die CPH nur aus fünf, sieben, neun oder 15 Mitgliedern bestehen, De la Compétence des Conseils de Prud'hommes, S. 55–57.

102 Art. 6 Abs. 2 loi du 18 mars 1806. Für Streitigkeiten mit höherem Streitwert war das Handelsgericht oder das ordentliche Gericht zuständig, Art. 9 loi du 18 mars 1806.

103 Art. 23 décret du 11 juin 1809. 1810 wurde der Wert auf 100 Fr. erhöht; Art. 2 décret du 3 août 1810. Bestand in einem Gerichtsbezirk kein Handelsgericht, war das ordentliche Gericht für die Berufung zuständig; Art. 27 décret du 11 juin 1809.

104 *Kieffer*, Mouv. soc. 141 (1987), 9, 20, 22; vgl. *Cotterau*, Mouv. soc. 141 (1987), 25, 28; *Lemercier*, in: Michel/Willemez (Hrsg.), Les prud'hommes, S. 45.

105 Vgl. *Mollot*, De la Compétence des Conseils de Prud'hommes, S. 13, 184–186. *Moritz* hingegen bewertet ihre Bedeutung „aufgrund der erst beginnenden Industrialisierung" als gering und begründet dies mit der Zahl der Neugründungen, Das französische Arbeitsgericht, S. 143.

106 *Cotterau*, Mouv. soc. 141 (1987), 25, 37; vgl. *Mollot*, De la Compétence des Conseils de Prud'hommes, S. 184 f.

107 *David* sieht in ihnen mehr eine Disziplinarkammer als ein (Schieds-)Gericht; *David*, Dr. soc. 2 (1974), 3, 12.

108 *Kieffer*, Mouv. soc. 141 (1987), 9, 13 f.; vgl. *David*, Dr. soc. 2 (1974), 3, 18.

ablehnen[109], wenngleich dies in der Praxis selten geschah.[110] Schließlich profitierten sie von der angestrebten gütlichen Einigung.[111]

27 Die mit den *décrets* 1809 und 1810 eingeführten Verfahrensvorschriften und erweiterten Kompetenzen festigten die Eigenständigkeit der CPH.[112] Schon bald wurden auch in anderen Städten CPH errichtet. Bis 1838 war ihre Zahl auf 38 gewachsen.[113] Voraussetzung für die Neugründung war jeweils ein begründeter Antrag der örtlichen Industrie- oder Handelskammer (*chambres de commerce/ chambres consultatives de manufactures*).[114] Jedes Gründungsdekret definierte die sachliche und örtliche Zuständigkeit des jeweiligen CPH angepasst an die lokalen Bedürfnisse.[115]

II. Der Weg zu den modernen Conseils de Prud'hommes

28 Die CPH erfuhren einige Veränderungen rechtlicher und tatsächlicher Art. Im Folgenden sollen nur die wichtigsten Schritte genannt werden. Auf jüngere Reformen wird – sofern von besonderem Interesse – in den folgenden Kapiteln an den entsprechenden Stellen eingegangen.

---

109 Art. 33 loi du 18 mars 1806; Art. 54–57 décret du 11 juin 1809; *Kieffer*, Mouv. soc. 141 (1987), 9, 14. Siehe dazu *Mollot*, De la Compétence des Conseils de Prud'hommes, S. 262 ff.

110 *Mollot*, De la Compétence des Conseils de Prud'hommes, S. 264.

111 *Kieffer*, Mouv. soc. 141 (1987), 9, 13.

112 Vgl. *Globig*, Gerichtsbarkeit als Mittel sozialer Befriedung, S. 81, der hervorhebt, dass wenig Bezug auf allgemeine Gesetze genommen wurde; vgl. auch *Bernert*, in: Scherner/Willoweit (Hrsg.), Vom Gewerbe zum Unternehmen, S. 138.

113 *Brand*, Band 2, S. 493; *Gottlieb*, Über die Amtsbefugnisse des Rats der Gewerbeverständigen, S. IX.

114 Art. 2 décret du 11 juin 1809; *Bernert*, in: Scherner/Willoweit (Hrsg.), Vom Gewerbe zum Unternehmen, S. 135; *Kieffer*, Mouv. soc. 141 (1987), 9, 11. Nach *Mollot* konnte die Regierung auch ohne einen solchen Antrag aufgrund eigener Entscheidung einen CPH errichten, De la Compétence des Conseils de Prud'hommes, S. 29 f. mit Verweis auf Art. 34 loi du 18 mars 1806.

115 Vgl. Art. 11 décret du 11 juin 1809; *Auzero/Baugard/Dockès*, Droit du travail, Rn. 103; *Bonafé-Schmitt*, Mouv. soc. 141 (1987), 121, 122; *Boulmier* et al., Le Lamy Procédure prud'homale, Rn. 4; *Hamelin*, in: Michel/Willemez (Hrsg.), Les prud'hommes, S. 58; *Kieffer*, Mouv. soc. 141 (1987), 9, 11; *Mollot*, De la Compétence des Conseils de Prud'hommes, S. 35–39, 169 f.

1. 1848: Aktives und passives *conseiller*-Wahlrecht für Arbeiter

29 Ein Meilenstein in der Entwicklung der CPH war die mit Dekret vom 27.5.1848[116] eingeführte paritätische Besetzung.[117] Die neuen Regeln manifestierten das 1848 vorherrschende Streben nach Demokratie und Gleichheit.[118] Auch Arbeiter erhielten nun ein aktives und passives Wahlrecht.[119] Sie stellten ab sofort die gleiche Zahl an Mitgliedern wie die Arbeitgeber.[120] Anders als es sich vermuten ließe, ist die Parität keine Errungenschaft der Arbeiterbewegung.[121] Diese kämpfte jedoch später vehement für die CPH, was nach Ansicht einiger Autoren wohl zur Entstehung eines solchen Mythos beitrug.[122]

30 Die Wahl der *conseillers* erfolgte „über Kreuz"[123] und bestand aus zwei Stufen: Arbeitnehmer und Arbeitgeber erstellten jeweils eine Liste von Kandidaten ihrer eigenen Gruppe. Sodann wählten sie aus diesen Listen die *conseillers* der jeweils anderen Gruppe.[124] Nach *David* waren für dieses Wahlsystem zwei Gründe maßgeblich: Die Richter sollten sich als Repräsentanten beider Seiten sehen und dadurch größtmögliche Autorität genießen. Zudem sollte das System die Zusammenarbeit von Arbeitnehmern und Arbeitgebern fördern.[125]

31 Der Vorsitzende und sein Stellvertreter waren alternierend beide Arbeitnehmer oder Arbeitgeber.[126] Sie wurden nach dem gleichen Prinzip wie die anderen

---

116 Décret du 27 mai 1848, abgedruckt in *Duvergier*, Collection complète des lois, décrets, ordonnances, règlements et avis du conseil d'état, Band 48, 1848.

117 *Boulmier* et al., Le Lamy Procédure prud'homale 2021, Rn. 6; *Kieffer*, Mouv. soc. 141 (1987), 9, 15.

118 *David*, Dr. soc. 2 (1974), 3, 13 f.; *Kieffer*, Mouv. soc. 141 (1987), 9, 15; *Olszak*, in: Michel/Willemez (Hrsg.), Les prud'hommes, S. 18.

119 Art. 9, 10 décret du 27 mai 1848; *Kieffer*, Mouv. soc. 141 (1987), 9, 15.

120 Art. 2 décret du 27 mai 1848.

121 *Géa*, RJS 2016, 191, 192; vgl. *David*, Dr. soc. 2 (1974), 3, 10.

122 Vgl. *David*, Dr. soc. 2 (1974), 3, 10, 14; *Géa*, RJS 2016, 191, 192.

123 *David*, Dr. soc. 2 (1974), 3, 13 f.: *„croisement des voix"*, *„élection [...] croisée"*; *Moritz*, Das französische Arbeitsgericht, S. 143: „über Kreuz"; *Olszak*, in: Michel/Willemez (Hrsg.), Les prud'hommes, S. 18: *„élections croisés"*.

124 Art. 4, 6 décret du 27 mai 1848; *Kieffer*, Mouv. soc. 141 (1987), 9, 15 f.

125 *David*, Dr. soc. 2 (1974), 3, 13; vgl. auch *Kieffer*, Mouv. soc. 141 (1987), 9, 16. Zu den Schwächen dieses Systems *Olszak*, in: Michel/Willemez (Hrsg.), Les prud'hommes, S. 18 f.

126 Art. 16, 20 décret du 27 mai 1848.

Mitglieder gewählt.[127] Allerdings hatte der Vorsitzende die ausschlaggebende Stimme, sodass die Parität noch nicht vollständig hergestellt war.[128]

32 Im Jahr 1853[129] gab es einen vorübergehenden Rückschritt:[130] Der Kaiser ernannte nun den Vorsitzenden und seinen Stellvertreter. Dabei konnten auch Männer herangezogen werden, die keine gewählten *conseillers* waren oder sogar überhaupt nicht zu den passiv Wahlberechtigten gehörten.[131] Die Änderung war bedeutend, da der Vorsitzende weiterhin die ausschlaggebende Stimme hatte.[132] Das gekreuzte Wahlsystem wurde aufgehoben.[133] Ab 1880 wählten die *conseillers* den Vorsitzenden und den Stellvertreter wieder selbst aus ihren Reihen.[134] Sie waren nun abwechselnd Arbeitnehmer und Arbeitgeber, wobei bei einem Arbeitgeber-Vorsitzenden der Stellvertreter Arbeitnehmer sein musste und umgekehrt.[135]

33 Bei den Tätigkeiten der CPH gewannen die Schlichtung und Rechtsprechung immer mehr an Bedeutung.[136] Andere Kompetenzen traten mehr und mehr in den Hintergrund und wurden schließlich abgeschafft.[137] *Kieffer* beschreibt, dass diese Entwicklung zum einen die strukturellen Änderungen der französischen Wirtschaft widerspiegele, zum anderen auch der Zuständigkeitserweiterung auf andere Sektoren als die Textilindustrie geschuldet sei.[138]

---

127 Art. 18 décret du 27 mai 1848; *Olszak*, in: Michel/Willemez (Hrsg.), Les prud'hommes, S. 18.

128 Art. 16 décret du 27 mai 1848; *Kieffer*, Mouv. soc. 141 (1987), 9, 15.

129 Loi du 1er juin 1853; abgedruckt in *Duvergier*, Collection complète des lois, décrets, ordonnances, règlements et avis du conseil d'état, Band 53, 1853.

130 Vgl. *Olszak*, in: Michel/Willemez (Hrsg.), Les prud'hommes, S. 17 f.

131 Art. 3 loi du 1er juin 1853; *Olszak*, in: Michel/Willemez (Hrsg.), Les prud'hommes, S. 19.

132 Vgl. *David*, Dr. soc. 2 (1974), 3, 14.

133 *David*, Dr. soc. 2 (1974), 3, 14; vgl. Art. 9 loi du 1er juin 1853.

134 Art. 1 loi du 7 février 1880; abgedruckt in *Duvergier*, Collection complète des lois, décrets, ordonnances, règlements et avis du conseil d'état, Band 80, 1880.

135 Art. 2 loi du 7 février 1880; *Kieffer*, Mouv. soc. 141 (1987), 9, 18. Der Vorsitzende hatte weiterhin die ausschlaggebende Stimme. Dies führte zu erheblichen Problemen, denn die Gewerkschaften versuchten, den ihnen zugehörigen *conseillers* imperative Mandate aufzuerlegen. Siehe dazu Rn. 175 f.

136 *Kieffer*, Mouv. soc. 141 (1987), 9, 17 f.

137 *Kieffer*, Mouv. soc. 141 (1987), 9, 17 f.; *Lemercier*, in: Michel/Willemez (Hrsg.), Les prud'hommes, S. 29.

138 *Kieffer*, Mouv. soc. 141 (1987), 9, 18.

Die neu gegründeten CPH konnten je nach Standort in verschiedene Sektionen (*sections*) unterteilt werden.[139] Diese Sektionen waren als Organisationseinheiten des Gerichts jeweils für Streitigkeiten aus einem bestimmten und konkret benannten Wirtschaftssektor zuständig. Auch die einzelnen von einer Sektion umfassten Berufe wurden festgelegt.[140] 34

2. Frühes 20. Jahrhundert: vollständige Parität und erweiterte Zuständigkeit

Im frühen 20. Jahrhundert erhielten die CPH einige wesentliche Merkmale, die sie bis heute ausmachen.[141] 1905 wurde die Parität vollständig verwirklicht, indem der Vorsitzende nicht mehr die entscheidende Stimme hatte.[142] Folglich war nun ein Stimmenpatt möglich. In diesem Fall bekam ausnahmsweise eine externe Person, namentlich der Friedensrichter (*juge de paix*), als sogenannter *juge départiteur* die ausschlaggebende Stimme.[143] Für Berufungen gegen Urteile war nun nicht mehr das mit Arbeitgeberrichtern besetzte Handelsgericht zuständig, sondern das Zivilgericht.[144] 35

1907 wurde der jeweils zwischen Arbeitnehmer und Arbeitgeber wechselnde Vorsitz und stellvertretende Vorsitz gesetzlich verankert; neu hinzu kam eine zwingende Rotation.[145] Zuvor waren die Vorsitzenden häufiger Arbeitgeber.[146] Damit hatten diese nun endgültig keine beherrschende Stellung mehr.[147] Ab 1907 konnten auch Angestellte (*employés*) die CPH anrufen.[148] Aufgrund ihrer 36

139 *Bataille*, La procédure prud'homale, Rn. 36; vgl. *Hamelin*, in: Michel/Willemez (Hrsg.), Les prud'hommes, S. 58.

140 Vgl. *Bonafé-Schmitt*, Mouv. soc. 141 (1987), 121, 122 f.; *Hamelin*, in: Michel/Willemez (Hrsg.), Les prud'hommes, S. 58.

141 Vgl. *David*, Dr. soc. 2 (1974), 3, 17; *Przemyski/Przemyski-Zajac*, Rev. huiss. 1999, 445, 445.

142 *Kieffer*, Mouv. soc. 141 (1987), 9, 20.

143 Art. 1 loi du 15 juillet 1905, JORF n° 190 du 15/16 juillet 1905; *Boulmier* et al., Le Lamy Procédure prud'homale, Rn. 4; *David*, Dr. soc. 2 (1974), 3, 16.

144 Art. 3 loi du 15 juillet 1905; *Boulmier* et al., Le Lamy Procédure prud'homale, Rn. 4; *David*, Dr. soc. 2 (1974), 3, 16; *Kieffer*, Mouv. soc. 141 (1987), 9, 20 f.

145 Art. 18 f. loi du 27 mars 1907, JORF n° 86 du 28 mars 1907; *Kieffer*, Mouv. soc. 141 (1987), 9, 22.

146 *Kieffer*, Mouv. soc. 141 (1987), 9, 22.

147 *Kieffer*, Mouv. soc. 141 (1987), 9, 22.

148 Art. 1 loi du 27 mars 1907.

größeren Nähe zu den Arbeitgebern waren sie zuvor den Handelsgerichten zugeordnet.[149] Seit 1908 sind Frauen aktiv und passiv wahlberechtigt.[150]

37 Die sachliche Zuständigkeit konnte sich nun grundsätzlich auf alle Handels- und Industriezweige erstrecken, unterschied sich aber weiterhin zwischen den einzelnen CPH.[151] Deren Sektionen waren teilweise sehr spezifisch auf bestimmte Berufszweige zugeschnitten.[152] Daher waren viele Berufe und die dazugehörigen Streitigkeiten nicht an jedem Ort von den CPH umfasst.[153] Zudem gab es noch immer nicht in jedem Gerichtsbezirk einen CPH.[154]

3. Reform 1979: allgemeine Zuständigkeit für individualarbeitsrechtliche Streitigkeiten

38 Durch die Reform 1979[155] wurde der Zuständigkeitsbereich der CPH erheblich erweitert. Sie bilden seitdem eine einheitliche Eingangsinstanz.[156] Ihre räumliche Verteilung wurde angepasst, sodass nun in jedem Gerichtsbezirk eines *tribunal de grande instance*[157] mindestens ein CPH ansässig war.[158] Dies galt ab 1982 auch für die Region Elsass-Mosel, wo die Arbeitsgerichte bis dahin nach deutschem Vorbild mit einem Berufsrichter und Beisitzern besetzt waren.[159]

---

149 *David*, Dr. soc. 2 (1974), 3, 16.

150 Loi du 15 novembre 1908, JORF n° 313 du 17 novembre 1908. Das aktive Wahlrecht wurde bereits ein Jahr zuvor eingeführt, Art. 5 loi du 27 mars 1907.

151 Vgl. Art. 3, 25 loi du 27 mars 1907; *Bonafé-Schmitt*, Mouv. soc. 141 (1987), 121, 122 f.; *Hamelin*, in: Michel/Willemez (Hrsg.), Les prud'hommes, S. 58.

152 Vgl. *Bonafé-Schmitt*, Mouv. soc. 141 (1987), 121, 126; *Olszak*, in: Michel/Willemez (Hrsg.), Les prud'hommes, S. 22.

153 Vgl. *Bonafé-Schmitt*, Mouv. soc. 141 (1987), 121, 122 f.; *Hamelin*, in: Michel/Willemez (Hrsg.), Les prud'hommes, S. 58.

154 Vgl. *Boulmier* et al., Le Lamy Procédure prud'homale 2021, Rn. 10; *Bonafé-Schmitt*, Mouv. soc. 141 (1987), 121, 122. Gab es keinen CPH, war der Friedensrichter, ab 1958 das *tribunal d'instance* zuständig.

155 Loi n° 79-44 du 18 janvier 1979 („loi Boulin"), JORF n° 15 du 19 janvier 1979.

156 *Bonafé-Schmitt*, Mouv. soc. 141 (1987), 121, 126; *Boulmier* et al., Le Lamy Procédure prud'homale, Rn. 4.

157 Das *tribunal de grande instance* war das frühere ordentliche Gericht erster Instanz und entsprach etwa dem deutschen Landgericht (heute: *tribunal judiciaire*).

158 Art. L. 511-3 C. trav. 1979.

159 *Bataille*, La procédure prud'homale, Rn. 40; *Bonafé-Schmitt*, Mouv. soc. 141 (1987), 121, 124; *Boulmier* et al., Le Lamy Procédure prud'homale, Rn. 4; *Olszak*, in: Michel/Willemez (Hrsg.), Les prud'hommes, S. 23.

Seit 1979 finanzieren nicht mehr die Kommunen, sondern der Staat das Gericht.[160]

Organisatorisch wurden die CPH einheitlich in jeweils fünf Sektionen gegliedert, die bis heute bestehen.[161] Durch diese obligatorische Einteilung und unter Einführung der Sektion Diverses (*activités diverses*) sind nun an jedem Gericht die Arbeitnehmer aller Branchen erfasst.[162] Die sachliche Zuständigkeit erstreckt sich seitdem unabhängig von der konkreten Tätigkeit auf individualarbeitsrechtliche Streitigkeiten aus Arbeitsverträgen, die dem Code du travail unterliegen.[163] 39

III. Die Entstehung der deutschen Arbeitsgerichtsbarkeit unter Einfluss der Conseils de Prud'hommes

Auf dem Gebiet der heutigen Bundesrepublik wurden arbeitsrechtliche Streitigkeiten bis ins frühe 19. Jahrhundert insbesondere von Zunftgerichten, später auch von Polizeigerichten oder ordentlichen Gerichten entschieden.[164] Die Kritik an der Zuständigkeit der ordentlichen Gerichte betraf ebenso wie in Frankreich die fehlende Kompetenz der Richter, Dauer und Kosten des Verfahrens.[165] Das Arbeitsrecht basierte auf Gewohnheitsrecht und größtenteils unveröffentlichten Quellen, sodass außenstehende Juristen es nur schwer anwenden konnten.[166] Als die Zünfte aufgehoben und die Gewerbefreiheit eingeführt wurde, bedurfte es auch hierzulande eines neuen Gerichtes für die Entscheidung über arbeitsrechtliche Streitigkeiten.[167] Anders als in Frankreich war die Entwicklung 40

---

160 *Auzero/Baugard/Dockès*, Droit du travail, Rn. 107; *Bataille*, La procédure prud'homale, Rn. 39; *Hamelin*, in: Michel/Willemez (Hrsg.), Les prud'hommes, S. 59; heute Art. L. 1423-15 C. trav.

161 *Bonafé-Schmitt*, Mouv. soc. 141 (1987), 121, 124; *Boulmier* et al., Le Lamy Procédure prud'homale 2021, Rn. 13. Siehe dazu Rn. 96 ff.

162 *Hamelin*, in: Michel/Willemez (Hrsg.), Les prud'hommes, S. 58.

163 Vgl. *Hamelin*, in: Michel/Willemez (Hrsg.), Les prud'hommes, S. 58. Siehe dazu Rn. 217 ff.

164 *Bernert*, in: Scherner/Willoweit (Hrsg.), Vom Gewerbe zum Unternehmen, S. 116 f.; GMP/*Prütting*, Einl. Rn. 2 ff. Ausführlich zur Geschichte der deutschen Arbeitsgerichtsbarkeit ab dem 15. Jahrhundert *Brand*, Band 1 und *Brand*, Band 2.

165 Vgl. *Globig*, Gerichtsbarkeit als Mittel sozialer Befriedung, S. 64 ff.; GMP/*Prütting*, Einl. Rn. 4; *Linsenmaier*, NZA 2004, 401, 402.

166 Die Richter der ordentlichen Gerichte wandten daher überwiegend das dafür ungeeignete Römische Recht an; GMP/*Prütting*, Einl. Rn. 4.

167 Vgl. *Leinemann*, NZA 1991, 961, 961; *Stahlhacke*, in: Die Arbeitsgerichtsbarkeit, S. 60.

jedoch uneinheitlich. Das Deutsche Reich war rechtlich und strukturell zersplittert; die Industrialisierung schritt unterschiedlich schnell voran.[168] Bei der Einführung neuer Gerichte gab es vielfältige regionale Bestrebungen unterschiedlichen Inhalts und Dauer.[169] Dabei spielten auch die französischen CPH eine wichtige Rolle. Auch wenn sie nicht ihr einziger Ursprung sind, prägten sie die modernen Arbeitsgerichte doch maßgeblich.[170] Im Folgenden wird nur auf eine Auswahl von Institutionen eingegangen.

1. Französische Gerichte im Rheinland und Großherzogtum Berg

41 In den damals unter französischer Verwaltung stehenden linksrheinischen Gebieten wurden ab 1808 CPH unter der Bezeichnung Räte der Gewerbe- bzw. Werkverständigen errichtet.[171] Sie waren als Eigengerichte kein Teil der staatlichen Justiz und finanziell autonom.[172] Das Verfahren entsprach im Wesentlichem dem des Lyoner CPH.[173] Das Hauptmotiv war zunächst[174] ebenso die Disziplinierung der Arbeitnehmer.[175] Die gütliche Streitbeilegung spielte aber auch in der linksrheinischen Praxis eine tragende Rolle: Von der jeweiligen Tätigkeitsaufnahme bis Ende 1811 wurden von den insgesamt 999 Streitfällen 973 durch eine Einigung erledigt.[176]

---

168 Vgl. *Globig*, Gerichtsbarkeit als Mittel sozialer Befriedung, S. 10 f. Die Gewerbefreiheit wurde 1791 in der Pfalz eingeführt, 1795 in den linksrheinischen Gebieten, 1808 im Königreich Westfalen, 1809 im Großherzogtum Berg, 1810 im Königreich Preußen und erst 1861 in Sachsen, 1862 in Baden und Württemberg und 1868 in Bayern.

169 Vgl. *Leinemann*, NZA 1991, 961, 961.

170 *Globig*, Gerichtsbarkeit als Mittel sozialer Befriedung, S. 71; GMP/*Prütting*, Einl. Rn. 5; *Leinemann*, NZA 1991, 961, 961 f.; *Linsenmaier*, NZA 2004, 401, 403; *Sawall*, Die Entwicklung der Arbeitsgerichtsbarkeit, S. 73; *Stöhr*; AuR 2021, G13, G14; kritisch *Brand*, Band 2, S. 336, 498 f.

171 Die wichtigsten waren Aachen (1808), Krefeld (1810) und Köln (1811); *Bernert*, in: Scherner/Willoweit (Hrsg.), Vom Gewerbe zum Unternehmen, S. 145 f. m.w.N.; *Brand*, Band 2, S. 346 f.

172 *Brand*, Band 2, S. 351, 446 f., 453 f., 498; *Stahlhacke*, in: Die Arbeitsgerichtsbarkeit, S. 60.

173 Vgl. *Globig*, Gerichtsbarkeit als Mittel sozialer Befriedung, S. 92; *Stahlhacke*, in: Die Arbeitsgerichtsbarkeit, S. 64 f.

174 Ab Mitte des 19. Jahrhunderts verschob sich der Fokus auf den Interessenausgleich; vgl. *Linsenmaier*, NZA 2004, 401, 403; vgl. auch unten Rn. 45.

175 Vgl. *Brand*, Band 2, S. 346; *Globig*, Gerichtsbarkeit als Mittel sozialer Befriedung, S. 92; *Leinemann*, NZA 1991, 961, 962.

176 *Brand*, Band 2, S. 347 mit genauer Aufstellung und weiteren Nachweisen.

Im Jahr 1811 wurde im Großherzogtum Berg, wo die französischen Gesetze nicht unmittelbar galten, ein Dekret „wegen Errichtung der Fabrikengerichte" erlassen.[177] Wenngleich sie einen anderen Namen trugen, sollten auch sie wie die französischen CPH funktionieren.[178] In weiteren Städten geplante Räte nahmen ihre Arbeit nach dem Ende der französischen Herrschaft nicht mehr auf.[179] Die Räte wurden jedoch positiv aufgenommen und hatten das Vertrauen der Rechtssuchenden gewonnen, was einherging mit hohen Einigungszahlen.[180] Als die linksrheinischen Gebiete Teil der königlich-preußischen Provinz wurden, gab man die dort bestehenden Räte der Gewerbeverständigen daher nicht auf.[181] Vielmehr wurden sogar noch weitere Gerichte nach ihrem Vorbild errichtet, darunter Solingen und Remscheid 1840 sowie Düsseldorf 1844.[182] Die Besetzung war jeweils angepasst an die örtlichen Verhältnisse.[183] Aufgrund der Anknüpfung an die Zahlung einer bestimmten Klassensteuer blieben einfache Arbeiter vom aktiven und passiven Wahlrecht faktisch ausgeschlossen.[184] 42

177 Abgedruckt in *Gottlieb*, Über die Amtsbefugnisse des Rats der Gewerbeverständigen, S. 152 ff. Aufgrund des bald folgenden Endes der französischen Verwaltung wurde zunächst kein solches Fabrikengericht eröffnet. Das Dekret diente jedoch als Grundlage für einige später errichtete Räte der Gewerbeverständigen; *Globig*, Gerichtsbarkeit als Mittel sozialer Befriedung, S. 96, 114 f.

178 *Globig*, Gerichtsbarkeit als Mittel sozialer Befriedung, S. 94.

179 *Bernert*, in: Scherner/Willoweit (Hrsg.), Vom Gewerbe zum Unternehmen, S. 145 f.; *Brand*, Band 2, S. 348; *Globig* nennt als weiteren Grund das fehlende Bedürfnis für die Räte, da an den weiteren vorgesehenen Orten überwiegend Tagelöhner beschäftigt waren; Gerichtsbarkeit als Mittel sozialer Befriedung, S. 91 f.

180 *Bernert*, in: Scherner/Willoweit (Hrsg.), Vom Gewerbe zum Unternehmen, S. 149; *Globig*, Gerichtsbarkeit als Mittel sozialer Befriedung, S. 87 f.; *Herzog*, Die Vertretung der Parteien vor den Arbeitsgerichten, S. 16. Kritisch zum Erfolg *Brand*, Band 2, S. 494 f., 499.

181 *Bernert*, in: Scherner/Willoweit (Hrsg.), Vom Gewerbe zum Unternehmen, S. 118. Eine Ausnahme war das Gericht in Krefeld, welches 1813 aufgelöst wurde; GMP/*Prütting*, Einl. Rn. 6. *Globig* sieht die Weiterführung der Räte in Köln und Aachen nicht als Ausdruck ihres Erfolgs, sondern der Unkenntnis der preußischen Behörden; Gerichtsbarkeit als Mittel sozialer Befriedung, S. 103 f.

182 GMP/*Prütting*, Einl. Rn. 6. Zu den Einzelheiten *Globig*, Gerichtsbarkeit als Mittel sozialer Befriedung, S. 109 ff. m.w.N.

183 *Brand*, Band 2, S. 496.

184 *Globig*, Gerichtsbarkeit als Mittel sozialer Befriedung, S. 117 f.; *Leinemann*, NZA 1991, 961, 962. Die Klassensteuer richtete sich nach dem Einkommen. Hinzu kam, dass nur wohlhabende Personen sich diese ehrenamtliche Tätigkeit leisten konnten, *Brand*, Band 2, S. 496.

43 Bereits seit 1830 umfasste der Zuständigkeitsbereich dieser Gerichte auch die Industrie und das Handwerk.[185] Ab 1847 trugen die Räte einheitlich den Namen „Königliches Gewerbegericht".[186] Sie überdauerten viele Jahre und blieben insbesondere auch nach der Einführung der Gewerbeordnung 1845 bestehen.[187]

2. Berliner Fabrikengericht und Westfälische Fabrikengerichtsdeputationen

44 Einen ganz anderen Ansatz verfolgten das Berliner Fabrikengericht (1815–1875)[188] und die Westfälischen Fabrikengerichtsdeputationen (ab 1829)[189]. Sie waren den ordentlichen Gerichten angegliedert.[190] „Technische Mitarbeiter" und Sachverständige aus dem Arbeitsleben unterstützten die Berufsrichter.[191] Die beiden ersteren stammten aus dem Kreis der Arbeitgeber und hatten nur eine beratende Funktion.[192] Die Disziplinierung der Arbeiter stand im Vordergrund, gleichzeitig wurde auch hier eine gütliche Einigung angestrebt.[193] Der

185 *Leinemann*, NZA 1991, 961, 962.

186 *Bewer*, ZZP 1925, 74, 74; *Söllner*, in: Die Arbeitsgerichtsbarkeit, S. 3; Verordnung, die Gewerbegerichte in der Rheinprovinz betreffend v. 7.8.1846, GS 1846 S. 403.

187 *Stahlhacke*, in: Die Arbeitsgerichtsbarkeit, S. 70. Siehe dazu unten Rn. 47.

188 Reglement für die zur Bearbeitung der Fabriksachen niedergesetzte Deputation des Stadtgerichts v. 4. April 1815 (Reglement 1815), *v. Kamptz*, Jahrbücher für die preußische Gesetzgebung, Rechtswissenschaft und Rechtsverwaltung, Band 5, 1815, S. 16; *Stahlhacke*, in: Die Arbeitsgerichtsbarkeit, S. 69.

189 Reglement v. 26. November 1829, *v. Kamptz*, Jahrbücher für die preußische Gesetzgebung, Rechtswissenschaft und Rechtsverwaltung, Band 38, 1831, S. 360. Zu den Unterschieden zum Berliner Fabrikengericht siehe *Globig*, Gerichtsbarkeit als Mittel sozialer Befriedung, S. 53.

190 *Globig*, Gerichtsbarkeit als Mittel sozialer Befriedung, S. 47; *Stahlhacke*, in: Die Arbeitsgerichtsbarkeit, S. 68 f.

191 §§ 1, 4 Reglement 1815; *Brand*, Band 2, S. 489 f.; *Globig*, Gerichtsbarkeit als Mittel sozialer Befriedung, S. 42 f.; *Stahlhacke*, in: Die Arbeitsgerichtsbarkeit, S. 60.

192 *Globig*, Gerichtsbarkeit als Mittel sozialer Befriedung, S. 43, 47 f. In einigen Fällen musste der Richter sie überhaupt nicht konsultieren; vgl. §§ 2, 25, 29 Reglement 1815. In den Fabrikengerichtsdeputationen waren sie allerdings umfassender zu beteiligen; *Globig*, Gerichtsbarkeit als Mittel sozialer Befriedung, S. 53.

193 § 25 Reglement 1815; *Globig*, Gerichtsbarkeit als Mittel sozialer Befriedung, S. 47; *Stahlhacke*, in: Die Arbeitsgerichtsbarkeit, S. 68; vgl. *Linsenmaier*, NZA 2004, 401, 403. Beim Berliner Fabrikengericht wurden 75–95 % der Verfahren durch Vergleich beendet; *Globig*, Gerichtsbarkeit als Mittel sozialer Befriedung, S. 45.

Einfluss dieser Gerichte auf die später gegründeten Arbeitsgerichte wird als gering bewertet.[194] Das Modell hatte sich nicht bewährt.

3. Die preußischen Gewerbegerichte

In Preußen wurde 1845 eine Gewerbeordnung erlassen.[195] Durch Verord- 45
nung vom 9.2.1849 wurde sodann in ganz Preußen, später auch außerhalb, die Errichtung von Gewerbegerichten ermöglicht.[196] Ihre Konzeption wies viele Elemente der linksrheinischen Gewerbegerichte und damit letztlich der französischen CPH auf.[197] Dazu gehörten allen voran das zweistufige Verfahren[198] und die Besetzung ausschließlich mit gewählten Arbeitnehmern und Arbeitgebern, wobei die Arbeitgeber stets ein Mitglied mehr hatten und den Vorsitzenden stellten.[199] Den Arbeitnehmern wurde von Beginn an ein einkommensunabhängiges aktives und passives Wahlrecht eingeräumt.[200] Dieser Umstand war auch Ausdruck einer neuen Entwicklung: Der Disziplinierungsgedanke rückte mehr in den Hintergrund und die Befriedungsfunktion dieser Gerichte wurde wichtiger.[201] Die preußischen Gewerbegerichte sollten nur für Streitigkeiten zwischen Arbeitnehmern und Arbeitgebern zuständig sein, nicht zwischen letzteren untereinander. Es war also erstmals mehr Arbeits- als Gewerbegericht.[202]

194 Bzgl. des Berliner Fabrikengerichts *Brand*, Band 2, S. 489; *Leinemann*, NZA 1991, 961, 962.

195 Allgemeine Gewerbeordnung v. 17.1.1845, GS S. 41.

196 Verordnung über die Errichtung von Gewerbegerichten v. 9.2.1849 (GewG-VO 1849), GS S. 110.

197 Vgl. *Leinemann*, NZA 1991, 961, 963; *Söllner*, in: Die Arbeitsgerichtsbarkeit, S. 4.

198 *Globig*, Gerichtsbarkeit als Mittel sozialer Befriedung, S. 159; *Söllner*, in: Die Arbeitsgerichtsbarkeit, S. 4; *Stahlhacke*, in: Die Arbeitsgerichtsbarkeit, S. 70 f.

199 §§ 3, 5 GewG-VO 1849; *Globig*, Gerichtsbarkeit als Mittel sozialer Befriedung, S. 157; *Stahlhacke*, in: Die Arbeitsgerichtsbarkeit, S. 70 f.

200 *Globig*, Gerichtsbarkeit als Mittel sozialer Befriedung, S. 158, 160.

201 *Globig*, Gerichtsbarkeit als Mittel sozialer Befriedung, S. 168, 179 f.; vgl. *Stahlhacke*, in: Die Arbeitsgerichtsbarkeit, S. 72. Ausführlich zu dieser Entwicklung *Globig*, Gerichtsbarkeit als Mittel sozialer Befriedung, S. 123 ff.

202 *Globig*, Gerichtsbarkeit als Mittel sozialer Befriedung, S. 156, 160; *Linsenmaier*, NZA 2004, 401, 404; vgl. § 2 Abs. 1 GewG-VO 1849.

4. Gewerbegerichtsgesetz 1890

46 Um eine einheitliche Gewerbegerichtsbarkeit im 1871 gegründeten Deutschen Reich zu schaffen, wurde 1890 das Gewerbegerichtsgesetz[203] erlassen.[204] Die neuen Gewerbegerichte hatten die ausschließliche Zuständigkeit für bestimmte, enumerativ gelistete arbeitsrechtliche Streitigkeiten zwischen gewerblichen Arbeitnehmern und ihren Arbeitgebern und zwischen den Arbeitnehmern untereinander.[205] Die französischen Vorgänger prägten das Verfahren maßgeblich.[206] Die gütliche Streitbeilegung war vorrangig und es wurde ein schnelles und kostengünstiges Verfahren angestrebt.[207] Für ausgewählte Berufe wurden Fachkammern eingerichtet, um eine entsprechende Sachkunde zu gewährleisten.[208]

47 Die Besetzung unterschied sich nun von den französischen Ursprüngen: Die Gemeinderäte wählten den Vorsitzenden,[209] der weder Arbeitnehmer noch Arbeitgeber sein durfte, allerdings auch keine juristische Ausbildung benötigte.[210] Beisitzer waren je hälftig Arbeitnehmer und Arbeitgeber, die jeweils von ihrer eigenen Gruppe gewählt wurden.[211] Damit war das Gericht von Beginn an paritätisch besetzt.[212] Neben den neuen Gerichten konnten die direkt auf die CPH zurückgehenden Königlichen Gewerbegerichte[213] weiterbestehen,

---

203 Gesetz betreffend die Gewerbegerichte v. 29.7.1890 (GewGG 1890), RGBl. S. 141.

204 *Wenzel* sieht diesen Zeitpunkt als Beginn „einer allgemeinen deutschen Arbeitsgerichtsbarkeit", JZ 1965, 697, 697; ähnlich GMP/*Prütting*, Einl. Rn. 12; *Leinemann*, NZA 1991, 961, 963; *Linsenmaier*, NZA 2004, 401, 404. Ausführlich zu den Gewerbegerichten von 1890 *Wenzel*, JZ 1965, 697, 698–701.

205 §§ 3–5 GewGG 1890; GMP/*Prütting*, Einl. Rn. 8.

206 GK-ArbGG/*Ahrendt*, Einf. Rn. 5.

207 *Söllner*, in: Die Arbeitsgerichtsbarkeit, S. 6, vgl. *Leinemann*, NZA 1991, 961, 964.

208 *Leinemann*, NZA 1991, 961, 964; *Stöhr*, AuR 2021, G13, G14; *Wenzel*, JZ 1965, 697, 698. Angeregt durch den Erfolg der Gewerbegerichte wurden 1904 Kaufmannsgerichte errichtet. Diese waren zuständig für kaufmännische Arbeitnehmer. Ihre Funktionsweise orientierte sich stark an den Gewerbegerichten, ihr Vorsitzender musste allerdings die Befähigung zum Richteramt haben. Siehe dazu *Wenzel*, JZ 1965, 697, 701 f.

209 § 11 GewGG 1890; GMP/*Prütting*, Einl. Rn. 7.

210 Vgl. § 11 GewGG 1890; *Junker*, Grundkurs Arbeitsrecht, Rn. 837; *Söllner*, in: Die Arbeitsgerichtsbarkeit, S. 6; *Wenzel*, JZ 1965, 697, 698, der dies begründete mit der „Vorstellung vom Bagatellcharakter der anfallenden Streitigkeiten".

211 § 12 GewGG 1890; *Leinemann*, NZA 1991, 961, 964; *Wenzel*, JZ 1965, 697, 698.

212 Vgl. § 22 GewGG 1890.

213 Siehe oben Rn. 41 ff.

mussten ihre Besetzung aber den neuen Vorgaben anpassen.[214] Eine wesentliche Änderung erfuhr das Amt der Beisitzer im Jahr 1923, als sie erstmals nicht mehr gewählt, sondern berufen wurden.[215]

5. Einführung der Arbeitsgerichte durch das ArbGG 1926

Durch das ArbGG 1926 wurden schließlich die Arbeitsgerichte eingeführt.[216] 48
Auch sie waren von Beginn an paritätisch besetzt.[217] Der Vorsitzende war ein „rechtsgelehrter Richter" und durfte kein Arbeitnehmer oder Arbeitgeber sein.[218] Die Beisitzer entstammten je hälftig dem Kreis der Arbeitnehmer und der Arbeitgeber und wurden von der höheren Verwaltungsbehörde berufen.[219] Während die erstinstanzlichen Arbeitsgerichte selbstständig waren, waren das Landesarbeitsgericht und das Reichsarbeitsgericht in die ordentliche Gerichtsbarkeit eingegliedert.[220] In allen Instanzen waren ehrenamtliche Richter beteiligt.[221]

Das ArbGG 1953[222] markierte sodann den Beginn einer eigenständigen 49
Arbeitsgerichtsbarkeit, die drei von den ordentlichen Gerichten unabhängige Instanzen umfasst.[223] Eine Nachkriegsregelung, nach der die Vorsitzenden

---

214 § 1 Gesetz betreffend die königlichen Gewerbegerichte in der Rheinprovinz vom 11.7.1891, GS S. 311; *Bewer*, ZZP 1925, 74, 74; *Stahlhacke*, in: Die Arbeitsgerichtsbarkeit, S. 66.

215 *Berger-Delhey*, RdA 1988, 15, 15. Siehe dazu auch Rn. 186.

216 Arbeitsgerichtsgesetz vom 23.12.1926, RGBl. I S. 507.

217 § 16 Abs. 1 ArbGG 1926; *Söllner*, in: Die Arbeitsgerichtsbarkeit, S. 8.

218 §§ 6 Abs. 1, 18 Abs. 3 ArbGG 1926. Er war in der Regel ordentlicher Richter, § 18 Abs. 2 S. 1 ArbGG 1926.

219 Im Einvernehmen mit dem Präsidenten des Landgerichts, §§ 16 Abs. 1 S. 2, 20 ArbGG 1926.

220 §§ 33 Abs. 1, 40 ArbGG 1926; GMP/*Prütting*, Einl. Rn. 14; *Leinemann*, NZA 1991, 961, 965; *Söllner*, in: Die Arbeitsgerichtsbarkeit, S. 8 f.; *Wenzel*, JZ 1965, 749, 751. Dies war der Kompromiss nach einer kontroversen Debatte über die Eigenständigkeit der Arbeitsgerichte; dazu *Graf*, Das Arbeitsgerichtsgesetz von 1926, S. 139 ff., insb. S. 149 ff.

221 GK-ArbGG/*Ahrendt*, Einf. Rn. 17. Zur Entwicklung der Arbeitsgerichte im Nationalsozialismus, ihrer zwischenzeitlichen Abschaffung nach Ende des Zweiten Weltkriegs und ihrer Wiedereinführung 1946 siehe GK-ArbGG/*Ahrendt*, Einf. Rn. 19–24; *Wenzel*, JZ 1965, 749, 751–753.

222 BGBl. 1953 I, 1267.

223 GMP/*Prütting*, Einl. Rn. 21 f., *Linsenmaier*, NZA 2004, 401, 406. Dies war von Art. 96 Abs. 1 GG aF ausdrücklich vorgesehen.

der Arbeitsgerichte nicht zwingend Volljuristen sein mussten,[224] galt noch bis 1961.[225] Der Vorsitzende konnte sich bis dahin auch qualifizieren durch umfassende Kenntnisse und Erfahrungen im Arbeitsrecht „durch längere, mindestens fünfjährige Tätigkeit in der Beratung arbeitsrechtlicher Angelegenheiten und in der Vertretung vor den Arbeitsgerichten".[226]

IV. Historische Elemente in den modernen Conseils de Prud'hommes und in den deutschen Arbeitsgerichten

1. Conseils de Prud'hommes

50 Im Vergleich zu Deutschland erscheint die Entwicklung der erstinstanzlichen Arbeitsgerichte in Frankreich beinahe linear. Heute können die CPH auf eine lange Tradition zurückblicken. Besonders am CPH Lyon zeigten sich die *conseillers* in Gesprächen mit der Verfasserin sehr traditionsbewusst und verwiesen immer wieder auf die Rolle ihrer Institution bei dem Aufstand der Seidenweber im Jahr 1831, welcher auch für die Geschichte der Stadt prägend war.[227]

a) Besetzung

51 Obwohl sich die Arbeitswelt und das Arbeitsrecht seit Beginn des 19. Jahrhunderts sehr stark verändert haben, sind zentrale Elemente des ersten CPH erhalten geblieben.[228] Dazu gehört allen voran die Besetzung ausschließlich mit juristischen Laien.[229] Erst in der jüngsten Vergangenheit gab es einen wesentlichen Bruch mit den Ursprüngen, als die Wahl der *conseillers* abgeschafft und stattdessen ein Berufungssystem eingeführt wurde.[230] Seit 1848 – beziehungsweise aufgrund einer Unterbrechung endgültig erst seit 1880 – ist die Parität ein Grundpfeiler der CPH.[231] Bis heute ist am Verfahren bei den CPH nur im

---

224 GK-ArbGG/*Ahrendt*, Einf. Rn. 22; GMP/*Prütting*, Einl. Rn. 20; *Leinemann*, NZA 1991, 961, 965; *Linsenmaier*, NZA 2004, 401, 406; *Wenzel*, JZ 1965, 749, 753.

225 § 18 Abs. 3 ArbGG 1953, geändert durch §§ 5, 9 DRiG v. 14.9.1961, BGBl. I, 1665.

226 § 18 Abs. 3 S. 2 ArbGG 1953. Zur Arbeitsgerichtsbarkeit in der Deutschen Demokratischen Republik siehe *Schwedes*, in: Die Arbeitsgerichtsbarkeit, S. 147 ff.

227 Rechtsgespräche mit dem Präsidenten des CPH Lyon *Augier* am 3.3.2022 und mit einigen Lyoner *conseillers* (28.2.–4.3.2022). Siehe dazu *Baron* (Hrsg.), Histoire de Lyon pendant les journées des 21, 22 et 23 novembre 1831, insb. S. 179 ff.

228 Vgl. *Géa*, RJS 2016, 191, 192; *Ray*, Droit du travail, Rn. 98.

229 Vgl. *Géa*, RJS 2016, 191, 191 f.

230 Siehe dazu Rn. 121 ff.

231 Vgl. *Géa*, RJS 2016, 191, 192.

Ausnahmefall ein Berufsrichter beteiligt. Obwohl es regelmäßig Debatten darüber gab und gibt, hält der Gesetzgeber an der traditionellen Besetzung fest und hat sich bis heute gegen die Einführung eines Schöffensystems entschieden.[232]

b) *Verfahrensgang*

Der grundsätzliche Ablauf, beginnend mit dem Einigungsversuch vor dem *bureau de conciliation* und der anschließenden Verhandlung vor dem *bureau de jugement*, blieb ohne Unterbrechung bis heute bestehen.[233] Auch wenn sie mittlerweile an tatsächlicher Bedeutung verloren hat, ist die gütliche Streitbeilegung immer noch das vorrangige Ziel des Verfahrens. Der Verfahrenszweck hat sich jedoch wesentlich gewandelt: Ging es zu Beginn noch um die Disziplinierung der Arbeiter, sind die CPH heute ordentliche Arbeitsgerichte (*juridiction de droit commun de travail*).[234] Diese Veränderung spiegelt sich auch in den Streitgegenständen wider. Während anfangs vor allem die Arbeitgeber klagten, machen heute arbeitnehmerseitige Klagen gegen Kündigungen einen großen Teil der Verfahren aus.[235] 52

c) *Einteilung in Sektionen*

Schließlich ist mit den Sektionen auch die Anknüpfung an die einzelnen Branchen bestehen geblieben. Die einzelnen CPH wurden angepasst an die jeweiligen örtlichen Bedürfnisse gegründet und waren teilweise auf spezifische Berufe oder Berufsgruppen zugeschnitten.[236] Die Streitbeilegung sollte durch *conseillers* aus den eigenen Reihen erfolgen (*jugement par les pairs*).[237] Auch heute noch werden jeder *conseiller* sowie jeder Rechtsstreit einer nach Branche definierten Sektion zugeteilt.[238] 53

---

232 Siehe dazu Rn. 93 ff.

233 Heute trägt das *bureau de conciliation* den Zusatz *et d'orientation*, dazu Rn. 287.

234 *Bonafé-Schmitt*, Mouv. soc. 141 (1987), 121, 121.

235 Vgl. *Cotterau*, Mouv. soc. 141 (1987), 25, 52; Ministère de la Justice, Références statistiques justice, justice civile et commerciale, Le contentieux du travail, 2020, S. 47.

236 Vgl. *Bonafé-Schmitt*, Mouv. soc. 141 (1987), 121, 122 f., 126.

237 Vgl. *Bonafé-Schmitt*, Mouv. soc. 141 (1987), 121, 126; *Canayer* et al., La justice prud'homale au milieu du gué, S. 20; *Mollot*, De la Compétence des Conseils de Prud'hommes, S. 10, 60.

238 Siehe Rn. 98.

2. Deutsche Arbeitsgerichte

54 Die CPH waren ein wichtiges Vorbild auf dem Weg zu den modernen deutschen Arbeitsgerichten. Wenngleich einige Prinzipien bereits in früheren Vorläufern, insbesondere den Zunftgerichten, angelegt waren,[239] haben die CPH bis heute Spuren hinterlassen.[240]

a) Eigenständige Gerichte

55 Ebenso wie die CPH sind die Arbeitsgerichte heute von den ordentlichen Gerichten getrennt.[241] Die Gründung der CPH wird auch als „Geburtsstunde des Sondergerichtsgedankens“[242] angesehen, welcher sich mit Gründung der Gewerbegerichte 1890 „endgültig durchsetzte“.[243]

b) Vorrang der gütlichen Streitbeilegung

56 Ein wesentliches historisches Element ist die im Vordergrund stehende gütliche Streitbeilegung.[244] Noch heute hat die Suche nach einer einvernehmlichen Lösung eine ganz zentrale Bedeutung im arbeitsgerichtlichen Verfahren (§§ 54, 57 Abs. 2 ArbGG). Dies zeigt besonders die Ausgestaltung der Güteverhandlung als obligatorischer Verfahrensabschnitt (Güteverfahren § 54 ArbGG). In der Praxis bestätigt die große Zahl der durch gerichtlichen Vergleich erledigten Fälle ihre Relevanz.[245] Die sich aus §§ 54, 57 ArbGG ergebenden zwei Verfahrensabschnitte sind ebenfalls von den CPH bekannt.

---

239 Vgl. *Brand*, Band 1, S. 395; *Linsenmaier*, NZA 2004, 401, 402; *Stöhr*, AuR 2021, G13, G13.

240 *Prütting* bezeichnet sie als „Keimzelle der modernen Arbeitsgerichtsbarkeit“, GMP/*Prütting*, Einl. Rn. 6.

241 Zu den Gründen für die Trennung der Gewerbegerichte 1890 von den Zivilgerichten siehe *Wenzel*, JZ 1965, 697, 698. Zur Diskussion vor Erlass des ArbGG 1926 über die Eigenständigkeit der Arbeitsgerichte siehe *Bewer*, ZZP 1925, 74, 79 ff.

242 *Stöhr*, AuR 2021, G13, G14.

243 *Wenzel*, JZ 1965, 697, 697 f.

244 GMP/*Prütting*, Einl. Rn. 6; *Leinemann*, NZA 1991, 961, 962; *Linsenmaier*, NZA 2004, 401, 403; *Prütting*, in: Joussen/Unberath (Hrsg.), Mediation im Arbeitsrecht, S. 103; *Wenzel*, JZ 1965, 697, 697; vgl. *Sawall*, Die Entwicklung der Arbeitsgerichtsbarkeit, S. 94.

245 Siehe dazu Rn. 321 ff.

c) *Beteiligung von Arbeitnehmern und Arbeitgebern*

Wenngleich sich die Besetzung der Arbeitsgerichte mehrmals änderte, insbesondere auch die Anforderungen an die Berufsrichter, werden Arbeitnehmer und Arbeitgeber seit Einführung des ersten CPH auf deutschem Boden an der Rechtsprechung beteiligt.[246] Das Paritätsprinzip[247] etablierte sich auch in Deutschland erst später, namentlich mit den Gewerbegerichten 1890,[248] und ist seitdem ein Grundpfeiler der Arbeitsgerichte.[249] 57

246 *Opolony*, NZA 2004, 519, 519; *Seifert*, Die Entwicklung des Gütegedankens im arbeitsgerichtlichen Verfahren, S. 52. Mit Einschränkungen insb. beim Berliner Fabrikengericht und den Westfälischen Fabrikengerichtsdeputationen, siehe Rn. 44.

247 In Deutschland wird – soweit ersichtlich – nicht diskutiert, ob die Beteiligung eines Berufsrichters dem Grundsatz der Parität widerspricht. In Frankreich wird die paritätische Besetzung auch als Gegenentwurf zu einem Schöffensystem verstanden, vgl. z.B. *Auzero/Baugard/Dockès*, Droit du travail, Rn. 105; *Géa*, RJS 2016, 191, 193 f.

248 *Stöhr*, AuR 2021, G13, G16.

249 Vgl. *Söllner*, in: Die Arbeitsgerichtsbarkeit, S. 8.

§ 2 Organisation

Im Jahr 2022 gibt es in Frankreich insgesamt 211 CPH.[250] In jedem Gerichtsbezirk eines *tribunal judiciaire*[251] befindet sich mindestens einer, wo erforderlich auch mehrere (Art. L. 1422-1 C. trav.).[252] Ihre Organisation ist geregelt in Art. L. 1423-1 ff. C. trav. 58

I. Die Conseils de Prud'hommes im Gerichtssystem

1. Zuständigkeiten für arbeitsrechtliche Streitigkeiten

Die Zuständigkeiten für arbeitsrechtliche Streitigkeiten sind in Frankreich zersplittert.[253] Es gibt weder eine eigene Arbeits- noch eine Sozialgerichtsbarkeit[254].[255] Aufgrund der in Frankreich vorgenommenen Zuordnung zum Sozialrecht (*droit social*)[256] könnte Letztere auch das Arbeitsrecht umfassen. Stattdessen hat Frankreich nur zwei Gerichtsbarkeiten: die ordentliche Gerichtsbarkeit (*juridiction judiciaire*), welche auch Spezialgerichte (*juridictions spécialisées*)[257] umfasst, und die Verwaltungsgerichtsbarkeit (*juridiction* 59

---

250 Ministère de la Justice, Les chiffres clés de la Justice 2021, S. 4: 210 CPH. Durch Neugründung des CPH in Mamoudzou (Mayotte) nun 211; *Boulmier* et al., Le Lamy Procédure prud'homale, Rn. 5.

251 Am 1.1.2020 wurden die *tribunaux de grande instance* und die *tribunaux d'instance* zu den *trinbunaux judiciaires* vereint, loi n° 2019-222 du 23 mars 2019, JORF n° 71 du 23 mars 2019.

252 Liste der bestehenden CPH in *Boulmier* et al., Le Lamy Procédure prud'homale, Rn. 49.

253 „*Éclatement*", „*éparpillement*"; *Favennec-Héry/Marquet de Vasselot*, JCP-S 2019, Nr. 1163, 1, 1, 5; *Lacabarats*, RJS 2016, 187, 187; *Orif*, Dr. soc. 2017, 618, 618; *Ray*, Droit du travail, Rn. 93 f. Zur Kritik hieran Rapport Marshall, S. 48 f.; einschränkend *Daugareilh* et al., in: Ebisui et al., Resolving individual labour disputes, S. 109.

254 Zur Bündelung von Sozialrechtsstreitigkeiten an den *tribunaux de grande instance* (heute *tribunaux judiciaires*) durch loi n° 2016-1547 du 18 novembre 2016, JORF n° 269 du 19 novembre 2016 siehe Ministère de la Justice, La réforme des juridictions sociales.

255 Zu den Bestrebungen zur Errichtung einer eigenen Gerichtsbarkeit siehe Fn. 370.

256 Das *droit social* beinhaltet das Arbeitsrecht (*droit du travail*) und das Sozialversicherungsrecht (*droit de la sécurité sociale*); *Antonmattei*, Droit du travail, Rn. 3.

257 Auch als *juridictions d'exception* bezeichnet.

administrative).[258] Diese strenge Zweiteilung beruht auf dem Prinzip der Gewaltenteilung.[259]

60 Welches Gericht in einer arbeitsrechtlichen Streitigkeit erstinstanzlich zuständig ist, hängt grundsätzlich vom Streitgegenstand ab.[260] In Betracht kommen fünf verschiedene Gerichte, sodass die richtige Bestimmung für die rechtssuchende Partei sehr komplex sein kann.[261]

a) Eingangsinstanzen für arbeitsrechtliche Streitigkeiten in der ordentlichen Gerichtsbarkeit

aa) Conseil de Prud'hommes

61 Der CPH ist grundsätzlich die Eingangsinstanz für individualarbeitsrechtliche Streitigkeiten.[262] Er hat eine ausschließliche Zuständigkeit für die im Kapitel *compétence en raison de la matière* des Code du travail[263] aufgeführten Streitigkeiten (Art. L. 1411-4 Abs. 1 C. trav.). Hierzu gehören Streitigkeiten im Zusammenhang mit einem Arbeitsvertrag, sowohl zwischen Arbeitnehmern und Arbeitgebern als auch zwischen Arbeitnehmern untereinander, sowie Streitigkeiten von privatrechtlich beschäftigten Angestellten des öffentlichen Dienstes (Art. L. 1411-1 bis Art. L. 1411-3 C. trav.). Der CPH ist nicht zuständig, wenn ein Gesetz die Streitigkeit einem anderen Gericht zuweist (Art. L. 1411-4 Abs. 2 C. trav.).

bb) Handelsgericht

62 Das Handelsgericht (*tribunal du commerce*) kann im Rahmen seiner Zuständigkeiten ebenfalls mit arbeitsrechtlichen Fragen befasst sein. Hier sind vor allem Insolvenzverfahren (*procédures collectives*) zu nennen.[264] Das Handelsgericht

---

258 Vgl. *Orif*, Dr. soc. 2017, 618, 618.

259 Festgeschrieben durch Art. 16 der Erklärung der Menschen- und Bürgerrechte 1789; *Favennec-Héry/Marquet de Vasselot*, JCP-S 2019, Nr. 1163, 1, 6. Siehe dazu *Faissner*, Die Gerichtsverwaltung, S. 108–110.

260 Vgl. *Auzero/Baugard/Dockès*, Droit du travail, Rn. 88.

261 *Auzero/Baugard/Dockès*, Droit du travail, Rn. 88; *Orif*, Dr. soc. 2017, 618, 618 f. Zum Zeitpunkt des Beitrags gab es anstelle des *tribunal judiciaire* noch das *tribunal de grande instance* und das *tribunal d'instance*, sodass *Orif* von sechs Gerichten spricht. Vgl. auch *Guiomard*, RDT 2014, 129, 130; Rapport Lacabarats, S. 14.

262 Zur sachlichen Zuständigkeit im Einzelnen siehe unten Rn. 217 ff.

263 Art. L. 1411-1 bis L. 1411-6 C. trav.

264 *Bataille/Cormorant*, La procédure prud'homale, Rn. 461; *Lacabarats*, RJS 2016, 187, 187.

ist besetzt mit ehrenamtlich tätigen gewählten Kaufleuten (Art. L. 721-1, L. 723-1 ff. C. com.). Es entscheidet grundsätzlich mit einer Besetzung von drei Mitgliedern (vgl. Art. L. 722-1 C. com.). Berufsrichter sind nicht beteiligt.[265]

cc) Strafgerichte

63 Die Strafgerichte sind zuständig bei einer Verletzung der zahlreichen im Code du travail normierten arbeitsrechtlichen Ordnungswidrigkeits- und Straftatbestände sowie für die Tatbestände aus dem Code pénal.[266] Zu den relevanten Delikten gehören beispielsweise Behinderungen der Arbeitnehmervertretungen, Verstöße gegen Arbeitsschutzvorschriften und Belästigungen/Mobbing.[267]

dd) Ordentliches Gericht erster Instanz

64 Schließlich hat auch das ordentliche Gericht erster Instanz (*tribunal judiciaire*) besondere arbeitsrechtliche Zuständigkeiten. Dazu gehören beispielsweise bestimmte Streitigkeiten im Zusammenhang mit Arbeitnehmervertreterwahlen (*élections professionnelles*, Art. R. 2314-23 C. trav.) und Streitigkeiten über die Ernennung von Gewerkschaftsvertretern (*délégués syndicaux*, Art. L. 2143-8 Abs. 1 C. trav.). Das *tribunal judiciaire* ist zudem immer dann zuständig, wenn der Streitgegenstand keinem speziellen Gericht zugewiesen ist (Art. L. 211-3 C. org. jud.).[268] Das betrifft allen voran kollektivarbeitsrechtliche Streitigkeiten, da die CPH nur über Streitigkeiten im Zusammenhang mit einem Arbeitsvertrag entscheiden dürfen.[269] Die Richter am *tribunal judiciaire* sind Berufsrichter.

---

265 Eine Ausnahme gilt für die *départements* Bas-Rhin, Haut-Rhin und Moselle. Dort sind die ordentlichen Gerichte erster Instanz für Handelssachen zuständig. Deren Kammern für Handelssachen sind besetzt mit einem Berufsrichter und gewählten ehrenamtlichen Beisitzern; Art. L. 731-1 ff. C. com. Auch in den Übersee-*départements* und -gebieten sind gemischt besetzte Gerichte zuständig; Art. L. 732-1 ff. C. com.

266 *Auzero/Baugard/Dockès*, Droit du travail, Rn. 87; *Ray*, Droit du travail, Rn. 114. Zum Verhältnis zwischen dem strafrechtlichen und dem zivilrechtlichen Verfahren siehe *Auzero/Baugard/Dockès*, Droit du travail, Rn. 92–94.

267 Insb. Art. L. 2317-1 C. trav.; Art. L. 4741-1 C. trav.; Art. L. 1155-1 C. trav.; Art. 222-33-2-2 C. pén.; siehe auch *Canayer* et al., La justice prud'homale au milieu du gué, S. 19; *Ray*, Droit du travail, Rn. 114.

268 Zur Zuständigkeit der *tribunaux de proximité* (abgeordnete Kammern der *tribunaux judiciaires*) siehe *Auzero/Baugard/Dockès*, Droit du travail, Rn. 89.

269 Vgl. *Favennec-Héry/Marquet de Vasselot*, JCP-S 2019, Nr. 1163, 1, 2; *Orif*, Dr. soc. 2017, 618, 618; *Ray*, Droit du travail, Rn. 111. Siehe dazu Rn. 217 ff.

Ein Sonderfall sind schließlich die *pôles sociaux des tribunaux judiciaires.*[270] Sie sind als Sozialabteilungen Teil der ordentlichen Gerichte erster Instanz und haben eine Sonderzuständigkeit für sozialversicherungsrechtliche Streitigkeiten.[271] Sie sind besetzt mit einem Berufsrichter und zwei Beisitzern (jeweils ein Arbeitgeber und ein Arbeitnehmer).

b) Eingangsinstanz für arbeitsrechtliche Streitigkeiten in der Verwaltungsgerichtsbarkeit

65 Das Verwaltungsgericht (*tribunal administratif*) ist zuständig für Klagen von oder gegen Beamte oder andere öffentlich-rechtlich Beschäftigte (Art. R. 312-12 CJA). Es ist darüber hinaus zuständig, wenn Verwaltungsentscheidungen angefochten oder überprüft werden sollen.[272] Diese haben im französischen Arbeitsrecht eine besondere Relevanz, da die Behörden – insbesondere die Arbeitsinspektion (*inspection du travail*)[273] und die französischen Arbeitsmarktbehörden DREETS[274] – weitreichenden Einfluss auf die Arbeitsbeziehungen nehmen.[275] Hervorzuheben sind Streitigkeiten über den Inhalt eines Arbeitsplatzerhaltungsplans (*plan de sauvegarde de l'emploi – PSE*)[276] und Streitigkeiten über die Zustimmung zur Entlassung eines besonders geschützten

---

270 Sie ersetzen seit 1.1.2019 die *tribunaux des affaires de la sécurite sociale* („TASS"), *tribunaux de contentieux de l'incapacité* („TCI") und die *commissions départementales de l'aide sociale* („CDAS").

271 Vgl. *Dupays* et al., Le Lamy Social, Rn. 5455; *Orif*, Dr. soc. 2017, 618, 620 f.

272 *Auzero/Baugard/Dockès*, Droit du travail, Rn. 95–97; vgl. *Gauriau/Miné*, Droit du travail, Rn. 64; *Lacabarats*, RJS 2016, 187, 187; *Orif*, Dr. soc. 2017, 618, 620; *Ray*, Droit du travail, Rn. 118.

273 Siehe dazu *Kollerbaur*, Die französische Arbeitsinspektion.

274 Siehe zu den DREETS (*Directions régionales de l'économie, de l'emploi, du travail et des solidarités*; früher DIRECCTE) Portail national des DREETS, Protéger, accompagner, développer, abrufbar unter: https://dreets.gouv.fr/Proteger-accompagner-developper-au-coeur-des-missions-des-DREETS [zuletzt abgerufen am 7.10.2022].

275 *Auzero/Baugard/Dockès*, Droit du travail, Rn. 95 f.; vgl. *Gauriau/Miné*, Droit du travail, Rn. 65; *Ray*, Droit du travail, Rn. 79, 93, 118.

276 *Favennec-Héry/Marquet de Vasselot*, JCP-S 2019, Nr. 1163, 1, 8. Siehe dort auch zu den Zuständigkeiten der DIRECCTE (heute DREETS) und der CPH im Rahmen eines PSE. Vgl. CE 4ème et 1ère chambre réunies, 13 avril 2018, n° 404090, abrufbar unter https://www.legifrance.gouv.fr/ceta/id/CETATEXT000036800357/ [zuletzt abgerufen am 7.10.2022].

Arbeitnehmers (*salarié protégé*) durch die Arbeitsinspektion.[277] Zum Teil bestehen jedoch auch spezielle Zuweisungen an andere Gerichte.[278] Die Bestimmung des richtigen Rechtswegs gestaltet sich daher oftmals als sehr kompliziert.[279] Das Verwaltungsgericht entscheidet in einer Besetzung von einem bzw. drei (Berufs-)Richtern (Art. L. 222-1, R. 222-18 CJA).

2. Zivilrechtlicher Instanzenzug

Für Berufungen ist das Berufungsgericht (*Cour d'appel*) zuständig. Es ist Teil der ordentlichen Gerichtsbarkeit und hat eine Sozialkammer (*chambre sociale*), welche unter anderem für Berufungen gegen Urteile des CPH zuständig ist.[280] Gegen Urteile des *tribunal judiciaire* ist wiederum eine Zivilkammer (*chambre civile*) zuständig, gegen solche des Handelsgerichts die Kammer für Handelssachen (*chambre commerciale*). Die Kammern sind mit Berufsrichtern besetzt. 66

Die dritte Instanz ist schließlich der Kassationshof (*Cour de cassation*). Ebenso wie das Berufungsgericht verfügt er über verschiedene Kammern (insb. eine Sozialkammer, eine Kammer für Handelssachen und drei Zivilkammern). Der Kassationshof entscheidet nur über Rechtsverletzungen und kann direkt angerufen werden, wenn die Berufungssumme nicht erreicht wird.[281] 67

---

277 Vgl. *Dupays* et al., Le Lamy Social, Rn. 3087 ff.; *Gauriau/Miné*, Droit du travail, Rn. 63. Zur schwierigen Abgrenzung der Zuständigkeiten zwischen Zivil- und Verwaltungsgerichtsbarkeit bei besonders geschützten Arbeitnehmern siehe *Favennec-Héry/Marquet de Vasselot*, JCP-S 2019, Nr. 1163, 1, 6 f.

278 *Auzero/Baugard/Dockès*, Droit du travail, Rn. 95. Beispielsweise ist der CPH zuständig für Streitigkeiten über Aufhebungsverträge (*rupture conventionnelle*), auch wenn die Arbeitsinspektion diese genehmigt hat, Art. L. 1237-14 Abs. 4 C. trav.; *Orif*, Dr. soc. 2017, 618, 620. In bestimmten Fällen ist auch unmittelbar der Staatsrat (*Conseil d'État*) zuständig, Art. R. 311-1 CJA.

279 Über Zuständigkeitskonflikte zwischen der Verwaltungs- und der ordentlichen Gerichtsbarkeit entscheidet das *tribunal des conflits*.

280 Art. R. 311-6 C. org. jud.

281 Art. 604 C. pr. civ.; *Dupays* et al., Le Lamy Social, Rn. 5511. Dazu Rn. 403.

68 Die **Übersicht 1** zeigt den zivilrechtlichen Instanzenzug für arbeitsrechtliche Streitigkeiten:

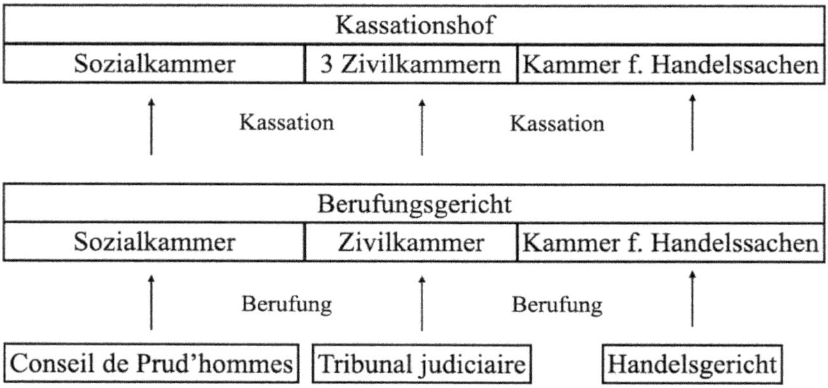

Übersicht 1: Zivilrechtlicher Instanzenzug für arbeitsrechtliche Streitigkeiten

3. Vergleich zum deutschen System

69 Anders als in Frankreich unterscheidet man in Deutschland zwischen dem Arbeits- und dem Sozialrecht. Das drückt sich auch in den Gerichtsbarkeiten aus: In Deutschland gibt es neben der ordentlichen Gerichtsbarkeit, der Verwaltungs- und der Finanzgerichtsbarkeit sowohl eine eigene Arbeits- als auch eine Sozialgerichtsbarkeit (Art. 95 Abs. 1 GG).[282] Die Arbeitsgerichte sind dabei besondere Zivilgerichte, die Sozialgerichte besondere Verwaltungsgerichte.[283]

70 Ein grundlegender Unterschied zwischen Deutschland und Frankreich besteht daher auch in der Stellung der Gerichte für Arbeitssachen im Gerichtssystem: In Deutschland gibt es eine eigene Arbeitsgerichtsbarkeit mit drei

282 Zur Diskussion im Vorfeld des ArbGG 1926 um die Frage, ob eine eigenständige Arbeitsgerichtsbarkeit geschaffen oder die Arbeitsgerichte in die ordentlichen Gerichte eingegliedert werden sollen, siehe *Bewer*, ZZP 1925, 74, 79 ff.

283 *Junker*, Grundkurs Arbeitsrecht, Rn. 835; vgl. *Schmidt/Luczak*, in: Die Arbeitsgerichtsbarkeit, S. 222; a.A. für die Arbeitsgerichte GMP/*Schlewing*/*Dickerhof-Borello*, § 1 ArbGG Rn. 1. Zur Diskussion um die Eingliederung der Arbeitsgerichtsbarkeit in die ordentliche Gerichtsbarkeit siehe insb. *Aust-Dodenhoff*, NZA 2004, 24; MüHdb ArbR/*Pulz*, § 387 Rn. 15 ff.; *Nielebock*, NZA 2004, 28; *Weth*, NZA 2006, 182.

Instanzen, bestehend aus den Arbeitsgerichten, den Landesarbeitsgerichten und dem Bundesarbeitsgericht (§ 1 ArbGG). In Frankreich sind hingegen nur die CPH eigenständig. Deren Zuständigkeit für arbeitsrechtliche Streitigkeiten ist zudem inhaltlich begrenzt. Für Berufung und Anträge auf Kassation gegen Urteile der CPH sind die ordentlichen Gerichte zuständig.

Die deutschen Arbeitsgerichte haben weit umfassendere Zuständigkeiten 71
und sind die einheitliche Eingangsinstanz für (individual- und kollektiv-) arbeitsrechtliche Streitigkeiten (vgl. § 8 Abs. 1 ArbGG).[284] Sie sind jedoch nur zuständig für Rechtsstreitigkeiten, nicht für Regelungsstreitigkeiten.[285] Ihre Zuständigkeit endet zudem dort, wo es um zivilrechtliche Fragen ohne arbeitsrechtlichen Bezug geht, wie insbesondere der Außenhaftung des Arbeitnehmers.[286]

Die Ressortierung der erstinstanzlichen Arbeitsgerichte zeigt in beiden 72
Ländern deren besondere Stellung: In Frankreich sind sowohl das Justizministerium (*ministère de la justice*) als auch das Arbeitsministerium (*ministère du travail*) zuständig.[287] In Deutschland ressortiert das Bundesarbeitsgericht bei dem Bundesministerium für Arbeit und Soziales.[288] Die Länder können die Arbeitsgerichte hingegen wahlweise dem Landesjustizministerium oder der obersten Arbeitsbehörde zuordnen (vgl. § 15 Abs. 1 S. 1 ArbGG).[289] Bis zur Einführung dieser Vorschrift gab es Kontroversen darum, welches Ministerium zuständig sein sollte.[290]

---

284 In Ausnahmefällen sind die Landesarbeitsgerichte erstinstanzlich zuständig (§§ 97 Abs. 2, 98 Abs. 2 ArbGG). Zum Vergleich der Zuständigkeiten zwischen den Arbeitsgerichten und den CPH siehe Rn. 247 ff.

285 Siehe dazu *Junker*, Grundkurs Arbeitsrecht, Rn. 842–844.

286 *Junker*, Grundkurs Arbeitsrecht, Rn. 835.

287 Genauer: die *direction des services judiciaires* und die *direction des affaires civiles* des Justizministeriums und die *direction générale du travail* des Arbeitsministeriums. Dazu *Canayer* et al., La justice prud'homale au milieu du gué, S. 47–49, die für eine Alleinzuständigkeit des Justizministeriums plädieren (recommandation n° 2).

288 *Hohmann*, Arbeitsgerichtsgesetz, Einl. Rn. 10; *Leinemann*, NZA 1991, 961, 966.

289 Eingeführt durch das Arbeitsgerichtsgesetz-Änderungsgesetz vom 26.6.1990, BGBl. I, 1206. Zuvor waren sie einheitlich bei den Landesarbeitsministerien ressortiert, GMP/*Prütting*, § 15 ArbGG Rn. 32.

290 Siehe dazu GMP/*Prütting*, § 15 ArbGG Rn. 32–36.

II. Unabhängiges und unparteiisches Gericht

1. Gericht

a) *Vollwertiges Gericht*

73 Die CPH sind trotz der Eingangsformel des Art. L. 1411-1 Abs. 1 C. trav., wonach sie Streitigkeiten im Wege der Schlichtung[291] (*par voie de conciliation*) regeln, keine reine Güte- oder Schlichtungsinstanz. Bei Scheitern der gütlichen Einigung fällen sie ein Urteil (Art. L. 1411-1 Abs. 2 C. trav.) auf Grundlage des Gesetzes[292], nicht nach Billigkeit.[293]

74 Die Urteile der CPH sind rechtlich voll überprüfbar. Die Parteien können Berufung vor dem Berufungsgericht einlegen. Darüber hinaus kann ein Urteil bei Unzulässigkeit der Berufung vor dem Kassationshof angefochten werden.[294] Die CPH sind somit als vollwertige juristische Eingangsinstanz in den Instanzenzug eingegliedert.[295]

b) *Vollwertige Richter*

75 Zweifel an der Einordnung als Gericht könnten sich auch aus der besonderen Besetzung der Richterbank ergeben: Die *conseillers* – die Richter der CPH[296] – sind Arbeitgeber und Arbeitnehmer, die über keinerlei juristische Vorbildung verfügen müssen. Ein Berufsrichter ist grundsätzlich nicht beteiligt. Die *conseillers* agieren aber dennoch als vollwertige Richter.[297] Sie sprechen die Urteile

291 Diese Arbeit verwendet den (rechtlich nicht definierten) Begriff der Schlichtung synonym zum Versuch der gütlichen Einigung. Im Kern bezeichnen beide den Versuch, eine einvernehmliche Lösung zu erreichen. Siehe dazu auch *Sonnenberg*, Der Güterichter im Arbeitsrecht, S. 40 ff.

292 Art. 12 Abs. 1 C. pr. civ.

293 Cass. soc. 11 mai 1994, n° 91-40.275, abrufbar unter: https://www.legifrance.gouv.fr/juri/id/JURITEXT000007238437/ [zuletzt abgerufen am 7.10.2022]; *Boulmier* et al., Le Lamy Procédure prud'homale, Rn. 284.

294 Siehe dazu Rn. 403.

295 Vgl. *Auzero/Baugard/Dockès*, Droit du travail, Rn. 128; *Bonafé-Schmitt*, Mouv. soc. 141 (1987), 121, 137; Rapport Lacabarats, S. 20.

296 Zum Begriff siehe Rn. 119 f.

297 Vgl. *Blet*, Dr. ouvr. 2006, 254, 257; *Boulmier* et al., Le Lamy Procédure prud'homale, Rn. 286; *Ray*, Droit du travail, Rn. 107. Zu dem selben Ergebnis kam bereits 1971 – also noch vor der großen Reform 1979 (dazu Rn. 38 f.) – *Brexl*, Die Rechtsstellung des französischen Richters, S. 200 f. Kritisch *Moritz*, ZfRSoz 1984, 51, 52.

im Namen des Volkes.[298] Ebenso wie Berufsrichter legen sie vor Amtsantritt einen Eid ab.[299] Als Zeichen ihres Amtes tragen sie bei dessen Ausübung eine Medaille.[300] Dass sie keine Robe tragen, hat historische Gründe: Der Verzicht sollte die Gleichheit der *conseillers* mit den Parteien betonen und das weniger strenge Erscheinungsbild sollte die gütliche Streitbeilegung fördern.[301] In praktischen Beobachtungen fiel auf, dass sich die *conseillers* dadurch äußerlich stark von den Robe tragenden Anwälten abhoben.[302]

c) *Wahrnehmungen aus der Praxis*

Obwohl die CPH nach ihrer rechtlichen Ausgestaltung also vollwertige Gerichte sind, gibt es einige Berichte darüber, dass Verfahrensbeteiligte und Justizange- 76 hörige sie nicht als solche wahrnehmen.[303] So sprach *Holleaux* im Jahr 2015 von der Gefahr, die Verfahren vor den CPH könnten eine „*simple ‚tour de chauffe*'" (etwa: Aufwärmrunde) sein.[304] Dieser Ansicht sind laut einem empirischen Bericht aus dem Jahr 2019 jedenfalls einige Rechtsanwälte, nach welchen der eigentliche Gerichtsprozess erst in der Berufungsinstanz beginne.[305] Darüber hinaus sind gewisse CPH dem Bericht zufolge keine unparteiischen Orte, sondern neigten dazu, „örtliche soziale oder gar politische Spannungen zu reproduzieren".[306]

77 Auch die räumlichen Verhältnisse vieler CPH passen aktuell nicht zu ihrem gerichtlichen Auftrag. *Canayer* et al. berichten, dass gewisse CPH nur über einen unzureichenden Sitzungssaal verfügen, oder diesen mit einem anderen

298 Art. 454 C. pr. civ.; *Boulmier* et al., Le Lamy Procédure prud'homale, Rn. 284.

299 Art. D. 1442-11 – D. 1442-14 C. trav; *Boulmier* et al., Le Lamy Procédure prud'homale, Rn. 287.

300 Art. D. 1442-25 C. trav.; *Boulmier* et al., Le Lamy Procédure prud'homale, Rn. 288. Berufsrichter tragen dagegen eine Robe. In einem Bericht an den Senat schlugen *Canayer* et al. vor, dass auch die *conseillers* eine Robe tragen sollen, La justice prud'homale au milieu du gué, S. 60 (recommandation n° 20).

301 *Mollot*, De la Compétence des Conseils de Prud'hommes, S. 91 f.; vgl. *Canayer* et al., La justice prud'homale au milieu du gué, S. 60 (mit Kritik).

302 Besuche des CPH Straßburg am 21.9.2021 und des CPH Lyon 28.2.–4.3.2022; so auch *Canayer* et al., La justice prud'homale au milieu du gué, S. 60.

303 Vgl. *Canayer* et al., La justice prud'homale au milieu du gué, S. 9; a.A. wohl *Bataille*, La procédure prud'homale Rn. 872.

304 *Holleaux*, Sem. Soc. Lamy, n° 1679, 1er juin 2015.

305 *Canayer* et al., La justice prud'homale au milieu du gué, S. 42, 60.

306 Im Original „*tendent à reproduire […] les tensions sociales voire politiques locales*", *Canayer* et al., La justice prud'homale au milieu du gué, S. 9.

Gericht teilen müssen.[307] Auch in praktischen Beobachtungen in Straßburg war das einfache Erscheinungsbild auffallend (Sitzungen in einem Hintergebäude ohne Empfang, Zugang über einen Parkplatz, einfachste Ausstattung), was im Vergleich zum dortigen ordentlichen Gericht erster Instanz noch gravierender erschien. In Lyon sind die Räumlichkeiten deutlich besser ausgestattet, allerdings ist dieser CPH in einem Bürokomplex untergebracht. Der CPH Caen ist zwar im örtlichen Justizpalast untergebracht, verfügt aber in seinen Sitzungssälen über keine Computer.[308]

2. Unabhängig

78 Die CPH müssen gemäß Art. 6 Abs. 1 S. 1 EMRK unabhängig und unparteiisch[309] sein.[310] Mit Blick auf die Besetzung mit Arbeitnehmer- und Arbeitgeberrichtern könnten auch hier grundsätzliche Bedenken aufkommen, zumal die *conseillers* nur für einen bestimmten Zeitraum ernannt werden. So äußerte beispielsweise die GRECO[311] in einem Bericht im Jahr 2013 Vorbehalte hinsichtlich des Einsatzes von ausschließlich ehrenamtlichen Richtern. Sie empfahl, die CPH zu reformieren, „um die Unabhängigkeit, Unparteilichkeit und Integrität der Laienrichter zu stärken".[312]

79 Um unabhängig i.S.v. Art. 6 Abs. 1 EMRK zu sein, muss ein Gericht insbesondere von der Exekutive und den Parteien unabhängig sein.[313] Die Richter

307 *Canayer* et al., La justice prud'homale au milieu du gué, S. 43 f., 61.

308 Besuche des CPH Straßburg (21.9.2021), des CPH Lyon (28.2.–4.3.2022) und des CPH Caen (19.–20.5.2022).

309 Unabhängigkeit und Unparteilichkeit sind eng verknüpft und überschneiden sich teilweise. Zur besseren Klarheit werden die beiden Punkte hier dennoch so weit wie möglich getrennt.

310 *Boulmier* et al., Le Lamy Procédure prud'homale, Rn. 294; Rapport Lacabarats, S. 18. Im französischen Recht wird dieses Erfordernis für Laienrichter zudem abgeleitet aus Art. 16 der Erklärung der Menschen- und Bürgerrechte 1789; Cons. const. 11 déc. 2014, n° 2014-704 DC cons. 15–17, JORF n° 293 du 19 décembre 2014; Cons. const. n° 2003-466 DC du 20 février 2003, cons. 23, JORF n° 49 du 27 février 2003.

311 *Groupe d'États contre la Corruption*, Staatengruppe des Europarats zur Bekämpfung der Korruption.

312 Im Original „*afin de renforcer l'indépendance, l'impartialité et l'intégrité des juges non professionnels*", GRECO, Rapport d'évaluation France, S. 37. Die Empfehlung betraf ebenso die Handelsgerichte.

313 *Meyer-Ladewig/Harrendorf/König*, in: Meyer-Ladewig/Nettesheim/von Raumer (Hrsg.), EMRK, Art. 6 EMRK Rn. 66.

müssen vor äußerer Einflussnahme geschützt und grundsätzlich unabsetzbar sein.[314] Eine begrenzte Amtsdauer der Richter steht der Unabhängigkeit nicht *per se* entgegen.[315] Zwar erachtete der EGMR in der Vergangenheit je nach Fall schon verschieden lange Amtsperioden als zulässig,[316] sodass keine genaue Grenze bestimmt werden kann.[317] Er stellte jedoch klar, dass besonders eine unentgeltliche Tätigkeit kürzere Amtsperioden begründen kann.[318] Die *conseillers* üben ihr Amt ehrenamtlich aus. Ihre Berufung für jeweils vier Jahre ist angelehnt an den Turnus, in welchem die Reichweite der Gewerkschaften und Arbeitgeberverbände gemessen wird.[319] Aus diesen Gründen dürften gegen die Amtsdauer keine Bedenken bestehen.

3. Unparteiisch

a) Rechtsprechung des EGMR

Der EGMR betrachtet die Unparteilichkeit aus einer subjektiven und einer 80
objektiven Perspektive.[320] Ein Richter ist subjektiv unparteiisch, wenn er nicht persönlich befangen ist.[321] Die objektive Unparteilichkeit setzt voraus, dass die Richter und das Gericht ausreichende Garantien bieten, um berechtigte Zweifel

---

314 *Grabenwarter/Pabel*, EMRK, § 24 Rn. 34–37; *Meyer*, in: Karpenstein/Mayer (Hrsg.), EMRK, Art. 6 EMRK Rn. 53 m.w.N.; vgl. *Pasquier*, RDT 2015, 275, 278. Zur Unabhängigkeit von Berufsrichtern siehe *Faissner*, Die Gerichtsverwaltung, S. 15 ff. Zur Weisungsfreiheit und dem Schutz der *conseillers* vor äußerer Einflussnahme siehe Rn. 171 ff.

315 Vgl. *Grabenwarter/Pabel*, EMRK, § 24 Rn. 36.

316 Amtsperiode von drei Jahren zulässig: EGMR 22.10.1984 – Nr. 8790/79 – Sramek/Österreich, Rn. 38; EGMR 28.6.1984 – Nr. 7819/77 – Campbell u. Fell/Vereinigtes Königreich, Rn. 80; Amtsperiode von vier Jahren unzulässig: EGMR 9.6.1988 – Nr. 22678/93 – Incal/Türkei, Rn. 68; Amtsperiode von einem Jahr unzulässig: EGMR 3.5.2007 – Nr. 394229/98 – Irfan Bayrak/Türkei, Rn. 38.

317 Vgl. *Grabenwarter/Pabel*, EMRK, § 24 Rn. 36, die resümieren, dass „regelmäßig [...] eine Amtsdauer von mindestens fünf bis sechs Jahren erforderlich [ist]".

318 EGMR 28.6.1984 – Nr. 7819/77 – Campbell u. Fell/Vereinigtes Königreich, Rn. 80; *Grabenwarter/Pabel*, EMRK, § 24 Rn. 36.

319 Siehe zur Amtsdauer der *conseillers* und zu den Gründen ihrer Verkürzung von fünf auf vier Jahre Rn. 126.

320 Vgl. z.B. EGMR 15.12.2005 – Nr. 73797/01 – Kyprianou/Zypern, Rn. 119; EGMR 1.10.1982 – Nr. 8692/79 – Piersack/Belgien, Rn. 30. Siehe dazu ausführlich *Grabenwarter/Pabel*, EMRK, § 24 Rn. 41–50.

321 Vgl. EGMR 1.10.1982 – Nr. 8692/79 – Piersack/Belgien, Rn. 30; *Grabenwarter/Pabel*, EMRK, § 24 Rn. 44.

hieran auszuschließen.[322] Bezüglich der CPH spricht die französische Literatur teilweise auch von der institutionellen Unparteilichkeit der CPH (*impartialité institutionnelle*) und der persönlichen Unparteilichkeit der *conseillers* (*impartialité personnelle*).[323] Nur durch das Zusammenwirken der beiden Elemente sei die Institution der CPH insgesamt substanziell unparteiisch.[324]

81 Der EGMR hat sich bisher noch nicht mit der Unparteilichkeit der CPH i.S.v. Art. 6 Abs. 1 S. 1 EMRK befasst.[325] In der Literatur gab es früher Zweifel, ob sie einer solchen Prüfung standhalten würden.[326] Problematisch sei bereits ihre Besetzung ausschließlich mit Arbeitnehmer- und Arbeitgeberrichtern ohne ständige Mitwirkung eines Berufsrichters. Erschwerend komme hinzu, dass die *conseillers* bei Amtsantritt keine arbeitsrechtliche Expertise vorweisen müssten und die Verbände ihre Ausbildung organisieren würden.[327] Diese Bedenken haben heute jedoch an Gewicht verloren: Zum einen wurden die Möglichkeiten, einen Berufsrichter des ordentlichen Gerichts erster Instanz (*juge départiteur*) hinzuzuziehen, ausgeweitet,[328] zum anderen obliegt die Ausbildung der *conseillers* heute dem Staat.[329]

b) Grundsatzentscheidung des Kassationshofs

82 In der Vergangenheit war hinsichtlich der Unparteilichkeit der CPH besonders die Konstellation umstritten, dass eine Partei oder ein Verbandsverteidiger (*défenseur syndical* – ein unentgeltlicher Vertreter oder Beistand vor den CPH, der auf Vorschlag von einer Arbeitgeberorganisation oder einer Gewerkschaft

---

322 EGMR 1.10.1982 – Nr. 8692/79 – Piersack/Belgien, Rn. 30; EGMR 15.12.2005 – Nr. 73797/01 – Kyprianou/Zypern, Rn. 119; EGMR 3.10.2019 – Nr. 55225/14 – Pastörs/Deutschland, Rn. 55; *Grabenwarter/Pabel*, EMRK, § 24 Rn. 44, 48.

323 *Pasquier*, RDT 2015, 275, 277; vgl. *Boulmier* et al., Le Lamy Procédure prud'homale, Rn. 292; *Moussy*, Dr. ouvr. 2003, 48, 49, der zwischen *impartialité personnelle* und *impartialité fonctionnelle* unterscheidet. Erstere entspreche der subjektiven, letztere der objektiven Unparteilichkeit.

324 *Pasquier*, RDT 2015, 275, 277 f.

325 Zur relevanten Rechtsprechung des EuGH zu anderen Gerichten und den Schlüssen hieraus für die Unparteilichkeit der CPH *Marguénaud/Mouly*, Dr. soc. 2005, 803.

326 Nach *Ray* hätte ohne die Reform 2015 die Gefahr bestanden, dass der EGMR den CPH mangels subjektiver Unparteilichkeit ein Ende setzen würde; *Ray*, Droit du travail, Rn. 107.

327 *Marguénaud/Mouly*, Dr. soc. 2005, 803, 807.

328 Dazu Rn. 299.

329 Dazu Rn. 148.

auf einer Liste der öffentlichen Verwaltung steht)[330] demselben Verband angehörte wie ein *conseiller.*[331] Hierin sahen manche beklagte Arbeitgeber eine Gefahr für die objektive Unparteilichkeit der CPH.[332]

In einer Grundsatzentscheidung[333] aus dem Jahr 2003 führte der Kassationshof aus, dass vier Elemente die Unparteilichkeit der CPH gewährleisten: die paritätische Besetzung, das Verbot imperativer Mandate und die Möglichkeiten, einen externen *juge départiteur* einzuschalten sowie die Urteile anzufechten (Berufung oder Kassation).[334] Daher sei es unschädlich, wenn eine Partei demselben Verband wie ein *conseiller* angehöre; dieser Umstand störe auch nicht das Interessengleichgewicht.[335] Diese Formel wiederholt der Kassationshof seitdem regelmäßig.[336] Die ersten drei Elemente betreffen besondere Merkmale 83

---

330 Art. L. 1453-4 ff. C. trav.

331 Ebenso umstritten war dies bezüglich einer dem Prozess beigetretenen (*syndicat intervenant*) oder den Arbeitnehmer vertretenden (*syndicat substitué*) Gewerkschaft; *Keller/Grumbach*, Dr. soc. 2006, 52, 53.

332 Vgl. *Morvan*, JCP-G 2004, 88, 88; *Keller/Grumbach*, Dr. soc. 2006, 52, 53, die zugleich anmerken, dass ein solcher Einwand die Existenz der CPH infrage stelle; ähnlich *Collomp*, Dr. ouvr. 2004, 129, 135.

333 „*Décision/arrêt de principe*"; *Keller/Grumbach*, Dr. soc. 2006, 52, 52; *Pasquier*, RDT 2015, 275, 275.

334 Formel im Original: „*[…] le respect de l'exigence d'impartialité, imposé tant par les règles de droit interne que par l'article 6-1 de la Convention européenne de sauvegarde des droits de l'homme et des libertés fondamentales, est assuré, en matière prud'homale, par la composition même des conseils de prud'hommes, qui comprennent un nombre égal de salariés et d'employeurs élus, par la prohibition d'ordre public de tout mandat impératif, par la faculté de recourir à un juge départiteur extérieur aux membres élus et par la possibilité, selon les cas, d'interjeter appel ou de former un pourvoi en cassation*"; Cass. soc. 19 déc. 2003, n° 02-41.429, Bull. 2003 V n° 321. Zum Zeitpunkt der Entscheidung wurden die *conseillers* noch gewählt. Nach einer Entscheidung des Verfassungsrats (*Conseil constitutionnel*) beeinträchtigt die 2014 erfolgte Änderung des Auswahlsystems der *conseillers* von Wahlen zur Berufung weder die Unabhängigkeit noch die Unparteilichkeit des Gerichts; Cons. const. 11 déc. 2014, n° 2014-704 DC Rn. 15–17, JORF n° 293 du 19 décembre 2014; siehe dazu *Guiomard*, RDT 2015, 164.

335 Cass. soc. 19 déc. 2003, n° 02-41.429, Bull. 2003 V n° 321.

336 Z.B. Cass. 2e civ., 20 oct. 2005, n° 03-19.979, Bull. 2005 II n° 271; Cass. soc. 16 mai 2013, n° 11-23.246, abrufbar unter: https://www.legifrance.gouv.fr/juri/id/JURITEXT000027430801/ [zuletzt abgerufen am 7.10.2022]; Cass. soc. 24 juin 2014, n° 13-13.609, Bull. 2014 V n° 154. Das erste Element benennt der Kassationshof nun auch als „*composition paritaire des conseils de prud'hommes*"/"*le paritarisme*".

der CPH, die letzteren beiden sind allgemeine Verfahrensgarantien.[337] Aus der Formulierung lässt sich schließen, dass die Unparteilichkeit der CPH die Regel ist, ihre Parteilichkeit die Ausnahme.[338]

84 Das zentrale Element für die objektive Unparteilichkeit der CPH ist die Parität.[339] *Morvan* pointierte die Entscheidung des Kassationshofs zu „*'Partisane', mais paritaire donc impartiale*":[340] Die Parität erzeuge Unparteilichkeit durch das Aufeinandertreffen möglicher Parteilichkeiten.[341] Solange die gegensätzlichen Interessen (Arbeitnehmer und Arbeitgeber) im Gleichgewicht sind, ist das Gericht (objektiv) unparteiisch.[342] Da alle Entscheidungen mit absoluter Mehrheit getroffen werden, muss darunter denknotwendig eine Stimme aus dem „gegnerischen" Lager sein.[343]

85 Die Urteilsformel des Kassationshofs betrifft die objektive Unparteilichkeit der CPH als Institution.[344] Daneben müssen aber auch die einzelnen *conseillers* unparteiisch sein.[345] Im Zuge der Reform 2015 normierte der Gesetzgeber die amtsethischen Anforderungen an die *conseillers* im neuen Art. L. 1421-2 C. trav., darunter auch ihre Unparteilichkeit.[346] Die Unparteilichkeit muss sich schließlich auch in den Urteilsbegründungen widerspiegeln.[347]

---

337 Vgl. *Keller/Grumbach*, Dr. soc. 2006, 52, 55; *Pasquier*, RDT 2015, 275, 277. *Olszak* merkt an, dass die Formel den Eindruck erwecke, dass das Recht auf ein faires Verfahren vor allem außerhalb der CPH existiere, wenn ein Berufsrichter eingreifen könne; *Olszak*, in: Michel/Willemez (Hrsg.), Les prud'hommes, S. 16.

338 *Keller/Grumbach*, Dr. soc. 2006, 52, 55; *Pasquier*, RDT 2015, 275, 277.

339 Cass. soc. 24 juin 2014, n° 13-13.609, Bull. 2014 V n° 154; *Bataille*, La procédure prud'homale Rn. 44; *Boulmier* et al., Le Lamy Procédure prud'homale, Rn. 295; *Keller/Grumbach*, Dr. soc. 2006, 52, 55; *Lyon-Caen*, RJS 2003, 936, 941; *Olszak*, in: Michel/Willemez (Hrsg.), Les prud'hommes, S. 16; *Pasquier*, RDT 2015, 275, 277.

340 *Morvan*, JCP-G 2004, 88.

341 *Morvan*, JCP-G 2004, 88, 89.

342 *Keller/Grumbach*, Dr. soc. 2006, 52, 55; vgl. Cass. soc. 19 déc. 2003, n° 02-41.429, Bull. 2003 V n° 321.

343 *Keller/Grumbach*, Dr. soc. 2006, 52, 55.

344 *Pasquier*, RDT 2015, 275, 277; Rapport Lacabarats S. 18; vgl. *Keller/Grumbach*, Dr. soc. 2006, 52, 56.

345 Rapport Lacabarats, S. 18 f., 38 f.

346 Siehe dazu Rn. 171. Zu den Defiziten bei der subjektiven Unparteilichkeit vor Einführung dieser Vorschrift siehe Rapport Lacabarats, S. 18 f. Bei empirischen Erhebungen nach Einführung der Vorschrift zeigten sich weiterhin Probleme; *Canayer* et al., La justice prud'homale au milieu du gué, S. 25.

347 Siehe dazu Rn. 369.

4. Schutz der Unabhängigkeit und Unparteilichkeit

Die persönliche Unabhängigkeit und die Unparteilichkeit werden insbesondere dadurch abgesichert, dass die Parteien die *conseillers* wegen Besorgnis der Befangenheit gemäß Art. L. 1457-1 C. trav. und Art. 6 Abs. 1 EMRK ablehnen können (*récuser*). Zum Schutz der institutionellen Unparteilichkeit können die Parteien darüber hinaus bei berechtigten Zweifeln (*suspicion légitime*) gegenüber dem Gremium als Ganzem die Verweisung an einen anderen Spruchkörper oder einen anderen CPH beantragen (Art. L. 111-8 C. org. jud., Art. 342 ff. C. pr. civ.).[348] 86

Zum Schutz der Unabhängigkeit der einzelnen *conseillers* verbietet der Code du travail imperative Mandate (*mandats impératifs*).[349] Das Gesetz erklärt zudem einige Tätigkeiten und Ämter als unvereinbar mit dem Amt.[350] Hierzu gehört beispielsweise das Verbot für *conseillers*, eine Partei vor dem CPH zu vertreten, welchem sie selbst angehören (Art. L. 1453-2 C. trav.).[351] Einen weiteren Schutz bietet Art. L. 1443-3 C. trav., welcher jede (auch nur versuchte) Beeinträchtigung der Kandidatenernennung, der Unabhängigkeit und der Amtsausübung der *conseillers* unter Strafe stellt.[352] 87

III. Aufbau des Gerichts

1. Besetzung der Richterbank

a) Arbeitnehmer- und Arbeitgeberrichter

Ein prägendes Merkmal der CPH ist ihre paritätische Besetzung ausschließlich mit Arbeitnehmer- und Arbeitgeberrichtern – den *conseillers*.[353] Nur in besonderen Fällen wird ein Jurist als sogenannter *juge départiteur* hinzugezogen. Dazu gehören allen voran Pattsituationen bei der Urteilsfindung.[354] Dieser Berufsrichter gehört allerdings einem anderen Gericht an, namentlich dem ordentlichen Gericht erster Instanz. 88

---

348 Siehe dazu Rn. 178 ff.

349 Siehe dazu Rn. 174 ff.

350 Siehe dazu *Boulmier* et al., Le Lamy Procédure prud'homale, Rn. 296, 302.

351 *Bataille*, La procédure prud'homale, Rn. 933; *Boulmier* et al., Le Lamy Procédure prud'homale, Rn. 296, 302.

352 Cass. crim. 26 mai 2009, n° 07-87.712, abrufbar unter: https://www.legifrance.gouv.fr/juri/id/JURITEXT000020767557/ [zuletzt abgerufen am 7.10.2022]; *Boulmier* et al., Le Lamy Procédure prud'homale, Rn. 323.

353 Vgl. *Géa*, RJS 2016, 191, 191.

354 Dazu unten Rn. 356 ff.

89 Die besondere Besetzung der Richterbank ist historisch bedingt.[355] Sie wurzelt insbesondere im Sondergerichtsgedanken und der engen Verbindung der *conseillers* zu den Parteien des Rechtsstreits. *Mollot* beschrieb im Jahr 1842 die damals noch jungen Gerichte als „*tribunal de famille; ce sont des pairs qui jugent leurs pairs.*"[356] Ein Kerngedanke war also, dass nicht der Staat „von oben", sondern Ihresgleichen, also Personen aus den eigenen Reihen die Streitigkeiten beilegen sollen (*principe de jugement par les pairs*).[357] Da die CPH vorrangig der gütlichen Streitbeilegung dienten, waren zudem Sachkenntnisse wichtiger als Rechtskenntnisse.[358] Darüber hinaus basierten die Entscheidungen oftmals auf Gewohnheitsrecht und Bräuchen, wofür keine juristische Expertise notwendig war.[359] Die CPH sind im Hinblick auf ihre Besetzung in Frankreich kein Einzelfall: Auch bei den Handelsgerichten sind bis heute keine Volljuristen beteiligt.[360]

90 Seit einer Reform im Jahr 2015 kann der externe (Berufs-)Richter – der *juge départiteur* – enger in die Praxis der CPH eingebunden werden. Er hat nun insbesondere das Recht (und einmal jährlich die nichtsanktionierte Pflicht), an der Vollversammlung teilzunehmen und kann auch schon vor Auftreten einer Pattsituation hinzugezogen werden.[361] Einige Autoren bewerten dies als partielle Einführung eines Schöffensystems.[362] Die praktische Bedeutung dieser Neuerungen wird jedoch als gering eingeschätzt.[363] Der besondere Charakter der CPH dürfte daher – jedenfalls aktuell – nicht wesentlich beeinträchtig sein.

---

355 Vgl. oben Rn. 9. Zu Erklärungsversuchen, warum sie bis heute erhalten blieb, siehe *Moritz*, Das französische Arbeitsgericht, S. 41 f., 144 ff.

356 *Mollot*, De la Compétence des Conseils de Prud'hommes, S. 60. Seine These, dass die einzige damit in Einklang zu bringende Art der Ernennung die Wahl sei, kann heute als widerlegt angesehen werden, siehe dazu Rn. 125 ff.

357 Vgl. *Bonafé-Schmitt*, Mouv. soc. 141 (1987), 121, 133; *Canayer* et al., La justice prud'homale au milieu du gué, S. 20; *Géa*, RJS 2016, 191, 191; siehe auch *Mollot*, De la Compétence des Conseils de Prud'hommes, S. 10, 60.

358 Vgl. *Bonafé-Schmitt*, Mouv. soc. 141 (1987), 121, 126; *Mollot*, De la Compétence des Conseils de Prud'hommes, S. 93, 95 f.; *Ray*, Droit du travail, Rn. 98.

359 Vgl. *Ray*, Droit du travail, Rn. 98.

360 Art. L. 721-1, L. 723-1 ff. C. com., siehe oben Rn. 62.

361 Art. L. 1423-3 Abs. 2, L. 1454-1-1 Nr. 2 C. trav.; *Boulmier*, Dr. soc. 2017, 584, 585; *Florès/Pécaut-Rivolier*, Dr. soc. 2017, 605, 606. Zur Hinzuziehung ohne Pattsituation siehe unten Rn. 299.

362 *Auzero/Baugard/Dockès*, Droit du travail, Rn. 105; *Boulmier* et al., Le Lamy Procédure prud'homale, Rn. 295; *Géa*, RJS 2016, 191, 193; *Orif*, Dr. soc. 2015, 819, 823.

363 *Boulmier*, Dr. soc. 2017, 584, 586; a.A. bezüglich der Teilnahme an der Vollversammlung, welche vielmehr einen Kulturwandel bedeute, *Florès/Pécaut-Rivolier*, Dr. soc. 2017, 605, 606 f.

b) *Parität*

Von herausragender Bedeutung für die Funktionsweise der CPH ist zudem die Parität. Das Gericht an sich sowie jedes seiner verschiedenen Gremien und Spruchkörper ist stets mit der gleichen Anzahl von Arbeitnehmern und Arbeitgebern besetzt (vgl. Art. L. 1421-1 C. trav.). Die *conseillers* müssen grundsätzlich auch alle Maßnahmen in jedem Verfahrensstadium durch Kollegialentscheidungen treffen. Ausnahmen sind nur ganz vereinzelt zulässig.[364] Die Parität ist das zentrale Element für die Unabhängigkeit und Unparteilichkeit des Gerichts.[365] Urteile, die unter Missachtung der Parität erlassen wurden, können vom Kassationshof aufgehoben werden.[366] 91

Alle Gremien müssen daher aus einer geraden Anzahl von *conseillers* bestehen. Dies gilt auch in der Güteverhandlung und im einstweiligen Rechtsschutz. Eine Ausnahme ist möglich beim Einsatz eines Berichterstatters (*conseiller rapporteur*): In diesem Fall kann auch nur ein einzelner *conseiller* bestimmt werden.[367] Das Gleichgewicht zwischen Arbeitnehmern und Arbeitgebern wird auch bei den Ämtern innerhalb des CPH beachtet. So wechselt die Präsidentschaft des Gerichts und der Sektionen jährlich zwischen den beiden Gruppen. Der Stellvertreter gehört der jeweils anderen Gruppe an. Führt die paritätische Besetzung zu einer Pattsituation, ist die Hinzuziehung eines Dritten – des sogenannten *juge départiteur* – erforderlich.[368] 92

---

364 Vgl. Wortlaut des Art. L. 1421-1 C. trav. Die Parität wurde insbesondere auch während der Covid-19-Pandemie eingehalten, wohingegen in anderen Gerichten weitgehende Entscheidungsmöglichkeiten durch Einzelrichter geschaffen wurden, Art. 5 ordonnance n° 2020-304 du 25 mars 2020; Art. 4 ordonnance n° 2020-1400 du 18 novembre 2020; *Auzero/Baugard/Dockès*, Droit du travail, Rn. 105; vgl. *Boulmier* et al., Le Lamy Procédure prud'homale 2021, Rn. 15.

365 *Pasquier*, RDT 2015, 275, 277. Dazu oben Rn. 78 ff.

366 Cass. soc. 28 févr. 1996, n° 93-41.750, Bull. 1996 V n° 78; Cass. soc. 20 nov. 2019, n° 18-14.965, erhältlich über www.liaisons-sociales.fr; *Bataille*, La procédure prud'homale, Rn. 64; *Boulmier* et al., Le Lamy Procédure prud'homale, Rn. 295, 327; vgl. *Pasquier*, RDT 2015, 275, 277.

367 Art. L. 1454-1-2 Abs. 3 C. trav.; siehe unten Rn. 296. In Abweichung von Paritätsprinzip kann der *juge départiteur* zudem allein entscheiden, wenn ein *conseiller* abwesend ist, Art. L. 1454-4, R. 1454-31 C. trav.; *Boulmier* et al., Le Lamy Procédure prud'homale, Rn. 325; siehe unten Rn. 358. Weitere Ausnahmen sind insb. die Entscheidung des Präsidenten bei Zuweisungsschwierigkeiten der Rechtssachen an die Sektionen, Art. R. 1423-7 C. trav., und bei der Überschreitung der Zeitvorgaben, Art. D. 1423-66 C. trav., *Boulmier* et al., Le Lamy Procédure prud'homale, Rn. 35.

368 Art. L. 1454-2 C. trav.; siehe unten Rn. 356 ff.

c) Debatte über eine Veränderung der Besetzung

93 In der Vergangenheit gab es immer wieder Diskussionen darüber, die Besetzung der CPH zu verändern. Vorgeschlagen wurde auch, die CPH in das ordentliche Gericht erster Instanz zu integrieren, ein ganz neues mit einem Berufsrichter und ehrenamtlichen Richtern besetztes Gericht (*échevinage* – im Folgenden: „Schöffengericht“[369]) oder gar eine eigene Sozialgerichtsbarkeit zu errichten.[370] Die Forderungen gründen zum einen darauf, dass das Arbeitsrecht seit Gründung des Gerichts wesentlich komplexer geworden ist und heute weniger Raum für berufsständische Praktiken und Gewohnheiten lässt,[371] während die Mindestqualifikation der *conseillers* nicht gestiegen ist.[372] Zum anderen entwickelten sich beim Verfahren vor den CPH einige Missstände, insbesondere eine lange Verfahrensdauer,[373] niedrige Einigungsquoten[374] und eine hohe Berufungsquote[375], die es zu beheben gilt.[376]

94 Die Beteiligung von Richtern aus der Arbeitswelt wurde und wird zumeist nicht grundsätzlich infrage gestellt – im Gegensatz zu ihrer konkreten Ausgestaltung.[377]

---

369 Die Begriffe Schöffengericht/Schöffensystem bezeichnen in dieser Arbeit die Besetzung eines Gerichts mit einem Berufsrichter und mehreren ehrenamtlichen Beisitzern.

370 Z.B. *Laroque*, Dr. soc. 1954, 271, insb. 277 ff. (Errichtung einer Sozialgerichtsbarkeit mit spezialisierten Berufsrichtern); Rapport Agostini/Molfessis, S. 15, 34 f. (Integration der CPH als besondere Kammer innerhalb der ordentlichen Gerichte erster Instanz; Besetzung mit Berufsrichtern und Beisitzern); Rapport Marshall, S. 50 f., 54, 62 (Errichtung eines Sozialgerichts besetzt mit Berufsrichtern und Beisitzern); anders *Bas* et al., Cinq ans pour sauver la justice, S. 148 f. (Beibehaltung der Autonomie der CPH mitsamt ihrer Besetzung); *Canayer* et al., La justice prud'homale au milieu du gué, S. 46 f., 76 f. (grds. Beibehaltung der Autonomie der CPH mitsamt ihrer Besetzung, aber versuchsweise Besetzung mit einem Berufsrichter und zwei *conseillers*); kritisch zur Veränderung der Besetzung in ein Schöffengericht *Guiomard*, RDT 2014, 129.

371 Vgl. *Ray*, Droit du travail, Rn. 99; *Canayer* et al., La justice prud'homale au milieu du gué, S. 44.

372 Vgl. *Géa*, RJS 2016, 191, 192.

373 Dazu Rn. 372 ff.

374 Dazu Rn. 302 ff.

375 Dazu Rn. 404 ff.

376 Zu den Defiziten der CPH, dem Versuch ihrer Behebung durch die Reformen 2015/16 und den auch danach noch bestehenden Problemen siehe *Canayer* et al., La justice prud'homale au milieu du gué, insb. S. 24 ff.

377 Vgl. *Canayer* et al., La justice prud'homale au milieu du gué, S. 9, 46.

So gab es insbesondere Vorschläge, die Richterbank mit einem Berufsrichter und Beisitzern zu besetzen, wobei letztere aus dem Kreis der Arbeitnehmer und der Arbeitgeber stammen sollen.[378] Der Gesetzgeber hat derartige Vorschläge bisher nicht umgesetzt. Besonders im Zuge der tiefgreifenden Neuerungen bei der Auswahl der *conseillers*[379] befasste er sich eingehend mit der Besetzung des Gerichts – ohne sie sodann grundsätzlich zu ändern.[380] Die Reform 2015 („loi Macron") beinhaltete eine politische Entscheidung gegen die Hinzuziehung eines Berufsrichters.[381]

Allen voran die Gewerkschaften verteidigen das angestammte System bis heute vehement.[382] Aber auch die Arbeitgeberverbände sind für eine Beibehaltung des *status quo*.[383] Schließlich wehren sich auch die *conseillers* gegen eine Veränderung,[384] besonders gegen die Einführung eines Schöffensystems.[385] So streikte beispielweise der Lyoner CPH im Jahr 2015 gegen einen Entwurf des „loi Macron", in dem noch die permanente Installation eines Berufsrichters zur Debatte stand.[386] Jedenfalls solange auch die Arbeitgeberverbände das 95

---

378 *Olszak*, in: Michel/Willemez (Hrsg.), Les prud'hommes, S. 22 f.; *Canayer* et al., La justice prud'homale au milieu du gué, S. 77 (recommandation n° 46): versuchsweise Besetzung mit einem Berufsrichter und zwei *conseillers* und Beteiligung der *conseillers* auch im Berufungsgericht.

379 Dazu unten Rn. 121 ff.

380 Vgl. *Auzero/Baugard/Dockès*, Droit du travail, Rn. 104; *Géa*, RJS 2016, 191, 191.

381 So umfasste das Auftragsschreiben der Justizministerin an *Lacabarats* nicht die Ausarbeitung eines derartigen Vorschlags; Rapport Lacabarats, S. 12, 18; *Géa*, RJS 2016, 191, 191; vgl. auch *Boulmier* et al., Le Lamy Procédure prud'homale, Rn. 14.

382 Vgl. *Boulmier* et al., Le Lamy Procédure prud'homale, Rn. 295; *Olszak*, in: Michel/Willemez (Hrsg.), Les prud'hommes, S. 23; Rapport Lacabarats, S. 16; *Ray*, Droit du travail, Rn. 110; vgl. historisch *David*, Dr. soc. 1974, 3, 18; *Moritz*, ZfRSoz 1984, 51, 59.

383 Rechtsgespräch mit dem Präsidenten des CPH Lyon *Augier* am 3.3.2022; *Ray*, Droit du travail, Rn. 110; vgl. *Géa*, RJS 2016, 191, 191.

384 Vgl. die von der Hans-Böckler-Stiftung finanzierte Studie *Burgess* et al., The roles, resources and competencies of employee lay judges, S. 64, 66; *Höland* et al., AuR 2018, 404, 409.

385 Rechtsgespräch mit dem Präsidenten des CPH Lyon *Augier* am 3.3.2022; vgl. *Boulmier* et al., Le Lamy Procédure prud'homale, Rn. 295; Rapport Lacabarats, S. 18; Rapport Marshall, S. 54.

386 *Hanssen*, Les Prud'hommes de Lyon contre la loi Macron, La Tribune 15.1.2015, abrufbar unter: https://region-aura.latribune.fr/finance-droit/2015-01-15/les-prud-hommes-de-lyon-contre-la-loi-macron.html [zuletzt abgerufen am 7.10.2022].

traditionelle System so umfassend stützen, dürften tiefgreifende Neuerungen politisch nicht erstrebenswert sein.[387] Diese Umstände sprechen gegen eine Systemänderung in naher Zukunft.[388]

2. Sektionen

a) Einteilung in fünf Sektionen

96 Jeder CPH ist in fünf autonome Sektionen (*sections*) untergliedert (Art. L. 1423-1, R. 1423-1 C. trav.):

Führungskräfte (*encadrement*),
Industrie (*industrie*),
Handel und kommerzielle Dienstleistungen (*commerce et des services commerciaux*),
Landwirtschaft (*agriculture*) und
Diverses (*activités diverses*).

97 Sie sollen alle Bereiche der Wirtschaft abdecken.[389] Aufgrund der schwindenden Bedeutung der Landwirtschaft (2020 betrafen nur noch 1,3 % der arbeitnehmerseitig eingereichten Klagen diese Sektion)[390] wurde die Verbreitung dieser Sektion eingeschränkt.[391] Im Übrigen findet man an jedem CPH unabhängig von dessen Größe und den wirtschaftlichen Gegebenheiten des Gerichtsbezirks stets alle Sektionen.

98 Die Gliederung in Sektionen betrifft zwei Ebenen: zum einen die Einteilung der *conseillers*, zum anderen die Zuweisung der Verfahren (interne Zuständigkeit).[392] Jeder Arbeitnehmer- und Arbeitgeberrichter wird für eine bestimmte Sektion ernannt (vgl. Art. R. 1423-5 C. trav.). Die Zuteilung der Arbeitnehmerrichter richtet sich nach dem auf sie anwendbaren Tarifvertrag (Art. L. 1441-16

---

387 Rechtsgespräch mit dem Präsidenten des CPH Lyon *Augier* am 3.3.2022.

388 Vgl. *Auzero/Baugard/Dockès*, Droit du travail, Rn. 104; *Boulmier* et al., Le Lamy Procédure prud'homale, Rn. 14; *Orif*, Dr. ouvr. 2016, 387, 399 (mit anderer Begründung); anders *Ray*, Droit du travail, Rn. 110; kritisch auch *Antonmattei*, Droit du travail, Rn. 59.

389 *Auzero/Baugard/Dockès*, Droit du travail, Rn. 103.

390 Ministère de la Justice, Références statistiques justice, justice civile et commerciale, Le contentieux du travail, 2020, S. 47.

391 Gibt es im Gerichtsbezirk eines *tribunal judiciaire* mehrere CPH, wird nur bei jenem mit Sitz bei dem *tribunal judiciaire* eine Landwirtschafts-Sektion errichtet (Art. R. 1423-2 C. trav.). In *départements* mit mehreren CPH mit Landwirtschafts-Sektion kann deren Zahl abhängig von Anzahl und Vielfalt der Fälle reduziert werden (Art. R. 1423-3 C. trav.).

392 Zur Zuweisung der Verfahren an die einzelnen Sektionen siehe Rn. 233 ff.

C. trav.).[393] Arbeitgeberrichter haben grundsätzlich die Wahl zwischen den verschiedenen Sektionen (Art. L. 1441-17 C. trav.).[394] Ein Wechsel der *conseillers* zwischen den Sektionen ist grundsätzlich nicht möglich.[395] Bei Verhinderung eines *conseillers* muss ihn ein Kollege derselben Sektion vertreten.[396]

b) Hintergründe

Ein Blick auf die Geschichte erklärt den Aufbau nach Sektionen: Die CPH waren als Eigengericht konzipiert; die *conseillers* stammten aus der Mitte der *justiciables* – der dem Gericht Unterworfenen. Die bei Errichtung anvisierten Streitigkeiten waren vor allem solche über die Arbeitsausführung (insbesondere Schlechtleistungen [*malfaçons*] sowie Streit über Arbeitsmittel), über den Arbeitsvertrag oder das Quittungsbuch (*livre d'acquit*).[397] Vor allem erstere erforderten also regelmäßig technischen Sachverstand, mithin eine enge Verbindung der *conseillers* zu den Streitgegenständen.[398] Auch für die vorrangige gütliche Streitbeilegung waren weniger Rechtskenntnisse als möglichst spezifische Sachkenntnisse von Bedeutung.[399] Daher waren die CPH stets nach Branchen, zu Beginn zudem weiter nach Unterkategorien oder Berufen unterteilt.[400] Ihr besonderer Sachverstand sollte auch das Vertrauen in die *conseillers* stärken[401] und ihnen Autorität verleihen.[402] Das *principe de jugement par les pairs* ist bis heute erhalten geblieben.[403] 99

---

393 *Bataille*, La procédure prud'homale, Rn. 941. Etwas anderes gilt für die Sektion Führungskräfte. Zur Zuteilung der *conseillers* siehe Rn. 133.

394 Siehe dazu Rn. 133.

395 Es gibt nur eine zeitlich begrenzte Ausnahme bei vorübergehenden Schwierigkeiten einer Sektion: Art. L. 1423-10 C. trav.

396 *Boulmier* et al., Le Lamy Procédure prud'homale, Rn. 325.

397 *Bonafé-Schmitt*, Mouv. soc. 141 (1987), 121, 126; *Kieffer*, Mouv. soc. 141 (1987), 9, 12.

398 Vgl. *Gottlieb*, Über die Amtsbefugnisse des Rats der Gewerbeverständigen, S. XII.

399 Vgl. *Bonafé-Schmitt*, Mouv. soc. 141 (1987), 121, 126; *Gottlieb*, Über die Amtsbefugnisse des Rats der Gewerbeverständigen, S. XII; *Kieffer*, Mouv. soc. 141 (1987), 9, 12; *Ray*, Droit du travail, Rn. 98.

400 *Bonafé-Schmitt*, Mouv. soc. 141 (1987), 121, 126.

401 Vgl. *Gottlieb*, Über die Amtsbefugnisse des Rats der Gewerbeverständigen, S. X.

402 Vgl. *Brand*, Band 2, S. 473.

403 Vgl. *Canayer* et al., La justice prud'homale au milieu du gué, S. 20, 75; *Michel*, in: Michel/Willemez (Hrsg.), Les prud'hommes, S. 161; vgl. auch *Ray*, Droit du travail, Rn. 103, 105.

c) *Änderung der Einteilung?*

100 Die Einteilung in Sektionen weckte bereits kritische Stimmen. Die Kritik betraf zum einen den Umstand, dass das Gericht nach Branchen eingeteilt ist und die Legitimation der *conseillers* folglich an deren spezielle Expertise anknüpft. Manche Autoren sehen darin eine Gefahr für die Unabhängigkeit der *conseillers*.[404] Darüber hinaus ist die Einteilung in die fünf Sektionen seit 1979 unverändert.[405] Heute sind die Verfahrenszahlen zwischen den Sektionen an manchen Orten extrem ungleich verteilt.[406] Gleichzeitig haben sich die Streitgegenstände stark gewandelt und erfordern heute regelmäßig mehr Rechtskenntnisse als technischen Sachverstand.[407] Die Sektionen sind auch so grob untergliedert, dass von den *conseillers* kaum für den Fall relevante spezifische Kenntnisse zu erwarten sind.[408] Daher gab es bereits Vorschläge, die Sektionen zu verändern oder gar abzuschaffen.[409]

101 Trotz allem ließen die vergangenen Reformen die Organisation nach Sektionen im Wesentlichen unberührt.[410] Besonders bemerkenswert ist daher, dass der 2022 errichtete CPH in Mamoudzou (Mayotte) nur zwei Sektionen hat: eine

---

404 Vgl. *Lemercier*, in: Michel/Willemez (Hrsg.), Les prud'hommes, S. 44.

405 Vgl. *Bonafé-Schmitt*, Mouv. soc. 141 (1987), 121, 124; *Boulmier* et al., Le Lamy Procédure prud'homale 2021, Rn. 13; *Moritz*, ZfRSoz 1984, 51, 74. Zur Ausnahme bei der Sektion Landwirtschaft siehe oben Rn. 97.

406 Rapport Lacabarats, S. 26 ff.

407 Trotz der wirtschaftlichen Veränderungen in den letzten Jahrzehnten gibt es bei der Zahl der Klagen zwischen den Sektionen – mit Ausnahme der Landwirtschaft – frankreichweit kleinere Unterschiede als man vermuten könnte. Siehe dazu Rn. 235 f.

408 *Moritz*, ZfRSoz 1984, 51, 75; *Moritz*, Das französische Arbeitsgericht, S. 159. Er führt aus, dass die Einteilung so grob sei, dass nicht von einer Spezialisierung gesprochen werden könne. Ideal wäre eine weitere, kleinteiligere Spezialisierung nach Branche. Eine solche sei auch einer Aufteilung nach Klagegegenstand vorzuziehen.

409 Siehe bspw. Rapport Marshall, S. 53: Abschaffung der Sektionen Landwirtschaft und Führungskräfte sowie der lokalen Sektionen mit durchschnittlich weniger als 300 neuen Verfahren pro Jahr; *Canayer* et al., La justice prud'homale au milieu du gué, S. 75 f. (recommandation n° 44): Testläufe zur Eliminierung und/oder Neugliederung angelehnt an die jeweiligen lokalen Gegebenheiten.

410 Für die kommende Amtsperiode ab 2023 wurde lediglich die Anzahl der Sitze in den Sektionen an die veränderten Bedürfnisse angepasst, ohne dabei die Gesamtzahl der *conseillers* zu ändern; *Boulmier* et al., Le Lamy Procédure prud'homale, Rn. 15, 149.

besondere Sektion Führungskräfte und eine für alle übrigen Streitigkeiten.[411] Ob das ein Alleinstellungsmerkmal dieses Übersee-*départements* bleiben wird, ist abzuwarten.

d) Organisation innerhalb der Sektion

102 Jede Sektion besteht aus mindestens drei Arbeitnehmer- und drei Arbeitgeberrichtern (Art. R. 1423-1 C. trav.). Diese wählen einen Präsidenten (*président*) und einen stellvertretenden Präsidenten (*vice-président*) (Art. L. 1423-5 C. trav.). Sie sind jeweils abwechselnd Arbeitnehmer und Arbeitgeber (Art. L. 1423-7, L. 1423-4 C. trav.). Neben ihren administrativen Aufgaben ist ihre wichtigste Funktion der Vorsitz im *bureau de jugement*.[412] Sie werden im Folgenden in dieser Funktion Vorsitzende genannt. Um dieser Aufgabe gerecht zu werden, können in den großen CPH Stellvertreter ernannt werden (Art. R. 1454-24 C. trav.). Entgegen dem Wortlaut ("*un conseiller*") kann es mehrere Stellvertreter geben.[413]

103 Der Präsident oder einer seiner Stellvertreter leitet als Vorsitzender die Verhandlung vor dem *bureau de jugement* und verfügt dort über sitzungspolizeiliche Befugnisse.[414] Äußerlich hebt sich der Vorsitzende dadurch von den anderen *conseillers* ab, dass seine Medaille nicht aus versilberter, sondern aus vergoldeter Bronze ist.[415] Seine Stimme hat bei der Urteilsfindung das gleiche Gewicht wie die der anderen *conseillers*.[416] Er verantwortet allerdings die Urteilsabfassung.[417]

104 Innerhalb der Sektionen können mehrere Kammern (*chambres*) errichtet werden. Diese sind mindestens mit je vier Arbeitnehmer- und Arbeitgeberrichtern besetzt (Art. R. 1423-8 C. trav.).[418] Sie sind nicht autonom. Daher kann ein

---

411 Art. R. 1524-9 C. trav., eingeführt durch décret n° 2020-1549 du 9 décembre 2020, JORF n° 298 du 10 décembre 2020.

412 *Boulmier* et al., Le Lamy Procédure prud'homale, Rn. 36.

413 *Boulmier* et al., Le Lamy Procédure prud'homale, Rn. 36.

414 Art. 24, 439 C. pr. civ.; *Bataille/Cormorant*, La procédure prud'homale, Rn. 1129, 1132.

415 Vgl. Art. D. 1442-25 C. trav., *Boulmier* et al., Le Lamy Procédure prud'homale, Rn. 288.

416 Vgl. *Bataille*, La procédure prud'homale, Rn. 64.

417 *Bataille/Cormorant*, La procédure prud'homale, Rn. 1140.

418 Über die Errichtung der Kammern entscheidet der erste Präsident des Berufungsgerichts auf Vorschlag der Vollversammlung (*assemblée générale*) des CPH, Art. R. 1423-10 C. trav.

conseiller einer anderen Kammer (aber derselben Sektion) einen anderen *conseiller* ersetzen.[419] Werden Kammern gebildet, so soll eine von ihnen für Streitigkeiten über Kündigungen aus wirtschaftlichen Gründen (*licenciement pour motif économique*) zuständig sein (Art. R. 1423-9 C. trav.). In der Praxis wird dies jedoch kaum umgesetzt.[420]

105 Jede Sektion – bzw. bei Unterteilung jede Kammer – umfasst ein *bureau de conciliation et d'orientation* und ein *bureau de jugement* (Art. R. 1423-34 C. trav.). Ersteres ist insbesondere zuständig für den Schlichtungsversuch, das Vorantreiben des Verfahrens zur Entscheidungsreife (*mise en état*) und für den Erlass einstweiliger Regelungen, letzteres für den Erlass eines Urteils. Die Zahl der Arbeitnehmerrichter und die der Arbeitgeberrichter ist immer gleich (vgl. Art. R. 1423-35 C. trav.).

e) Sektion für Eilrechtsschutz

106 Jeder CPH hat schließlich auch eine sog. *formation de référé commune*. Dieser Spruchkörper ist zuständig für den Eilrechtsschutz. Er ist besetzt mit je einem Arbeitnehmer- und einem Arbeitgeberrichter (Art. R. 1455-1 C. trav.). Eine Unterteilung nach Branche gibt es hier nicht; die *section de référe* ist sektionsübergreifend tätig. Die Vollversammlung bestimmt jährlich, welche *conseillers* dem Spruchkörper angehören.[421] Die Sektion für Eilrechtsschutz tagt mindestens einmal pro Woche (Art. R. 1455-4 S. 2 C. trav.).[422]

---

419 *Bataille*, La procédure prud'homale, Rn. 58. Eine Ausnahme besteht bei Pattsituationen. In diesem Fall kann nur ein *conseiller* derselben Kammer die Vertretung übernehmen, Art. R. 1454-30 C. trav.

420 *Bataille/Cormorant*, La procédure prud'homale, Rn. 112; *Boulmier* et al., Le Lamy Procédure prud'homale, Rn. 26, 156.

421 *Bataille*, La procédure prud'homale, Rn. 67.

422 Auf das Eilverfahren sowie auf das beschleunigte Verfahren (*procédure accélérée au fond*) wird im Rahmen dieser Arbeit nicht näher eingegangen. Siehe dazu *Boulmier* et al., Le Lamy Procédure prud'homale, Rn. 1004 ff., 1049 ff.

f) Die Sektionen im Überblick

Die **Übersicht 2** veranschaulicht die Organisation des CPH in die verschiede- 107
nen Sektionen:

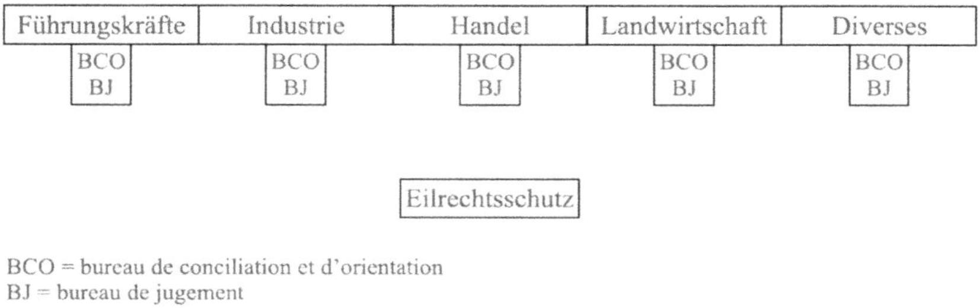

Übersicht 2: Sektionen des CPH

3. Administrative Organe

Die administrativen Organe sind die Präsidenten und Vizepräsidenten des 108
CPH, die Präsidenten und Vizepräsidenten der Sektionen und Kammern, die Versammlungen[423] und die Geschäftsstelle. In manchen CPH gibt es daneben auch ein *bureau administratif.*[424]

a) Präsident und Vizepräsident

Die Präsidenten der einzelnen CPH (*présidents*) sind jährlich abwechselnd 109
Arbeitnehmer und Arbeitgeber, alternierend dazu ihre Stellvertreter (*vice-présidents*) (Art. L. 1423-4 C. trav.). Sie werden in der Vollversammlung (*assemblée générale*)[425] gewählt (Art. L. 1423-3 C. trav.). Der Präsident und der stellvertretende Präsident stehen in der Hierarchie nicht über den anderen *conseillers,*[426] sind aber abwechselnd Vorsitzende im *bureau de jugement.* Der Präsident hat neben seiner Tätigkeit als *conseiller*[427] einige administrative Aufgaben. Dazu

423 Siehe zu den Versammlungen (*assemblée générale, assemblée de section/de chambre*) *Boulmier* et al., Le Lamy Procédure prud'homale, Rn. 33 f.

424 Siehe dazu *Boulmier* et al., Le Lamy Procédure prud'homale, Rn. 33.

425 Zur Vollversammlung *Boulmier* et al., Le Lamy Procédure prud'homale, Rn. 33.

426 *Keller/Grumbach*, Dr. soc. 2006, 52, 56; vgl. *Canayer* et al., La justice prud'homale au milieu du gué, S. 69.

427 *Boulmier* et al., Le Lamy Procédure prud'homale, Rn. 35.

gehören die Entscheidung bei Zuweisungsschwierigkeiten an die Sektionen,[428] die Einberufung und der Vorsitz von Versammlungen und die Gegenzeichnung der Stundenzettel der *conseillers* für deren Aufwandsentschädigung[429].[430] Auch die Sektionen – und gegebenenfalls die Kammern – haben jeweils einen Präsidenten und einen Vizepräsidenten, die ebenfalls alternierend Arbeitnehmer und Arbeitgeber sind (vgl. Art. L. 1423-7 C. trav.).[431] Sie werden in der Versammlung der Sektion bzw. der Kammer (*assemblée de section/de chambre)* gewählt.

b) Geschäftsstelle

110 Die Geschäftsstelle (*greffe*) der CPH hat administrative und gerichtliche Funktionen.[432] Dazu gehören der jährliche Haushaltsentwurf[433], die Aktenverwaltung[434] und die regelmäßige Erstellung eines Tätigkeitsberichts[435].[436] Die *greffiers*[437] unterstützen die *conseillers* bei den Verhandlungen vor dem *bureau de conciliation et d'orientation* und vor dem *bureau de jugement* und führen dort Protokoll.[438] Aufgrund des Mündlichkeitsprinzips[439] ist dieser Beitrag besonders wichtig und ihre Anwesenheit daher obligatorisch.[440] Die *greffiers*

---

428 Art. R. 1423-7 C. trav. Siehe dazu Rn. 240.

429 Art. D. 1423-58 C. trav. Er entscheidet auch über die Überschreitung der Zeitvorgaben. Siehe dazu Rn. 165.

430 Zu den Einzelheiten siehe *Boulmier* et al., Le Lamy Procédure prud'homale, Rn. 35.

431 Siehe dazu oben Rn. 102.

432 *Bataille*, La procédure prud'homale, Rn. 49 f.; *Bataille/Cormorant*, La procédure prud'homale, Rn. 102–107.

433 Art. R. 1423-39 C. trav.

434 Art. R. 1423-41 C. trav.

435 Art. R. 1423-43 C. trav.

436 *Bataille*, La procédure prud'homale, Rn. 49; *Bataille/Cormorant*, La procédure prud'homale Rn. 102.

437 Der *greffier* hat umfassendere Aufgaben als ein deutscher Urkundsbeamter. Die *École nationale des greffes* beschreibt ihn auf ihrer Website als Verfahrenstechniker (*technicien de la procédure*); Ministère de la Justice, École nationale des greffes, Greffier, abrufbar unter: http://www.eng.justice.fr/index.php?rubrique=11692&ssrubrique=11698 [zuletzt abgerufen am 7.10.2022]. Siehe dazu *Höland* et al., AuR 2018, 404, 408 f. Der Leiter der Geschäftsstelle (*directeur de greffe*) leitet die Gerichtsverwaltung, Art. R. 1423-37 Abs. 1 C. trav.

438 Art. R. 1423-41 Abs. 1 C. trav.; *Bataille*, La procédure prud'homale, Rn. 51; *Bataille/Cormorant*, La procédure prud'homale, Rn. 1130.

439 Siehe dazu Rn. 256 ff.

440 *Bataille*, La procédure prud'homale, Rn. 51; *Bataille/Cormorant*, La procédure prud'homale Rn. 104.

nehmen nicht an den Urteilsberatungen teil.[441] Anders als früher[442] ist die Urteilabfassung heute auch die Aufgabe der *conseillers*.[443] Die *greffiers* redigieren aber die Entscheidungen.[444]

In eigenen praktischen Beobachtungen zeigte sich, wie bedeutend ihre Rolle in der streitigen Verhandlung ist: Die *greffiers* hatten nicht nur den Überblick über die eingegangenen Schriftstücke und das Verfahrensstadium der Rechtssachen. Einige *conseillers* zogen sie bei prozessrechtlichen Fragen auch während der mündlichen Verhandlung zu Rate.[445] 111

Bis vor wenigen Jahren hatte jeder CPH eine eigene Geschäftsstelle. Dies gilt seit 2020 nicht mehr. Hat ein CPH seinen Sitz in derselben Gemeinde wie ein ordentliches Gericht erster Instanz, übernimmt nunmehr in der Regel dessen Geschäftsstelle auch die Aufgaben für den CPH (Art. R. 1423-36 C. trav., Art. L. 123-1 C. org. jud.).[446] Da die *conseillers* anders als Berufsrichter nicht zwingend eine juristische Ausbildung durchlaufen haben und zudem nur für einen begrenzten Zeitraum ernannt werden, sind die Geschäftsstellen für die CPH im Vergleich zu anderen Gerichten besonders wichtig.[447] Die *greffiers* können aufgrund ihrer Ausbildung juristische Kenntnisse beitragen.[448] Als Staatsbedienstete sind sie zudem eine personelle Konstante.[449] Die Personaleinsparungen im Zuge jüngerer Reformen betreffen die CPH daher in hohem Maße.[450] Der Präsident des CPH Lyon berichtete, dass der Mangel an *greffiers* 112

441 *Bataille/Cormorant*, La procédure prud'homale Rn. 105, 1130, 1134.

442 Vgl. *Moritz*, Das französische Arbeitsgericht, S. 156. Damals verfasste der *greffier* das Urteil, mit Ausnahme des Tenors. Siehe dazu auch *Bonafé-Schmitt*, Mouv. soc. 141 (1987), 121, 141–144.

443 Vgl. *Bataille*, La procédure prud'homale, Rn. 50; *Bataille/Cormorant*, La procédure prud'homale, Rn. 103.

444 Art. R. 1423-41 Abs. 1 C. trav. Siehe dazu unten Rn. 370.

445 Besuche des CPH Lyon 28.2.–4.3.2022 und des CPH Caen 19.–20.5.2022.

446 Geändert durch Art. 95 loi n° 2019-222 du 23 mars 2019, JORF n° 71 du 24 mars 2019. Dies gilt auch, wenn der CPH seinen Sitz in derselben Gemeinde wie eine *chambre de proximité* des ordentlichen Gerichts erster Instanz hat. Nach Angaben von *Suire* blieben nur 14 CPH autonom, RPDS 2020, 139, 139.

447 Vgl. *Bataille*, La procédure prud'homale, Rn. 49 f.; *Bataille/Cormorant*, La procédure prud'homale, Rn. 102 f.; *Canayer* et al., La justice prud'homale au milieu du gué, S. 9, 41.

448 Vgl. *Lacabarats*, RJS 2016, 187, 190; *Moritz*, Das französische Arbeitsgericht, S. 160.

449 *Bonafé-Schmitt*, Mouv. soc. 141 (1987), 121, 141.

450 Vgl. *Canayer* et al., La justice prud'homale au milieu du gué, S. 9.

das Verfahren an seinem Gericht verlangsame: Gäbe es mehr *greffiers*, könnten deutlich mehr Verhandlungen terminiert werden.[451]

4. Vergleich zu den deutschen Arbeitsgerichten

a) Gerichtsorganisation

113 Die deutschen Arbeitsgerichte sind in Kammern untergliedert, denen jeweils ein Berufsrichter und zwei ehrenamtliche Richter angehören (§ 16 Abs. 2 ArbGG).[452] In der deutschen Arbeitsgerichtsbarkeit finden die französischen Sektionen keine Entsprechung. Insbesondere sind sie nicht mit den Kammern der Arbeitsgerichte vergleichbar, zumal die Sektionen bei entsprechender Größe selbst in Kammern unterteilt sein können. Ein zentraler Unterschied ist die größere Eigenständigkeit der Sektionen. Das zeigt sich zum einen an ihrer Organisation mit einem jeweils eigenen *bureau de conciliation et d'orientation* und einem *bureau de jugement*. Die *conseillers* sind zudem nicht untereinander austauschbar,[453] sondern können nur in der Sektion tätig sein, der sie aufgrund ihrer beruflichen Tätigkeit angehören. Das Gesetz regelt die Zuweisung der *conseillers* und der Rechtssachen an die einzelnen Sektionen.[454] In Deutschland weist hingegen der Geschäftsverteilungsplan die Rechtssachen den einzelnen Kammern zu.[455]

114 Die Sektionen weisen allerdings gewisse Parallelen zu den deutschen Fachkammern auf. Solche können in Deutschland für die Streitigkeiten bestimmter Berufe und Gewerbe und bestimmter Gruppen von Arbeitnehmern gebildet werden (§ 17 Abs. 2 S. 1 ArbGG[456]). Die Bildung setzt ein entsprechendes Bedürfnis voraus, welches sich vor allem in einer hohen Zahl von Verfahren einer bestimmten Branche oder Arbeitnehmergruppe zeigen kann.[457] Von dieser Möglichkeit haben – soweit ersichtlich – aber nur die Arbeitsgerichte Berlin, Lübeck und Kiel Gebrauch gemacht.[458] In ersterem gab es im Jahr 2022

---

451 Rechtsgespräch mit dem Präsidenten des CPH Lyon *Augier* am 3.3.2022.

452 Die Landesarbeitsgerichte bestehen ebenfalls aus Kammern (§ 35 Abs. 2 ArbGG), das Bundesarbeitsgericht dagegen aus Senaten (§ 41 Abs. 2 ArbGG).

453 Ausnahme: Art. L. 1423-10 C. trav.; vgl. *Boulmier* et al., Le Lamy Procédure prud'homale 2021, Rn. 151.

454 Art. L. 1423-1-1, L. 1441-16, L. 1441-17 C. trav.

455 § 6a ArbGG i.V.m. § 21e Abs. 1 GVG.

456 Für die Landesarbeitsgerichte § 35 Abs. 3 S. 2 ArbGG.

457 BeckOK-ArbR/*Wullenkord*, § 17 ArbGG Rn. 4.

458 Anders war die Situation bei den 1890 gegründeten Gewerbegerichten: Dort waren Fachkammern für bestimmte Berufe verbreitet; *Wenzel*, JZ 1965, 697, 698; *Leinemann*, NZA 1991, 961, 964; *Stöhr*, AuR 2021, G13, G14.

Fachkammern für die Fachbereiche Handel, öffentlicher Dienst, Metall, Baugewerbe, Nahrungs- und Genussmittelgewerbe sowie Fuhr- und Verkehrsgewerbe.[459] In den beiden letzteren gab es 2022 eine Fachkammer für den öffentlichen Dienst; in Lübeck zudem eine Fachkammer Seeschifffahrt.[460]

b) Besetzung

Die Besetzung der CPH ausschließlich mit einer gleichen Anzahl von Arbeit- 115
nehmer- und Arbeitgeberrichtern ist – soweit ersichtlich – unter den für Arbeitssachen zuständigen Gerichten in Europa einzigartig.[461] In Deutschland sind alle Gerichte für Arbeitssachen Kollegialgerichte.[462] Die Arbeitsgerichte, die Landesarbeitsgerichte sowie das Bundesarbeitsgericht sind jeweils sowohl mit Berufsrichtern als auch mit ehrenamtlichen Richtern besetzt (§§ 16 Abs. 2, 35 Abs. 2, 41 Abs. 2 ArbGG).[463] Damit sind, anders als in Frankreich, in allen Instanzen Arbeitnehmer und Arbeitgeber beteiligt. In den Kammern der Arbeitsgerichte und der Landesarbeitsgerichte sind die ehrenamtlichen Richter gegenüber den Berufsrichtern in der Überzahl (zwei ehrenamtliche gegenüber einem Berufsrichter).[464] Bei dem Bundesarbeitsgericht entscheidet in der Regel

---

459 Geschäftsverteilungsplan Arbeitsgericht Berlin 2022, S. 8, abrufbar unter: https://www.berlin.de/gerichte/arbeitsgericht/wir-ueber-uns/organisation-des-gerichts/ [zuletzt abgerufen am 7.10.2022].

460 Geschäftsverteilungsplan Arbeitsgericht Kiel 2022, S. 1, abrufbar unter: https://www.schleswig-holstein.de/DE/justiz/gerichte-und-justizbehoerden/LAG/Downloads/GVPRiArbGKiel2022.html?nn=3b091163-2389-44f3-a288-07d1eb7b4dc8 [zuletzt abgerufen am 7.10.2022]; Geschäftsverteilungsplan Arbeitsgericht Lübeck, S. 1, abrufbar unter: https://www.schleswig-holstein.de/DE/justiz/gerichte-und-justizbehoerden/LAG/Downloads/GVPRiArbGLuebeck2022.pdf?__blob=publipublicatio&v=1 [zuletzt abgerufen am 7.10.2022].

461 *Canayer* et al., La justice prud'homale au milieu du gué, S. 21. Ähnliche Institutionen bestehen allerdings in einigen Schweizer Kantonen, deren Arbeitsgerichte nach französischem Vorbild errichtet wurden. Zur Frage, ob in Deutschland eine Besetzung ausschließlich mit Laienrichtern denkbar wäre, siehe *Stöhr*, ZZP 2018, 481, 501 f. m.w.N.

462 GMP/*Prütting*, Einl. Rn. 114.

463 Das Prinzip der paritätischen Besetzung gilt bereits seit Einführung der Arbeitsgerichte im Jahr 1926; § 16 Abs. 1 ArbGG 1926; *Leinemann*, NZA 1991, 961, 965; *Wenzel*, JZ 1965, 749, 751.

464 §§ 16 Abs. 2, 35 Abs. 2 ArbGG.

ein Senat, bestehend aus drei Berufsrichtern (einem Vorsitzenden und zwei Beisitzern) und zwei ehrenamtlichen Richtern.[465]

116 Auch Vorläufer der deutschen Arbeitsgerichte sahen eine Besetzung ohne Juristen vor.[466] Mit Einführung der Arbeitsgerichte im Jahr 1926 entschied der Gesetzgeber zwar, als Vorsitzende „rechtsgelehrte Richter" einzusetzen.[467] Nach ihrer Wiedereinführung nach dem Zweiten Weltkrieg hatten die Arbeitsgerichte jedoch wieder eine Sonderstellung unter den Gerichten: Noch bis 1961 mussten die Vorsitzenden Richter der ersten Instanz nicht zwingend Volljuristen sein.[468]

117 Die gemischte Besetzung der Arbeitsgerichte hat sich in Deutschland bewährt und ist – soweit ersichtlich – keinen Änderungsbestrebungen ausgesetzt.[469] Für Frankreich plädierte *Laroque* bereits im Jahr 1954 – und bis heute immer wieder aufgegriffen[470] – für eine ausschließlich mit spezialisierten Berufsrichtern besetzte Sozialgerichtsbarkeit.[471] Dies sei, so *Laroque*, nach der Schlichtung/Schiedsgerichtsbarkeit und gemischten Besetzungen die höchste Stufe in der Evolution eines Gerichts.[472]

---

465 § 41 Abs. 2 ArbGG. Ausnahmen insb. in §§ 72a Abs. 5 S. 3, 74 Abs. 2 S. 2, 94 Abs. 2 S. 3 ArbGG.

466 Siehe Rn. 41 ff.

467 § 6 Abs. 1 ArbGG 1926. Nach *Wenzel* war dies ein notwendiger und konsequenter Schritt; *Wenzel*, JZ 1965, 7749, 751.

468 § 18 Abs. 3 ArbGG 1953, geändert durch DRiG v. 14.9.1961, BGBl. I, 1665; vgl. GK-ArbGG/*Ahrendt*, Einf. Rn. 35; *Neumann*, NZA 1993, 342, 344. Siehe Rn. 49.

469 GK-ArbGG/*Schleusener*, § 20 Rn. 3.

470 *Auzero/Baugard/Dockès*, Droit du travail, Rn. 88; vgl. *Géa*, RJS 2016, 191, 191; *Guiomard*, RDT 2014, 129, 130; Rapport Lacabarats, S. 9; Rapport Marshall, S. 48, 50.

471 *Laroque*, Dr. soc. 1954, 271, insb. S. 277 f.

472 *Laroque*, Dr. soc. 1954, 271, 280.

§ 3 Die *conseillers*

Die CPH sind ausschließlich mit Richtern aus dem Kreis der Arbeitnehmer und aus dem Kreis der Arbeitgeber (*conseillers*) besetzt (Art. L. 1421-1 C. trav.). Sie üben ihr Amt ehrenamtlich und nebenberuflich aus. Die *conseillers* haben also zwei verschiedene Rollen: die des Richters und die des Arbeitnehmers beziehungsweise Arbeitgebers.[473] Dieser besondere Status spiegelt sich auch in ihren Rechten und Pflichten wider, welche sich daher teilweise von denen eines Berufsrichters unterscheiden.[474] Dies betrifft vor allem die Bereiche Ausbildung, finanzielle Entschädigung sowie Regelungen über das Verhältnis zu ihrem Arbeitgeber.[475] Auch der Auftrag der *conseillers* weist Besonderheiten auf: Er umfasst zum einen die Urteilsfindung nach dem Gesetz und gleichzeitig die Einbringung ihrer praktischen Erfahrungen (*principe de jugement par les pairs*).[476] 118

I. Bezeichnung „*conseillers*"

Die Richter des CPH heißen *conseillers prud'hommes*[477] (vgl. Art. L. 1441-1 ff. C. trav.).[478] *Conseiller* bedeutet wörtlich übersetzt Rat, Berater, Ratgeber.[479] Im Gegensatz dazu heißen die Richter des ordentlichen Gerichts erster Instanz *juges*.[480] Diese Besonderheit der CPH dürfte historisch bedingt sein, denn sie wurden ursprünglich nicht als reine Gerichte gegründet.[481] Bis heute offenbart der Begriff, dass sich diese Richter von denen der *tribunaux judiciaires* 119

---

473 *Héas*, Dr. soc. 2017, 588, 589; vgl. *Boulmier* et al., Le Lamy Procédure prud'homale, Rn. 339.

474 *Héas*, Dr. soc. 2017, 588, 589.

475 *Boulmier* et al., Le Lamy Procédure prud'homale, Rn. 339.

476 Vgl. *Ray*, Droit du travail, Rn. 103. Zur Rolle der Berufserfahrung der *conseillers* siehe *Michel*, in: Michel/Willemez (Hrsg.), Les prud'hommes, S. 161 ff.

477 Zur besseren Lesbarkeit wird auch diesbezüglich nur die männliche Form verwendet. Die *conseillères prud'hommes* sind eingeschlossen.

478 Gelegentlich wird in der Literatur auch der Ausdruck *juge prud'homal* verwendet, so z.B. *Bataille*, La procédure prud'homale, Rn. 865; *Miné*, Le grand livre du droit du travail, S. 52.

479 Langenscheidt-Redaktion (Hrsg.), Handwörterbuch Französisch, Eintrag „conseiller".

480 Vgl. z.B. Art. L. 212-4 C. org. jud.

481 Siehe dazu Rn. ff. Zur Bezeichnung als „Conseil" vgl. Rn. 13.

unterscheiden. Unlängst erging der Vorschlag, die *conseillers* in *juges prud'hommes* umzubenennen.[482] Die Bezeichnung *conseillers* ist nicht den CPH vorbehalten, sondern auch die Richter des Kassationshofs, der Berufungsgerichte und der Verwaltungsgerichte heißen so.[483]

120 Im Folgenden werden für die entscheidenden Personen des CPH die Originalbezeichnung *conseiller* sowie die Begriffe Arbeitnehmer- und Arbeitgeberrichter verwendet. Andere Übersetzungen brächten die besondere Stellung dieser Personen nicht hinreichend zum Ausdruck: Die ohne Zusatz verwendete Bezeichnung „Richter" impliziert eine formale Zulassung zum Richteramt aufgrund einer entsprechenden juristischen Qualifikation als Regelfall.[484] Auch der Begriff „Laienrichter" wird den *conseillers* nicht vollständig gerecht: Zwar benötigen sie keine juristische Ausbildung und sind insofern Laien,[485] aber ihre Aufgabe erstreckt sich explizit auf die rechtliche Entscheidung der ihnen vorgelegten Streitigkeiten.[486]

II. Auswahl und Amtszeit

1. Bis 2017: Wahl

121 Seit Gründung der CPH wurden die *conseillers* von den Arbeitnehmern und den Arbeitgebern gewählt. Das zuletzt gültige, seit 1979 bestehende System war eine allgemeine direkte Wahl (*suffrage universel direct*).[487] Die Vorschläge

---

482 *Canayer* et al., La justice prud'homale au milieu du gué, recommendation n° 22, S. 61. Dass die aktuelle Bezeichnung die Richter der CPH von denen der ordentlichen Gerichte abhebt, diente dabei sowohl als Pro- als auch als Contra-Argument. Vorschlag im Jahr 2014 bereits in Rapport Lacabarats, S. 20 f. (proposition n° 1).

483 Vgl. Art. R. 421-1, L. 312-2 C. org. jud., Art. L. 121-2, L. 231-2 CJA. Auch bei diesen Gerichten ist die Bezeichnung geschichtlich zu erklären: Sie gehen zurück auf Räte und Parlamente, deren Richter schon vor der Revolution *conseillers* hießen; *Braudo*, Dictionnaire Juridique, Définition de Conseiller, abrufbar unter: https://www.dictionnaire-juridique.com/definition/conseiller.php [zuletzt abgerufen am 7.10.2022].

484 In Frankreich umfasst die Qualifizierung als Berufsrichter in der ordentlichen Gerichtsbarkeit ein universitäres Studium (Licence und Master) und anschließend eine Ausbildung an der *École nationale de la magistrature*; vgl. Art. 14 ordonnance n° 58-1270 du 22 décembre 1958, modifié par Art. 3 loi n° 2016-1090 du 8 août 2016, JORF n° 186 du 11 août 2016.

485 Siehe dazu Rn. 141.

486 Vgl. auch *Héas*, Dr. soc. 2017, 588, 588. Siehe dazu Rn. 73 f.

487 *Canayer* et al., La justice prud'homale au milieu du gué, S. 17; Rapport au Président de la République relatif à l'ordonnance n° 2016-388 du 31 mars 2016.

stammten weit überwiegend von den Verbänden.[488] Die Amtszeit betrug fünf Jahre.[489]

Bei den Wahlen hatten sich jedoch verschiedene Defizite entwickelt, die eine Reform erforderlich machten. Ein zentrales Problem war die Wahlbeteiligung. Bei den Wahlen 1987, 1992, 1997 und 2002 ging sie trotz Gegenmaßnahmen[490] immer weiter zurück und erreichte im Jahr 2008 schließlich ihren Tiefpunkt.[491] Damals hatten nur noch 25,5 % der Arbeitnehmer und gut 31 % der Arbeitgeber ihre Stimme abgegeben.[492] Das beeinträchtigte die Legitimation der *conseillers*[493] und der Institution.[494] Die Kosten für die Wahl waren demgegenüber sehr hoch.[495] Sie beliefen sich zuletzt auf etwa 100 Millionen Euro.[496] 122

Die Wahlen dienten den Gewerkschaften und Arbeitgebervereinigungen in den letzten Jahren als Instrument, um ihre Zustimmungswerte zu messen.[497] 123

---

488 *Moritz*, Das französische Arbeitsgericht, S. 158.

489 Zum zuletzt gültigen Wahlsystem siehe *Richard/Pascal*, Quelle forme de désignation des conseillers prud'hommes?, S. 12 f.

490 Insbesondere eine Vereinfachung des Zugangs zu den Wahlen, *Bataille*, La procédure prud'homale, Rn. 916, 918, 920; *Richard/Pascal*, Quelle forme de désignation des conseillers prud'hommes?, S. 20 f.

491 *Auzero/Baugard/Dockès*, Droit du travail, Rn. 101; *Bataille*, La procédure prud'homale, Rn. 916; *Boulmier* et al., Le Lamy Procédure prud'homale, Rn. 240; Rapport au Président de la République relatif à l'ordonnance n° 2016-388 du 31 mars 2016; *Richard/Pascal*, Quelle forme de désignation des conseillers prud'hommes?, S. 18 ff., dort auch zu den Gründen für die niedrige Wahlbeteiligung (S. 26 ff.).

492 *Richard/Pascal*, Quelle forme de désignation des conseillers prud'hommes?, S. 22 ff. Bei den Arbeitgebern war dies ein leichter Anstieg gegenüber 2002, als nur knapp 27 % gewählt hatten.

493 *Canayer* et al., La justice prud'homale au milieu du gué, S. 17; *Daugareilh* et al., in: Ebisui et al., Resolving individual labour disputes, S. 111.

494 Vgl. *Boulmier* et al., Le Lamy Procédure prud'homale, Rn. 9; Rapport au Président de la République relatif à l'ordonnance n° 2016-388 du 31 mars 2016.

495 *Auzero/Baugard/Dockès*, Droit du travail, Rn. 101; *Canayer* et al., La justice prud'homale au milieu du gué, S. 17. Zur Kritik an den Kosten als Argument gegen die Wahlen siehe *Guiomard*, RDT 2014, 129, 131 f.; *Durand*, Dr. ouvr. 2014, 322, 323 f.

496 Rapport Marshall, S. 47. Zu weiteren Schwierigkeiten siehe *Richard/Pascal*, Quelle forme de désignation des conseillers prud'hommes?, S. 13 ff. Letztere Autoren nehmen Kosten in Höhe von 91,596 Millionen Euro an (S. 17).

497 *Boulmier* et al., Le Lamy Procédure prud'homale, Rn. 4, 240; *Burgess* et al., The roles, resources and competencies of employee lay judges, S. 14; *Przemyski/Przemyski-Zajac*, Rev. huiss. 1999, 445, 447. Zu den Ergebnissen der einzelnen

Dabei rückten einzelne Personen regelmäßig medial in den Vordergrund und das eigentliche Ziel – die Wahl der *conseillers* – geriet aus dem Fokus der Aufmerksamkeit.[498]

124 Die letzten Wahlen haben 2008 stattgefunden. Die Amtszeit der letzten gewählten *conseillers* wurde bis Ende 2017 verlängert, um die kommenden Reichweitemessungen abzuwarten, welche heute die Sitzverteilung zwischen den Verbänden bestimmt.[499] Obwohl die Verlängerung fast eine Verdopplung der Amtszeit bedeutete, bewertete der Verfassungsrat (*Conseil constitutionnel*) die Übergangsregelung als verfassungsgemäß.[500]

2. Heute: Berufung

125 Heute berufen der Justiz- und der Arbeitsminister die *conseillers* auf Vorschlag der Gewerkschaften und Arbeitgeberverbände für jeweils vier Jahre (Art. L. 1441-1 C. trav.).[501] In der Praxis leitet die *Direction générale du travail* des Arbeitsministeriums den Prozess.[502] Vor dem Hintergrund einer bis zur Gründung zurückgehenden Tradition der Wahlen ist diese Änderung bedeutend.[503] Der Verfassungsrat bestätigte die Verfassungsmäßigkeit des Berufungssystems.[504] Dennoch stieß die Neuerung teilweise auf erheblichen Widerstand.[505]

Gewerkschaften und Arbeitgebervereinigungen bei den letzten Wahlen siehe *Boulmier* et al., Le Lamy Procédure prud'homale 2021, Rn. 15.

498 Vgl. *Boulmier* et al., Le Lamy Procédure prud'homale, Rn. 4; *Michel/Willemez*, in: Michel/Willemez (Hrsg.), Les prud'hommes, S. 8.

499 Siehe dazu *Boulmier* et al., Le Lamy Procédure prud'homale, Rn. 243.

500 Cons. const. 11 déc. 2014, n° 2014-704 DC, cons. 18–22, JORF n° 293 du 19 décembre 2014; *Guiomard*, RDT 2015, 164, 165; *Auzero/Baugard/Dockès*, Droit du travail, Rn. 101.

501 Loi n° 2014-1528 du 18 décembre 2014, JORF n° 293 du 19 décembre 2014; ordonnance n°2016-388 du 31 mars 2016, JORF n° 77 du 1 avril 2016.

502 *Canayer* et al., La justice prud'homale au milieu du gué, S. 48.

503 Vgl. *Auzero/Baugard/Dockès*, Droit du travail, Rn. 104; *Guiomard*, RDT 2015, 164, 164 f.; vgl. auch *Mollot*, De la Compétence des Conseils de Prud'hommes, S. 60, der befand, dass mit dem Charakter des Gerichts als *tribunal de famille* mit *jugement par les pairs* nur die Wahl in Einklang zu bringen sei.

504 Cons. const. 11 déc. 2014, n° 2014-704 DC, JORF n° 293 du 19 décembre 2014.

505 Zur Vorgeschichte der Reform, alternativen Vorschlägen und ablehnenden Akteuren siehe *Boulmier* et al., Le Lamy Procédure prud'homale, Rn. 243. Kritik z.B. von *Durand*, Dr. ouvr. 2014, 322; *Guiomard*, RDT 2014, 129, 131 f.

a) *Ausgangspunkt: Reichweitemessung als Kriterium für die Repräsentativität*

Die Berufung der neuen *conseillers* findet nun jeweils statt im Jahr nach der Messung der Reichweite (*mesure de l'audience*) der Gewerkschaften und der Arbeitgeberverbände (Art. L. 1441-2 C. trav.). Seit 2017 nimmt das Arbeitsministerium alle vier Jahre eine solche Messung vor.[506] Die Amtszeit der *conseillers* wurde an diesen Turnus angepasst.[507] 126

Die Reichweite (*audience*) hat nicht nur Bedeutung bei der Berufung der *conseillers*, sondern sie ist auch eines der zentralen Kriterien für die Repräsentativität (*représentativité*) der Gewerkschaften und Arbeitgeberverbände (Art. L. 2121-1 Nr. 5, L. 2151-1 Nr. 6 C. trav.).[508] Repräsentative Organisationen haben besondere Befugnisse und Rechte. Insbesondere können nur repräsentative Gewerkschaften Tarifverträge abschließen; für allgemeinverbindlich können nur solche Tarifverträge erklärt werden, die von einer paritätischen Kommission verhandelt wurden, deren Mitglieder repräsentativen Gewerkschaften und Arbeitgebervereinigungen angehören.[509] Die Reichweite sowie die 127

---

506 *Auzero/Baugard/Dockès*, Droit du travail, Rn. 104. Für die Arbeitgeberverbände Art. 29 loi n° 2014-288 du 5 mars 2014, JORF n° 55 du 6 mars 2014. Für die Gewerkschaften wurde die Messung bereits 2008 eingeführt (loi n° 2008-789 du 20 août 2008, JORF n° 194 du 21 août 2008). Zuvor galten die fünf großen Gewerkschaftsverbünde CGT, CGC, FO, CFTC und CFDT qua Erlass unwiderleglich als repräsentativ und damit automatisch auch alle ihnen angehörigen Gewerkschaften; vgl. Art. L. 2122.1 C. trav. aF; Cass. soc. 5 juill. 1977, n° 77-60.489, 77-60.490, Bull. 1977 n° 457; *Auzero/Baugard/Dockès*, Droit du travail, Rn. 1093; *Intrup-Dopheide*, Tariffähigkeit, Gewerkschaftspluralität und Tarifmehrheiten in Frankreich, S. 31 f.

507 Vgl. Art. L. 1441-1 f. C. trav.; *Auzero/Baugard/Dockès*, Droit du travail, Rn. 104; *Boulmier* et al., Le Lamy Procédure prud'homale, Rn. 246; *Héas*, Dr. soc. 2017, 588, 590.

508 *Auzero/Baugard/Dockès*, Droit du travail, Rn. 1103; *Ray*, Droit du travail, Rn. 858. Die anderen Kriterien sind die Achtung der republikanischen Werte, Unabhängigkeit, finanzielle Transparenz, das Bestehen seit mindestens zwei Jahren, der Einfluss der Organisation, welcher sich vor allem durch ihre Aktivität und Erfahrung bemisst, sowie für Gewerkschaften zusätzlich die Mitgliederzahl und Mitgliedsbeiträge; Art. L. 2121-1, L. 2151-1 C. trav.

509 Art. L. 2231-1, L. 2261-19 C. trav.; *Auzero/Baugard/Dockès*, Droit du travail, Rn. 1474; *Intrup-Dopheide*, EuZA 2013, 542, 544, 546. Die Repräsentativität ist beispielsweise auch eine Voraussetzung für die Ernennung eines Gewerkschaftsvertreters (*délégué syndical*); Art. L. 2143-3 C. trav. Zudem haben repräsentative Arbeitgebervereinigungen ein Widerspruchsrecht gegen die Allgemeinverbindlicherklärung, Art. L. 2261-19 Abs. 3 C. trav.

Repräsentativität werden auf verschiedenen Ebenen bestimmt (Unternehmen/Betrieb, Branche, nationale branchenübergreifende Ebene) und gelten sodann auch nur für die jeweilige Ebene.[510] Um repräsentativ zu sein, müssen die Organisationen mindestens eine Reichweite von 8 % (nationale und Branchen-Ebene) beziehungsweise 10 % (Unternehmens- und Betriebsebene) erreichen.[511]

128 Maßgeblich für die Reichweite der einzelnen Gewerkschaften ist ihr erzielter Stimmenanteil bei den Arbeitnehmervertreterwahlen, insbesondere bei den Wahlen zum Sozial- und Wirtschaftsausschuss (*comité social et économique – CSE*).[512] Die Arbeitgeberverbände können den Schwellenwert entweder erreichen über die Zahl der ihnen freiwillig beigetretenen Unternehmen oder über die Zahl ihrer Arbeitnehmer, die dem französischen Sozialversicherungssystem unterliegen.[513]

b) *Sitzverteilung zwischen den Organisationen*

129 Auf der Grundlage dieser für die Repräsentativität vorgenommenen Reichweitemessung bestimmen der Arbeits- und der Justizminister in einem weiteren Schritt die jeweilige Zahl der Sitze, die den einzelnen Arbeitgeberverbänden und Gewerkschaften in der kommenden Amtszeit zustehen – das heißt, wer wie viele Kandidaten nominieren darf.[514] Diese Ermittlung erfolgt für die Arbeitnehmer- und die Arbeitgeberkandidaten auf unterschiedliche Art: Für die Gewerkschaften wird die Reichweitemessung auf nationaler branchenübergreifender Ebene (*niveau national et interprofessionnel*) herangezogen.[515] Die dort

---

510 Sog. *règle de concordance*; *Auzero/Baugard/Dockès*, Droit du travail, Rn. 1095; vgl. *Intrup-Dopheide*, EuZA 2013, 542, 547.

511 Art. L. 2122-1, L. 2122-5, L. 2122-9, L. 2152-1, L. 2152-4 C. trav.

512 Art. L. 2121-1 Nr. 5, L. 2122-1, L. 2122-5 C. trav. Die Wahl zum CSE findet nur statt in Unternehmen mit mehr als elf Arbeitnehmern; bei kleineren Unternehmen gibt es stattdessen spezielle Wahlen (Art. L. 2122-10-1 C. trav.), für Arbeitnehmer in der landwirtschaftlichen Produktion *élections aux chambres départementales d'agriculture*. Zu den Einzelheiten siehe *Auzero/Baugard/Dockès*, Droit du travail, Rn. 1103; *Boulmier* et al., Le Lamy Procédure prud'homale, Rn. 250 f.

513 Art. L. 2151-1 Nr. 6, L. 2152-1 Nr. 3, L. 2152-4 Nr. 3 C. trav. Zur Frage, wann ein Unternehmen einem Arbeitgeberverband angehört, siehe *Auzero/Baugard/Dockès*, Droit du travail, Rn. 1108.

514 Die Zahl der insgesamt zu besetzenden Sitze je Sektion ergibt sich aus einem Dekret, Art. L. 1423-2 C. trav. Für die kommende Amtsperiode gilt das décret n° 2021-1102 du 19 août 2021, JORF n° 195 du 22 août 2021.

515 Art. R. 1441-3 C. trav. Zu den Einzelheiten siehe *Boulmier* et al., Le Lamy Procédure prud'homale, Rn. 251.

erzielten Ergebnisse werden aufgeschlüsselt nach *départements* und den fünf Sektionen.[516] Die Berechnung für die Arbeitgeberverbände basiert je hälftig auf zwei Kriterien: zum einen auf der Anzahl der ihnen angehörenden Unternehmen mit mindestens einem Arbeitnehmer, zum anderen auf der Anzahl der bei diesen Unternehmen beschäftigten Arbeitnehmer.[517] Auch diese Ergebnisse werden nach Sektionen aufgeschlüsselt, allerdings nicht nach *départements*, sondern nur auf nationaler Ebene.[518] Anders als bei der Repräsentativität müssen die Gewerkschaften und Arbeitgeberverbände keinen Schwellenwert erreichen, um Sitze an den CPH zu erhalten.

Der Erlass des Arbeits- und des Justizministers über die Sitzverteilung 130
differenziert schließlich nach den einzelnen CPH, *collège* (Arbeitnehmer- oder Arbeitgeberrichter) und den fünf Sektionen (vgl. Art. L. 1441-4 Abs. 1 C. trav.).[519] Die Gewerkschaften und Arbeitgeberverbände können ihn innerhalb von 15 Tagen nach Veröffentlichung vor dem Staatsrat (*Conseil d'État*) anfechten (Art. L. 1441-5 C. trav.).

Die **Übersicht 3** zeigt die Sitzverteilung zwischen den Gewerkschaften und 131
Arbeitgeberorganisationen in der Amtsperiode seit 2018:[520]

---

516 Art. L. 1441-4, R. 1441-3 C. trav. Liegen für eine bestimmte Sektion keine Ergebnisse auf *département*-Ebene vor, ist auf die Ergebnisse für alle Sektionen zurückzugreifen, andernfalls auf die Ergebnisse auf regionaler und schließlich auf nationaler Ebene; Art. R. 1441-7 C. trav.

517 Art. L. 1441-4 Abs. 2, R. 1441-8 Abs. 1 C. trav. Zu den Einzelheiten siehe *Dupays* et al., Le Lamy Social 2021, Rn. 5507; *Boulmier* et al., Le Lamy Procédure prud'homale, Rn. 252.

518 Art. L. 1441-4 C. trav.; *Auzero/Baugard/Dockès*, Droit du travail, Rn. 104; *Boulmier* et al., Le Lamy Procédure prud'homale, Rn. 252.

519 *Auzero/Baugard/Dockès*, Droit du travail, Rn. 104.

520 Zahlen aus *Boulmier* et al., Le Lamy Procédure prud'homale, Rn. 254. Die Sitze der MEDEF mussten aufgrund von Bewertungsfehlern verringert werden. Sie blieb aber die stärkste Kraft; *ebenda*. (Berichtigte) Ergebnisse differenziert nach den einzelnen CPH im arrêté du 2 août 2017, JORF n° 188 du 12 août 2017.

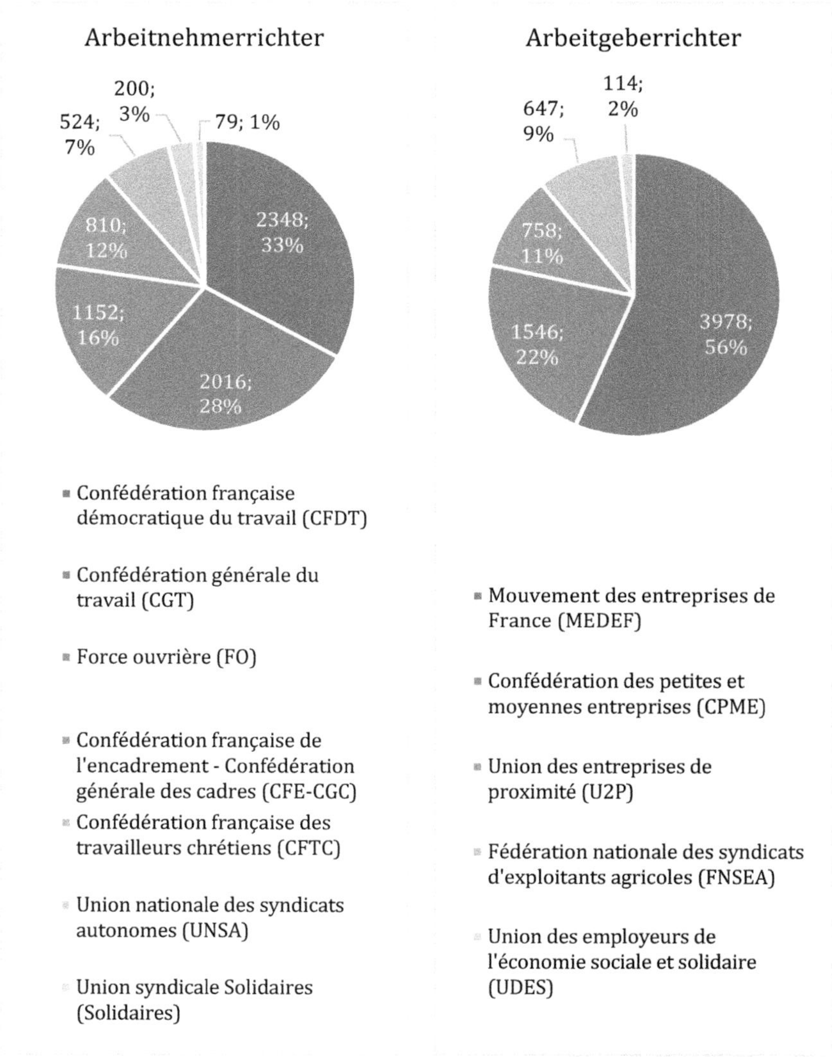

Übersicht 3: Sitzverteilung (Zahl der Sitze und prozentualer Anteil)

c) Kandidatenlisten

In einem nächsten Schritt erstellen die Arbeitgeberverbände und Gewerkschaften, die mindestens einen Sitz erhalten haben, jeweils eine Kandidatenliste für jeden CPH (vgl. Art. L. 1441-18, R. 1441-18 C. trav.).[521] Jede Liste muss präzisieren, für welche Organisation, welchen CPH, *collège* und Sektion die Personen kandidieren.[522] Örtlich haben die Bewerber die Wahl zwischen dem CPH, in dessen Zuständigkeitsbereich sie ihre Haupttätigkeit ausüben, und den benachbarten Gerichtsbezirken (Art. L. 1441-11 Abs. 1 C. trav.).[523] 132

Die Zuordnung der Arbeitnehmer zu einer Sektion richtet sich – mit Ausnahme der Führungskräfte[524] – nach der Kennziffer des auf sie anwendbaren Tarifvertrags (*code d'identifiant de la convention collective – IDCC*).[525] Zu diesem Zweck legen der Justiz- und der Arbeitsminister bei jeder turnusmäßigen Neuberufung der *conseillers* eine entsprechende Verteilungstabelle fest.[526] Gibt es keinen anwendbaren Tarifvertrag, werden sie der Sektion Diverses zugeordnet.[527] Die Arbeitgeberrichter können für eine Sektion ihrer Wahl kandidieren, sofern ihr mindestens einer ihrer Arbeitnehmer angehört (Art. L. 1441-17 C. trav.). 133

Jede Liste muss zwingend abwechselnd mit einer weiblichen Kandidatin und einem männlichen Kandidaten besetzt sein (Art. L. 1441-19 C. trav.).[528] 134

---

521 *Auzero/Baugard/Dockès*, Droit du travail, Rn. 104. Der Zeitraum hierfür bestimmen der Justiz- und der Arbeitsminister durch Erlass; Art. R. 1441-13 Nr. I C. trav.

522 Art. R. 1441-20 C. trav.; *Auzero/Baugard/Dockès*, Droit du travail, Rn. 104.

523 Handlungsreisende können auch am Gericht ihres Wohnortes kandidieren (Art. L. 1441-11 Abs. 1 S. 2 C. trav.). Arbeitssuchende und Rentner kandidieren am Ort ihrer letzten beruflichen Tätigkeit, im benachbarten Gerichtsbezirk oder am Gericht ihres Wohnortes (Art. L. 1441-11 Abs. 2 C. trav.). Hausangestellte und ihre Arbeitgeber kandidieren am Gericht ihres Wohnortes oder in einem benachbarten Gerichtsbezirk (Art. L. 1441-11 Abs. 3 C. trav.). Für Kandidaten der Sektion Landwirtschaft gelten besondere Bestimmungen (Art. L. 1441-11 Abs. 4 C. trav.).

524 Deren Zuordnung bestimmen Art. L. 1441-14, L. 1423-1-2 C. trav. Siehe hierzu Rn. 237 f.

525 *Boulmier* et al., Le Lamy Procédure prud'homale, Rn. 248.

526 Art. L. 1423-1-1, R. 1423-4 Abs. 1 C. trav. Diese Verteilungstabelle gilt auch für die Zuordnung der Rechtsstreitigkeiten zu den einzelnen Sektionen. Siehe dazu Rn. 234.

527 Art. R. 1423-4 Abs. 2 C. trav.; *Boulmier* et al., Le Lamy Procédure prud'homale, Rn. 248.

528 Dies gilt nicht je Sektion, sondern je CPH; *Bataille*, La procédure prud'homale, Rn. 945.

Beizufügen sind Erklärungen und Dokumente jedes Kandidaten, welche die Erfüllung der gesetzlichen Voraussetzungen für das Amt belegen.[529] Die Listen dürfen nur so viele Namen umfassen, wie Sitze zu vergeben sind (Art. L. 1441-20 C. trav.). Tatsächlich stellen manche Organisationen aber weniger Kandidaten auf als sie könnten. So gab es beispielsweise für die Amtsperiode ab 2018 nur 13.769 Kandidaten für die insgesamt 14.512 zu vergebenden Sitze.[530] Die Diskrepanz ist damit zu erklären, dass einige Verbände Schwierigkeiten haben, genügend geeignete Personen zu finden.[531] Unbesetzte und freigewordene Posten sollen bei Nachnominierungen (*désignations complémentaires*) besetzt werden.[532]

d) *Prüfung und Ernennung*

135 Der Justizminister prüft, ob die Kandidatenlisten zulässig sind und ob die aufgestellten Personen die Voraussetzungen für das Amt erfüllen (Art. R. 1441-23 f. C. trav.). Bei der letzten Berufung wurden nur 197 Kandidaten abgelehnt.[533] Sodann ernennen der Justizminister und der Arbeitsminister durch gemeinsamen Erlass die Kandidaten zu *conseillers* (vgl. Art. L. 1441-1 C. trav.). Die erstmalig ernannten *conseillers* legen vor Amtsantritt einen Eid ab.[534]

136 Die Kandidaten können Einwände im Zusammenhang mit der Ernennung innerhalb von zehn Tagen nach derselben bei dem Verwaltungsgericht (*tribunal administratif*) geltend machen (Art. L. 1441-24 C. trav.). Dieses entscheidet endgültig, das heißt ohne Berufungsmöglichkeit (*en premier et dernier ressort*). Zu den Einzelheiten des Verfahrens gibt es noch wenige Informationen, was auf die kurze Zeitspanne seit der Einführung des neuen Systems zurückzuführen ist.

---

529 Art. R. 1441-21 Abs. 2, R. 1441-22 C. trav. Der für die Liste Bevollmächtigte kontrolliert und bescheinigt die Einhaltung der gesetzlichen Voraussetzungen; Art. R. 1441-21 Abs. 1 C. trav. Zu den Einzelheiten über die Datenerfassung siehe *Boulmier* et al., Le Lamy Procédure prud'homale, Rn. 263.

530 *Boulmier* et al., Le Lamy Procédure prud'homale, Rn. 264.

531 Vgl. *Canayer* et al., La justice prud'homale au milieu du gué, S. 72. Dies schilderte auch ein Arbeitnehmerrichter des CPH Lyon (Besuch 28.2.–4.3.2022).

532 Bei Bedarf, aber mindestens einmal pro Jahr; Art. L. 1441-25 – L. 1441-31, R. 1441-25 f. C. trav. Allerdings werden auch dort oft nicht alle Stellen besetzt (z.B. Nominierung am 18.6.2021: 408 Neubesetzungen bei 1.291 offenen Stellen); siehe *Boulmier* et al., Le Lamy Procédure prud'homale, Rn. 247.

533 *Boulmier* et al., Le Lamy Procédure prud'homale, Rn. 264.

534 Art. D. 1442-11 – D. 1442-14 C. trav.; *Boulmier* et al., Le Lamy Procédure prud'homale, Rn. 273, 285.

Die ersten *conseillers* wurden mit Erlass vom 14.12.2017[535] ernannt. Ihre Amtszeit begann am 1.1.2018 und sollte am 31.12.2021 enden, wurde aufgrund der Covid-19-Pandemie jedoch verlängert.[536] Die nächste Ernennung soll im Dezember 2022 erfolgen.[537] 137

3. Berufungsvoraussetzungen

a) *Allgemeine Voraussetzungen*

Conseillers werden können Arbeitnehmer und Arbeitgeber, Arbeitssuchende, die auf der Liste der Arbeitssuchenden (*liste des demandeurs d'emploi*) eingetragen sind, sowie Personen, die ihre berufliche Tätigkeit aufgegeben haben (Art. L. 1441-6 C. trav.). Innerhalb der letzten zehn Jahre vor ihrer Bewerbung müssen sie mindestens zwei Jahre lang eine berufliche Tätigkeit oder ein Amt als *conseiller* ausgeübt haben (Art. L. 1441-7 Nr. 4, R. 1441-14 C. trav.). Die Kandidaten müssen darüber hinaus die französische Staatsangehörigkeit besitzen, mindestens 21 Jahre alt sein und dürfen im Strafregister keinen mit dem Amt unvereinbaren Eintrag haben oder einem Entzug, einer Aberkennung oder Untauglichkeit in Bezug auf ihre staatsbürgerlichen Rechte unterliegen (Art. L. 1441-7 C. trav.). 138

Arbeitgeberrichter müssen einem in Art. L. 1441-12 C. trav. aufgeführten Personenkreis angehören. Hierzu gehören vor allem Personen, die im eigenen oder fremden Namen einen oder mehrere Arbeitnehmer beschäftigen, persönlich haftende Gesellschafter, Verwaltungsratsvorsitzende sowie Führungskräfte, die über besondere Vollmachten verfügen und daher als Arbeitgeber behandelt werden. Zum Personenkreis der potenziellen Arbeitnehmerrichter gehören die in Art. L. 1441-13 C. trav. genannten Personen, darunter auch Auszubildende und Arbeitssuchende. 139

b) *Sektion Führungskräfte*

Für die Sektion Führungskräfte gelten besondere Bestimmungen. Die ihr zugehörigen Arbeitnehmer sind Ingenieure und Arbeitnehmer mit gleichwertiger 140

---

535 Arrêté du 14 décembre 2017, JORF n° 295 du 19 décembre 2017.

536 Ordonnance n° 2020-388 du 1er avril 2020, JORF n° 80 du 2 avril 2020; *Auzero/Baugard/Dockès*, Droit du travail, Rn. 104; *Boulmier* et al., Le Lamy Procédure prud'homale, Rn. 246.

537 Siehe dazu *Boulmier* et al., Le Lamy Procédure prud'homale, Rn. 246. Um anschließend zum normalen Turnus zurückzukehren, wird die Amtszeit dieser *conseillers* entsprechend verkürzt; Art. 2 ordonnance n° 2020-388 du 1er avril 2020, JORF n° 80 du 2 avril 2020.

Ausbildung, Arbeitnehmer mit einer der gesetzlich aufgeführten Ausbildungen und Meister (*agents de maîtrise*) mit übertragenen Leitungsfunktionen sowie französische Handlungsreisende (*voyageurs, représentants, placiers – V.R.P.*) (Art. L. 1441-14, L. 1423-1-2 C. trav.). Arbeitgeberrichter dieser Sektion können Arbeitgeber und mit ihnen vergleichbare Personen sein, die einen oder mehrere der zuvor genannten Arbeitnehmer beschäftigen (Art. L. 1441-15 C. trav.).[538]

c) Zusammensetzung in der Praxis

141 Eine juristische Ausbildung ist keine Voraussetzung für die Berufung, aber auch kein Hindernis. Auch besondere oder spezifische Kenntnisse aus dem Arbeitsleben sind nicht erforderlich.[539] In der Praxis werden Angaben aus der Literatur zufolge nur wenige Juristen nominiert.[540]

142 Das Amt eines Arbeitnehmerrichters ist nach Berichten aus der Literatur regelmäßig die Krönung einer gewerkschaftlichen Karriere.[541] Dies bestätigten der Präsident des CPH Lyon sowie Lyoner *conseillers*. Demnach wählen die Gewerkschaften üblicherweise Personen, die zuvor schon ein gewerkschaftliches Amt innehatten und daher Arbeitsrechtskenntnisse erwerben konnten.[542] Neben diesen Erfahrungen sei aber auch wesentlich, ob die Personen Interesse an dem Amt hätten. Daran fehle es des Öfteren. Das Engagement sei essenziell, da die *conseillers* sehr viel Eigeninitiative aufbringen müssten, besonders bei der Aus- und Weiterbildung.[543]

---

538 *Bataille*, La procédure prud'homale, Rn. 941. Arbeitgeber und ihnen vergleichbare Personen, die ausschließlich Arbeitnehmer der Kategorie Führungskräfte beschäftigen, sind zwingend der Sektion Führungskräfte zugeordnet, Art. L. 1441-15 Abs. 1 C. trav.

539 *Moritz* bezeichnet sie daher „nicht als Sachverständige, sondern als Repräsentanten der Parteien", Das französische Arbeitsgericht, S. 158.

540 Vgl. *Burgess* et al., The roles, resources and competencies of employee lay judges, S. 15; aus der Zeit der Wahlen *Brugnot/Porte*, in: Michel/Willemez (Hrsg.), Les prud'hommes, S. 182 f.; *Michel*, in: Michel/Willemez (Hrsg.), Les prud'hommes, S. 174; anders in Bezug auf die Arbeitgeberrichter *Höland* et al., AuR 2018, 404, 409.

541 *Burgess* et al., The roles, resources and competencies of employee lay judges, S. 63; aus der Zeit der Wahlen *Verrier*, in: Michel/Willemez, Les prud'hommes, S. 107. Vgl. auch *Willemez*, in: Michel/Willemez, Les prud'hommes, S. 121–136, der die *conseillers* in fünf Typen mit unterschiedlicher *identité juridique* einteilt.

542 Rechtsgespräche mit dem Präsidenten des CPH Lyon *Augier* am 3.3.2022 und mit einigen Lyoner *conseillers* (28.2.–4.3.2022).

543 Rechtsgespräch mit dem Präsidenten des CPH Lyon *Augier* am 3.3.2022. Siehe auch Rn. 151.

4. Ende des Amtes

Das Amt[544] endet grundsätzlich nach vier Jahren. Die *conseillers* üben ihre Funktionen allerdings stets bis zur Einsetzung ihrer Nachfolger aus.[545] Verliert ein *conseiller* die französische Staatsangehörigkeit, endet das Amt automatisch.[546] Ein *conseiller*, der sich ohne legitimen Grund und trotz Aufforderung weigert, seinen Dienst zu leisten, kann für ausgeschieden erklärt werden.[547] Der *conseiller* kann sein Amt auch selbst durch Rücktritt (*démission*) beenden.[548] Ein *conseiller*, der für ausgeschieden erklärt wurde oder als zurückgetreten gilt, kann innerhalb der nächsten vier Jahre nicht erneut kandidieren.[549] 143

III. Aus- und Weiterbildung

Die Ausbildung der *conseillers* umfasst eine Grundausbildung zu Beginn der ersten Amtszeit (*formation initiale*) und laufende Fortbildungen (*formation continue*, Art. L. 1442-1, D. 1442-1 ff. C. trav.). Nur der Lehrgang zu Beginn ist obligatorisch.[550] 144

1. Stellenwert

Die Aus- und Weiterbildung der *conseillers* hat einen hohen Stellenwert. Zum einen hat sie verfassungsmäßige Relevanz: Der französische Verfassungsrat entschied bezüglich der *juges de proximité*[551], dass der Einsatz von Laienrichtern 145

---

544 Der Code du travail verwendet auch nach der Reform zur Abschaffung der Wahlen die Bezeichnung *mandat* (siehe insb. Art. L. 1442-3 C. trav.); ebenso ist dieser Begriff in der Literatur verbreitet; vgl. z.B. *Boulmier* et al., Le Lamy Procédure prud'homale, Rn. 271 ff.

545 Art. L. 1442-3 Abs. 2 C. trav. Zu den Modalitäten in der Übergangsphase zwischen den alten und den neuen *conseillers* siehe *Boulmier* et al., Le Lamy Procédure prud'homale, Rn. 277.

546 Art. L. 1442-3 Abs. 1 C. trav.

547 Art. L. 1442-12 C. trav. Siehe dazu *Boulmier* et al., Le Lamy Procédure prud'homale, Rn. 331.

548 Vgl. Art. D. 1442-17 C. trav. Zu den weiteren Beendigungsgründen siehe *Boulmier* et al., Le Lamy Procédure prud'homale, Rn. 272, 330 ff.

549 Art. L. 1441-10 Abs. 2 C. trav.

550 Art. L. 1442-1 Abs. 3 C. trav.

551 Die *juridiction de proximité* war zuständig für zivilrechtliche Streitigkeiten mit einem Streitwert bis 4.000 € und strafrechtliche Bagatellsachen. Es war besetzt mit Richtern außerhalb des Richterstandes, die allerdings eine juristische Ausbildung

mit zeitlich begrenztem Amt verfassungsmäßig ist, solange ihre Unabhängigkeit und die Anforderungen an ihre Befähigung garantiert werden.[552] Zum anderen sind fundierte juristische Kenntnisse eine Voraussetzung für eine qualitativ hochwertige Rechtsprechung, die von den Parteien akzeptiert wird.[553] Defizite können die CPH schwächen und womöglich auch eine Bedrohung für die Aufrechterhaltung der paritätischen Besetzung ohne Beteiligung eines Berufsrichters sein.[554]

146 Die Anforderungen an die *conseillers* sind seit der Gründung des Gerichts stark gestiegen. Zu Beginn standen Bräuche und Gewohnheiten sowie die Suche nach einer gütlichen Einigung im Vordergrund. Heute benötigen die *conseillers* vertiefte Rechtskenntnisse, zumal das französische Arbeitsrecht immer komplexer wurde.[555] Praktisch unterscheiden sich die rechtlichen Kenntnisse der *conseillers* jedoch erheblich.[556] Andererseits ist es nicht das Ziel, die *conseillers* genauso wie Berufsrichter auszubilden.[557] Wichtige Qualifikationen – namentlich die Kenntnisse und Erfahrungen aus der Arbeitswelt – bringen sie bereits bei Amtsantritt mit.[558]

2. Organisation

147 Vor der Reform 2015 organisierten überwiegend die Gewerkschaften und Arbeitgeberverbände die Ausbildung der *conseillers*.[559] Sie war freiwillig und

---

oder Praxis aufweisen mussten. Das Gericht wurde 2017 abgeschafft. Siehe zur *juridiction de proximité Zwickel*, Bürgernahe Ziviljustiz.

552 Cons. const., 20 févr. 2003, n° 2003-466 DC, consid. 4, JORF n° 49 du 27 février 2003; vgl. *Maggi-Germain*, Dr. soc. 2015, 547, 548; Rapport Lacabarats, S. 22.

553 Vgl. *Géa*, RJS 2016, 191, 194; Rapport Lacabarats, S. 14 f.; vgl. auch *Lent*, AcP 1949, 193, 201, 214, der eine Gerichtsbesetzung ausschließlich mit Laien daher ablehnt.

554 *Géa*, RJS 2016, 191, 194.

555 *Canayer* et al., La justice prud'homale au milieu du gué, S. 44; *Géa*, RJS 2016, 191, 192; *Przemyski/Przemyski-Zajac*, Rev. huiss. 1999, 445, 445; *Ray*, Droit du travail, Rn. 99.

556 Vgl. *Géa*, RJS 2016, 191, 194.

557 *Géa*, RJS 2016, 191, 195; *Maggi-Germain*, Dr. soc. 2015, 547, 550.

558 Vgl. *Géa*, RJS 2016, 191, 195; *Maggi-Germain*, Dr. soc. 2015, 547, 550; *Michel*, in: Michel/Willemez (Hrsg.), Les prud'hommes, S. 163 f.

559 Vgl. *Brugnot/Porte*, in: Michel/Willemez (Hrsg.), Les prud'hommes, S. 186 f.; Rapport Lacabarats, S. 29 ff.

begann erst, nachdem die *conseillers* schon im Amt waren.[560] Häufig nahmen die *conseillers* nicht alle Ausbildungsstunden in Anspruch.[561]

Heute obliegen die Organisation und Finanzierung der Aus- und Fortbildungen dem Staat (Art. L. 1442-1 Abs. 1 C. trav.), wobei dieser sie auf die *École nationale de la magistrature* (ENM) und auf Institute delegiert hat, die den Gewerkschaften und Arbeitgeberorganisationen angegliedert sind.[562] Dass die Grundausbildung für Arbeitnehmer- und Arbeitgeberrichter nun gemeinsam stattfindet und für beide verpflichtend ist,[563] verschob den Fokus von den praktischen Erfahrungen und Kenntnissen der *conseillers* auf eine rechtliche Ausbildung.[564] In den Neuerungen sehen manche Autoren eine Angleichung an die Berufsrichter.[565] Die verpflichtende und einheitlich strukturierte Ausbildung dürfte aber vor allem erforderlich sein, damit die *conseillers* den gestiegenen Anforderungen gerecht werden können. 148

3. Grundausbildung

Den Lehrgang zu Beginn der Amtszeit absolvieren die Arbeitnehmer- und die Arbeitgeberrichter gemeinsam (Art. L. 1442-1 Abs. 2 C. trav.). Der Arbeitgeber muss seine Arbeitnehmer hierfür bis zu fünf Tage pro Amtszeit freistellen (Art. L. 1442-2 Nr. 1 C. trav.). Schließt ein *conseiller* die Grundausbildung innerhalb einer Frist von 15 Monaten nicht ab, gilt dies als Rücktritt (Art. L. 1442-1 Abs. 3, D. 1442-10-1 Abs. 2 C. trav.).[566] 149

Die ENM organisiert die Grundausbildung, deren Inhalt der Justiz- und der Arbeitsminister festlegen.[567] Behandelt werden die Gerichtsorganisation, Status, Ethik und Amtsethos der Arbeitsrichter, der Arbeitsgerichtsprozess sowie die methodische Durchführung der Verhandlung und Abfassung der Entscheidungen.[568] 150

560 *Brugnot/Porte*, in: Michel/Willemez (Hrsg.), Les prud'hommes, S. 185 ff.; Rapport Lacabarats, S. 29 ff.

561 *Héas*, Dr. soc. 2017, 588, 592; Rapport Lacabarats, S. 30; *Rolland*, Dr. soc. 2013, 618, 620.

562 *Boulmier* et al., Le Lamy Procédure prud'homale, Rn. 361; *Miné*, Le grand livre du droit du travail, S. 45.

563 Vgl. Art. L. 1442-1 Abs. 2, 3 C. trav.

564 *Héas*, Dr. soc. 2017, 588, 592. Vgl. auch *Maggi-Germain*, Dr. soc. 2015, 547, 550.

565 Vgl. *Maggi-Germain*, Dr. soc. 2015, 547, 550; *Ray*, Droit du travail, Rn. 107.

566 Die Frist beginnt am ersten Tag des zweiten Monats nach Ernennung, Art. D. 1442-10-1 Abs. 2 C. trav.

567 Art. D. 1442-10-2 C. trav.

568 Art. 1 arrêté du 28 avril, JORF n° 102 du 30 avril 2017.

151 Bedenkt man, dass die *conseillers* ein rechtlich fundiertes Urteil fällen und die Urteilsgründe bestenfalls arbeitsteilig verfassen sollen, ist es schwer vorstellbar, dass die fünftägige Grundausbildung ausreichend ist – gerade für erstmals ernannte Arbeitnehmer- und Arbeitgeberrichter.[569] Erschwerend kommt hinzu, dass der Lehrplan kein materielles Arbeitsrecht umfasst.[570] Auch der Präsident sowie die befragten *conseillers* des CPH Lyon bestätigten in einem persönlichen Gespräch, dass die staatliche Ausbildung nicht ausreicht und die *conseillers* sich umfassend persönlich weiterbilden müssen.[571]

4. Laufende Fortbildungen

152 Die laufenden Fortbildungen finden getrennt für die Arbeitnehmer- und die Arbeitgeberrichter statt. Sie werden durchgeführt von öffentlichen Einrichtungen sowie von privaten Organisationen, die den größten vorschlagsberechtigten Gewerkschaften und Arbeitgeberorganisationen angehören.[572] Die Arbeitnehmerrichter haben gegen ihren Arbeitgeber zu diesem Zwecke einen Anspruch auf Freistellung für maximal sechs Wochen pro Amtszeit (Art. L. 1442-2 Nr. 2 C. trav.).[573]

IV. Rechtliche Stellung

1. Schutz der *conseillers*

153 Den *conseillers* darf aus ihrer Tätigkeit kein beruflicher Nachteil entstehen (vgl. Art. L. 1442-6, L. 1442-7, L. 1442-19 C. trav.). Geschützt sind sowohl Arbeitnehmerrichter als auch diejenigen Arbeitgeberrichter, die selbst Arbeitnehmer sind.[574]

---

569 *Géa*, RJS 2016, 191, 194; vgl. *Orif*, Dr. soc. 2015, 819, 824; kritisch zur Dauer auch *Suire*, RPDS 2021, 407, 407.

570 *Canayer* et al., La justice prud'homale au milieu du gué, S. 25.

571 Rechtsgespräch mit dem Präsidenten des CPH Lyon *Augier* am 3.3.2022; Rechtsgespräche mit *conseillers* des CPH Lyon 28.2.–4.3.2022.

572 *Boulmier* et al., Le Lamy Procédure prud'homale, Rn. 361 f., siehe dort auch zu den Einzelheiten. Liste der 2018–2022 autorisierten Organisationen *ebenda*, Rn. 365.

573 Je Kalenderjahr maximal zwei Wochen, Art. D. 1442-7 C. trav. Kritisch zur kurzen Dauer der Fortbildungen *Suire*, RPDS 2021, 407, 408.

574 *Boulmier* et al., Le Lamy procédure prud'homale, Rn. 368.

a) Freistellungsanspruch

Ihre jeweiligen Arbeitgeber müssen die *conseillers* für die notwendige Zeit der Amtsausübung freistellen (Art. L. 1442-5 C. trav.). Art. R. 1423-55 C. trav. listet im Einzelnen auf, welche Tätigkeiten der Freistellungsanspruch erfasst. Dazu gehören neben den Verhandlungen und deren Vor- und Nachbereitung[575] beispielsweise auch die Ablegung des Amtseids, die Teilnahme an Versammlungen sowie für die Präsidenten des CPH, der Sektionen und der Kammern und ihre Stellvertreter auch administrative Aufgaben. 154

Für Rechte des Arbeitnehmers aus dem Arbeitsvertrag und aus gesetzlichen und behördlichen Bestimmungen gilt die am Arbeitsplatz verpasste Zeit dennoch als Arbeitszeit (Art. L. 1442-6 Abs. 1 C. trav.).[576] Gewährt ein Arbeitgeber einem bei ihm beschäftigten *conseiller* nicht die notwendige Zeit für die Amtsausübung, macht er sich eines Vergehens schuldig (*délit d'entrave*).[577] 155

b) Besonders geschützte Arbeitnehmer

Die *conseillers* sind besonders geschützte Arbeitnehmer (*salariés protégés*, Art. L. 1442-19 C. trav.).[578] Der besondere Schutz besteht allen voran darin, dass sie nur mit vorheriger Zustimmung des Arbeitsinspektors (*inspecteur du travail*) gekündigt werden können.[579] Die Ausübung des Amtes mitsamt der dazugehörigen Aus- und Weiterbildung kann weder eine Kündigung des Arbeitnehmerrichters noch eine andere Sanktion gegen ihn begründen.[580] 156

Voraussetzung für den Schutz ist, dass der Arbeitnehmer seinen Arbeitgeber rechtzeitig – bei einer Kündigung spätestens im Kündigungsvorgespräch (*entretien préalable*) – über seine Stellung informiert hat.[581] Seit der Einführung des Berufungssystems informiert der jeweilige Bevollmächtigte einer 157

575 Was genau hierunter fällt, listet das Gesetz akribisch auf.

576 *Boulmier* et al., Le Lamy Procédure prud'homale, Rn. 343, 349; *Héas*, Dr. soc. 2017, 588, 590; *Miné*, Le grand livre du droit du travail, S. 45.

577 *Boulmier* et al., Le Lamy Procédure prud'homale, Rn. 340, 343; *Héas*, Dr. soc. 2017, 588, 590; Cass. crim. 4 oct. 1988, n° 86-96.874; abrufbar unter: https://www.legifrance.gouv.fr/juri/id/JURITEXT000007525283 [zuletzt abgerufen am 7.10.2022].

578 *Boulmier* et al., Le Lamy Procédure prud'homale, Rn. 367.

579 Art. L. 1442-19 Abs. 2 C. trav.

580 Art. L. 1442-19 Abs. 1 C. trav. Siehe zum Schutz der *conseillers Boulmier* et al., Le Lamy Procédure prud'homale, Rn. 340 f., 367 ff.

581 Cass. soc. 22 nov. 2017, n° 16-17.692, abrufbar unter: https://www.legifrance.gouv.fr/juri/id/JURITEXT000036093171 [zuletzt abgerufen am 7.10.2022]; Cons. const. 14 mai 2012, n° 2012-242 QPC, JORF n° 113 du 15 mai 2012.

Kandidatenliste (*mandataire de la liste*) den Arbeitgeber darüber, wenn er einen seiner Arbeitnehmer als Kandidat aufnehmen möchte.[582] Nach ihrer Einsetzung informiert die Geschäftsstelle die Arbeitgeber über den Amtsantritt der *conseillers*.[583] Die eigene Informationsobliegenheit der (kandidierenden und amtierenden) *conseillers* dürfte daher heute regelmäßig entfallen.[584]

158 Der Schutz beginnt bereits ab Kenntnis des Arbeitgebers von der Kandidatur oder von der Unmittelbarkeit der Kandidatur (Art. L. 2411-22 Nr. 2 C. trav.).[585] Er endet sechs Monate nach Amtsende (Art. L. 2411-22 Nr. 1 C. trav.). Der Arbeitnehmer kann auf den Schutz nicht im Voraus verzichten.[586]

2. Finanzielle Entschädigung

159 Die *conseillers* erhalten eine finanzielle Entschädigung für ihre Amtsausübung. Da das Tätigwerden der *conseillers* für die Parteien unentgeltlich ist (Art. L. 1442-8 C. trav.), trägt der Staat die Kosten für ihre Entschädigung.[587]

a) Zeitvorgaben

160 Welche Tätigkeiten zum Amt eines *conseillers* zählen und daher vergütet werden, definiert das Gesetz in Art. R. 1423-55 C. trav. Diese Auflistung ist ebenso für den Freistellungsanspruch der Arbeitnehmer maßgeblich.[588] Der Entschädigungsanspruch unterliegt allerdings Grenzen: Ein Dekret weist einigen zentralen Tätigkeiten einen maximalen entschädigungsfähigen Zeitrahmen zu (Art. D. 1423-65 – D. 1423-75 C. trav.).

---

582 Art. L. 1441-22 C. trav. Er übermittelt die Informationen ebenfalls an die Arbeitsinspektion, Art. R. 1441-19 Abs. 2 C. trav.

583 Art. D. 1442-14 C. trav.

584 Vgl. *Héas*, Dr. soc. 2017, 588, 591.

585 Dies gilt nach dem Wortlaut der Vorschrift auch für nicht ernannte Kandidaten, die aber auf der Vorschlagsliste standen, bis zu einem Zeitraum von drei Monaten nach der Ernennung.

586 Cass. soc. 30 juin 2004, n° 01-46.372; abrufbar unter: https://www.legifrance.gouv.fr/juri/id/JURITEXT000007482656 [zuletzt abgerufen am 7.10.2022]; *Boulmier* et al., Le Lamy procédure prud'homale, Rn. 367; *Héas*, Dr. soc. 2017, 588, 591.

587 *Bataille*, La procédure prud'homale, Rn. 873; *Boulmier* et al., Le Lamy procédure prud'homale, Rn. 346.

588 Siehe dazu oben Rn. 154.

aa) Gesetzlicher Zeitrahmen

Die **Übersicht 4** zeigt die wichtigsten Zeitvorgaben:[589] 161

Aktenstudium vor der Verhandlung (Art. D. 1423–65 C. trav.)[590]	
bureau de conciliation et d'orientation	30 Minuten je Sitzungstag
bureau de jugement	1 Stunde je Sitzungstag
Aktenstudium nach der mündlichen Verhandlung und vor der Urteilsberatung (Art. D. 1423–65 C. trav.)[591]	
bureau de jugement	45 Minuten je Akte
Verfassen von Entscheidungen (Art. D. 1423-66 C. trav)	
Protokoll (*procès-verbal*) über die gütliche Einigung	30 Minuten
Urteil (*jugement*)	5 Stunden

Übersicht 4: Zeitvorgaben

162 Keine Zeitvorgaben bestehen für die Verhandlungen vor dem *bureau de conciliation et d'orientation* und vor dem *bureau de jugement* sowie für die Urteilsberatungen.[592]

163 Die Präsidenten und Vizepräsidenten der CPH und der Sektionen erhalten auch für ihre administrativen Aufgaben eine Entschädigung (Art. D. 1423-71 – D. 1423-75 C. trav.).[593] Der Zeitrahmen hierfür ist abhängig von der Zahl der *conseillers* am jeweiligen Gericht.[594] Für einige besonders große CPH, darunter Paris, Lyon und Marseille, bestehen hierbei Sonderregeln.[595]

589 Ausführlich *Boulmier* et al., Le Lamy procédure prud'homale, Rn. 348.

590 Nur für den Vorsitzenden oder für einen von ihm benannten *conseiller*, Art. R. 1423-55 Nr. 2a) C. trav.

591 Nur für je einen Arbeitnehmer- und einen Arbeitgeberrichter, Art. R. 1423-55 Nr. 2d) C. trav.

592 *Boulmier* et al., Le Lamy procédure prud'homale, Rn. 348.

593 Die Präsidenten und Vizepräsidenten der Kammern am CPH Paris erhalten ebenfalls eine Entschädigung für ihre administrativen Aufgaben; Art. D. 1423-71 Abs. 2, D. 1423-75 C. trav.

594 Art. D. 1423-72 C. trav.

595 Art. D. 1423-72, D. 1423-73 C. trav.

bb) Umstrittene Einführung

164 Der Gesetzgeber führte die Zeitvorgaben ein, um die Kosten für die CPH zu senken.[596] Dies rief heftige Kontroversen hervor.[597] Besonders die *conseillers* selbst beantworteten die Einführung der Zeitvorgaben mit Widerstand. So streikten beispielsweise die Arbeitnehmerrichter des CPH Lyon im Jahr 2009 aus Protest gegen die neuen Regelungen für mehrere Monate. Der Streik weitete sich auf andere CPH aus.[598] Der Staatsrat entschied sodann, dass eine Obergrenze für die Entschädigungen zwar grundsätzlich zulässig sei. Die Grenze dürfe jedoch nicht absolut sein. Es müsse Regelungen geben, die eine Überschreitung erlauben und die mit der Unabhängigkeit und der paritätischen Funktionsweise des Gerichts vereinbar sind.[599]

cc) Überschreitung des Zeitrahmens

165 Die Möglichkeit, die gesetzlichen Vorgaben zu überschreiten, besteht heute gemäß Art. D. 1423-65 f. C. trav. Danach kann der Präsident des CPH eine Überschreitung genehmigen und einen längeren Zeitrahmen festlegen.[600] Der Präsident des CPH Lyon berichtete in einem persönlichen Gespräch, dass diese Ausnahmeregelung gut funktioniere und er eine Überschreitung stets gewähre.[601]

---

596 *Auzero/Baugard/Dockès*, Droit du travail, Rn. 107. Zum geschichtlichen Hintergrund siehe *Serverin*, RDT 2010, 316, 317 f.

597 Vgl. *Auzero/Baugard/Dockès*, Droit du travail, Rn. 107.

598 Rechtsgespräch mit dem Präsidenten des CPH Lyon *Augier* am 3.3.2022; *Banos*, En grève, les prud'hommes refusent de compter leur temps, L'OBS 19.2.2009, abrufbar unter: https://www.nouvelobs.com/rue89/rue89-economie/20090216.RUE8470/en-greve-les-prud-hommes-refusent-de-compter-leur-temps.html; *Charbonnier*, Le petit monde des prud'hommes de Lyon, La Tribune 23.5.2016, abrufbar unter: https://region-aura.latribune.fr/territoire/2016-05-23/le-petit-monde-des-prud-hommes-de-lyon.html [jeweils zuletzt abgerufen am 7.10.2022].

599 CE 17 mars 2010, n° 319785, abrufbar unter: https://www.legifrance.gouv.fr/ceta/id/CETATEXT000021996078/ [zuletzt abgerufen am 7.10.2022], RDT 2010, 316 m. Anm. *Serverin*; CE 21 oct. 2011, n° 333045, abrufbar unter: https://www.legifrance.gouv.fr/ceta/id/CETATEXT000024698686/ [zuletzt abgerufen am 7.10.2022].

600 Art. D. 1423-65 Abs. 2, D. 1423-66 Abs. 2–4 C. trav. Zeitüberschreitungen für das Aktenstudium nach der streitigen Verhandlung genehmigt der Vorsitzende des *bureau de jugement* bzw. der Vorsitzende des Spruchkörpers für einstweiligen Rechtsschutz, Art. D. 1423-65 Abs. 3 C. trav.

601 Rechtsgespräch mit dem Präsidenten des CPH Lyon *Augier* am 3.3.2022.

dd) *Andauernde Kritik*

In einer von der Hans-Böckler-Stiftung finanzierten Studie aus dem Jahr 2017 beklagten viele Arbeitnehmerrichter die aus ihrer Sicht zu eng bemessenen Zeitvorgaben.[602] Auch die von der Verfasserin befragten Lyoner *conseillers* waren einstimmig der Auffassung, dass besonders eine Urteilsabfassung innerhalb von fünf Stunden nicht möglich sei. Vielmehr würden sie durchschnittlich acht bis neun Stunden benötigen.[603] Obwohl der Zeitrahmen für die finanzielle Entschädigung bei den Sozialpartnern weiterhin ein sehr umstrittenes Thema ist, werden aktuell keine grundlegenden Reformen erwartet.[604] 166

b) *Höhe und Modalitäten der Entschädigung*

aa) *Arbeitnehmerrichter*

Übt der Arbeitnehmerrichter die in Art. R. 1423-55 C. trav. beschriebenen Tätigkeiten als *conseiller* außerhalb seiner Arbeitszeit aus, enthält er dafür eine staatliche Entschädigung.[605] Sie beträgt für alle – das heißt auch Arbeitslose und Rentner – 8,40 € pro Stunde.[606] 167

Wenn der Arbeitnehmerrichter seine Tätigkeit als *conseiller* dagegen während seiner Arbeitszeit ausübt, behält er für diese Zeit seinen Vergütungsanspruch gegen den Arbeitgeber.[607] Es handelt sich damit um eine bezahlte Freistellung. Der Arbeitgeber erhält hierfür monatlich eine Erstattung vom Staat.[608] Diese umfasst alle von ihm erbrachten Leistungen sowie die Sozialabgaben.[609] Übersteigt die Dauer die gesetzliche Arbeitszeit, tragen der Staat und der Arbeitgeber die Kosten für die Überstunden je anteilig.[610] 168

Aus deutscher Sicht ist dieser Anspruch auf Vergütungsfortzahlung gegen den Arbeitgeber auf den ersten Blick überraschend, besteht doch in Deutschland 169

602 *Burgess* et al., Roles, resources and competencies of employee lay judges, S. 66.

603 Rechtsgespräche mit dem Präsidenten des CPH Lyon *Augier* am 3.3.2022 und mit einigen Lyoner *conseillers* (28.2.–4.3.2022).

604 *Boulmier* et al., Le Lamy procédure prud'homale, Rn. 346.

605 Art. D. 1423-56 C. trav.

606 Art. D. 1423-56 C. trav. Der Stundensatz ist steuerfrei; *Boulmier* et al., Le Lamy procédure prud'homale, Rn. 358.

607 *Héas*, Dr. soc. 2017, 588, 590.

608 Art. D. 1423-59 C. trav.

609 Art. D. 1423-59 Abs. 1 C. trav. Zur Prozedur der Erstattungen siehe *Boulmier* et al., Le Lamy procédure prud'homale, Rn. 353.

610 Art. D. 1423-59 Abs. 2 C. trav.; *Boulmier* et al., Le Lamy procédure prud'homale, Rn. 353.

lediglich ein Entschädigungsanspruch gegen den Staat nach §§ 15-18 JVEG, der auf die notwendige Zeit und in der Höhe begrenzt ist.[611] Allerdings ist der Arbeitgeber hierzulande wegen des Benachteiligungsverbots gem. § 26 Abs. 1 ArbGG verpflichtet, eine mögliche Differenz zum tatsächlichen Lohnausfall auszugleichen (§ 616 Abs. 1 BGB).[612]

bb) Arbeitgeberrichter

170 Die Arbeitgeberrichter erhalten eine nach Stunden bemessene Aufwandsentschädigung. Bei Tätigwerden vor acht und nach 18 Uhr sowie für Arbeitgeberrichter in Rente entspricht der Betrag dem für Arbeitnehmerrichter außerhalb ihrer Arbeitszeit und beträgt somit 8,40 € pro Stunde.[613] Verrichten die Arbeitgeberrichter die Tätigkeiten zwischen acht und 18 Uhr, ist der Stundensatz doppelt so hoch.[614]

V. Befangenheit und Parteilichkeit

1. Amtsethos

171 Gemäß Art. L. 1421-2 Abs. 1 C. trav. müssen die *conseillers* ihr Amt in Unabhängigkeit, Unparteilichkeit, Würde und Redlichkeit ausüben und dürfen durch ihr Verhalten keine Zweifel hieran aufkommen lassen.[615] Sie vertreten weder die Organisation, die sie vorgeschlagen hat, noch bestimmte Interessen.[616]

a) Verbindungen zur Arbeitnehmer- beziehungsweise Arbeitgeberseite

172 Unabhängigkeit erfordert nicht, dass sich die *conseillers* von ihrem Hintergrund (Arbeitnehmer- oder Arbeitgeberseite) völlig freimachen müssten. Vielmehr ist diese auch nach der Ernennung bestehenbleibende Zuordnung ein Element der Parität.[617] In praktischen Beobachtungen zeigte sich das beispielsweise im CPH

---

611 GK-ArbGG/*Ahrendt*, § 6 ArbGG Rn. 12; GMP/*Prütting*, § 6 ArbGG Rn. 17.

612 GK-ArbGG/*Ahrendt*, § 6 ArbGG Rn. 12; GK-ArbGG/*Schleusener*, § 26 ArbGG Rn. 7–7b; GMP/*Prütting*, § 26 ArbGG Rn. 17.

613 Art. D. 1423-57 Abs. 1 C. trav.

614 Art. D. 1423-57 Abs. 2 C. trav.

615 Bei empirischen Untersuchungen wurden hier Defizite festgestellt, *Canayer* et al., La justice prud'homale au milieu du gué, S. 24.

616 *Auzero/Baugard/Dockès*, Droit du travail, Rn. 107; *Morvan*, JCP-G 2004, 269, 270; Rapport Lacabarats, S. 28, 40.

617 *Géa*, RJS 2016, 191, 193.

Straßburg und im CPH Caen dadurch, dass im Aushang des Gerichts über die Fälle der kommenden Sitzung ersichtlich war, welche *conseillers* Arbeitnehmerrichter und welche Arbeitgeberrichter sind.[618]

Die Parität hat zur Folge, dass bei den CPH die entgegengesetzten Interessen der Arbeitnehmer und der Arbeitgeber aufeinandertreffen. Genau diese Konfrontation in einem zahlenmäßigen Gleichgewicht gewährleistet die Unabhängigkeit des Gerichts.[619] Es ist zudem Teil ihres Auftrags als *conseillers*, Erfahrungen als Arbeitnehmer beziehungsweise als Arbeitgeber einzubringen. Ändert ein *conseiller* seine Tätigkeit und hat dies Einfluss auf seinen Status als Arbeitnehmer oder Arbeitgeber, da er nun der jeweils anderen Gruppe angehört, scheidet er konsequenterweise kraft Gesetzes aus dem Amt aus (Art. D. 1442-18 C. trav.). 173

b) Verbot imperativer Mandate

Zur Gewährleistung ihrer Unabhängigkeit müssen die *conseillers* vor äußerem Druck und Einflussnahme geschützt werden.[620] Hierbei ist zentral, dass sie keine sogenannten imperativen Mandate (*mandats impératifs*) annehmen dürfen (Art. L. 1442-11 C. trav.).[621] Das bedeutet, dass sie zu keinem Zeitpunkt die Verpflichtung eingehen dürfen, sich an Vorgaben Dritter zu halten. Insbesondere dürfen sie bei Entscheidungen keine Anweisungen von Gewerkschaften, Arbeitgeberverbänden oder politischen Organisationen befolgen.[622] Bei Verletzung verwirken sie ihr Amt (Art. L. 1442-11 Abs. 2 C. trav.). 174

Hintergrund dieser Regelung waren Praktiken am Ende des 19. Jahrhunderts, als die Gewerkschaftsbewegungen und der Klassenkampf zunahmen:[623] Einige Gewerkschaften wiesen die – insbesondere in den urbanen Zentren 175

618 Besuche des CPH Straßburg (20.9.2021) und des CPH Caen (19.–20.5.2022). Diese Praxis ist allerdings nicht überall verbreitet, beispielsweise nicht am CPH Lyon (Besuch 28.2.–4.3.2022).

619 Vgl. *Pasquier*, RDT 2015, 275, 278; *Boulmier* et al., Le Lamy Procédure prud'homale, Rn. 292; *Morvan*, JCP-G 2004, 269, 270. Siehe dazu bereits Rn. 78 f.

620 Vgl. *Pasquier*, RDT 2015, 275, 278.

621 *Auzero/Baugard/Dockès*, Droit du travail, Rn. 107; *Quetant*, Jur. Soc. Lamy N° 36, 18 mai 1999; vgl. *Canayer* et al., La justice prud'homale au milieu du gué, S. 24. Siehe dazu auch *Boulmier* et al., Le Lamy Procédure prud'homale, Rn. 294.

622 *Pasquier*, RDT 2015, 275, 277; *Przemyski/Przemyski-Zajac*, Rev. huiss. 1999, 445, 449; vgl. *Boulmier* et al., Le Lamy Procédure prud'homale, Rn. 294.

623 *Kieffer*, Mouv. soc. 141 (1987), 9, 20.

zahlreichen[624] – ihnen angehörigen *conseillers* an, bei der Entscheidungsfindung immer zugunsten des Arbeitnehmers zu stimmen.[625] Ein solches Vorgehen hatte erhebliche Konsequenzen, denn zu diesem Zeitpunkt hatte der Vorsitzende noch die ausschlaggebende Stimme.[626] Der gewerkschaftliche Einfluss verstärkte die ohnehin schon bestehenden Spannungen zwischen Arbeitnehmern und Arbeitgebern und bewirkte weitere Polarisierungen.[627]

176 In der Folge wurde die Zusammenarbeit zwischen Arbeitnehmern und Arbeitgebern regelmäßig blockiert, indem der jeweilige Vorsitzende mit seiner Stimme die Entscheidung letztlich allein traf. Darüber hinaus fochten Arbeitgeberrichter die Wahlen der *conseillers* an und legten an manchen Orten geschlossen ihr Amt nieder.[628] Die Zahl der gütlichen Einigungen sank, die Berufungsquote stieg.[629] Über letztere entschied damals noch das Handelsgericht (*tribunal de commerce*), welches nur mit Richtern der Arbeitgeberseite besetzt war.[630] Der Charakter des Gerichts – Rechtsprechung durch Ihresgleichen (*pairs*) mit einem Fokus auf die gütliche Streitbeilegung – war damit untergraben.[631]

c) *Pflichtverletzungen und Sanktionen*

177 Bei Pflichtverletzungen, insbesondere bei Annahme eines imperativen Mandats, können gegen die *conseillers* disziplinarische Sanktionen verhängt werden.[632] Auch Tätigkeiten außerhalb des Amts als *conseiller* können sanktioniert

---

624 *Kieffer*, Mouv. soc. 141 (1987), 9, 20.

625 *Olszak*, in: Michel/Willemez (Hrsg.), Les prud'hommes, S. 20.

626 Art. 16 décret du 27 mai 1848; vgl. *Olszak*, in: Michel/Willemez (Hrsg.), Les prud'hommes, S. 20.

627 *Kieffer*, Mouv. soc. 141 (1987), 9, 20.

628 Die Amtsniederlegungen waren so zahlreich, dass der Gesetzgeber die Möglichkeit einführte, in der Besetzung von nur der Hälfte Mitglieder zu tagen; *Olszak*, in: Michel/Willemez (Hrsg.), Les prud'hommes, S. 20; vgl. *Géa*, RJS 2016, 191, 192. *Hepple* beschreibt hingegen mit Verweis auf einen anderen Autor, dass die imperativen Mandate einen gegenteiligen Effekt auf die *conseillers* hatten und ihre Unparteilichkeit eher gestärkt wurde, Curr. Leg. Probl. 41 (1), 169, 182.

629 *Kieffer*, Mouv. soc. 141 (1987), 9, 20; *Olszak*, in: Michel/Willemez (Hrsg.), Les prud'hommes, S. 20 f.

630 Vgl. *Olszak*, in: Michel/Willemez (Hrsg.), Les prud'hommes, S. 21.

631 *Olszak*, in: Michel/Willemez (Hrsg.), Les prud'hommes, S. 20.

632 Art. L. 1442-11 ff. C. trav. Siehe dazu *Boulmier* et al., Le Lamy Procédure prud'homale, Rn. 314 ff.

werden. Das setzt voraus, dass das Verhalten unvereinbar mit den Anforderungen an das Amt sowie geeignet ist, das Gericht zu diskreditieren.[633] Die Disziplinargewalt trägt die *Commission nationale de discipline*[634] unter Vorsitz eines Kammervorsitzenden des Kassationshofs (Art. L. 1442-13-2 C. trav.).[635] Mögliche Sanktionen sind je nach Schwere eine Rüge (*blâme*), eine bis zu sechsmonatige Suspendierung (*suspension*) oder eine Amtsenthebung (*déchéance*) mit vorübergehendem oder dauerhaftem Verbot der Tätigkeit als *conseiller* (Art. L. 1442-14 C. trav.). Als milderes Mittel kann der Präsident des CPH die *conseillers* nun auch „an ihre Pflichten erinnern".[636]

2. Ablehnung und Verweisung

178 Zur Absicherung der Unparteilichkeit des Gerichts und der *conseillers* besteht die Möglichkeit, letztere als befangen abzulehnen (*récuser*, Art. L. 1457-1 C. trav.)[637] oder das Verfahren an einen anders besetzten Spruchkörper oder CPH zu verweisen (Art. L. 111-8 C. org. jud.).

a) *Ablehnung von* conseillers *als befangen*

179 Der Code du travail normiert in Art. L. 1457-1 C. trav. fünf Gründe, aus welchen die Parteien einen *conseiller* ablehnen können.[638] Diese Liste ist enger als die für Berufsrichter (vgl. Art. L. 111-6 C. org. jud.).[639]

180 Ein Ablehnungsgrund ist gegeben, wenn der *conseiller* ein persönliches Interesse (*intérêt personnel*) an dem Rechtsstreit hat (Art. L. 1457-1 Nr. 1 C. trav.). Die bloße Gewerkschaftszugehörigkeit ist hierfür nicht ausreichend (Art. L. 1457-1

633 CE 5 juill. 2004, n° 253663, abrufbar unter: https://www.legifrance.gouv.fr/ceta/id/CETATEXT000008156762 [zuletzt abgerufen am 7.10.2022]; CE 20 mai 2011, n° 332451, abrufbar unter: https://www.legifrance.gouv.fr/ceta/id/CETATEXT000024062938/ [zuletzt abgerufen am 25.9.2022]; *Héas*, Dr. soc. 2017, 588, 593.

634 Eingeführt durch loi n° 2015-990 du 6 août 2015, JORF n° 181 du 7 août 2015.

635 Zum Ablauf des Disziplinarverfahrens siehe Art. R. 1442-22-8 ff. C. trav., *Héas*, Dr. soc. 2017, 588, 593.

636 Im Original „*peuvent rappeler à leurs obligations*", Art. L. 1442-13-1 C. trav.

637 Vgl. *Bataille/Cormorant*, La procédure prud'homale, Rn. 60.

638 Vermutet ein *conseiller* einen Ablehnungsgrund in seiner Person oder verlangt sein Gewissen eine Enthaltung, lässt er sich von einem anderen *conseiller* ersetzen (Art. L. 111-7 C. org. jud.). Siehe dazu *Boulmier* et al., Le Lamy procédure prud'homale, Rn. 299.

639 *Boulmier* et al., Le Lamy procédure prud'homale, Rn. 298.

Nr. 1 C. trav.). Auch die Tatsache, dass einer oder mehrere *conseillers* derselben Gewerkschaft angehören wie eine der Parteien, begründet noch keine Besorgnis der Befangenheit.[640] Dieser Umstand beeinträchtigt nach dem Kassationshof weder das Interessengleichgewicht (*équilibre d'intérêts*) noch stellt er die Unparteilichkeit des betroffenen *conseillers* infrage.[641]

181 Möglich ist eine Ablehnung zudem, wenn der *conseiller* Ehegatte, anerkannter Lebenspartner (*partenaire lié par PACS*[642]), Verwandter oder Verschwägerter einer Partei ist, bis einschließlich Cousin ersten Grades (Art. L. 1457-1 Nr. 2 C. trav.). Daneben kann ein *conseiller* abgelehnt werden, wenn im vorangegangenen Jahr ein straf- oder zivilrechtliches Verfahren zwischen einer der Parteien und ihm, seinem Ehegatten, anerkannten Lebenspartner, Lebensgefährten oder einem Verwandten oder Verschwägerten in gerade Linie stattgefunden hat (Art. L. 1457-1 Nr. 3 C. trav.). Ein weiterer Grund liegt vor, wenn der *conseiller* eine schriftliche Stellungnahme (*avis écrit*) zu dem Fall abgegeben hat (Art. L. 1457-1 Nr. 4 C. trav.). Schließlich besteht ein Ablehnungsgrund, wenn er Arbeitnehmer oder Arbeitgeber einer der beteiligten Parteien ist (Art. L. 1457-1 Nr. 5 C. trav.).

182 Ist keiner der in Art. L. 1457-1 C. trav. ausdrücklich aufgeführten Gründe erfüllt, kann eine Partei einen *conseiller* bei berechtigten Zweifeln an seiner Unparteilichkeit auch unmittelbar auf Grundlage von Art. 6 Abs. 1 EMRK ablehnen.[643] Nur so erfülle das französische Recht die Garantien aus Art. 6 Abs. 1 EMRK.[644] Der Kassationshof erblickt beispielsweise einen Verstoß gegen Art. 6 Abs. 1 EMRK, wenn ein *conseiller* vor dem CPH, dem er selbst angehört,

---

640 Cass. soc. 19 déc. 2003, n° 02-41.429, Bull. 2003 V n° 321; Cass. soc. 16 mai 2013, n° 11-23.246, abrufbar unter: https://www.legifrance.gouv.fr/juri/id/JURITEXT000027430801/ [zuletzt abgerufen am 7.10.2022]; *Miné*, Le grand livre du droit du travail, S. 55.

641 Cass. soc. 19 déc. 2003, n° 02-41.429, Bull. 2003 V n° 321.

642 *Pacte civil de solidarité*, eine eheähnliche Lebensgemeinschaft nach französischem Recht.

643 Cass. soc. 27 janv. 2009, n° 07-42.967, abrufbar unter: https://www.legifrance.gouv.fr/juri/id/JURITEXT000020189936 [zuletzt abgerufen am 7.10.2022]; Cass. soc. 13 janv. 2016, n° 14-21.803, abrufbar unter: https://www.legifrance.gouv.fr/juri/id/JURITEXT000031869625/ [zuletzt abgerufen am 7.10.2022]; *Bataille/Cormorant*, La procédure prud'homale, Rn. 60; *Boulmier* et al., Le Lamy procédure prud'homale, Rn. 298, 301; *Keller/Grumbach*, Dr. soc. 2006, 52, 54.

644 Vgl. Cass. 1re civ. 28 avr. 2008, n° 96-11.637, Bull. 1998 n° 155; *Collomp*, Dr. ouvr. 2004, 129, 133.

als Vertreter oder Beistand einer Partei auftritt.[645] Ein Verstoß wurde ebenfalls bejaht in einem Fall, in dem die Mutter des klagenden Arbeitnehmers als *conseillère* der zuständigen Sektion angehörte, allerdings nicht selbst über den Fall ihres Sohnes entschied.[646] Demgegenüber sah der Kassationshof keine berechtigten Zweifel an der Unparteilichkeit einer *conseillère*, die Ehegattin und Sekretärin eines Anwalts war, welcher regelmäßig für die Gewerkschaftssektion und den Unternehmensausschuss (*comité d'entreprise*) des beklagten Unternehmens anwaltlich tätig wurde sowie dessen Arbeitnehmer vertrat.[647]

b) Verweisung an einen anderen Spruchkörper wegen eines begründeten Verdachts der Befangenheit

Richtet sich der begründete Verdacht der Befangenheit (*suspicion légitime*) nicht nur gegen einen oder mehrere *conseillers*, sondern gegen den gesamten Spruchkörper oder den CPH als Ganzes, eröffnen Art. L. 111-8 Abs. 1 C. org. jud. und Art. 342 ff. C. pr. civ. die Möglichkeit eines Verweisungsantrags an einen anders besetzten Spruchkörper oder an die gleiche Sektion eines benachbarten CPH.[648] Der Verdacht muss hinreichend schwerwiegend sein und das Gremium selbst betreffen.[649] Nicht ausreichend war daher nach Ansicht des Kassationshofs eine öffentliche Stellungnahme des Vorsitzenden des CPH, der nicht der zuständigen Sektion angehörte:[650] Dieser war Gewerkschaftsfunktionär der 183

---

645 Cass. soc. 3 juill. 2001, n° 99-42.735, Bull. 2001 V n° 247. In dem entschiedenen Fall war der Verbandsverteidiger (*défenseur syndical*) der Ehemann der von ihm vertretenen Partei und gehörte selbst dem angerufenen CPH an – allerdings einer anderen Sektion. In diesem Fall trafen also sogar drei Funktionen (*conseiller*, Verteidiger, Ehemann) zusammen; *Keller/Grumbach*, Dr. soc. 2006, 52, 54.

646 Cass. soc. 13 janv. 2016, n° 14-21.803, abrufbar unter: https://www.legifrance.gouv.fr/juri/id/JURITEXT000031869625/ [zuletzt abgerufen am 7.10.2022]; *Boulmier* et al., Le Lamy procédure prud'homale, Rn. 301.

647 Cass. soc. 22 mars 2005, n° 03-17.162, abrufbar unter: https://www.legifrance.gouv.fr/juri/id/JURITEXT000007490533/ [zuletzt abgerufen am 7.10.2022]; *Boulmier* et al., Le Lamy procédure prud'homale, Rn. 298.

648 *Bataille/Cormorant*, La procédure prud'homale, Rn. 69; *Boulmier* et al., Le Lamy procédure prud'homale, Rn. 300. Die weiteren Gründe für einen solchen Antrag sind Gründe der öffentlichen Sicherheit (*sûreté publique*) oder das Vorliegen von Ablehnungsgründen gegen mehrere *conseillers*, Art. L. 111-8 C. org. jud.

649 *Boulmier* et al., Le Lamy procédure prud'homale, Rn. 300.

650 Cass soc. 26 janv. 2005, n° 03-18.004 – 03-18.005, 03-46.181 – 03-46.182, Bull. 2005 V n° 30; kritisch dazu *Blet*, Dr. ouvr. 2006, 265, 258.

CGT, die sich im Konflikt mit der Beklagten befand, und hatte öffentlich geäußert, dass die CGT ihren Prozess vor dem Gericht, dessen Vorsitzender er war, gewinnen würde.[651] Äußern sich zwei Berichterstatter (*conseillers rapporteurs*) über die Erfolgsaussichten der Klage, begründe dies hingegen berechtigte Zweifel an ihrer Unparteilichkeit und der des Spruchkörpers.[652]

VI. Vergleich mit den ehrenamtlichen Richtern in Deutschland

184 Die *conseillers* und die ehrenamtlichen Richter haben ganz grundsätzlich gemein, dass sie über keine juristische Ausbildung verfügen müssen. Beide üben zudem ein Ehrenamt unter Eid aus.[653] Insoweit können beide als Laienrichter bezeichnet werden.[654] Der Umstand, dass die ehrenamtlichen Richter in Deutschland ausschließlich gemeinsam mit einem Berufsrichter tätig werden können, hat aber beträchtlichen Einfluss auf ihren Aufgabenbereich.

1. Bezeichnung „ehrenamtliche Richter“

185 In Deutschland tragen die Richter aus dem Kreis der Arbeitnehmer und der Arbeitgeber den Namen „ehrenamtliche Richter“ (§§ 1, 45a DRiG, § 16 ArbGG). Bis 1972 hießen sie Beisitzer oder Arbeitsrichter.[655] Die heutige Bezeichnung betont ihren beruflichen Status („ehrenamtlich“) und ihre vollwertige Mitgliedschaft im Kollegialgericht („Richter“).[656]

---

651 Cass soc. 26 janv. 2005, n° 03-18.004 – 03-18.005, 03-46.181 – 03-46.182, Bull. 2005 V n° 30. Siehe dazu auch *Keller/Grumbach*, Dr. soc. 2006, 52, 55 f.

652 Cass. soc. 3 mars 2009, n° 07-15.581, Bull. 2009 V n° 54. Beispiele aus *Boulmier* et al., Le Lamy procédure prud'homale, Rn. 300.

653 § 45 Abs. 2 DRiG; vgl. Art. D. 1442-11 – D. 1442-14 C. trav. Zum Amtseid der ehrenamtlichen Richter siehe *Gäntgen*, RdA 2015, 201, 202.

654 Vgl. *Stöhr*, AuR 2021, G13, G13; *Höland*, in: FS Kohte, S. 100 f., der betont, dass „Laie“ auch ein „Gegenbegriff zur Berufswelt des Rechts und zu den Berufsträgern des Rechts [ist]“. Siehe zum Begriff auch *Lent*, AcP 1949, 193, 193 ff.

655 Art. I Gesetz v. 26.5.1972, BGBl. I, 841; GMP/*Prütting*, § 6 ArbGG Rn. 3.

656 Vgl. *Arndt*, DRiZ 1972, 41, 42 Fn. 8; *Höland*, in: FS Kohte, S. 97, 101; *Müller*, AuR 1976, 14, 17.

2. Auswahl

a) *Von der Wahl zur Berufung*

186 Bei den Gewerbe- und Kaufmannsgerichten – Vorgängern der heutigen Arbeitsgerichte[657] – wurden die ehrenamtlichen Richter gewählt.[658] Der Gesetzgeber entschied sich bei der Einführung des ArbGG 1926 jedoch für eine Berufung der ehrenamtlichen Richter.[659] Der tragende Grund hierfür war der unverhältnismäßig hohe Aufwand der Wahlen in zeitlicher und finanzieller Hinsicht.[660] Daneben stieg die Bedeutung der Gewerkschaften und Arbeitgeberverbände, welchen man durch das Vorschlagsrecht sodann eine Beteiligung einräumte.[661] Das System der Berufung hat sich hierzulande von Beginn an bewährt, sodass seit seiner Einführung kaum Änderungen vorgenommen wurden.[662]

187 Das Argument, dass Wahlen einen hohen Aufwand mit sich bringen, welcher nicht im Verhältnis zum Ergebnis steht, fand sich – annähernd 100 Jahre später – auch in der französischen Reform wieder.[663] Nach einem Bericht betrugen die finanziellen Einsparungen dort über fünf Jahre 100 Millionen Euro.[664]

b) *Vorschlag und Berufung*

188 Die ehrenamtlichen Richter der erstinstanzlichen Arbeitsgerichte werden berufen von der zuständigen obersten Landesbehörde oder von der von der Landesregierung durch Rechtsverordnung beauftragten Stelle (§ 20 Abs. 1 S. 1 ArbGG).[665] Die berufende Stelle muss die ehrenamtlichen Richter dabei

---

657 Siehe dazu Rn. 46 f.

658 § 12 GewGG 1890, RGBl. S. 141; § 12 Gesetz, betreffend Kaufmannsgerichte 1904, RGBl. S. 266.

659 GMP/*Prütting*, § 20 ArbGG Rn. 2. Bereits zuvor ordnete § 1 Abs. 3 der Verordnung über das Schlichtungswesen vom 30.10.1923 (RGBl. I, 1043) an, dass die Beisitzer auf Vorschlag von wirtschaftlichen Vereinigungen der Arbeitgeber und der Arbeitnehmer berufen werden; vgl. auch *Berger-Delhey*, RdA 1988, 15, 15.

660 *Berger-Delhey*, RdA 1988, 15, 15; BHK/*Hohmann*, V Rn. 1; GMP/*Prütting*, § 20 ArbGG Rn. 2; *Müller*, AuR 1978, 14, 14 f.; vgl. *Stöhr*, AuR 2021, G13, G15; *Wenzel*, JZ 1965, 749, 751.

661 Vgl. *Berger-Delhey*, RdA 1988, 15, 15; BHK/*Hohmann*, V Rn. 1.

662 Vgl. *Berger-Delhey*, RdA 1988, 15, 15; GMP/*Prütting*, § 20 ArbGG Rn. 2.

663 Siehe dazu Rn. 122.

664 *Canayer* et al., La justice prud'homale au milieu du gué, S. 18.

665 In Brandenburg, Hamburg, Hessen, Rheinland-Pfalz und Saarland vom Justizressort; in Bayern und Berlin vom Arbeitsressort; in Baden-Württemberg, Bremen,

zwingend aus Vorschlagslisten entnehmen.[666] Aufgrund von Art. 92 GG muss sie dabei eine eigene Entscheidung treffen.[667] Nach überwiegender Ansicht ist die zuständige Stelle dennoch an die Reihenfolge der Liste gebunden.[668] Sie kann grundsätzlich nur prüfen, ob die Kandidaten die gesetzlichen Berufungsvoraussetzungen erfüllen und bei Bedarf weitere Vorschläge anfordern.[669] Über die Frage, wann sie in anderen Fällen – also trotz Erfüllen der Voraussetzungen – Kandidaten ablehnen kann, herrscht in der Literatur Uneinigkeit.[670]

189 Durch ihr Vorschlagsmonopol haben die Arbeitnehmer- und Arbeitgebervereinigungen und Körperschaften einen enormen Einfluss bei der Auswahl der ehrenamtlichen Richter.[671] In Frankreich ist die Macht der Gewerkschaften und

---

Mecklenburg-Vorpommern, Niedersachsen, Nordrhein-Westfalen, Sachsen, Sachsen-Anhalt, Schleswig-Holstein und Thüringen vom jeweiligen Landesarbeitsgericht; BHK/*Hohmann*, V Rn. 2 (dort allerdings fälschlicherweise Bremen beim Justizressort eingeordnet, siehe aber § 1 ArbRiBerÜVO).

666 § 20 Abs. 2 ArbGG; VG München 5.2.2020 – M 5 K 18.257, BeckRS 2020, 19536; BeckOK-ArbR/*Wullenkord*, § 20 ArbGG Rn. 5; BHK/*Hohmann*, V Rn. 3; GMP/*Prütting*, § 20 ArbGG Rn. 14; Schwab/Weth/*Liebscher*, § 20 ArbGG Rn. 19.

667 Für die ehrenamtlichen Richter an den Sozialgerichten BVerfG 9.12.1985 – 1 BvR 853/85 u.a., AP GG Art. 101 Nr. 43; für die ehrenamtlichen Richter am Bundesarbeitsgericht BAG 28.8.1985 – 5 AZR 616/84, AP ArbGG 1979 § 43 Nr. 1; BAG 29.8.1985 – 6 ABR 63/82, AP ArbGG 1979 § 83 Nr. 13; BAG 10.9.1985 – 3 AZR 490/83, AP HGB § 74 Nr. 49.

668 *Berger-Delhey*, RdA 1988, 15, 19; Düwell/Lipke/*Wolmerath*, § 20 ArbGG Rn. 10; GK-ArbGG/*Schleusener* § 20 Rn. 11 f.; GMP/*Prütting*, § 20 ArbGG Rn. 31; GWBG/*Waas*, § 20 ArbGG Rn. 15; *Künzl*, ZZP 1991, 150, 162 f.; MüHdb ArbR/*Pulz*, § 388 Rn. 35; a.A. *Bader/Hohmann*, NZA 2015, 321, 324 f.; BHK/*Hohmann*, V Rn. 21; Schwab/Weth/*Liebscher*, § 20 ArbGG Rn. 13; einschränkend BeckOK-ArbR/*Wullenkord*, § 20 ArbGG Rn. 11. Siehe zum Streitstand ausführlich GMP/*Prütting*, § 20 ArbGG Rn. 27 ff.; BHK/*Hohmann*, V Rn. 21 ff.

669 Str., BeckOK-ArbR/*Wullenkord*, § 20 Rn. 11 (mit Ausnahmen); GK-ArbGG/*Schleusener* § 20 Rn. 11 ff. (mit Ausnahme); GMP/*Prütting*, § 20 ArbGG Rn. 29–31; a.A. BHK/*Hohmann*, V Rn. 21 ff.; Schwab/Weth/*Liebscher*, § 20 ArbGG Rn 12.

670 BeckOK-ArbR/*Wullenkord*, § 20 Rn. 11 (Ausnahmen für „die angemessene Berücksichtigung von Minderheiten" und aus „sonstige[n] vernünftige[n] Gründe[n]"); BHK/*Hohmann*, V Rn. 21 ff. (Auswahl nach sachlichen Kriterien); GK-ArbGG/*Schleusener* § 20 Rn. 11 ff. (Ausnahme für § 21 Abs. 2 S. 2 ArbGG); GMP/*Prütting*, § 20 ArbGG Rn. 29–31, 37 (Ausnahme zur Wahrung des angemessenen Verhältnisses i.S.d. § 20 Abs. 2 ArbGG); GWBG/*Waas*, § 20 ArbGG Rn. 15 (Ausnahme zur Wahrung des angemessenen Verhältnisses i.S.d. § 20 Abs. 2 ArbGG); Schwab/Weth/*Liebscher*, § 20 ArbGG Rn 12 f. (Auswahl nach sachlichen Kriterien, insb. Eignung).

671 *Burgess* et al., The roles, resources and competencies of employee lay judges, S. 19.

Arbeitgeberverbände diesbezüglich sogar noch größer: Vorschläge dürfen nur bei Nichterfüllen der Voraussetzungen abgelehnt werden.[672] Da in Frankreich nur so viele Kandidaten aufgestellt werden wie Sitze zu vergeben sind,[673] stellt sich die Frage nach der Bindung an die Reihenfolge dort nicht.

Die Amtszeit der ehrenamtlichen Richter in Deutschland beträgt fünf Jahre, 190
ist also ein Jahr länger als die der französischen *conseillers*.[674] In beiden Ländern ist eine Wiederberufung möglich und üblich.[675]

c) „Angemessenes Verhältnis“

191 Nach § 20 Abs. 2 ArbGG haben die Gewerkschaften und selbstständigen Vereinigungen von Arbeitnehmern mit sozial- oder berufspolitischer Zwecksetzung das Vorschlagsrecht für die Arbeitnehmerrichter. Für die Arbeitgeberrichter vorschlagsberechtigt sind die Vereinigungen von Arbeitgebern sowie der Bund, Länder, Gemeinden, Gemeindeverbände und andere Körperschaften, Anstalten und Stiftungen des öffentlichen Rechts und deren Arbeitgebervereinigungen (§ 20 Abs. 2 ArbGG).

192 Um welche Vereinigungen es sich jeweils konkret handelt beziehungsweise wie diese zu ermitteln sind, bestimmt das Gesetz nicht. Es gibt aber vor, dass die ehrenamtlichen Richter den Listen „in angemessenem Verhältnis unter billiger Berücksichtigung der Minderheiten“ zu entnehmen sind (§ 20 Abs. 2 ArbGG).

aa) Wirtschaftszweige und soziologische Gruppen

193 Dieses „angemessene Verhältnis“ bedeutet zum einen, dass die ehrenamtlichen Richter den verschiedenen Wirtschaftszweigen und soziologischen Gruppen entstammen sollen,[676] angelehnt an die tatsächlichen Verhältnisse im Gerichtsbezirk.[677] Über die praktische Umsetzung dieser Ausprägung von § 20 Abs. 2 ArbGG gibt es, soweit ersichtlich, keine Informationen. Je nachdem, inwieweit

---

672 Art. R. 1441-23 f. C. trav. regeln genau, was der Justizminister prüfen darf (und muss).

673 Siehe Rn. 134.

674 § 20 Abs. 1 ArbGG; Art. L. 1441-1 C. trav.

675 BHK/*Hohmann*, V Rn. 43; GK-ArbGG/*Schleusener* § 20 Rn. 16; *Höland*/*Buchwald*, Ehrenamtliche Richterinnen und Richter in der Arbeitsgerichtsbarkeit und in der Sozialgerichtsbarkeit, S. 10; *Boulmier* et al., Le Lamy Procédure prud'homale, Rn. 264.

676 BeckOK-ArbR/*Wullenkord*, § 20 Rn. 10.

677 BHK/*Hohmann*, V Rn. 27 ff.; Schwab/Weth/*Liebscher*, § 20 ArbGG Rn. 13 f.

man ein Auswahlermessen der berufenden Stelle annimmt,[678] ist eine Verwirklichung mitunter kaum möglich.[679] Allerdings gewähren viele Autoren, die mit der herrschenden Meinung eine Bindung an die Vorschlagslisten annehmen, eine Ausnahme für das angemessene Verhältnis i.S.d. § 20 Abs. 2 ArbGG. Wie diese Ausnahme aussehen sein soll und welche Möglichkeiten der berufenden Stelle folglich eingeräumt werden, wird jedoch nicht näher konkretisiert.[680]

bb) Organisationen

194 Zum anderen betrifft § 20 Abs. 2 ArbGG die Vereinigungen und Körperschaften: Alle vorschlagenden Organisationen müssen gleichmäßig gemäß ihrer Bedeutung berücksichtigt werden.[681] Anders als für die Vorschlagsberechtigung am Bundesarbeitsgericht ist es bei den Arbeitsgerichten allerdings nicht erforderlich, dass die Organisationen „für das Arbeitsleben des Bundesgebiets *wesentliche* Bedeutung haben“ (§ 43 Abs. 1 S. 2 ArbGG, Hervorhebung durch die Verfasserin).[682] Sie müssen lediglich im Gerichtsbezirk bestehen und dort Mitglieder haben.[683]

195 Im Unterschied zu den differenzierten Regeln in Frankreich[684] gibt es hierzulande keine Vorgaben darüber, wie die Bedeutung der einzelnen Vereinigungen konkret zu bestimmen ist und in welchem Umfang sie folglich zu berücksichtigen sind.[685] Weder in Frankreich noch in Deutschland ist es Voraussetzung, dass die Arbeitnehmervereinigungen tariffähig sind. Dies ergibt sich für Deutschland bereits aus der Auflistung von „selbstständigen Vereinigungen von Arbeitnehmern mit sozial- oder berufspolitischer Zwecksetzung“ in § 20 Abs. 2 ArbGG.[686] Anders als Gewerkschaften[687] müssen diese nämlich nicht tariffähig

678 Dazu oben Rn. 188.

679 Vgl. BHK/*Hohmann*, V Rn. 22; GK-ArbGG/*Schleusener* § 20 Rn. 14.

680 Dazu oben Fn. 670. Ausnahme: BHK/*Hohmann*, V Rn. 22 ff.

681 GK-ArbGG/*Schleusener* § 20 Rn. 15; GMP/*Prütting*, § 20 ArbGG Rn. 32 f.; Schwab/Weth/*Liebscher*, § 20 ArbGG Rn. 14. Kritisch vor dem Hintergrund der Koalitionsfreiheit *Windel* ZZP 1999, 293, 308 f.

682 Siehe nur GMP/*Prütting*, § 20 ArbGG Rn. 16, 33.

683 BeckOK-ArbR/*Wullenkord*, § 20 Rn. 6; Schwab/Weth/*Liebscher*, § 20 ArbGG Rn. 6, wobei erstere auch eine „örtliche Untergliederung im jeweiligen Bundesland“ als ausreichend erachtet.

684 Art. R. 1441-2 ff. C. trav. Kritisch zur Differenziertheit der französischen Regelungen *Guiomard*, RDT 2015, 164.

685 GMP/*Prütting*, § 20 ArbGG Rn. 33.

686 Vgl. BAG 22.6.2021 – 1 ABR 28/20, JZ 2022, 33, Rn. 81.

687 Siehe dazu *Junker*, JZ 2022, 41, 43.

sein.[688] Daher fallen hierunter beispielsweise die Katholische Arbeitnehmerbewegung und die nicht tariffähigen Christlichen Vereinigungen.[689]

196 Als Kriterium für das „angemessene Verhältnis" der Organisationen i.S.d. § 20 Abs. 2 ArbGG kommen nach Angaben aus der Literatur vor allem die Mitgliederzahl und die Beschäftigtenzahlen in Betracht, nach manchen Autoren auch die Wirtschaftskraft der Arbeitgebervereinigungen.[690] Veröffentlichungen der Justizministerien aus Baden-Württemberg und Hessen erläutern, dass diese beiden Bundesländer die Vorschlagsberechtigung ermitteln nach der Zahl der Mitglieder (Arbeitnehmerorganisationen) beziehungsweise nach der Zahl der beschäftigten Arbeitnehmer (Arbeitgebervereinigungen und Körperschaften).[691] Eine ähnliche Auskunft erteilten auf Nachfrage die berufenden Stellen aus weiteren Bundesländern. Die entsprechenden Stellen aus einigen anderen Bundesländern teilten wiederum auf Anfrage mit, dass sie nur auf die Mitgliederzahlen der Organisationen abstellen. Schließlich gaben drei Bundesländer keine Auskunft über die Herangehensweise, erklärten aber, dass die Quoten seit Jahren unverändert seien.[692]

197 Es sind – soweit ersichtlich – keine bundesweiten Informationen darüber erhältlich, welche Vereinigungen und Körperschaften in den letzten Jahren wie viele ehrenamtliche Richter vorgeschlagen haben. Aufgrund der „Quasi-Monopolstellung der im Deutschen Gewerkschaftsbund (DGB)

688 Vgl. BHK/*Hohmann*, V Rn. 4. *Schleusener* vertritt zwar, dass nichttariffähige Koalitionen nicht unter § 11 Abs. 2 S. 2 Nr. 3 ArbGG fallen, welcher ebenfalls von „selbstständigen Vereinigungen von Arbeitnehmern mit sozial- oder berufspolitischer Zwecksetzung" spricht. Allerdings umfasst seiner Ansicht nach bereits der Gewerkschaftsbegriff des § 11 Abs. 2 S. 2 Nr. 4 ArbGG nichttariffähige Koalitionen; *Schleusener*, NZA 1999, 408, 410 f.

689 BHK/*Hohmann*, V Rn. 4; Schwab/Weth/*Liebscher*, § 20 ArbGG Rn. 4.

690 BeckOK-ArbR/*Wullenkord*, § 20 Rn. 10; BHK/*Hohmann*, V Rn. 35; Düwell/Lipke/*Wolmerath*, § 20 ArbGG Rn. 9 (bei Arbeitgeberverbänden auch Umsatz); GK-ArbGG/*Schleusener* § 20 Rn. 15 (bei Arbeitgeberverbänden auch wirtschaftliche Bedeutung); GMP/*Prütting*, § 20 ArbGG Rn. 35 (mit Ausnahmen); Schwab/Weth/*Liebscher*, § 20 ArbGG Rn. 14 (bei Arbeitgeberverbänden auch die Wirtschaftskraft der Mitglieder). Streitig ist, ob bei den Beschäftigtenzahlen der Mitglieder der Arbeitgeberverbände auch Beamte einzubeziehen sind; siehe dazu GK-ArbGG/*Schleusener* § 20 Rn. 15.

691 Hessisches Ministerium der Justiz, Ehrenamtliche Richterinnen und Richter in der Arbeitsgerichtsbarkeit, S. 7; Ministerium der Justiz und für Europa BW, Leitfaden für ehrenamtliche Richterinnen und Richter in der Arbeitsgerichtsbarkeit, S. 10.

692 Auskünfte der berufenden Stellen aller Bundesländer auf E-Mail-Anfragen der Verfasserin im Mai/Juni 2022.

zusammengeschlossenen Gewerkschaften“[693] ist davon auszugehen, dass sie bei den Arbeitsgerichten die Mehrzahl der ehrenamtlichen Arbeitnehmerrichter vorschlagen.[694] Die berufenden Stellen verschiedener Bundesländer teilten zwar auf Nachfrage mit, welche Vereinigungen aktuell vorschlagsberechtigt sind, nannten dabei aber mehrheitlich keine Zahlen oder Anteile.[695] Nur drei Bundesländer erteilten diesbezüglich Auskunft. Ihre übermittelten Daten zeigen erwartungsgemäß, dass der DGB an den dortigen Arbeitsgerichten die weit überwiegende Zahl der Arbeitnehmerrichter stellt.

d) Anforderungen an die Kandidaten

198 Das Gesetz verlangt von den ehrenamtlichen Richtern an den Arbeitsgerichten keine bestimmte Qualifikation.[696] Anders als in Frankreich, wo die Kandidaten in den zehn Jahren vor ihrer Bewerbung mindestens zwei Jahre lang eine berufliche Tätigkeit oder ein Amt als *conseiller* ausgeübt haben müssen,[697] setzt das Gesetz für die Tätigkeit als ehrenamtlicher Richter bei den erstinstanzlichen Arbeitsgerichten keine Berufserfahrung voraus.[698] Die nötige Lebenserfahrung wird hierzulande durch das Mindestalter von 25 Jahren (§ 21 Abs. 1 ArbGG) sichergestellt.[699] Allerdings folgt aus Art. 33 Abs. 2 GG, dass die Berufserfahrung, bei Arbeitnehmern zudem die Betätigung in einer Gewerkschaft oder einem Betriebsrat, ein wesentliches Auswahlkriterium sein muss.[700] Geht man mit der herrschenden Meinung davon aus, dass die berufende Stelle grundsätzlich kein Auswahlermessen hat,[701]

---

693 *Junker*, JZ 2022, 41, 44.

694 Für das Bundesarbeitsgericht trifft dies jedenfalls zu; *Junker*, JZ 2022, 41, 44; *Löwisch/Rieble*, TVG, § 2 TVG Rn. 30.

695 Anfragen an die zuständigen Stellen per E-Mail im Mai bzw. Juni 2022.

696 Für die Berufung am LAG und BAG sollen sie mindestens fünf Jahre ehrenamtliche Richter an einem Arbeitsgericht gewesen sein (§§ 37 Abs. 1, 43 Abs. 2 ArbGG). Ehrenamtliche Richter beim BAG müssen darüber hinaus besondere Kenntnisse und Erfahrungen auf dem Gebiet des Arbeitsrechts und des Arbeitslebens besitzen und sollen längere Zeit in Deutschland als Arbeitnehmer oder Arbeitgeber tätig gewesen sein (§ 43 Abs. 2 ArbGG).

697 Art. L. 1441-7 Nr. 4, R. 1441-14 C. trav.; siehe oben Rn. 138.

698 Vgl. BeckOK-ArbR/*Wullenkord*, § 21 Rn. 1. Eine frühere Vorschrift, die eine mindestens einjährige Tätigkeit als Soll-Voraussetzung festlegte, wurde 1979 abgeschafft; GMP/*Prütting*, § 21 ArbGG Rn. 2 f.

699 BeckOK-ArbR/*Wullenkord*, § 21 ArbGG Rn. 2.

700 BeckOK-ArbR/*Wullenkord*, § 20 ArbGG Rn. 10; vgl. *Bader/Hohmann*, NZA 2015, 321, 324 f.

701 Siehe dazu oben Rn. 188.

bleibt die Verwirklichung dieses Kriteriums in der Hand der vorschlagenden Vereinigungen und Körperschaften.[702]

199 In der Praxis sind die ehrenamtlichen Richter aus dem Kreis der Arbeitnehmer empirischen Erkenntnissen zufolge weit überwiegend Gewerkschaftsmitglieder; viele waren oder sind zudem Betriebsrats- oder Personalratsmitglied.[703] Das Richteramt ist prestigeträchtig und ist daher – ähnlich wie in Frankreich – auch eine Belohnung, sodass oft aktive und verdiente Gewerkschaftsmitglieder vorgeschlagen werden.[704] Bei den Richtern der Arbeitgeberseite dürften in beiden Ländern mehrheitlich keine „klassischen" Arbeitgeber, sondern zumeist Personen mit Personalverantwortung oder Geschäftsführer vertreten sein.[705] Es besteht wie in Frankreich[706] auch die Möglichkeit, Nicht-Mitglieder in die Listen aufzunehmen.[707] In der Praxis ergreifen interessierte Personen in Deutschland teilweise selbst die Initiative, auf die Vorschlagsliste einer Vereinigung oder Körperschaft aufgenommen zu werden.[708]

e) *Geschlechtergleichgewicht*

200 Anders als in Frankreich müssen die Vorschlagslisten in Deutschland nicht zwingend mit der gleichen Zahl von Frauen und Männern besetzt werden. § 44

702 Anders konsequenterweise *Bader/Hohmann*, NZA 2015, 321, 324 f., die eine Bindung an die Vorschlagslisten ablehnen; ebenso BHK/*Hohmann*, V Rn. 22a.

703 Erhebung in Baden-Württemberg und Sachsen-Anhalt, *Höland/Buchwald*, Ehrenamtliche Richterinnen und Richter in der Arbeitsgerichtsbarkeit und in der Sozialgerichtsbarkeit, S. 25; vgl. *Burgess* et al., The roles, resources and competencies of employee lay judges, S. 17, 43.

704 Vgl. *Burgess* et al., The roles, resources and competencies of employee lay judges, S. 17, 19. Siehe dazu auch oben Rn. 142.

705 *Burgess* et al., The roles, resources and competencies of employee lay judges, S. 18, 43; *Höland/Buchwald*, Ehrenamtliche Richterinnen und Richter in der Arbeitsgerichtsbarkeit und in der Sozialgerichtsbarkeit, S. 24; vgl. *Michel*, in: Michel/Willemez (Hrsg.), Les prud'hommes, S. 170. Ebenso Auskunft einer berufenden Stelle bzgl. der dortigen ehrenamtlichen Richter.

706 Ministère de la Justice, Portail d'information de la désignation des conseillers prud'hommes, FAQ Frage C5, abrufbar unter: https://www.designation-prudhommes.justice.gouv.fr/faq/mayotte/c-la-candidature-pour-etre-conseiller-prudhomme/c5-faut-il-etre-necessairement-adherent [zuletzt abgerufen am 7.10.2022].

707 BeckOK-ArbR/*Wullenkord*, § 20 Rn. 6; BHK/*Hohmann*, V Rn. 41; Schwab/Weth/*Liebscher*, § 20 ArbGG Rn. 9.

708 Dazu *Höland/Buchwald*, Ehrenamtliche Richterinnen und Richter in der Arbeitsgerichtsbarkeit und in der Sozialgerichtsbarkeit, S. 59 f.

Abs. 1a DRiG besagt lediglich, dass Frauen und Männer angemessen berücksichtigt werden sollen. Hier bietet sich ein Verhältnis an, das sich am Anteil der sozialversicherungspflichtig beschäftigten Arbeitnehmerinnen orientiert.[709] Durch die doppelt weiche Formulierung („angemessen", „sollen") ist die Vorgabe aber kaum durchsetzbar[710] und jedenfalls kein Besetzungsfehler.[711]

201 Unklar ist auch, wie in Deutschland bei der Berufung der ehrenamtlichen Richter das dritte Geschlecht berücksichtigt werden soll.[712] Ein Rückgriff auf die für § 15 Abs. 2 BetrVG entwickelten Ideen[713] ist hier jedenfalls nicht erforderlich: Diese Norm schreibt im Betriebsrat eine Mindestquote für das Minderheitsgeschlecht vor. Eine vergleichbare Quote ist der „angemessen[en]" Berücksichtigung (§ 44 Abs. 1a DRiG) nicht zu entnehmen. Zudem ist § 44 Abs. 1a DRiG, anders als § 15 Abs. 2 BetrVG, nur eine Soll-Vorschrift. Die tatsächliche Verteilung ist also viel freier, zumal bei der Besetzung der ehrenamtlichen Richter angesichts der großen Anzahl der Posten keine vergleichbare Gefahr besteht, dass ein Geschlecht überhaupt nicht vertreten ist. Denkbar wäre insbesondere, Personen des dritten Geschlechts gemäß ihrem Anteil an der sozialversicherungspflichtig beschäftigten Bevölkerung zu berücksichtigen, welcher allerdings derzeit noch unklar sein dürfte.[714] In Frankreich stellt sich diese Frage aktuell nicht, da das dritte Geschlecht (jedenfalls noch) nicht anerkannt ist.

202 Missachtet eine Kandidatenliste in Frankreich die Geschlechterparität, ist sie unzulässig.[715] Die Vorschrift zeigte ihre Wirkung: Nach der ersten Berufung

---

709 *Bader/Hohmann*, NZA 2015, 321, 325; BHK/*Hohmann*, V Rn. 30. Ihr Anteil betrug im Jahr 2021 bundesweit etwa 46 %; eigene Berechnung aufgrund der Zahlen aus: Statistisches Bundesamt, Beschäftigungsstatistik – Sozialversicherungspflichtig Beschäftigte am Arbeitsort 1999–2021.

710 Vgl. *Staats*, Deutsches Richtergesetz, § 44 DRiG Rn. 2.

711 Schwab/Weth/*Liebscher*, § 20 ArbGG Rn. 14.

712 Siehe zum Schutz der geschlechtlichen Identität (auch) derjenigen, die sich dauerhaft weder dem männlichen noch dem weiblichen Geschlecht zuordnen lassen, BVerfG 10.10.2017 – 1 BvR 2019/16, NJW 2017, 3643; daraufhin Gesetz zur Änderung der in das Geburtenregister einzutragenden Angaben vom 18.12.2018, BGBl. I, 2635.

713 Siehe insbesondere *Franzen*, in: FS 100 Jahre Betriebsverfassungsrecht, S. 129; anderer Ansatz von *Jacobs/Bornemann/Vogt*, in: FS Schmidt, S. 163.

714 Die aktuelle Statistik über sozialversicherungspflichtig Beschäftigte am Arbeitsort unterscheidet nur zwischen männlichen und weiblichen Beschäftigten; Statistisches Bundesamt, Beschäftigungsstatistik – Sozialversicherungspflichtig Beschäftigte am Arbeitsort 1999–2021.

715 *Boulmier* et al., Le Lamy Procédure prud'homale, Rn. 263; Rapport au Président de la République relatif à l'ordonnance n° 2016-388 du 31 mars 2016.

für die Amtsperiode 2018–2021 waren 48 % der *conseillers* Frauen, wohingegen ihr Anteil zuvor nur 28,4 % betrug.[716] Dass der Wert nicht bei 50 % lag, dürfte damit zu erklären sein, dass nicht alle vorgeschlagenen Personen das Amt des *conseillers* antreten; manche scheiden zudem vor Ende der Amtsperiode aus. Das Ungleichgewicht soll bei den regelmäßig stattfindenden Nachnominierungen ausgeglichen werden.[717] Die Regelung zur Geschlechterparität gilt allerdings nur für die Kandidatenlisten. Die Spruchkörper können auch mehrheitlich oder ausschließlich mit Männern besetzt sein.[718]

In Deutschland zeigen statistische Daten, dass § 44 Abs. 1a DRiG keine ver- 203
gleichbare Wirkung hat: Bei einer repräsentativen Befragung von ehrenamtlichen Richtern in Baden-Württemberg und Sachsen-Anhalt im Jahr 2018 ergab sich insgesamt ein Frauenanteil von nur 33 %. Während in Baden-Württemberg nur 29 % Frauen waren, betrug ihr Anteil in Sachsen-Anhalt hingegen 51 %.[719] Auf Nachfrage gaben einige weitere Bundesländer Auskunft über den Frauenanteil bei den ehrenamtlichen Richtern an den Arbeitsgerichten. Er bewegt sich danach zwischen 28 % und 50 %.[720]

3. Aufgaben und rechtliche Stellung

a) Einbringung von Sachkunde

Die ehrenamtlichen Richter sollen in das arbeitsgerichtliche Verfahren ihre 204
Erfahrungen und Kenntnisse aus der Arbeitswelt einbringen,[721] das Vertrauen

716 *Canayer* et al., La justice prud'homale au milieu du gué, S. 18.

717 Art. L. 1441-29 C. trav.

718 Persönliche Beobachtungen bei einem Besuch des CPH Lyon (28.2.–4.3.2022) und des CPH Caen (19.–20.5.2022).

719 *Höland/Buchwald*, Ehrenamtliche Richterinnen und Richter in der Arbeitsgerichtsbarkeit und in der Sozialgerichtsbarkeit, S. 22 f.

720 Anfragen an die zuständigen Stellen per E-Mail im Mai bzw. Juni 2022.

721 BeckOK-ArbR/*Poeche*, § 6 ArbGG Rn. 2; BHK/*Hohmann*, V Rn. 20; ErfK/*Koch*, § 6 ArbGG Rn. 1; GK-ArbGG/*Ahrendt*, § 6 Rn. 7; GMP/*Prütting*, § 6 ArbGG Rn. 4; Schwab/Weth/*Liebscher*, § 6 ArbGG Rn. 48; Schwab/Weth/*Liebscher*, § 20 ArbGG Rn. 1; *Stöhr*, ZZP 2018, 481, 487; BAG 21.9.1999 – 1 AS 6/99, BAGE 92, 297, AP ArbGG 1979 § 43 Nr. 5; BAG 19.8.2004 – 1 AS 6/03, BAGE 111, 329, AP ARbGG 1979 § 21 Nr. 5. Kritisch zur heutigen Bedeutung der Spezialkenntnisse GMP/*Prütting*, § 6 ArbGG Rn. 18.

in die Rechtsprechung[722] und die Akzeptanz der Urteile stärken.[723] Die sich oftmals gegenüberstehenden Interessen von Arbeitnehmer und Arbeitgebern sollen gleichberechtigt in das Verfahren eingebracht werden.[724] Anders als die Schöffen in der ordentlichen Gerichtsbarkeit sind sie also nicht nur „Repräsentanten der Allgemeinheit".[725]

205 Bei einer von der Hans-Böckler-Stiftung finanzierten Studie, in der hauptsächlich Arbeitnehmerrichter interviewt wurden, gaben viele Befragte an, dass sie ihren Hauptbeitrag in der Einbringung des „gesunden Menschenverstands" sehen.[726] Ähnliches verlauteten in einer repräsentativen Befragung in Baden-Württemberg und Sachsen-Anhalt ebenfalls 61 % der Arbeitnehmer- und Arbeitgeberrichter. Die Befragten gaben dort allerdings noch häufiger (96 %) an, dass der Vorteil in der Beteiligung von Ehrenamtlichen darin liege, dass sie „ihre Berufserfahrung, Praxisnähe, Kenntnis der betrieblichen Wirklichkeit in das Verfahren ein[bringen]".[727]

b) Zuteilung zu Kammern

206 Das Präsidium verteilt die ehrenamtlichen Richter auf die einzelnen Kammern (§ 6a ArbGG i.V.m. § 21e Abs. 1 S. 1 GVG), innerhalb derer sie nach der

722 BAG 21.09.1999 – 1 AS 6/99 BAGE 92, 297, AP ArbGG 1979 § 43 Nr. 5; BAG 19.8.2004 – 1 AS 6/03, BAGE 111, 329, AP ARbGG 1979 § 21 Nr. 5; GK-ArbGG/*Ahrendt*, § 6 Rn. 7; GMP/*Prütting*, § 6 ArbGG Rn. 4; *Stöhr*, ZZP 2018, 481, 488; vgl. *Lent*, AcP 1949, 193, 210, 213; *Müller*, AuR 1978, 14, 19.

723 ErfK/*Koch*, § 6 ArbGG Rn. 1; *Ide*, in: Die Arbeitsgerichtsbarkeit, S. 254; Schwab/Weth/*Liebscher*, § 6 ArbGG Rn. 48; Schwab/Weth/*Liebscher*, § 20 ArbGG Rn. 1; *Stöhr*, AuR 2021, G13, G15. *Wagner* bezeichnet sie auch als „sachverständige Beisitzer", DRiZ 2005, 118, 119; so auch schon in Bezug auf die ehrenamtlichen Richter der Sozialgerichtsbarkeit BVerfG 22.1.1959 – 1 BvR 154/55, NJW 1959, 715, 717.

724 *Däubler*, AuR 1976, 369, 371; *Lent*, AcP 1949, 193, 210 f. (der dies allerdings auch kritisch sieht); vgl. GK-ArbGG/*Ahrendt*, § 6 ArbGG Rn. 7; *Staats*, Deutsches Richtergesetz, Vor §§ 44–45a, Rn. 2; *Stöhr*, ZZP 2018, 481, 499; a.A. *Müller*, AuR 1978, 14, 17 f.; kritisch *Windel*, ZZP 1999, 293, 306.

725 *Stöhr*, ZZP 2018, 481, 487; vgl. *Müller*, AuR 1978, 14, 17; *Stöhr*, AuR 2021, G13, G13.

726 *Burgess* et al., The roles, resources and competencies of employee lay judges, S. 45, 75, 80; *Höland* et al., AuR 2018, 404, 407. Kritisch zum „gesunden Menschenverstand" *Lent*, AcP 1949, 193, 206 f.

727 *Höland/Buchwald*, Ehrenamtliche Richterinnen und Richter in der Arbeitsgerichtsbarkeit und in der Sozialgerichtsbarkeit, S. 30, 73, 88. Mehrfachnennungen möglich.

Reihenfolge einer Liste herangezogen werden (§ 31 Abs. 1 ArbGG).[728] Die Einteilung nimmt grundsätzlich keine Rücksicht auf die Branche, ihren konkreten Beruf oder besondere Kenntnisse. Sie können daher in der Regel nur generelle Erfahrungen aus dem Arbeitsleben einbringen.[729] Eine Ausnahme besteht für die nach § 17 Abs. 2 ArbGG fakultativen Fachkammern (§ 30 ArbGG), die jedoch, soweit ersichtlich, kaum verbreitet sind.[730] In Frankreich wird hingegen durch die Zuweisung der *conseillers* und der Rechtssachen in Sektionen jedenfalls historisch eine engere Bindung zu den Streitgegenständen angestrebt.[731] Diese Einteilung in fünf Branchen ist jedoch so grob und die Arbeitswelt so vielfältig, dass auch hier regelmäßig nicht davon ausgegangen werden darf, dass die *conseillers* spezifische Erfahrungen und Kenntnisse einbringen können.[732]

c) Befugnisse und Verhältnis zum Berufsrichter

Grundsätzlich haben die ehrenamtlichen Richter die gleichen Befugnisse wie 207
die Berufsrichter (§ 53 Abs. 2 ArbGG).[733] Ihr Beitrag zur Urteilsfindung soll keine bloße Hilfstätigkeit sein, sondern sie sind, wie es vor allem §§ 1, 45 DRiG zeigen, vollwertige Richter.[734] Insbesondere hat ihre Stimme bei den Beratungen und Abstimmungen das gleiche Gewicht wie die des Vorsitzenden (§§ 192 ff. GVG).[735] Die ehrenamtlichen Richter sind essenzieller Bestandteil der Richterbank in der streitigen Verhandlung. Sie können sich hier vor allem durch Ausübung ihres Fragerechts beteiligen.[736] An der Güteverhandlung (§ 54

---

728 GMP/*Prütting*, § 31 ArbGG Rn. 1, 12. Nach umstrittener Ansicht können die ehrenamtlichen Richter auch keiner bestimmten, sondern allen Kammern zugeordnet werden; BAG 16.10.2008 – 7 AZB 427/08, NZA 2009, 510; BeckOK-ArbR/*Wullenkord*, § 31 ArbGG Rn. 2; a.A. GMP/*Prütting*, § 31 ArbGG Rn. 8 m.w.N.

729 *Moritz* bezeichnet sie deshalb als „Repräsentanten aus dem Arbeitsleben, nicht sachverständige Richter", ZfRSoz 1984, 51, 76; *Höland/Buchwald* bezeichnen sie als „Lebensweltvermittler", Ehrenamtliche Richterinnen und Richter in der Arbeitsgerichtsbarkeit und in der Sozialgerichtsbarkeit, S. 3, 5, 93 u.a.

730 Zu den Fachkammern siehe auch Rn. 114.

731 Vgl. *Maggi-Germain*, Dr. soc. 2015, 547, 550; *Ray*, Droit du travail, Rn. 105.

732 Vgl. *Moritz*, ZfRSoz 1984, 51, 74.

733 ErfK/*Koch*, § 6 ArbGG Rn. 1; GMP/*Prütting*, § 6 ArbGG Rn. 16.

734 Vgl. *Kühne*, DRiZ 1975, 390, 392; *Müller*, AuR 1978, 14, 16; *Schmidt/Luczak*, in: Die Arbeitsgerichtsbarkeit, S. 242.

735 BeckOK-ArbR/*Poeche*, § 6 ArbGG Rn. 3; ErfK/*Koch*, § 6 ArbGG Rn. 1; GMP/*Prütting*, § 6 ArbGG Rn. 9; *Schmidt/Luczak*, in: Die Arbeitsgerichtsbarkeit, S. 242; Schwab/Weth/*Liebscher*, § 6 ArbGG Rn. 65.

736 § 46 Abs. 2 ArbGG i.V.m. § 136 Abs. 2 S. 2 ZPO; GMP/*Prütting*, § 6 Rn. 16.

ArbGG) nehmen die ehrenamtlichen Richter hingegen nicht teil.[737] Ebenso wirken sie in der Regel nicht mit bei Beschlüssen und Verfügungen, die nicht auf Grund einer mündlichen Verhandlung ergehen (§ 53 Abs. 1 ArbGG).[738] Dem Vorsitzenden obliegen schließlich die Prozessleitung und die Anordnungen zur Prozessdurchführung.[739]

208 Anders als bei den *conseillers* beschränken sich die Kompetenzen der ehrenamtlichen Richter also in der Regel auf die mündliche Verhandlung und Urteilfindung.[740] Dies dürfte im Wesentlichen darauf zurückzuführen sein, dass sie den Berufsrichter nicht ersetzen, sondern durch ihre praktischen Erfahrungen ergänzen sollen.[741] Hier zeigt sich somit ein grundlegender Unterschied zwischen den deutschen Arbeitsgerichten und den französischen CPH.

d) Tatsächliche Einflussnahme

209 Die tatsächliche Möglichkeit der ehrenamtlichen Richter, durch ihre Sachkunde Einfluss zu nehmen, wird wahrscheinlich in der deutschen Praxis stärker variieren als in Frankreich.[742] Die *conseillers* agieren in der Regel ohne einen Berufsrichter, daher liegt das Verfahren allein in ihrer Hand. Hierzulande vermag der Vorsitzende als Leiter des Prozesses[743] die Einflussnahme der ehrenamtlichen Richter dagegen zu steuern, etwa indem er sie mehr oder weniger aktiv in die mündliche Verhandlung und Urteilsberatungen einbindet.[744] Der Berufsrichter hat ihnen gegenüber zudem in aller Regel einen deutlichen Wissensvorsprung.[745] Er hat bereits die Güteverhandlung geführt, und zwar ohne die ehrenamtlichen Richter. Im Vorfeld der streitigen Verhandlung kann und muss er sich zudem länger und intensiver mit den Akten vertraut machen (§ 56 Abs. 1 ArbGG).

---

737 Siehe dazu Rn. 319.

738 Der Vorsitzende kann außerdem in den Fällen des § 55 ArbGG allein entscheiden.

739 § 53 Abs. 2 ArbGG i.V.m. § 136 ZPO, §§ 55, 56, 58 Abs. 1, 60 Abs. 3, 4 ArbGG; *Schmidt/Luczak*, in: Die Arbeitsgerichtsbarkeit, S. 239.

740 Vgl. GMP/*Prütting*, § 6 ArbGG Rn. 16.

741 *Stöhr* spricht von einer „wichtige[n] Interpretations- und Korrekturfunktion", ZZP 2018, 481, 496. Zur Frage, wie die Argumente der Laienrichter methodologisch verwertet werden können, siehe *ebenda* S. 502–507.

742 Zur Diskussion über die tatsächliche Einflussnahme der ehrenamtlichen Richter in Deutschland siehe *Stöhr*, ZZP 2018, 481, 483 m.w.N.

743 § 46 Abs. 2 S. 1 ArbGG i.V.m. § 136 ZPO.

744 *Stöhr*, ZZP 2018, 481, 496; vgl. *Höland/Buchwald*, Ehrenamtliche Richterinnen und Richter in der Arbeitsgerichtsbarkeit und in der Sozialgerichtsbarkeit, S. 64 f., 71, 73, 92 m.w.N.; *Moritz*, Das französische Arbeitsgericht, S. 247.

745 *Ide*, in: Die Arbeitsgerichtsbarkeit, S. 259.

Die ehrenamtlichen Richter der ersten Instanz haben zwar grundsätzlich ein Akteneinsichtsrecht.[746] Sie haben aber keine Einsichtspflicht, sondern ihre Vorbereitung steht im pflichtgemäßen Ermessen des Vorsitzenden.[747] Weit überwiegend ist eine mündliche Einführung durch den Vorsitzenden üblich.[748] Schließlich mindert auch ihr von vornherein begrenzter Aufgabenbereich die Einflussmöglichkeiten der ehrenamtlichen Richter. Auf der anderen Seite sind die ehrenamtlichen Richter in den Arbeitsgerichten in der Überzahl, sodass sie den Berufsrichter auch überstimmen können. Jedenfalls theoretisch können sie den Ausgang des Verfahrens daher maßgeblich bestimmen. 210

Wieviel Einfluss die ehrenamtlichen Richter in der Praxis haben, lässt sich nicht zuletzt aufgrund des Beratungsgeheimnisses nur schwer messen.[749] In einer repräsentativen Befragung in Baden-Württemberg und Sachsen-Anhalt gaben 89 % der ehrenamtlichen Richter an, dass sich die Arbeitnehmer- und die Arbeitgeberrichter in der Beratung immer oder oft einig sind.[750] Berichte aus Frankreich legen demgegenüber nahe, dass dies für die *conseillers* nicht gilt und zwischen ihnen häufiger Kontroversen stattfinden.[751] 211

---

746 GK-ArbGG/*Ahrendt*, § 6 ArbGG Rn. 11; GMP/*Prütting*, § 6 ArbGG Rn. 16; Ministerium der Justiz und für Europa BW, Leitfaden für ehrenamtliche Richterinnen und Richter in der Arbeitsgerichtsbarkeit, S. 17; differenzierend *Gäntgen*, RdA 2015, 201, 202.

747 *Schmidt/Luczak*, in: Die Arbeitsgerichtsbarkeit, S. 242; vgl. *Gäntgen*, RdA 2015, 201, 202; differenzierend *Ide*, in: Die Arbeitsgerichtsbarkeit, S. 259 f.

748 Ministerium der Justiz und für Europa BW, Leitfaden für ehrenamtliche Richterinnen und Richter in der Arbeitsgerichtsbarkeit, S. 17; *Schmidt/Luczak*, in: Die Arbeitsgerichtsbarkeit, S. 242; für Baden-Württemberg und Sachsen-Anhalt *Höland/Buchwald*, Ehrenamtliche Richterinnen und Richter in der Arbeitsgerichtsbarkeit und in der Sozialgerichtsbarkeit, S. 33. In dieser Studie gaben auch ein Drittel der Befragten an, dass sie die Akte am Sitzungstag, 15 % vor dem Sitzungstag lesen. Allerdings umfasste die Befragung auch ehrenamtliche Richter an den Landesarbeitsgerichten.

749 §§ 43, 45 Abs. 1 S. 2 DRiG; vgl. *Windel*, ZZP 1999, 293, 294 Fn. 5; anders wohl *Moritz*, Das französische Arbeitsgericht, S. 235–237, 241, 246 f., 249.

750 *Höland/Buchwald*, Ehrenamtliche Richterinnen und Richter in der Arbeitsgerichtsbarkeit und in der Sozialgerichtsbarkeit, S. 36.

751 Rechtsgespräche mit dem Präsidenten des CPH Lyon *Augier* am 3.3.2022 und mit einigen Lyoner *conseillers* (28.2.–4.3.2022); Rechtsgespräche mit *conseillers* in Caen (19.–20.5.2022).

e) *Schulungen*

212 In Deutschland gibt es keine gesetzliche Regelung zur Aus- und Weiterbildung der ehrenamtlichen Richter. Einige Arbeitsgerichte, Gewerkschaften, Arbeitgeberverbände und andere Vereinigungen und Institutionen bieten auf eigene Initiative Schulungen an.[752] Manche ehrenamtliche Richter – aufgrund der dortigen Berufungsvoraussetzungen ganz besonders am BAG[753] – bringen auch beträchtliche Rechtskenntnisse aus ihrer beruflichen Tätigkeit oder anderen Ämtern mit.[754] Dennoch bemängelten einige Arbeitnehmerrichter in einer von der Hans-Böckler-Stiftung finanzierten Studie, dass sie mehr Schulungen erhalten sollten.[755]

213 Anders als die *conseillers* agieren die ehrenamtlichen Richter aber nie allein, sondern immer mit einem Berufsrichter. Der Fokus liegt auf der Einbringung ihrer Sachkunde. Diese bringen sie bereits bei ihrer Ernennung mit.[756] Folglich bedarf es – anders als in Frankreich – nicht zwingend einer förmlichen Aus- oder Weiterbildung.

f) *Unabhängigkeit*

214 Die ehrenamtlichen Richter sind sachlich und persönlich unabhängig (Art. 97 Abs. 1 GG, §§ 45 Abs. 1 S. 1, 25 DRiG).[757] Ebenso wie die *conseillers* in Frankreich

---

752 Vgl. *Burgess* et al., The roles, resources and competencies of employee lay judges, S. 20, 30. In einer repräsentativen Befragung in Baden-Württemberg und Sachsen-Anhalt berichteten 59 % der ehrenamtlichen Richter, dass sie an einer Schulung teilgenommen haben; *Höland/Buchwald*, Ehrenamtliche Richterinnen und Richter in der Arbeitsgerichtsbarkeit und in der Sozialgerichtsbarkeit, S. 32, 69.

753 § 43 Abs. 2 S. 1 ArbGG; vgl. *Höland*, in: FS Kohte, S. 97, 101.

754 *Höland*, in: FS Kohte, S. 97, 101; *Stöhr*, AuR 2021, G13, G13; vgl. *Stöhr*, ZZP 2018, 481, 485, 492.

755 *Burgess* et al., The roles, resources and competencies of employee lay judges, S. 67. In einer repräsentativen Befragung von ehrenamtlichen Richtern in Baden-Württemberg und Sachsen-Anhalt sahen 37 % der Befragten Reformbedarf. Darunter wünschten sich 53 % mehr Schulungsangebote, 32 % eine qualifiziertere Schulung, 21 % eine Einführung in die Rechte und Pflichten des Amtes; *Höland/Buchwald*, Ehrenamtliche Richterinnen und Richter in der Arbeitsgerichtsbarkeit und in der Sozialgerichtsbarkeit, S. 38.

756 Vgl. *Höland/Buchwald*, Ehrenamtliche Richterinnen und Richter in der Arbeitsgerichtsbarkeit und in der Sozialgerichtsbarkeit, S. 66.

757 *Junker*, Grundkurs Arbeitsrecht, Rn. 839. Zur Bedeutung der inneren Unabhängigkeit von Laienrichtern siehe *Lent*, AcP 1949, 193, 203 f.

müssen sie unparteilich sein und sind insbesondere keine Interessenvertreter der sie benennenden Vereinigungen und Körperschaften.[758] Den Schutz der ehrenamtlichen Richter regeln § 26 ArbGG und § 45 Abs. 1a DRiG. Ob § 26 ArbGG die Kandidaten bereits vor der Ernennung schützt, ist, anders als in Frankreich,[759] streitig.[760] Inhaltlich ist die generalklauselartige Vorschrift weiter gefasst als ihre französischen Entsprechungen, welche konkrete Sanktionen (nur) gegen Arbeitnehmerrichter verbieten.[761]

4. Zeitlicher Umfang

In der Praxis werden die ehrenamtlichen Richter in Deutschland nach einer empirischen Studie durchschnittlich zu etwa vier bis sechs Sitzungstagen pro Jahr eingeteilt,[762] nach anderen Angaben zu zwei bis drei Tagen.[763] In Frankreich sind es hingegen einer[764] oder zwei[765] pro Monat,[766] wobei sich die Zahl für die einzelnen *conseillers* je nach Arbeitsanfall an dem konkreten CPH und der Sektion erheblich unterscheiden kann.[767] Anders als für die ehrenamtlichen 215

758 GK-ArbGG/*Ahrendt*, § 6 ArbGG Rn. 10; GMP/*Prütting*, § 6 ArbGG Rn. 15; *Ide*, in: Die Arbeitsgerichtsbarkeit, S. 258; vgl. *Staats*, DRiG, § 45 DRiG Rn. 1.

759 Siehe Rn. 158.

760 GK-ArbGG/*Schleusener*, § 26 Rn. 3 m.w.N.

761 Art. L. 1442-6, L. 1442-7, L. 1442-19 C. trav.

762 *Burgess* et al., The roles, resources and competencies of employee lay judges, S. 26, 29.

763 Repräsentative Befragung von ehrenamtlichen Richtern in Baden-Württemberg und Sachsen-Anhalt, *Höland/Buchwald*, Ehrenamtliche Richterinnen und Richter in der Arbeitsgerichtsbarkeit und in der Sozialgerichtsbarkeit, S. 31 f.

764 *Burgess* et al., The roles, resources and competencies of employee lay judges, S. 26, 29.

765 Mouvement des Entreprises de France Puy-de-Dôme, Fiche mandat Conseiller prud'homme, abrufbar unter: https://www.medef63.fr/wp-content/uploads/2020/09/Fiche-mandat-CPH-2017.pdf [zuletzt abgerufen am 7.10.2022].

766 Rechtsgespräch mit dem Präsidenten des CPH Lyon *Augier* am 3.3.2022. Alle *conseillers* sollen etwa gleich oft tagen; *Boulmier* et al., Le Lamy Procédure prud'homale, Rn. 290. Die tatsächliche Anwesenheit der einzelnen *conseillers* an den CPH unterscheidet sich jedoch beträchtlich, etwa aufgrund von Vertretungen anderer *conseillers*, *Burgess* et al., The roles, resources and competencies of employee lay judges, S. 16.

767 Rechtsgespräch mit dem Präsidenten des CPH Lyon *Augier* am 3.3.2022. Kritisch dazu *Canayer* et al., La justice prud'homale au milieu du gué, S. 56.

Richter ist es für die Tätigkeit der *conseillers* wichtig, dass sie möglichst regelmäßig und nicht in zu großen Abständen herangezogen werden: Da sie auch vollständig verantwortlich sind für die juristische Entscheidung der Fälle sowie für die Urteilsabfassung, ist ihre Praxiserfahrung ein wichtiger Faktor für die erfolgreiche Ausübung ihres Amtes.[768]

768 Rechtsgespräch mit dem Präsidenten des CPH Lyon *Augier* am 3.3.2022; *Canayer* et al., La justice prud'homale au milieu du gué, S. 44, 56; vgl. *Bas* et al., Cinq ans pour sauver la justice, S. 211.

§ 4 Zuständigkeit

Die CPH sind Spezialgerichte (*juridiction d'exception/juridiction spécialisée*). Ihre Zuständigkeit muss daher ausdrücklich angeordnet sein;[769] sie ist stets ausschließlich (Art. L. 1411-4 Abs. 1 C. trav.).[770] Die CPH sind nicht zuständig für Streitigkeiten, die durch Gesetz einem anderen Gericht zugewiesen sind, insbesondere Arbeitsunfälle und Berufskrankheiten (Art. L. 1411-4 Abs. 2 C. trav.). Für Streitigkeiten, die weder den CPH noch einem anderen Spezialgericht zugewiesen sind, ist das ordentliche Gericht erster Instanz (*tribunal judiciaire*) zuständig.[771] 216

I. Sachliche Zuständigkeit

Die CPH sind sachlich zuständig für alle Streitigkeiten zwischen Arbeitnehmern und ihren Arbeitgebern oder deren Stellvertretern,[772] die im Zusammenhang mit einem dem Code du travail unterliegenden Arbeitsvertrag entstehen können (Art. L. 1411-1 Abs. 1 C. trav.).[773] Sie sind auch zuständig für Streitigkeiten, die zwischen Arbeitnehmern im Zusammenhang mit der Arbeit entstehen (Art. L. 1411-3 C. trav.). Erfasst sind zudem Streitigkeiten von Angestellten des öffentlichen Dienstes, sofern sie unter privatrechtlichen Bedingungen beschäftigt sind (Art. L. 1411-2 C. trav.). Ausbildungsverträge sind als spezielle Arbeitsverträge ebenfalls von der Kompetenz umfasst.[774] Die Zuständigkeit ist streitwertunabhängig (Art. L. 1411-4 Abs. 1 C. trav.). 217

---

769 *Boulmier* et al., Le Lamy Procédure prud'homale, Rn. 16.

770 *Boulmier* et al., Le Lamy Procédure prud'homale, Rn. 51; *Ray*, Droit du travail, Rn. 106.

771 Art. L. 211-3 C. org. jud.; siehe oben Rn. 64.

772 Wenn eine Institution üblicherweise an die Stelle der gesetzlichen Verpflichtungen des Arbeitgebers tritt, kann sie bei Streitigkeiten gemeinsam mit dem Arbeitgeber in Anspruch genommen werden (Art. L. 1411-6 C. trav.). Dies können beispielsweise Rentenkassen sein, die selbst Abgangsgelder an Arbeitnehmer auszahlen. Wird die Institution allein in Anspruch genommen, ist hingegen das ordentliche Gericht zuständig; *Bataille/Cormorant*, La procédure prud'homale, Rn. 201.

773 Im Original: *Le conseil de prud'hommes règle par voie de conciliation les différends qui peuvent s'élever à l'occasion de tout contrat de travail soumis aux dispositions du présent code entre les employeurs, ou leurs représentants, et les salariés qu'ils emploient. Il juge les litiges lorsque la conciliation n'a pas abouti.* (Art. L. 1411-1 C. trav.).

774 Vgl. Art. L. 6221-1 C. trav.; *Miné*, Le grand livre du droit du travail, S. 48.

1. Streitigkeit im Zusammenhang mit einem Arbeitsvertrag

218 Zur Eröffnung der sachlichen Zuständigkeit muss die Streitigkeit im Zusammenhang mit einem Arbeitsvertrag (*à l'occasion de tout contrat de travail*) stehen (Art. L. 1411-1 C. trav.).[775] Dieser muss dem Code du travail unterliegen, mithin privatrechtlicher Natur sein.[776]

a) Arbeitsvertrag

219 Der Code du travail definiert den Arbeitsvertrag nicht.[777] Nach der Rechtsprechung müssen kumulativ drei Kriterien erfüllt sein: (1) die Verpflichtung zur Erbringung einer Arbeitsleistung (2) gegen eine Vergütung und (3) ein Unterordnungsverhältnis zum Arbeitgeber.[778] Es kommt auf die tatsächlichen Umstände an; der von den Parteien zum Ausdruck gebrachte Wille sowie die von ihnen gewählte Bezeichnung des Vertrags sind unerheblich.[779] Ein schriftlicher Vertrag ist nicht erforderlich.[780]

220 Das zentrale Abgrenzungskriterium zu anderen Vertragstypen ist das Unterordnungsverhältnis (*lien de subordination*).[781] Maßgeblich ist nicht die

---

775 Ausführliche alphabetische Auflistung von Einzelfällen bei *Bataille/Cormorant*, La procédure prud'homale, Rn. 203–290.

776 Vgl. Art. L. 1411-1 Abs. 1 C. trav.; *Dupays* et al., Le Lamy Social, Rn. 5446, 5454.

777 *Antonmattei*, Droit du travail, Rn. 6; *Boulmier* et al., Le Lamy Procédure prud'homale, Rn. 52.

778 Cass. soc. 22 juill. 1954, n° 2.542, Bull. 1954 V n° 576; *Antonmattei*, Droit du travail, Rn. 6; *Auzero/Baugard/Dockès*, Rn. 197; *Boulmier* et al., Le Lamy Procédure prud'homale, Rn. 52; vgl. Cass. soc. 28 nov. 2018, n° 17-20.079, abrufbar unter https://www.legifrance.gouv.fr/juri/id/JURITEXT000037787075/ [zuletzt abgerufen am 7.10.2022].

779 Cass. soc. 28 nov. 2018, n° 17-20.079, abrufbar unter https://www.legifrance.gouv.fr/juri/id/JURITEXT000037787075/ [zuletzt abgerufen am 7.10.2022]; Cass. soc. 4 févr. 2015, n° 13-25.621 u.a., abrufbar unter: https://www.legifrance.gouv.fr/juri/id/JURITEXT000030207748/ [zuletzt abgerufen am 7.10.2022]; Cass. soc. 3 juin 2009, n° 08-40.981 u.a., Bull. 2009 V n° 141; Cass. soc. 1 déc. 2005, n° 05-43.031, Bull. 2005 V n° 349; *Antonmattei*, Droit du travail, Rn. 6; *Bataille/Cormorant*, La procédure prud'homale, Rn. 196.

780 Art. L. 1221-1 C. trav.; *Bataille/Cormorant*, La procédure prud'homale, Rn. 196; *Boulmier* et al., Le Lamy Procédure prud'homale, Rn. 55.

781 *Antonmattei*, Droit du travail, Rn. 6; *Auzero/Baugard/Dockès*, Rn. 197; *Boulmier* et al., Le Lamy Procédure prud'homale, Rn. 52.

wirtschaftliche, sondern die juristische Abhängigkeit.[782] Der Kassationshof hat in einem Grundsatzurteil aus dem Jahr 1996 die Kriterien präzisiert:[783] Danach kennzeichnet ein solches Unterordnungsverhältnis, dass eine Arbeit unter der Aufsicht eines Arbeitgebers ausgeführt wird, welcher befugt ist, Befehle und Weisungen zu erteilen, deren Ausführung zu kontrollieren und Verstöße des Unterstellten zu ahnden.[784] Die Arbeit in einer organisierten Einheit (*travail au sein d'un service organisé*) kann ein Indiz für das Unterordnungsverhältnis sein, wenn der Arbeitgeber einseitig die Bedingungen für die Arbeitsausführung festlegt.[785]

Der CPH ist auch zuständig für die Entscheidung über das Bestehen eines Arbeitsvertrags und für die Feststellung der Arbeitgebereigenschaft.[786] Die Beweislast für das Vorliegen eines Arbeitsvertrags trägt derjenige, der sich auf seine Existenz beruft.[787] Bei Scheinarbeitsverträgen (*contrats de travail apparent*) trägt derjenige die Beweislast, der sich auf den Scheincharakter beruft.[788] In einem aktuellen Urteil stellte der Kassationshof fest, dass das Vorliegen eines 221

782 Cass. civ. 6 juill. 1931, Dalloz Périodique 1931, S. 121 m. Anm. *Pic*; vgl. Cass. soc. 19 juin 2013, n° 12-17.913, abrufbar unter: https://www.legifrance.gouv.fr/juri/id/JURITEXT000027601746/ [zuletzt abgerufen am 7.10.2022]; *Antonmattei*, Droit du travail, Rn. 9; *Boulmier* et al., Le Lamy Procédure prud'homale, Rn. 67; einschränkend *Bataille/Cormorant*, La procédure prud'homale, Rn. 196.

783 Cass. soc. 13 nov. 1996, n° 94-13.187, Bull. 1996 V n° 386.

784 Im Original „*que le lien de subordination est caractérisé par l'exécution d'un travail sous l'autorité d'un employeur qui a le pouvoir de donner des ordres et des directives, d'en contrôler l'exécution et de sanctionner les manquements de son subordonné*"; Cass. soc. 13 nov. 1996, n° 94-13.187, Bull. 1996 V n° 386.

785 Cass. soc. 13 nov. 1996, n° 94-13.187, Bull. 1996 V n° 386. Zu den Einzelheiten siehe *Boulmier* et al., Le Lamy Procédure prud'homale, Rn. 66.

786 Cass. soc. 7 déc. 2005, n° 04-46.625, Bull. 2005 V n° 359; *Auzero/Baugard/Dockès*, Rn. 109; *Bataille/Cormorant*, La procédure prud'homale, Rn. 196; *Dupays* et al., Le Lamy Social, Rn. 5446; *Miné*, Le grand livre du droit du travail, S. 47; vgl. Cass. soc. 9 juill. 1976, n° 75-40.644; Bull. 1976 n° 454; *Antonmattei*, Droit du travail, Rn. 69.

787 Cass. soc. 23 oct. 2019, n° 18-19.970, abrufbar unter: https://www.courdecassation.fr/en/decision/5fca64019504594c5d3abc6d [zuletzt abgerufen am 7.10.2022]; *Antonmattei*, Droit du travail, Rn. 69; *Auzero/Baugard/Dockès*, Rn. 204. Vereinzelt gibt es eine gesetzliche Vermutung für die Qualifikation als Arbeitsverhältnis, siehe Art. L. 7112-1, L. 7313-1 C. trav. Zu den Einzelheiten bei der Beweislast siehe *Boulmier* et al., Le Lamy Procédure prud'homale, Rn. 54.

788 Cass. soc. 17 novembre 2015, n° 14-21.567, abrufbar unter: https://www.legifrance.gouv.fr/juri/id/JURITEXT000031512023 [zuletzt abgerufen am 7.10.2022]; Cass. soc. 25 oct. 1990, n° 88-12.868, Bull. 1990 V n° 500.

Arbeitsvertrags keine Voraussetzung für die Zulässigkeit der Klage sei, sondern für ihren Erfolg.[789]

b) *Zusammenhang*

222 Den Begriff des Zusammenhangs mit einem Arbeitsvertrag (*à l'occasion de tout contrat de travail*) legt der Kassationshof weit aus.[790] So war der CPH beispielsweise zuständig für einen Antrag auf Erstattung von Mietkosten für einen Dienstwagen, obwohl sich der Anspruch nicht aus dem Arbeitsvertrag ergab. Die Arbeitnehmerin hatte ihren Dienstwagen nach Beendigung des Arbeitsvertrags verspätet zurückgegeben. Der Arbeitgeber begehrte die Erstattung der Mieten für diesen Zeitraum.[791] Der Kassationshof bejahte die Zuständigkeit auch in einem Fall, in dem ein Arbeitnehmer Schadensersatz wegen einer betrügerischen Absprache zwischen seinem eigenen Anwalt und dem Anwalt des Arbeitgebers verlangte. Der Arbeitnehmer machte den Anspruch nämlich gegen seinen Arbeitgeber geltend, weil dieser die Absprache zwischen den Anwälten initiiert habe. Das habe ihn an der Geltendmachung von Ansprüchen wegen der vorzeitigen Beendigung seines Arbeitsvertrags hindern sollen.[792]

223 In zeitlicher Hinsicht reicht die Kompetenz des CPH über die Eingehung und das Ende des Arbeitsvertrags hinaus: Er kann auch über Fälle entscheiden, die sich auf eine Abrede vor Vertragsschluss beziehen[793] sowie über einseitige (bindende) Einstellungsversprechen[794]. Ebenso umfasst sind Diskriminierungen im

---

789 Cass. soc. 3 févr. 2021, n° 19-17.090, abrufbar unter: https://www.courdecassation.fr/decision/602254e2e6ee9b24d862fd82 [zuletzt abgerufen am 7.10.2022].

790 *Auzero/Baugard/Dockès*, Rn. 109; *Antonmattei*, Droit du travail, Rn. 69; *Boulmier* et al., Le Lamy Procédure prud'homale, Rn. 51.

791 Cass. soc. 30 juin 2010, n° 08-41.937, 08-42.761, abrufbar unter: https://www.legifrance.gouv.fr/juri/id/JURITEXT000022432352 [zuletzt abgerufen am 7.10.2022]; *Boulmier* et al., Le Lamy Procédure prud'homale, Rn. 51.

792 Cass. soc. 22 févr. 2017, n° 15-26.075, erhältlich über www.liaisons-sociales.fr; *Boulmier* et al., Le Lamy Procédure prud'homale, Rn. 51.

793 *Bataille/Cormorant*, La procédure prud'homale, Rn. 198; vgl. Cass. soc. 18 mai 1999, n° 97-40.650, Bull. 1999 V n° 218.

794 Cass. soc. 27 févr. 1997, n° 94-40.870, abrufbar unter: https://www.legifrance.gouv.fr/juri/id/JURITEXT000007342795 [zuletzt abgerufen am 7.10.2022]; *Bataille/Cormorant*, La procédure prud'homale, Rn. 198, 200. Etwas anderes gilt für ein Angebot, das ggfs. widerrufen werden kann; Cass. soc. 21 sept. 2017, n° 16-20.104, abrufbar unter: https://www.legifrance.gouv.fr/juri/id/JURITEXT000035617009/ [zuletzt abgerufen am 7.10.2022].

Einstellungsverfahren.[795] Der CPH ist auch sachlich zuständig für Streitigkeiten nach Beendigung des Arbeitsverhältnisses, sofern sie mit diesem noch in Verbindung stehen.[796]

2. Abgrenzung zwischen individual- und kollektivarbeitsrechtlicher Streitigkeit

Da die sachliche Kompetenz stets an den Arbeitsvertrag anknüpft, umfasst 224
die Zuständigkeit der CPH nur individualarbeitsrechtliche Streitigkeiten.[797] Die Abgrenzung zwischen individual- und kollektivarbeitsrechtlichen Streitigkeiten ist oftmals schwierig. Die genaue Formulierung des Klageantrags kann entscheidend sein.[798] Maßgeblich ist, ob der vom Arbeitnehmer geltend gemachte Anspruch die Anerkennung oder Ausübung eines individuellen Rechts betrifft.[799] Ein entsprechender Anspruch kann sich auch aus einem Tarifvertrag ergeben oder einen kollektiven Kontext haben wie beispielsweise einen Streik.[800]

Die sachliche Zuständigkeit des CPH bleibt bestehen, wenn mehrere Arbeit- 225
nehmer gleichzeitig die gleichen (individuellen) Ansprüche geltend machen,[801] auch wenn sie aus einem Tarifvertrag herrühren.[802] Der CPH kann solche Klagen nach Maßgabe von Art. 367 C. pr. civ. verbinden; die Streitigkeiten bleiben

---

795 Cass. soc. 20 déc. 2006, n° 06-40.864, Bull. 2006 V n° 404; *Auzero/Baugard/Dockès*, Rn. 108; *Bataille/Cormorant*, La procédure prud'homale, Rn. 228; *Dupays* et al., Le Lamy Social, Rn. 5446.

796 Cass. soc. 31 oct. 2000, n° 98-44.122, Bull. 2000 V n° 356; *Bataille/Cormorant*, La procédure prud'homale, Rn. 198; *Boulmier* et al., Le Lamy Procédure prud'homale, Rn. 16; vgl. Cass. soc. 4 janv. 2000, n° 97-43.574, abrufbar unter: https://www.legifrance.gouv.fr/juri/id/JURITEXT000007405310/ [zuletzt abgerufen am 7.10.2022].

797 *Antonmattei*, Droit du travail, Rn. 69; *Auzero/Baugard/Dockès*, Rn. 108; *Bataille/Cormorant*, La procédure prud'homale, Rn. 194.

798 *Bataille/Cormorant*, La procédure prud'homale, Rn. 195.

799 *Auzero/Baugard/Dockès*, Rn. 108; *Favennec-Héry/Marquet de Vasselot*, JCP-S 2019, Nr. 1163, 1, 2.

800 *Auzero/Baugard/Dockès*, Droit du travail, Rn. 108.

801 Cass. soc. 13 févr. 1996, n° 93-42.309, Bull. 1996 V n° 53; *Antonmattei*, Droit du travail, Rn. 69; *Auzero/Baugard/Dockès*, Droit du travail, Rn. 108; *Dupays* et al., Le Lamy Social, Rn. 5443; *Favennec-Héry/Marquet de Vasselot*, JCP-S 2019, Nr. 1163, 1, 2.

802 Cass. soc. 7 janv. 1997, n° 93-45.664, Bull. 1997 V n° 1; *Bataille/Cormorant*, La procédure prud'homale, Rn. 195.

aber individuell.[803] Umgekehrt fallen auch Ansprüche eines Arbeitgebers gegen mehrere Arbeitnehmer wegen Tätlichkeiten während eines Streiks in die Zuständigkeit des CPH, denn auch hier geht es um individuelle Pflichtverletzungen.[804]

226 Rechtsstreitigkeiten über die Auslegung und Inhalt von Tarifverträgen sind kollektiver Art und fallen daher grundsätzlich nicht in die Zuständigkeit des CPH.[805] Er ist daher nach der Rechtsprechung des Kassationshofs beispielsweise nicht zuständig, wenn ein Arbeitnehmer die bloße (allgemeine) Anwendung einer Unternehmensvereinbarung (*accord d'entreprise*) oder eines Tarifvertrags (*convention collective*) einklagen möchte[806] oder wenn Arbeitnehmer einen Dienstplan des Arbeitgebers als unvereinbar mit einem Tarifvertrag beanstanden,[807] ohne jedoch einen individuellen Anspruch geltend zu machen.

3. Einheitliche Auslegung von Tarifverträgen

227 Die Begrenzung auf individualarbeitsrechtliche Streitigkeiten schließt nicht aus, dass der CPH Kollektivvereinbarungen auslegt oder einen Streik rechtlich einordnet, sofern der geltend gemachte individuelle Anspruch hiervon abhängt.[808] Aufgrund der beschränkten Rechtskraftwirkung (*relativité de la chose jugée*) sind jedoch nur die Prozessparteien an die Entscheidung gebunden (Art. 1355 C. civ.).[809] Es ist daher möglich, dass bei mehreren anhängigen

803 *Auzero/Baugard/Dockès*, Droit du travail, Rn. 108.

804 Cass. soc. 25 oct. 1978, n° 77-12.148, Bull. 1978 V, n° 710, S. 531; *Auzero/Baugard/Dockès*, Droit du travail, Rn. 108; *Bataille/Cormorant*, La procédure prud'homale, Rn. 194.

805 Vgl. Cass. soc. 30 avril 1997, n° 95-43.227, 95-43.261, Bull. 1997 V n° 153; *Dupays* et al., Le Lamy Social, Rn. 5444.

806 Cass. soc. 22 mai 1997, n° 94-43.952, abrufbar unter: https://www.legifrance.gouv.fr/juri/id/JURITEXT000007356449 [zuletzt abgerufen am 7.10.2022]; Cass. soc. 6 mai 1998, n° 96-41.712, Bull. 1998 V n° 234; *Antonmattei*, Droit du travail, Rn. 69; *Auzero/Baugard/Dockès*, Droit du travail, Rn. 108; *Bataille/Cormorant*, La procédure prud'homale, Rn. 195.

807 Cass. soc. 30 avr. 1997, n° 95-43.227, Bull. 1997 V n° 153; *Bataille/Cormorant*, La procédure prud'homale, Rn. 195.

808 *Auzero/Baugard/Dockès*, Droit du travail, Rn. 108; vgl. *Dupays* et al., Le Lamy Social, Rn. 5444; *Favennec-Héry/Marquet de Vasselot*, JCP-S 2019, Nr. 1163, 1, 2; siehe auch Cass. soc. 24 avr. 1975, n° 73-40.301, Bull. 1975 V n° 207; Cass. soc. 24 avr. 1975, n° 74-40.509, Bull. 1975 V n° 209; Cass. soc. 18 mars 2008, n° 07-41.813, Bull. 2008 V n° 66.

809 Vgl. *Auzero/Baugard/Dockès*, Droit du travail, Rn. 108.

Rechtssachen – auch innerhalb eines CPH, insbesondere wenn verschiedene Sektionen zuständig sind[810] – bezogen auf den Tarifvertrag widersprüchliche Entscheidungen getroffen werden. Darüber hinaus können auch die zersplitterten Zuständigkeiten[811] zu sich widersprechenden Urteilen verschiedener Gerichte führen.[812] Dieses Problem betrifft besonders die Auslegung von Tarifverträgen.[813]

Zur Förderung einer einheitlichen Rechtsprechung haben die Gerichte der ordentlichen Gerichtsbarkeit, darunter also auch die CPH, die Möglichkeit, eine Auslegungsfrage eines Tarifvertrags der *commission paritaire*[814] oder dem Kassationshof vorzulegen (Art. L. 441-1 Abs. 2 C. org. jud.).[815] Dem Kassationshof können zudem „neue Rechtsfragen“ vorgelegt werden (Art. L. 441-1 Abs. 1 C. org. jud.). Voraussetzung ist jeweils, dass die Auslegung eine ernsthafte Schwierigkeit (*difficulté sérieuse*) darstellt und Gegenstand zahlreicher Rechtsstreitigkeiten ist (*se posant dans nombreux litiges*).[816] Die Stellungnahme des Kassationshofes ist zwar nicht bindend, hat aber in der Praxis dennoch eine große Bedeutung.[817] Bis zur Entscheidung des Kassationshofs muss der CPH das Verfahren aussetzen.[818] 228

4. Folgen bei sachlicher Unzuständigkeit

Erhebt der Beklagte die Einrede der Unzuständigkeit, muss er diese begründen und das aus seiner Sicht zuständige Gericht benennen (Art. 75 C. pr. civ.).[819] Die 229

810 Siehe unten Rn. 233 ff.

811 Siehe dazu Rn. 59 ff.

812 *Lacabarats*, RJS 2016, 187, 188.

813 *Lacabarats*, RJS 2016, 187, 189.

814 Gemäß Art. L. 2232-9 C. trav. wird für jede Branche eine ständige paritätische Verhandlungs- und Auslegungskommission (*commission paritaire permanente de négociation et d'interprétation*) gebildet.

815 *Lacabarats*, RJS 2016, 187, 189. Der Kassationshof kann darüber hinaus auch angerufen werden vor der Entscheidung über eine neue Rechtsfrage, die eine ernsthafte Schwierigkeit darstellt und sich in zahlreichen Rechtsstreitigkeiten stellt (Art. L. 441-1 Abs. 1 C. org. jud.). Zu Einzelheiten siehe *Boulmier* et al., Le Lamy Procédure prud'homale, Rn. 1311.

816 Art. L. 441-1 C. org. jud.

817 *Boulmier*, Dr. soc. 2015, 430, 440; *Boulmier* et al., Le Lamy Procédure prud'homale, Rn. 1297; *Lacabarats*, RJS 2016, 187, 189.

818 Art. 1031-1 Abs. 2 C. pr. civ.; *Boulmier* et al., Le Lamy Procédure prud'homale, Rn. 1297.

819 *Bataille/Cormorant*, La procédure prud'homale, Rn. 1176.

Einrede muss vor jeder Verteidigung in der Sache oder Einreden der Unzulässigkeit erhoben werden (Art. 74 Abs. 1 C. pr. civ., Art. R. 1451-2 C. trav.).[820] Der CPH kann sich auch von Amts wegen für sachlich unzuständig erklären.[821]

230 Ist der CPH zuständig, kann er sich zusammen mit der Entscheidung in der Sache in *einem* Urteil, aber in getrennten Aussprüchen für zuständig erklären.[822] Möglich ist auch eine gesonderte Entscheidung über die Zuständigkeit. In diesem Fall wird das weitere Verfahren bis zum Ablauf der Berufungsfrist oder gegebenenfalls bis zur Entscheidung des Berufungsgerichts ausgesetzt (Art. 80 C. pr. civ.).[823]

231 Ist die Zuständigkeit von einer materiellrechtlichen Frage abhängig – insbesondere dem Vorliegen eines Arbeitsvertrags[824] – und entscheidet der Richter nicht in der Sache, muss er im Tenor über die betreffende Frage und seine Zuständigkeit in gesonderten Aussprüchen entscheiden (Art. 79 Abs. 1 C. pr. civ.). Die Entscheidung über die materiell-rechtliche Frage ist bindend (Art. 79 Abs. 2 C. pr. civ.).

232 Bei tatsächlich vorliegender sachlicher Unzuständigkeit ist zu unterscheiden:[825] Wenn die Verwaltungsgerichtsbarkeit (*juridiction administrative*) oder ein Strafgericht für die Streitigkeit zuständig ist, ergeht eine Aufforderung an die Parteien zum weiteren Tätigwerden (Art. 81 Abs. 1 C. pr. civ.).[826] Ist hingegen anstelle des CPH ein anderes Gericht innerhalb der ordentlichen Gerichtsbarkeit (*juridiction judiciaire*) zuständig, erklärt sich der CPH für unzuständig. Er bezeichnet das zuständige Gericht mit bindender Wirkung (Art. 81 Abs. 2 C. pr. civ) und der *greffier* leitet den Beschluss und die Akten weiter (Art. 82 Abs. 1 C. pr. civ.).[827]

---

820 *Bataille/Cormorant*, La procédure prud'homale, Rn. 1176 f. Sie ist unter diesen Voraussetzungen auch noch in der streitigen Verhandlung vor dem *bureau de jugement* zulässig, Art. R. 1451-2 C. trav.

821 Art. 76 C. pr. civ., Art. 6 C. civ., Art. L. 1411-4 Abs. 1 C. trav.; *Bataille/Cormorant*, La procédure prud'homale, Rn. 1176.

822 Art. 78 C. pr. civ. Zuvor muss er die Parteien dazu auffordern, ihre Anträge zu stellen und zu begründen.

823 Zur Berufung gegen Urteile, die nur über die Zuständigkeit entscheiden, siehe Art. 83 ff. C. pr. civ.; *Bataille/Cormorant*, La procédure prud'homale, Rn. 1921 ff.

824 Vgl. *Bataille/Cormorant*, La procédure prud'homale, Rn. 1178.

825 *Orif*, Dr. soc. 2017, 618, 619 f.

826 *Orif*, Dr. soc. 2017, 618, 620.

827 *Bataille/Cormorant*, La procédure prud'homale, Rn. 1178; *Orif*, Dr. soc. 2017, 618, 620.

II. Interne Zuständigkeit: Sektionen

Ist die sachliche Zuständigkeit des CPH eröffnet, muss in einem zweiten Schritt die Zuständigkeit innerhalb des Gerichts geklärt werden.[828] Hierbei geht es um die Zuordnung der Fälle zu den fünf Sektionen (*sections*) Führungskräfte, Industrie, Handel und kommerzielle Dienstleistungen, Landwirtschaft und Diverses.[829] 233

1. Geschäftsverteilung: Grundfall

a) Tarifvertrag und Verteilungstabelle

Bis 2017 bestimmte der Haupttätigkeitsbereich des Arbeitgebers, welche Sektion für die Rechtssache zuständig ist.[830] Heute richtet sich die Verteilung grundsätzlich nach dem Tarifvertrag (*convention ou accord collectif de travail*[831]), dem das Arbeitsverhältnis des beteiligten Arbeitnehmers unterliegt, und einer Verteilungstabelle (*tableau de répartition*; Art. L. 1423-1-1 C. trav.): Für jede turnusmäßige Ernennung der neuen *conseillers* erstellen der Justizminister und der Arbeitsminister per Erlass eine Verteilungstabelle (Art. R. 1423-4 Abs. 1 C. trav.).[832] Diese ordnet jeden (Branchen-)tarifvertrag (*convention collective ou accord collectif de branche*) einer Sektion zu.[833] Jeder Tarifvertrag hat eine tarifvertragliche Kennziffer (*identifiant de la convention collective – IDCC*), anhand derer man in der Verteilungstabelle die zuständige Sektion ablesen kann.[834] Gibt es keinen Tarifvertrag, so ist die Sektion Diverses zuständig (Art. R. 1423-4 Abs. 2 C. trav.). 234

---

828 Nach deutschem Verständnis betrifft dies die interne Geschäftsverteilung. In Teilen der französischen Literatur wird die Zuständigkeit der Sektion innerhalb der Zuständigkeit des Gerichts behandelt; vgl. *Auzero/Baugard/Dockès*, Droit du travail, Rn. 112; *Boulmier* et al., Le Lamy Procédure prud'homale, Rn. 150 ff. Dieser Einteilung wird hier gefolgt.

829 Vgl. auch Rn. 96 ff.

830 Art. R. 1423-5 C. trav. aF; *Bataille*, La procédure prud'homale, Rn. 900; *Boulmier* et al., Le Lamy Procédure prud'homale, Rn. 150, 248.

831 Eine *convention collective* umfasst alle nach Art. L. 2221-1 C. trav. vereinbarungsfähigen Regelungsgegenstände, ein *accord collectif* hingegen nur einzelne Themen (Art. L. 2221-2 C. trav.); vgl. auch *Auzero/Baugard/Dockès*, Droit du travail, Rn. 1322, 1335.

832 Für die aktuelle Amtsperiode arrêté du 1er mars 2017, JORF n° 69 du 22 mars 2017.

833 Art. R. 1423-4 Abs. 2 C. trav.

834 Siehe arrêté du 1er mars 2017, JORF n° 69 du 22 mars 2017; vgl. *Boulmier* et al., Le Lamy Procédure prud'homale, Rn. 150, 248.

b) *Keine Konzentration bei der Sektion Diverses*

235 Der niedrige gewerkschaftliche Organisationsgrad in Frankreich könnte vermuten lassen, dass nach dem oben beschriebenen System im Ergebnis fast ausschließlich die Sektion Diverses zuständig ist. Das ist jedoch nicht der Fall: Wenngleich nur gut 10 % der Arbeitnehmer einer Gewerkschaft angehören (Stand 2019),[835] liegt die Tarifbindung bei weit über 90 % (Stand 2018).[836] Diese Diskrepanz liegt zum einen daran, dass Tarifverträge in Frankreich eine *erga-omnes*-Wirkung haben.[837] Ist der Arbeitgeber tarifgebunden,[838] so unterliegt der Arbeitsvertrag diesem Tarifvertrag – unabhängig von einer Gewerkschaftsmitgliedschaft des Arbeitnehmers (vgl. Art. L. 2254-1 C. trav.). Zum anderen erklärt das Arbeitsministerium eine große Zahl von Tarifverträgen für allgemeinverbindlich (sog. *extension*).[839] Sie gelten sodann innerhalb des räumlichen und sachlichen Geltungsbereichs auch für nichtunterzeichnende Arbeitgeber.[840]

---

835 DARES, Taux de syndicalisation des salariés en France de 1949 à 2019, abrufbar unter: https://dares.travail-emploi.gouv.fr/donnees/la-syndicalisation [zuletzt abgerufen am 7.10.2022].

836 OECD, France. Main indicators and characteristics of collective bargaining, abrufbar unter: https://www.oecd.org/employment/collective-bargaining-database-France.pdf [zuletzt abgerufen am 16.9.2022]; siehe auch *Dufresne/Maggi-Germain*, WSI-Mitteilungen 2012, 534, 534; OECD, Perspectives de l'emploi de l'OCDE 2017, Kapitel 4, Tabelle 4.10 abrufbar unter: https://www.oecd-ilibrary.org/sites/empl_outlook-2017-8-fr/index.html?itemId=/content/component/empl_outlook-2017-8-fr [zuletzt abgerufen am 7.10.2022].

837 Siehe dazu *Halberstadt*, Die Gestaltung des Arbeitsvertrags durch Tarifvertrag im französischen Recht, S. 31–42.

838 Nach Zahlen der OECD gehörten im Jahr 2017 die Arbeitgeber von knapp 80 % der Arbeitnehmer einer Arbeitgeberorganisation an, OECD, France. Main indicators and characteristics of collective bargaining, abrufbar unter: https://www.oecd.org/employment/collective-bargaining-database-France.pdf [zuletzt abgerufen am 7.10.2022].

839 Art. L. 2261-15 ff. C. trav.; *Dufresne/Maggi-Germain*, WSI-Mitteilungen 2012, 534, 534 f.; *Intrup-Dopheide*, Tariffähigkeit, Gewerkschaftspluralität und Tarifmehrheiten in Frankreich, S. 17; siehe dazu *Lesch* et al., Stärkung der Tarifbindung, S. 54–57; vgl. auch *Burgess* et al., The roles, resources and competencies of employee lay judges, S. 12.

840 *Halberstadt*, Die Gestaltung des Arbeitsvertrags durch Tarifvertrag im französischen Recht, S. 33 f.; *Intrup-Dopheide*, Tariffähigkeit, Gewerkschaftspluralität und Tarifmehrheiten in Frankreich, S. 12.

Die Sektion Diverses hat daher an den CPH– jedenfalls frankreichweit – keine vorherrschende Stellung. Dies bestätigt auch die Statistik: Von den im Jahr 2020 durch Arbeitnehmer eingereichten Klagen betrafen 21,3 % die Sektion Diverses. Den größten Anteil hatte mit 35,5 % die Sektion Handel und kommerzielle Dienstleistungen.[841] 236

2. Sonderfall: Sektion Führungskräfte

Die Sektion Führungskräfte nimmt eine Sonderstellung ein. Sie ist ausschließlich zuständig für Arbeitnehmer in führenden Positionen und mit besonderer Ausbildung (siehe Art. L. 1423-1-2 C. trav.). Hier entscheidet also die konkrete Stellung des Arbeitnehmers über die Zuweisung. 237

Nach Art. L. 1423-1-2 C. trav. umfasst die Sektion Streitigkeiten unter Beteiligung der folgenden Arbeitnehmer: Ingenieure und Arbeitnehmer mit gleichwertiger Ausbildung, auch wenn sie keine Führungsfunktionen (*commandement*) haben (Nr. 1), Arbeitnehmer mit einer technischen, administrativen, juristischen, kaufmännischen oder finanzwirtschaftlichen Ausbildung, die durch Übertragung des Arbeitgebers Führungsaufgaben ausüben (Nr. 2), Meister (*agents de maîtrise*), an die Führungsaufgaben schriftlich delegiert wurden (*délégation écrite de commandement*) (Nr. 3) und Handlungsreisende (*voyageurs, représentants, placiers*, Nr. 4). 238

3. Fehlerhafte Zuweisung

Beanstandungen gegen die Zuweisung zu einer Sektion müssen bereits vor dem *bureau de conciliation et d'orientation* geltend gemacht werden. Eine Geltendmachung vor dem *bureau de jugement* ist nur zulässig, wenn dieses zulässigerweise direkt angerufen wurde, und muss vor einer Äußerung in der Sache erfolgen (Art. R. 1423-7 Abs. 2 C. trav.). Ob eine Sektion sich von Amts wegen für unzuständig erklären kann, ist umstritten.[842] 239

Über die Beanstandung entscheidet der Präsident des Gerichts nach Stellungnahme seines Stellvertreters; dies gilt auch für den Fall von 240

---

841 Ministère de la Justice, Références statistiques justice, justice civile et commerciale, Le contentieux du travail, 2020, S. 47. Zum Anteil der einzelnen Sektionen im Zeitraum 2004–2018 siehe Ministère de la Justice, Les affaires prud'homales dans la chaîne judiciaire de 2004 à 2018, S. 18 f.

842 *Boulmier* et al., Le Lamy Procédure prud'homale, Rn. 158 m.w.N.

Zuweisungsschwierigkeiten (Art. R. 1423-7 Abs. 1 C. trav.).[843] Die daraufhin getroffene Anordnung ist eine unanfechtbare Verwaltungsmaßnahme (Art. R. 1423-7 Abs. 1 C. trav.).[844] Eine fehlerhafte Zuweisung begründet nicht die Einrede der Unzuständigkeit des Gerichts im Sinne des Art. 75 C. pr. civ und ist nicht anfechtbar.[845]

III. Örtliche Zuständigkeit

241 Örtlich zuständig ist der CPH am Ort des Betriebs (*établissement*), in welchem der Arbeitnehmer seine Arbeit verrichtet (Art. R. 1412-1 Nr. 1 C. trav.).[846] Verrichtet er die Arbeit in seiner Wohnung oder außerhalb des Betriebs, so ist das Gericht seines Wohnortes zuständig (Art. R. 1412-1 Nr. 2 C. trav.).

242 Wahlweise besteht für den Arbeitnehmer in beiden Fällen (Erbringung der Arbeitsleistung innerhalb oder außerhalb eines Betriebs) auch die Möglichkeit, das Gericht am Ort des Vertragsschlusses anzurufen oder dasjenige am Ort, an dem der Arbeitgeber ansässig ist (*où l'employeur est établi*; Art. R. 1412-1 C. trav.). Ein Arbeitgeber ist an dem Ort seines Sitzes (*siège social*) ansässig sowie an den Standorten (*lieu du service*), deren Leitern von der Zentrale Vertretungsmacht erteilt wurde.[847] Bei mehreren Beklagten hat der Kläger die Wahl zwischen deren jeweiligem Wohnort bzw. deren Ort der Ansässigkeit (Art. 42 Abs. 2 C. pr. civ.).[848]

243 Falls eine der Parteien als *conseiller* oder als andere an der Rechtspflege beteiligte Person (*auxiliaire de justice*)[849] am anzurufenden CPH tätig ist, kann

---

843 Dies ist eine der wenigen Ausnahmen vom Paritätsprinzip; vgl. *Boulmier* et al., Le Lamy Procédure prud'homale, Rn. 35.

844 *Boulmier* et al., Le Lamy procédure prud'homale, Rn. 35. *Dupays* et al. sehen hierin einen Widerspruch zur Autonomie der Sektionen; Le Lamy Social, Rn. 5460.

845 *Boulmier* et al., Le Lamy procédure prud'homale, Rn. 156; vgl. Cass. soc. 3 oct. 1995, n° 94-40.995, abrufbar unter: https://www.legifrance.gouv.fr/juri/id/JURITEXT000007272789 [zuletzt abgerufen am 7.10.2022].

846 Der jeweils zuständige CPH kann in einem online-Verzeichnis ermittelt werden, Ministère de la Justice, Annuaire des conseils de prud'hommes, abrufbar unter: http://www.annuaires.justice.gouv.fr/annuaires-12162/annuaire-des-conseils-de-prudhommes-21779.html [zuletzt abgerufen am 7.10.2022].

847 Cass. soc. 16 mai 2007, n° 06-42.717; abrufbar unter: https://www.legifrance.gouv.fr/juri/id/JURITEXT000007512596 [zuletzt abgerufen am 7.10.2022]; *Flößer*, EuZA 2022, 385, 385.

848 Cass. soc. 16 févr. 2011, n° 10-16.423, 10-16.534, Bull. 2011 V n° 48.

849 Namentlich Rechtsanwalt (*avocat*), Insolvenzverwalter (*administrateur judiciaire*), Gerichtsvollzieher (*huissier de justice*), Leiter der Geschäftsstelle (*greffier en chef*)

der Kläger auch einen benachbarten CPH anrufen (Art. 47 Abs. 1 C. pr. civ.).[850] Er muss nicht vorrangig einen anderen möglichen Gerichtsstand wählen.[851] Der Beklagte kann wiederum die Verweisung der Sache beantragen (Art. 47 Abs. 2 C. pr. civ.).

244 Da sich die Verfahrensdauer an den einzelnen CPH teilweise erheblich unterscheidet, kann die Wahl des Gerichts bedeutende zeitliche Auswirkungen haben.[852] Befinden sich die zuständigen CPH in verschiedenen Gerichtsbezirken, wählt der Kläger mittelbar auch das Berufungsgericht (*Cour d'appel*). Auch deren uneinheitliche Verfahrensdauer sollte in die Wahl einbezogen werden.[853]

IV. Gerichtsstandsvereinbarungen und Schlichtungs-/Schiedsklauseln

245 Gerichtsstandsvereinbarungen in einem Arbeitsvertrag oder in einem Tarifvertrag sind nichtig (Art. L. 1221-5, L. 1411-4 Abs. 1 S. 2, R. 1412-4 C. trav.).[854] Eine Klausel im Arbeitsvertrag, wonach zwingend zunächst ein Schlichtungsversuch unternommen werden muss, macht eine direkte Anrufung des CPH nicht unzulässig.[855] Der Kassationshof begründete dies damit, dass auch vor den CPH vorrangig eine gütliche Streitbeilegung angestrebt wird.[856] In allgemeinen Zivilsachen kann eine Klage unter Verletzung einer solchen Klausel hingegen die Einrede der Unzulässigkeit begründen.[857] Die unmittelbare Anrufung des

---

oder ein Verbandsverteidiger (*défenseur syndical*), nicht aber Notar (*notaire*) und Sachverständiger (*expert*); Cass. soc. 3 juin 1982, n° 80-40.897; Cass. soc. 24 juin 2014, n° 13-13.609, Bull. 2014 V n° 154; *Bataille/Cormorant*, La procédure prud'homale, Rn. 175.

850 Zu den Einzelheiten siehe *Boulmier* et al., Le Lamy procédure prud'homale, Rn. 304.

851 Cass. soc. 27. mai 1998, n° 96-41.311, Bull. 1998 V n° 285, S. 215.

852 *Flößer*, EuZA 2022, 385, 385. Siehe zur Verfahrensdauer Rn. 372 ff.

853 *Bataille/Cormorant*, La procédure prud'homale, Rn. 165.

854 *Auzero/Baugard/Dockès*, Droit du travail, Rn. 113.

855 Cass. soc. 5 déc. 2012, n° 11.20-004, abrufbar unter: https://www.legifrance.gouv.fr/juri/id/JURITEXT000026743296?init=true&page=1&query=n°+11.20-004&searchField = ALL&tab_selection= all [zuletzt abgerufen am 7.10.2022]; *Antonmattei*, Droit du travail, Rn. 71; *Auzero/Baugard/Dockès*, Droit du travail, Rn. 113.

856 Cass. soc. 5 déc. 2012, n° 11.20-004, abrufbar unter: https://www.legifrance.gouv.fr/juri/id/JURITEXT000026743296?init=true&page=1&query=n°+11.20-004&searchField = ALL&tab_selection= all [zuletzt abgerufen am 7.10.2022].

857 Cass. ch. mixte 14 févr. 2003, n° 00-19.043, Dr. soc. 2003, 890; *Auzero/Baugard/Dockès*, Droit du travail, Rn. 113.

CPH durch den Arbeitnehmer ist auch dann zulässig, wenn ein Arbeits- oder Tarifvertrag bestimmt, dass die Parteien zuvor einen Schlichtungsversuch bei einer paritätischen Schlichtungskommission (*commission paritaire de conciliation*) durchführen müssen.[858] Fand zuvor ein solcher Schlichtungsversuch statt, entfällt dadurch nicht die Güteverhandlung vor dem *bureau de conciliation et d'orientation*.[859]

246 Enthält ein Arbeitsvertrag eine Schiedsklausel (*clause compromissoire*), kann diese dem Arbeitnehmer nicht entgegengehalten werden; er kann also sofort Klage erheben.[860] Ein nach Ende des Arbeitsvertrags geschlossener Schiedsvertrag (*compromis d'arbitrage*) ist hingegen wirksam und bindet beide Parteien.[861]

V. Rechtsvergleichende Gegenüberstellung

1. Rechtswegzuständigkeit

a) Individual- und kollektivarbeitsrechtliche Streitigkeiten

247 Die Zuständigkeit der deutschen Arbeitsgerichte ist sehr viel umfassender als die der CPH. Ihnen ist gemein, dass ihre Zuständigkeit nur bei ausdrücklicher Anordnung begründet ist.[862] Sie ist in beiden Ländern streitwertunabhängig.[863]

248 Ähnlich wie in Frankreich sind die Arbeitsgerichte hierzulande ausschließlich zuständig für bürgerliche Rechtsstreitigkeiten zwischen Arbeitnehmern und Arbeitgebern, wobei das Gesetz explizit auflistet, welche Streitigkeiten erfasst sind: Rechtsstreitigkeiten aus dem Arbeitsverhältnis, über das Bestehen oder Nichtbestehen des Arbeitsverhältnisses, aus Verhandlungen über

---

858 Cass. soc. 20 déc. 2006, n° 05-41.776, abrufbar unter: https://www.legifrance.gouv.fr/juri/id/JURITEXT000007517217 [zuletzt abgerufen am 7.10.2022]; *Auzero/Baugard/Dockès*, Droit du travail, Rn. 113; *Bataille/Cormorant*, La procédure prud'homale, Rn. 193; *Boulmier* et al., Le Lamy procédure prud'homale, Rn. 219; vgl. auch Cass. soc. 19 juill. 1988, n° 85-45.005, Bull. 1998 V n° 472.

859 *Bataille/Cormorant*, La procédure prud'homale, Rn. 193.

860 Cass. soc. 30 nov. 2011, n° 11-12.905, Bull. 2011 V n° 277; Cass. soc. 9 oct. 2001, 99-43.288, Bull. 2001 V n° 312; Cass. soc. 4 mai 1999, n° 97-41.860, Bull. 1999 V n° 191; *Auzero/Baugard/Dockès*, Droit du travail, Rn. 113. Ob dies weiterhin gilt, ist streitig. Siehe dazu *ebenda*.

861 Cass. soc. 5 nov. 1984, n° 82-10.511, JCP 1985 II Nr. 20510, *Auzero/Baugard/Dockès*, Droit du travail, Rn. 113.

862 BeckOK-ArbR/*Clemens*, § 2 ArbGG Rn. 11; GK-ArbGG/*Schütz*, § 2 Rn. 51.

863 Vgl. *Junker*, Grundkurs Arbeitsrecht, Rn. 839, 846.

die Eingehung eines Arbeitsverhältnisses und aus dessen Nachwirkungen, aus unerlaubten Handlungen, soweit diese mit dem Arbeitsverhältnis im Zusammenhang stehen sowie über Arbeitspapiere (§ 2 Abs. 1 Nr. 3 ArbGG).[864] Darüber hinaus haben die Arbeitsgerichte aber noch weitere ausschließliche Zuständigkeiten, die – anders als in Frankreich – auch kollektivarbeitsrechtliche Streitigkeiten umfassen, namentlich Streitigkeiten über Tarifverträge (§ 2 Abs. 1 Nr. 1 ArbGG) sowie Streitigkeiten über Arbeitskämpfe und über die Vereinigungsfreiheit (§ 2 Abs. 1 Nr. 2 ArbGG).[865] Zwar gab und gibt es auch in Frankreich Stimmen, die die Zuständigkeit der CPH auf kollektivarbeitsrechtliche Streitigkeiten erweitern wollen, teilweise auch im Zuge einer Errichtung einer einheitlichen Sozialgerichtsbarkeit.[866] Eine Umsetzung ist allerdings aktuell nicht absehbar.

b) Wichtigster Verfahrensgegenstand: Kündigungen

Vergleicht man die tatsächliche Auslastung der deutschen Arbeitsgerichte (begrenzt auf das Urteilsverfahren) und der CPH, fällt auf, dass Kündigungen in beiden Ländern den wichtigsten Verfahrensgegenstand ausmachen: In Deutschland hatten von den insgesamt 332.957 im Jahr 2020 erledigten Klagen 144.306 (nur) Kündigungen zum Gegenstand,[867] mithin 43,3 %. Hinzu kamen 57.004 Verfahren über Bestandsstreitigkeiten und mindestens einem weiteren Verfahrensgegenstand (17,1 %).[868] In Frankreich betrafen von den 101.871 im Jahr 2020 vor den CPH erhobenen Klagen 88.761 einen Antrag im Zusammenhang mit einer Vertragsbeendigung, davon 76.055 eine Beanstandung des Kündigungsgrundes (*demandes liées à une contestation du motif de licenciement*),[869] 249

864 Ist streitig, ob der Kläger Arbeitnehmer ist, ist das Vorgehen des Arbeitsgerichts abhängig davon, ob der Anspruch *ausschließlich* oder *auch* auf eine arbeitsrechtliche Anspruchsgrundlage gestützt werden kann; siehe dazu *Junker*, Grundkurs Arbeitsrecht, Rn. 854.

865 Zur weiteren (ausschließlichen sowie fakultativen) Zuständigkeit der Arbeitsgerichte nach § 2 ArbGG siehe Schwab/Weth/*Walker*, § 2 ArbGG Rn. 36–226.

866 So z.B. Rapport Marshall, S. 50 f.; vgl. auch *Bataille*, La procédure prud'homale, Rn. 19.

867 Bundesministerium für Arbeit und Soziales, Ergebnisse der Statistik der Arbeitsgerichtsbarkeit 2020, Tabelle 2.1.1.

868 Bundesministerium für Arbeit und Soziales, Ergebnisse der Statistik der Arbeitsgerichtsbarkeit 2020, Tabelle 2.1.1.

869 Ministère de la Justice, Références statistiques justice, justice civile et commerciale, Le contentieux du travail, 2020, S. 47.

was 87 % bzw. 75 % der Klagen entspricht. *Bonafé-Schmitt* bezeichnete die CPH daher bereits 1987 in Abkehr von ihren Ursprüngen als *„juridiction du licenciement"*,[870] übersetzbar etwa mit „Entlassungsgericht".[871] Eine solche Aussage lässt sich für die deutschen Arbeitsgerichte nicht treffen, was nicht zuletzt ihrer umfassenderen Zuständigkeit geschuldet sein dürfte.

2. Fachkammern

250 Bildet eine Landesregierung (oder nach Übertragung die zuständige oberste Landesbehörde) an einem Arbeitsgericht eine oder mehrere Fachkammern (§§ 17 Abs. 2, 3 ArbGG), wird damit sogleich ihre Zuständigkeit festgelegt.[872] Erfasst der Zuständigkeitsbereich einer Fachkammer die Rechtsstreitigkeit, so ist sie ihr auch ohne Antrag der Parteien zuzuweisen.[873]

251 Entscheidet eine unzuständige Kammer, ist dies kein Fall der funktionellen Unzuständigkeit,[874] sondern ein Verstoß gegen die Geschäftsverteilung.[875] Sie ist ebenso wie ein fehlerhaft besetztes Gericht mit einer Berufung zu rügen.[876] Allerdings erfolgt allein aus diesem Fehler keine Zurückverweisung (§ 68 ArbGG) oder Aufhebung des Urteils.[877] Aufgrund ihrer geringen Verbreitung haben die Fachkammern – anders als die Sektionen – in der Praxis nur selten Relevanz.[878]

3. Örtliche Zuständigkeit

252 Örtlich zuständig ist in Deutschland das Gericht am allgemeinen Gerichtsstand des Beklagten (§ 46 Abs. 2 S. 1 ArbGG i.V.m. §§ 12 ff. ZPO): bei einer

---

870 *Bonafé-Schmitt*, Mouv. soc. 141 (1987), 121, 121 f.

871 Ähnlich in jüngster Zeit *Boulmier* et al.: *„[…] le conseil de prud'hommes est devenu le juge de la rupture du contrat de travail […]"*; *Boulmier* et al., Le Lamy Procédure prud'homale, Rn. 11.

872 Schwab/Weth/*Liebscher*, § 17 ArbGG Rn. 15.

873 BeckOK-ArbR/*Wullenkord*, § 17 Rn. 7; GK-ArbGG/*Schleusener*, § 17 Rn. 10; GMP/*Prütting*, § 17 ArbGG Rn. 12; Schwab/Weth/*Liebscher*, § 17 ArbGG Rn. 17.

874 GMP/*Prütting*, § 17 ArbGG Rn. 14; a.A. BeckOK-ArbR/*Wullenkord*, § 17 Rn. 8.

875 BeckOK-ArbR/*Wullenkord*, § 17 Rn. 8; GMP/*Prütting*, § 17 ArbGG Rn. 14.

876 BeckOK-ArbR/*Wullenkord*, § 17 Rn. 8; GMP/*Prütting*, § 17 ArbGG Rn. 14, § 16 ArbGG Rn. 18.

877 BeckOK-ArbR/*Wullenkord*, § 17 Rn. 8; GK-ArbGG/*Schleusener*, § 17 Rn. 11; GMP/*Prütting*, § 16 ArbGG Rn. 18; Schwab/Weth/*Liebscher*, § 17 ArbGG Rn. 19. Zu den weiteren Rechtsmitteln Schwab/Weth/*Liebscher*, § 17 ArbGG Rn. 19.

878 Vgl. oben Rn. 114.

natürlichen Person der Wohnsitz (§ 13 ZPO), bei einer juristischen Person der Sitz (§ 17 ZPO). Als besondere Gerichtsstände zu nennen sind allen voran der gewöhnliche Arbeitsort (§ 48 Abs. 1a ArbGG) sowie der Erfüllungsort (§ 29 ZPO). Der Kläger hat, soweit kein ausschließlicher Gerichtsstand besteht, ein Wahlrecht (§ 35 ZPO). Im Ergebnis ist die örtliche Zuständigkeit der deutschen Arbeitsgerichte ähnlich wie die der CPH, wobei der Arbeitnehmer in Frankreich noch mehr Wahlmöglichkeiten hat (insb. Ort des Vertragsschlusses sowie Standorte des Arbeitgebers, deren Leitern von der Zentrale Vertretungsmacht erteilt wurde).[879]

4. Parteivereinbarungen

Gerichtsstandsvereinbarungen im Arbeitsvertrag sind grundsätzlich unwirksam (vgl. § 46 Abs. 2 S. 1 ArbGG i.V.m. § 38 Abs. 1 ZPO). Ausnahmen gelten für die Festlegung der örtlichen Zuständigkeit durch die Tarifvertragsparteien gemäß § 48 Abs. 2 ArbGG. Nach Entstehen der Streitigkeit können auch die Arbeitsvertragsparteien einen Gerichtsstand vereinbaren (§ 46 Abs. 2 S. 1 ArbGG i.V.m. § 38 Abs. 3 Nr. 1 ZPO). Schiedsvereinbarungen sind in individualarbeitsrechtlichen Streitigkeiten nur für einzelne Berufsgruppen (Bühnenkünstler, Filmschaffende und Artisten) und nur innerhalb eines Tarifvertrags zulässig (§§ 4, 101 Abs. 2 ArbGG). Damit ist den Parteien sowohl in Deutschland als auch in Frankreich die Disposition über das zuständige Gericht weitestgehend entzogen. 253

879 Vgl. oben Rn. 242.

§ 5 Verfahren

Für das Verfahren vor den CPH gelten die Regeln des Code de procédure civile, soweit keine der im Code du Travail bestehenden – zahlreichen – Sonderregeln eingreift (Art. R. 1451-1 C. trav., Art. 749 C. pr. civ.). Das Verfahren besteht aus zwei Phasen. Es beginnt mit der Güteverhandlung vor dem *bureau de conciliation et d'orientation*. Die anschließende streitige Verhandlung findet vor dem *bureau de jugement* statt (vgl. Art. L. 1411-1 C. trav.). 254

I. Verfahrensgrundsätze

Im Verfahren vor den CPH gelten prinzipiell die Grundsätze des Zivilprozesses, darunter auch die Dispositionsmaxime (Art. 2 C. pr. civ.). Einige Prinzipien haben vor den CPH allerdings eine besondere Bedeutung oder sind den CPH vorbehalten. 255

1. Mündlichkeit

Art. R. 1453-3 C. trav. bestimmt, dass das Verfahren vor dem CPH mündlich (*orale*) ist. Der Mündlichkeitsgrundsatz wurde vor allem seit den Neuregelungen 2016 immer mehr aufgeweicht,[880] was auch dem immer komplexer werdenden französischen Arbeitsrecht geschuldet ist.[881] Die Parteien müssen heute nicht mehr in jedem Fall persönlich erscheinen.[882] War eine Klageerhebung früher noch durch persönliche Vorsprache möglich, muss der Kläger heute eine förmliche Klageschrift (*requête*) einreichen, die strengen Anforderungen unterliegt.[883] Darüber hinaus müssen die Parteien, sofern beide anwaltlich vertreten sind, in der Regel alle geltend gemachten Ansprüche und deren Begründungen in der streitigen Verhandlung schriftlich einreichen.[884] Nur über die 256

---

880 *Bataille/Cormorant*, La procédure prud'homale, Rn. 128; *Suire*, RPDS 2020, 139, 140; vgl. *Antonmattei*, Droit du travail, Rn. 80. Kritisch zum Mündlichkeitsgrundsatz *Lacabarats*, RJS 2016, 187, 189 f.: Er werde der Komplexität des Verfahrens nicht gerecht und führe zu weiteren Verzögerungen.

881 *Bataille*, La procédure prud'homale, Rn. 314; *Bataille/Cormorant*, La procédure prud'homale, Rn. 128; bereits im Jahr 1987 *Bonafé-Schmitt*, Mouv. soc. 141 (1987), 121, 128.

882 *Suire*, RPDS 2020, 139, 140.

883 Vgl. *Suire*, RPDS 2020, 139, 139 f. Zur Einleitung des Verfahrens siehe Rn. 275 ff.

884 Art. R. 1453-5 C. trav. Siehe zu den Einzelheiten unten Rn. 343.

dort angeführten Anträge – nicht die mündlich vorgetragenen – entscheiden die *conseillers*.[885] Auch ohne eine derartige Verpflichtung ist es den Parteien stets möglich, ihre Klagebegründung oder -erwiderung mitsamt zugehöriger Anträge und Beweise schriftlich auszuführen.[886] In der mündlichen Verhandlung können sie sodann statt eines Vortrags ausschließlich hierauf Bezug nehmen.[887] Eine solche Bezugnahme ist allerdings nur mündlich möglich – die Parteien oder ihr Vertreter können der Verhandlung somit nicht fernbleiben.[888] Daher kann aktuell nicht von einem schriftlichen Verfahren gesprochen werden.[889] Schließlich können die *conseillers* die Parteien auf Antrag von der Anwesenheit in einer späteren Verhandlung befreien (Art. R. 1454-19-2 C. trav.). In diesem Fall erfolgt das weitere Verfahren durch Austausch von Schriftsätzen.

257 Der Eindruck, dass der Mündlichkeitsgrundsatz kein Kernprinzip in der streitigen Verhandlung (mehr) ist, ergab sich auch bei Besuchen der CPH Straßburg und Lyon.[890] Die Plädoyers der Rechtsanwälte standen im Mittelpunkt; ein Austausch zwischen den gegnerischen Parteien untereinander oder mit den *conseillers* fanden nur selten statt – weder vor noch nach den Plädoyers. Eine Erörterung der Streitigkeit oder Ergründung der rechtlichen und tatsächlichen Konflikte gab es kaum.[891] Darüber hinaus begrenzten die *conseillers* die Redezeit der Rechtsanwälte, unterbrachen sie oftmals bei Zeitüberschreitung und wirkten auf eine zügige Verhandlung hin.[892]

258 Ein anderes Bild ergab sich am CPH Caen: Dort limitierten die *conseillers* die Redezeit nicht. In der Folge sprachen manche Anwälte bis zu 45 Minuten.[893] In einem persönlichen Gespräch erläuterten zwei der *conseillers*, dass sie das

---

885 Art. R. 1453-5 C. trav.; *Antonmattei*, Droit du travail, Rn. 80; *Bataille/Cormorant*, La procédure prud'homale, Rn. 350.

886 Vgl. *Bataille/Cormorant*, La procédure prud'homale, Rn. 1100, 1104.

887 Art. R. 1453-4 S. 1 C. trav.; *Boulmier* et al., Le Lamy Procédure prud'homale, Rn. 496, 713.

888 *Bataille/Cormorant*, La procédure prud'homale, Rn. 1105.

889 So aber *Bataille/Cormorant*, La procédure prud'homale, Rn. 1107.

890 Besuche des CPH Straßburg (21.9.2021) und des CPH Lyon (28.2.–4.3.2022). Über die Güteverhandlung kann insoweit keine Aussage getroffen werden, da diese nichtöffentlich ist (siehe Rn. 288).

891 Ähnlich *Bataille/Cormorant*, La procédure prud'homale, Rn. 350, die beschreiben, dass die Verhandlung nur noch eine Anhörung sei, in der die Parteien das bereits Geschriebenes vortragen.

892 Besuche des CPH Straßburg (21.9.2021) und des CPH Lyon (28.2.–4.3.2022). Zu dem Ablauf der mündlichen Verhandlung und den Plädoyers siehe Rn. 341 ff.

893 Besuch des CPH Caen (19.–20.5.2022).

Mündlichkeitsprinzip sehr ernst nähmen und auch stets anstrebten, die Parteien persönlich zu hören, sofern diese anwesend sind. Aufgrund der relativ geringen Anzahl der Fälle am CPH Caen bliebe ihnen genug Zeit, die Parteien bzw. deren Vertreter ohne Zeitbeschränkung zu hören.[894] An allen besuchten CPH achteten die *conseillers* stets darauf, dass die Redeanteile zwischen dem Kläger und dem Beklagten in etwa ausgewogen sind.[895]

Der Mündlichkeitsgrundsatz ist bei den CPH schwächer ausgeprägt als bei 259
den deutschen Arbeitsgerichten, wo er ein tragendes Prinzip ist.[896] Besonders deutlich zeigt sich der Unterschied bei der Entscheidungsgrundlage: In Deutschland darf nur der Prozessstoff Entscheidungsgrundlage sein, der Gegenstand der mündlichen Verhandlung war.[897] Ausreichend ist eine mündliche Bezugnahme auf Schriftsätze, soweit keine der Parteien widerspricht und das Gericht sie für angemessen hält.[898] Deutschland und Frankreich ist wiederum gemein, dass ein Verzicht auf die mündliche Verhandlung in der ersten Instanz nicht möglich ist (§ 128 Abs. 2 ZPO nicht anwendbar gem. § 46 Abs. 2 S. 2 ArbGG).

2. Rechtliches Gehör beider Parteien

Der Grundsatz des rechtlichen Gehörs beider Parteien (*principe du contradictoire*, Art. 14–17 C. pr. civ.) hat im französischen Zivilprozess und auch im 260
Verfahren vor den CPH einen hohen Stellenwert.[899] Die Parteien müssen ihre Angriffs- und Verteidigungsmittel und ihre Beweise so rechtzeitig vorbringen, dass die gegnerische Partei ihre Verteidigung vorbereiten kann (Art. 15 C. pr. civ.). In der streitigen Verhandlung können sie daher grundsätzlich keine neuen Anträge oder Klagegründe vortragen.[900] Auf verspätetes Vorbringen können die *conseillers* entweder reagieren mit einer Vertagung der streitigen Verhandlung[901] oder – in der Praxis wohl seltener[902] – einer Zurückweisung des

894 Rechtsgespräch mit zwei *conseillers* des CPH Caen, Sektion Diverses, am 20.5.2022.

895 Besuche des CPH Straßburg (21.9.2021), des CPH Lyon (28.2.–4.3.2022), des CPH Paris (17.5.2022) und des CPH Caen (19.–20.5.2022).

896 § 46 Abs. 1 S. 1 ArbGG i.V.m. § 128 Abs. 1 ZPO. Der Mündlichkeitsgrundsatz an den Arbeitsgerichten ist zudem stärker ausgeprägt als im Zivilprozess, BeckOK-ArbR/*Hamacher*, § 46 ArbGG Rn. 23.

897 BAG 23.1.1996 - 9 AZR 600/93, AP ArbGG 1979 § 64 Nr. 20.

898 § 46 Abs. 2 S. 1 ArbGG i.V.m. § 137 Abs. 3 ZPO.

899 *Orif*, Dr. ouvr. 2016, 387, 393; vgl. *Bataille*, La procédure prud'homale, Rn. 313; *Bataille/Cormorant*, La procédure prud'homale, Rn. 134, 1097.

900 Vgl. *Bataille/Cormorant*, La procédure prud'homale, Rn. 350, 1096.

901 *Bataille/Cormorant*, La procédure prud'homale, Rn. 1096, 1117.

902 *Bataille/Cormorant*, La procédure prud'homale, Rn. 1117.

Vorbringens.[903] In persönlichen Beobachtungen fiel damit übereinstimmend auf, dass viele Verhandlungen vertagt wurden. Nur einmal wurde ein Vorbringen wegen Verspätung zurückgewiesen.[904]

3. Eingeschränkt: Persönliches Erscheinen

261 Bis 2016 galt für die CPH die prozessrechtliche Besonderheit, dass die Parteien außer bei Vorliegen eines legitimen Grundes persönlich erscheinen mussten (*comparution personnelle*).[905] Dieses Prinzip wurde sodann stark eingeschränkt. Heute können sich die Parteien auch ohne Grund vertreten lassen (Art. R. 1453-1 Abs. 2 C. trav.); ihr Vertreter kann allein auftreten. Dass dies nun selbst vor dem *bureau de conciliation et d'orientation* gilt, kann als deutliche Abkehr von den Ursprüngen des Gerichts gewertet werden, zumal die Abwesenheit der Partei in diesem Stadium für eine gütliche Einigung regelmäßig hinderlich sein dürfte.[906] Die Richter können das persönliche Erscheinen allerdings sowohl für die Güteverhandlung als auch für die streitige Verhandlung anordnen.[907]

262 In praktischen Beobachtungen fiel auf, dass die Parteien nur in den seltensten Fällen persönlich zur streitigen Verhandlung erschienen.[908] In der weit überwiegenden Zahl traten Rechtsanwälte auf, die ohne ihre Mandanten kamen.[909]

4. Aufgegeben: Einheitlichkeit

263 Nach dem früher geltenden Grundsatz der Einheitlichkeit (*principe de l'unicité de l'instance*) mussten alle Ansprüche aus einem Arbeitsvertrag zwischen denselben Parteien in einem einzigen Verfahren geltend gemacht werden.[910]

---

903 Art. 135 C. pr. civ.; Art. R. 1454-19 Abs. 3 C. trav.

904 Besuche des CPH Straßburg (21.9.2021), des CPH Lyon (28.2.–4.3.2022) und des CPH Caen (19.–20.5.2022).

905 Art. R. 1453-1 C. trav. aF; *Bataille/Cormorant*, La procédure prud'homale, Rn. 135, 338.

906 Vgl. *Bataille*, La procédure prud'homale, Rn. 59, 333; *Baugard*, Dr. soc. 2017, 599, 601 f.; *Orif*, Dr. soc. 2015, 819, 820 f.

907 Vor dem *bureau de conciliation et d'orientation* gem. Art. R. 1454-1 Abs. 4 C. trav., vor dem *bureau de jugement* gem. Art. 184 C. pr. civ.; *Bataille/Cormorant*, La procédure prud'homale, Rn. 338.

908 Besuche des CPH Straßburg (21.9.2021), des CPH Lyon (28.2.–4.3.2022) und des CPH Caen (19.–20.5.2022).

909 Anders scheint dies noch in den 1970er Jahren gewesen zu sein; *Moritz*, Das französische Arbeitsgericht, S. 174.

910 Art. R. 1452-6 C. trav. aF. Zu den Einzelheiten siehe *Dupays* et al., Le Lamy Social, Rn. 5461.

Der allgemeine zivilrechtliche Grundsatz der Unveränderbarkeit der Klageanträge (*immutabilité de litige*, Art. 4 C. pr. civ.) fand keine Anwendung.[911] Neue Anträge waren auch in einem späteren Verfahrensstadium zulässig, sogar in der Berufung.[912] Die Regel der Einheitlichkeit galt sowohl für Ansprüche des Klägers als auch des Beklagten.[913] Mehrere Klagen, die denselben Arbeitsvertrag betrafen, wurden verbunden,[914] und zwar auch wenn verschiedene CPH angerufen wurden.[915] Nach Prozessbeendigung konnten grundsätzlich keine weiteren Ansprüche mehr geltend gemacht werden; der gegnerischen Partei stand gegen eine weitere Klage die Einrede der Unzulässigkeit zu (*fin de non-recevoir*).[916] Eine Ausnahme galt, wenn der Anspruch erst nach Anrufung des Arbeitsgerichts entstand oder bekannt wurde.[917]

Das Prinzip galt als Faktor für die lange Verfahrensdauer vor den CPH und 264
wurde mit der Reform 2015 aufgegeben.[918] Neue Anträge können heute nur noch gestellt werden, wenn die gegnerische Partei genügend Zeit zur Erwiderung hat und damit das *principe du contradictoire* eingehalten wird (vgl. Art. R. 1454-19 C. trav.).[919] Statistischen Erhebungen zufolge hatte die Abschaffung des Einheitlichkeitsprinzips jedenfalls in den Monaten danach keinen messbaren Einfluss auf die Zahl der Neueingänge.[920]

II. Parteien des Rechtsstreits und Prozessführungsbefugnis

Die Parteien des Verfahrens sind grundsätzlich Arbeitnehmer und Arbeitge- 265
ber. In der Praxis sind die Kläger ganz überwiegend Arbeitnehmer: Im Jahr 2020 wurden von den 101.871 eingeleiteten Verfahren insgesamt 98.992, mithin

911 *Bataille*, La procédure prud'homale, Rn. 292.
912 Art. R. 1452-7 C. trav. aF. Siehe dazu *Dupays* et al., Le Lamy Social, Rn. 5462.
913 Art. R. 1452-6 C. trav. aF.
914 Cass. soc. 12 oct. 2004, n° 02-43.917, Bull. 2004 V n° 251.
915 *Dupays* et al., Le Lamy Social, Rn. 5461.
916 *Dupays* et al., Le Lamy Social, Rn. 5461.
917 Art. R. 1452-6 C. trav. aF; *Bataille*, La procédure prud'homale, Rn. 298; *Dupays* et al., Le Lamy Social, Rn. 5461.
918 *Boulmier* et al., Le Lamy Procédure prud'homale, Rn. 7; *Bataille*, La procédure prud'homale, Rn. 294. Kritisch dazu *Beckers*, RDT 2017, 279, 282.
919 *Bataille/Cormorant*, La procédure prud'homale, Rn. 525. Zu neuem Vortrag und Klageänderung in der Berufungsinstanz siehe *Bataille/Cormorant*, La procédure prud'homale, Rn. 1668 ff.
920 Ministère de la Justice, Les affaires prud'homales dans la chaîne judiciaire de 2004 à 2018, S. 21.

mehr als 97 %, von Arbeitnehmern initiiert.[921] Klagen von mehreren Arbeitnehmern gegen denselben Arbeitgeber aufgrund ähnlicher Sachverhalte können von einer Gewerkschaft in einer *action sérielle* gesammelt werden. Die Klagen bleiben aber individuell, sodass in jeder Klage ein eigenes (relativ wirkendes) Urteil ergeht.[922]

266 Ausnahmsweise haben Gewerkschaften in den gesetzlich vorgesehenen Fällen die Möglichkeit einer *action de substitution*:[923] Eine solche Stellvertreterklage erlaubt repräsentativen Gewerkschaften, anstelle des Arbeitnehmers dessen Rechte gerichtlich geltend zu machen. Dies gilt insbesondere bei Verstößen gegen den Grundsatz der Nichtdiskriminierung[924], bei Mobbing und sexueller Belästigung[925], bei einer Kündigung aus wirtschaftlichen Gründen[926] sowie bei der Geltendmachung von Rechten aus einem Kollektivvertrag zugunsten eines ihrer Mitglieder[927]. Voraussetzung ist, dass der Arbeitnehmer über dieses Vorgehen unterrichtet wird und dem nicht widerspricht[928] beziehungsweise dem zustimmt[929]. Nach deutscher Terminologie ist dies ein Fall der gesetzlichen Prozessstandschaft.[930] Dass die Stellvertreterklage in den Justizstatistiken nicht gesondert aufgeführt ist,[931] spricht für eine geringe praktische Relevanz.

---

921 Zahlen aus Ministère de la Justice, Références statistiques justice, Justice civile et commerciale, Le contentieux du travail, 2020, S. 47.

922 *Azar-Baud*, Dr. soc. 2020, 353, 355. Über die *actions sérielles* sind wenige Informationen erhältlich, dennoch haben sie eine praktische Relevanz, vgl. Ministère de la Justice, Les affaires prud'homales dans la chaîne judiciaire de 2004 à 2018, S. 15 ff.

923 Siehe dazu im Einzelnen *Auzero/Baugard/Dockès*, Droit du travail, Rn. 1113, 1115.

924 Art. L. 1134-2 C. trav.

925 Art. L. 1154-2 C. trav.

926 Art. L. 1235-8 C. trav.

927 Art. L. 2262-9 C. trav.; *Auzero/Baugard/Dockès*, Droit du travail, Rn. 1115. Hat ein Arbeitnehmer bereits Klage erhoben, kann die Gewerkschaft dem Verfahren auch beitreten, Art. L. 2262-10 C. trav. Zu den weiteren Fallgruppen der *action de substitution* siehe *Auzero/Baugard/Dockès*, Droit du travail, Rn. 1115.

928 Art. L. 1134-2 Abs. 3, L. 1235-8 Abs. 2, L. 2262-9 Abs. 1 C. trav.

929 Art. L. 1154-2 Abs. 2 C. trav.

930 Zur Nebenintervention der Gewerkschaften siehe *Boulmier* et al., Le Lamy procédure prud'homale, Rn. 1119 ff. Zur Sammelklage in Diskriminierungssachen, die allerdings vor den *tribunaux judiciaires* zu erheben ist, siehe *Bataille/Cormorant*, La procédure prud'homale, Rn. 319 ff.

931 Insbesondere nicht in Ministère de la Justice, Les chiffres clés de la Justice 2021 und Ministère de la Justice, Références statistiques justice, Justice civile et commerciale, Le contentieux du travail, 2020, S. 47.

III. Prozessvertretung und Beistand

Nach der gesetzlichen Konzeption verteidigen sich die Parteien grundsätzlich selbst (Art. R. 1453-1 Abs. 1 C. trav.), sind also postulationsfähig. Sie können sich jedoch vertreten lassen (*représenter*) oder einen Beistand hinzuziehen (*assister*), Art. R. 1453-1 Abs. 2 C. trav. 267

1. Vertretung

Konnten sich die Parteien bis 2016 nur bei Vorliegen eines legitimen Grundes[932] vertreten lassen (Art. R. 1453-1 Abs. 1 C. trav. aF), steht ihnen diese Entscheidung heute frei (Art. R. 1453-1 Abs. 2 C. trav.). Der Vertreter handelt im Namen und anstelle der Partei.[933] Diese muss folglich nicht mehr persönlich erscheinen.[934] 268

2. Beistand

Die Parteien können auch einen Beistand (*assistance*) hinzuziehen. Dieser kann die Partei beraten und ihre Verteidigungsmittel vortragen, jedoch ohne sie rechtlich zu binden (Art. 412 C. pr. civ.). Der Beistand kann nur in Anwesenheit der Partei tätig werden.[935] 269

3. Befugnis zu Vertretung und Beistand

Vertreter und Beistand können sein: Arbeitnehmer oder Arbeitgeber des gleichen Wirtschaftszweigs, Verbandsverteidiger (*défenseurs syndicaux*)[936], Ehegatten oder Lebenspartner/-gefährten sowie Rechtsanwälte (Art. L. 1453-1 A C. trav.). Arbeitgeber können darüber hinaus auch ein bevollmächtigtes Mitglied des Unternehmens oder des Betriebs hinzuziehen (Art. L. 1453-1 A C. trav.). 270

---

932 Wann ein solcher legitimer Grund vorlag, beurteilten die einzelnen Gerichte unterschiedlich. Siehe dazu *Bataille*, La procédure prud'homale, Rn. 328 ff.

933 Art. 411 C. pr. civ.; *Boulmier* et al., Le Lamy procédure prud'homale, Rn. 485.

934 *Bataille/Cormorant*, La procédure prud'homale, Rn. 340.

935 *Boulmier* et al., Le Lamy procédure prud'homale, Rn. 483.

936 Siehe dazu Art. L. 1453-4 ff., D. 1453-2-1 ff. C. trav.; *Bataille/Cormorant*, La procédure prud'homale, Rn. 352 ff. Zum Recht der Verbände auf Bestellung eines Verbandsverteidigers siehe *Ferkane*, RDT 2021, 723. Siehe auch oben Rn. 82.

4. Prozessvertretung als Regelfall

a) *Notwendigkeit eines Rechtsanwalts*

271 In der Literatur wird beschrieben, dass die anwaltliche Vertretung, wenngleich gesetzlich nicht vorgeschrieben, dennoch erforderlich oder zumindest stark empfehlenswert sei.[937] Die Gründe hierfür lägen vor allem im immer komplexer werdenden Verfahren und in den Anforderungen an die Klageschrift.[938] Diese Einschätzung bestätigte ein Lyoner Rechtsanwalt in einem persönlichen Gespräch.[939] In einer von der Autorin besuchten Verhandlung vor dem CPH Lyon rieten die *conseillers* drei Klägerinnen sogar explizit, sich vertreten zu lassen und setzten ihnen zu diesem Zweck eine neue Frist zur Klagebegründung.[940]

b) *Häufigkeit der Hinzuziehung*

272 Die Vertretung und das alleinige Auftreten des Vertreters ohne persönliches Erscheinen der Partei sind heute der Regelfall. Im Jahr 2018 hatten 93,2 % der klagenden Arbeitnehmer einen Vertreter oder Beistand (beklagte Arbeitgeber: 84,7 %). 2004 lag der Anteil noch bei 83,8 % (beklagte Arbeitgeber: 72,3 %).[941] Herangezogen wurden weit überwiegend Rechtsanwälte (klagende Arbeitnehmer: 90,5 %, beklagte Arbeitgeber: 95,1 %, jeweils im Jahr 2018), wobei der Anteil der Rechtsanwälte gegenüber anderen Vertretern und Beiständen seit 2004 stark zugenommen hat.[942] Auch bei eigenen Besuchen der CPH Straßburg, Lyon und Caen fiel auf, dass fast alle Parteien anwaltlich vertreten waren.

---

937 *Suire*, RPDS 2020, 139, 139 f.; *Ferkane*, RDT 2021, 723, 724; ebenso der Praxisratgeber *Delpuech/Kebour-Rejasse/Guérinot*, Aller aux prud'hommes, Rn. 12.1.

938 *Suire*, RPDS 2020, 139, 139 f. Zur Klageschrift siehe Rn. 275 ff.

939 Rechtsgespräch mit Rechtsanwalt *Dubray* am 3.3.2022.

940 Weder die Beklagte noch ihr Rechtsanwalt waren zu dem Termin erschienen. Die Klägerinnen hatten wichtige Beweismittel noch nicht übermittelt, sodass zu ihren Gunsten kein Versäumnisurteil ergehen konnte (vgl. Art. L. 1454-1-3 C. trav.); Besuch des CPH Lyon am 28.2.2022.

941 Ministère de la Justice, Les affaires prud'homales dans la chaîne judiciaire de 2004 à 2018, S. 35–37. Anteil für 2018 geschätzt. Die Zahlen beziehen sich nicht auf das Eilverfahren.

942 Ministère de la Justice, Les affaires prud'homales dans la chaîne judiciaire de 2004 à 2018, S. 35–37. Anteil für 2018 geschätzt. Die Zahlen inkludieren das Eilverfahren.

In der überwiegenden Zahl erschienen die Rechtsanwälte zudem ohne ihren Mandanten.[943]

An dieser Praxis gibt es viel Kritik. Dass immer mehr Rechtsanwälte beteiligt sind, ändere den Charakter des Gerichts im Vergleich zu den Anfängen.[944] Die Beziehung zwischen den Rechtsanwälten und den *conseillers* sei manchmal konfliktreich und von gegenseitigem Unverständnis geprägt.[945] Darüber hinaus sei die Hinzuziehung eines Rechtsanwalts – zumal bei Abwesenheit der Partei – hinderlich für die gütliche Streitbeilegung.[946] Der Eindruck, dass die Rechtsanwälte das Verfahren maßgeblich prägen, ergab sich auch bei persönlichen Beobachtungen an den CPH Straßburg, Lyon und Caen.[947] Im Zentrum der Verhandlungen vor dem *bureau de jugement* standen die Plädoyers der Rechtsanwälte; Dialoge fanden kaum statt. Die *conseillers* stellten nur vereinzelt Fragen. Auch in dem seltenen Fall, dass eine Partei persönlich erschienen war, ergriff sie nur ausnahmsweise das Wort. 273

5. Rechtsvergleichender Ausblick nach Deutschland

Vor den deutschen Arbeitsgerichten der 1. Instanz besteht ähnlich wie vor den CPH grundsätzlich kein Vertretungszwang (§ 11 Abs. 1 S. 1 ArbGG).[948] Neben Rechtsanwälten können auch andere Personen Prozessbevollmächtigte sein (§ 11 Abs. 2 ArbGG). Die Parteien können auch einen Beistand hinzuziehen (§ 11 Abs. 6 ArbGG), der die Partei in der mündlichen Verhandlung unterstützt.[949] Er ist nicht postulationsfähig[950] und kann nur in der mündlichen Verhandlung und im Beisein der Partei Prozesshandlungen vornehmen.[951] Anders 274

943 Besuche des CPH Straßburg (21.9.2021), des CPH Lyon (28.2.–4.3.2022) und des CPH Caen (19.–20.5.2022).

944 Bereits 1987 *Bonafé-Schmitt*, Mouv. Soc. 141 (1987), 121, 130; vgl. *Bataille/Cormorant*, La procédure prud'homale, Rn. 349.

945 *Bataille/Cormorant*, La procédure prud'homale, Rn. 349, die berichten, dass der *greffier* oftmals als Vermittler zwischen den *conseillers* und den Rechtsanwälten agiere.

946 Vgl. *Willemez*, in: Michel/Willemez, Les prud'hommes, S. 135.

947 Besuche des CPH Straßburg (21.9.2021), des CPH Lyon (28.2.–4.3.2022) und des CPH Caen (19.–20.5.2022).

948 Zur geschichtlichen Entwicklung siehe *Herzog*, Die Vertretung der Parteien vor den Arbeitsgerichten.

949 BeckOK-ArbR/*Poeche*, § 11 ArbGG Rn. 11.

950 *Hohmann*, Arbeitsgerichtsgesetz, § 11 ArbGG Rn. 15.

951 GMP/*Künzl*, § 11 ArbGG Rn. 132 f.

als in Frankreich ist der Kreis der Personen, die als Beistände auftreten dürfen, weiter als derjenige der Prozessbevollmächtigten.[952]

IV. Einleitung des Verfahrens

1. Förmliche Klageschrift

275 Die Klage wird durch Einreichung einer förmlichen Klageschrift (*requête*) bei der Geschäftsstelle (*greffe*) erhoben (Art. R. 1452-1 f. C. trav.).

a) Anforderungen

276 An die Klageschrift bestehen formelle Anforderungen (Art. R. 1452-2 Abs. 2 C. trav., Art. 57 C. pr. civ.). Sie muss enthalten: Angaben zum Kläger und zum Beklagten, den Klageantrag, eine Klagebegründung, Dokumente (*pièces*) zum Beweis der Anträge (insbesondere Arbeitsvertrag und Kündigungsschreiben)[953], Datum und Unterschrift.[954] Die Beweisstücke müssen zudem in einem Verzeichnis (*bordereau*) aufgelistet werden (Art. R. 1452-2 Abs. 2 C. trav.). Im Internet wird ein entsprechendes Klageformular zur Verfügung gestellt, welches jedoch nicht zwingend verwendet werden muss.[955] Bei Fehlen von notwendigen Angaben entfaltet die Klageschrift keine Wirkungen (Art. R. 1452-2 Abs. 2 C. trav.).[956] Diese Rechtsfolge betrifft allerdings nur die nach Art. 57 C. pr. civ. erforderlichen Angaben, mithin nicht die Klagebegründung und die Übermittlung der Beweismittel, wohl aber die bloße Angabe (*indication*) letzterer.[957]

---

952 Vgl. § 11 Abs. 6 ArbGG. Beispielsweise sind auch Antidiskriminierungsverbände hinzuziehbar (§ 23 Abs. 2 AGG).

953 Liste bei *Bataille/Cormorant*, La procédure prud'homale, Rn. 438.

954 *Bataille/Cormorant*, La procédure prud'homale, Rn. 433.

955 Requête aux fins de saisine du conseil de prud'hommes par un salarié, Cerfa n° 15586*09, abrufbar unter: https://www.formulaires.service-public.fr/gf/cerfa_15586.do (für eine Klageerhebung durch einen Arbeitnehmer) und Requête aux fins de saisine du conseil de prud'hommes par un employeur, Cerfa n° 15587*07, abrufbar unter: https://www.formulaires.service-public.fr/gf/cerfa_15587.do (für eine Klageerhebung durch einen Arbeitgeber) [jeweils letzter Zugriff am 7.10.2022].

956 Allerdings unterbricht auch eine nichtige Klageschrift die Verjährung, Art. 2241 Abs. 2 C. civ.; *Boulmier* et al., Le Lamy Procédure prud'homale, Rn. 387.

957 Art. R. 1452-2 Abs. 2 S. 1 C. trav., Art. 54, 57 C. pr. civ.; *Auzero/Baugard/Dockès*, Droit du travail, Rn. 117; *Bataille/Cormorant*, La procédure prud'homale, Rn. 437; *Boulmier* et al., Le Lamy Procédure prud'homale, Rn. 387; vgl. *Baugard*, Dr. soc. 2017, 599, 601; *Beckers*, RDT 2017, 279, 281.

Die Anforderungen an die Klageerhebung sind in den letzten Jahren stark gestiegen.[958] Reichte bis 2019 das persönliche Erscheinen der Parteien vor dem *bureau de conciliation* aus (Art. R. 1452-1 Abs. 1 Var. 2 C. trav. aF),[959] bedarf es heute stets der oben beschriebenen förmlichen Klageschrift. Das online-Formular umfasst aktuell neun (für Klagen von Arbeitnehmern), respektive sieben Seiten (für Klagen von Arbeitgebern).[960] Einige Autoren kritisieren, dass die Anforderungen vor allem auf Arbeitnehmer abschreckend wirkten.[961] Auch ein französischer Arbeitsrechtsanwalt bestätigte in einem Gespräch, dass die neue förmliche Klageschrift kompliziert und fehleranfällig sei. Dies sei besonders für Parteien ohne anwaltliche Vertretung problematisch.[962] 277

b) Weitere Schritte

Nach Eingang der Klageschrift informiert die Geschäftsstelle den Kläger über den Gütetermin vor dem *bureau de concilication et d'orientation* beziehungsweise, bei dessen Entbehrlichkeit, über den Termin der mündlichen Verhandlung vor dem *bureau de jugement.*[963] Sie lädt den Beklagten per Einschreiben mit Rückschein (*lettre recommandée avec accusé de réception*).[964] Der 278

958 *Bataille/Cormorant*, La procédure prud'homale, Rn. 430; *Suire*, RPDS 2020, 139, 139.

959 *Bataille/Cormorant*, La procédure prud'homale, Rn. 433; *Boulmier* et al., Le Lamy Procédure prud'homale, Rn. 383; *Suire*, RPDS 2020, 139, 139.

960 Requête aux fins de saisine du conseil de prud'hommes par un salarié, abrufbar unter: https://www.formulaires.service-public.fr/gf/cerfa_15586.do; Requête aux fins de saisine du conseil de prud'hommes par un employeur, abrufbar unter: https://www.formulaires.service-public.fr/gf/cerfa_15587.do [jeweils letzter Zugriff am 7.10.2022].

961 *Auzero/Baugard/Dockès*, Droit du travail, Rn. 117; *Bataille/Cormorant*, La procédure prud'homale, Rn. 430; *Boulmier*, Dr. soc. 2017, 584, 585; vgl. auch Analyse in Ministère de la Justice, Les affaires prud'homales dans la chaîne judiciaire de 2004 à 2018, S. 21; differenzierend *Canayer* et al., La justice prud'homale au milieu du gué, S. 34 f.; *Orif*, Dr. ouvr. 2016, 387, 394. Die erhöhten Anforderungen an die Klageerhebung sind nach *Boulmier* et al. einer von mehreren Gründen für den stetigen Rückgang der Zahl der Klagen, Le Lamy Procédure prud'homale, Rn. 10.

962 Rechtsgespräch mit Rechtsanwalt *Dubray* am 3.3.2022 und am 6.10.22. Das Verfahren sei auch durch die Abschaffung des Prinzips der Einheitlichkeit der Instanz technischer und daher komplizierter geworden.

963 Art. R. 1452-3 C. trav.

964 Art. R. 1452-4 C. trav.; *Miné*, Le grand livre du droit du travail, S. 51.

Beklagte erhält ein Exemplar der Klageschrift und des Verzeichnisses über die Beweisstücke.

279 Die Parteien werden aufgefordert, alle relevanten Dokumente zusammenzustellen und vor der Güteverhandlung an die gegnerische Partei zu übermitteln.[965] Der Beklagte wird aufgefordert, die Dokumente auch an die Geschäftsstelle zu senden.[966] Die Kommunikation und die Übermittlung der Beweisstücke erfolgen aber nicht zwingend über das Gericht, sondern in aller Regel unmittelbar zwischen den Parteien.[967] Nach dem Grundsatz des rechtlichen Gehörs beider Parteien müssen sie alle Beweismittel, welche sie letztlich bei dem *bureau de jugement* einreichen, rechtzeitig vor der streitigen Verhandlung untereinander austauschen.[968] Findet vor der Güteverhandlung keinerlei Austausch zwischen den Parteien statt, bleibt dies grundsätzlich ohne Folgen[969] – im Fall eines Versäumnisurteils ergeht dieses aber auf Grundlage aller rechtzeitig übermittelten Schriftstücke der erschienenen Partei (vgl. Art. L. 1454-1-3 Abs. 1 C. trav.).

280 Ebenso wie in Frankreich kann die Güteverhandlung in Deutschland ohne vorherige schriftliche Äußerung des Beklagten stattfinden: Ein schriftliches Vorverfahren ist ausgeschlossen (§ 46 Abs. 2 S. 2 ArbGG) und es ergeht in der Regel keine Aufforderung an den Beklagten, sich schriftlich zu äußern (§ 47 Abs. 2 ArbGG). Der streitigen Verhandlung geht hierzulande anders als in Frankreich ein schriftlicher Austausch *über das Gericht* voraus, da der Vorsitzende die Verhandlung umfassend vorbereiten muss (§ 56 Abs. 1 ArbGG). Er kann den Parteien insbesondere aufgeben, ihre Schriftsätze zu ergänzen und Urkunden vorzulegen, und kann ihnen diesbezüglich auch eine Frist setzen (§ 56 Abs. 1 S. 2 Nr. 1 ArbGG).

2. Klagefrist

281 Die individualarbeitsrechtlichen Klagen – genauer gesagt das Klagerecht[970] – unterliegt nach französischem Recht der Verjährung,[971] welche abhängig ist

965 Art. R. 1452-3 f. C. trav.; *Bataille/Cormorant*, La procédure prud'homale, Rn. 518, 520, 1052.

966 Art. R. 1452-4 C. trav.

967 Rechtsgespräche mit *conseillers* des CPH Lyon (28.2.–4.3.2022) und des CPH Caen (19.–20.5.2022); vgl. *Angotti/Gauriau*, Dr. soc. 2017, 611, 612.

968 *Bataille/Cormorant*, La procédure prud'homale, Rn. 1080. Zur Rechtzeitigkeit siehe auch *Boulmier* et al., Le Lamy Procédure prud'homale, Rn. 718.

969 Vgl. *Baugard*, Dr. soc. 2017, 599, 601.

970 *„Toute action […] se prescrit […]"*, Art. L. 1471-1 Abs. 1 C. trav.; vgl. *Guinchard/Debard*, Lexique des termes juridiques, Eintrag *action en justice*.

971 Vgl. *Aldea*, Das französische Kündigungsrecht, S. 169.

von der Art der geltend gemachten Forderung.[972] Die Verjährungsfrist beträgt bei Klagen, die die Erfüllung des Arbeitsvertrags betreffen (*toute action portant sur l'exécution du contrat de travail*), grundsätzlich zwei Jahre ab Kenntnis oder Kennenmüssen der anspruchsbegründenden Umstände (Art. L. 1471-1 Abs. 1 C. trav.). Bei Klagen auf Zahlung oder Rückerstattung von Lohn beträgt die Frist drei Jahre ab Kenntnis oder Kennenmüssen (Art. L. 3245-1 C. trav.).[973] Klagen im Zusammenhang mit der Beendigung des Arbeitsverhältnisses (*toute action portant sur la rupture du contrat de travail*) müssen bereits innerhalb von zwölf Monaten ab Zustellung (*notification*) der Beendigungserklärung erhoben werden (Art. L. 1471-1 Abs. 2 C. trav.).[974]

Von diesen Grundregeln gibt es zahlreiche Abweichungen.[975] Beispielsbeweise gelten längere Fristen für Klagen wegen einer Diskriminierung (fünf Jahre)[976] und wegen Personenschäden (zehn Jahre)[977]. Das Gesetz sieht besondere Fristen zudem vor für Klagen gegen die Genehmigung eines Aufhebungsvertrags (zwölf Monate)[978] und für Klagen gegen die Endabrechnung bei Beendigung des Arbeitsverhältnisses (sechs Monate)[979]. Die Parteien können zudem individualvertraglich abweichende Verjährungsfristen vereinbaren. Diese dürfen aber nicht kürzer als ein oder länger als zehn Jahre sein (Art. 2254 282

972 Cass. soc. 30 juin 2021, n° 18-23.932, Rn. 5, abrufbar unter: https://www.legifrance.gouv.fr/juri/id/JURITEXT000043759643 [zuletzt abgerufen am 7.10.2022]; Cass. soc. 30 juin 2021, n° 19-10.161, Rn. 9, abrufbar unter: https://www.legifrance.gouv.fr/juri/id/JURITEXT000043759662?init=true&page=1&query=19-10161&searchField=ALL&tab_selection=all [zuletzt abgerufen am 7.10.2022]; Cass. soc. 30 juin 2021, n° 20-12.960, 20-12.962, Rn. 5, abrufbar unter: https://www.legifrance.gouv.fr/juri/id/JURITEXT000043759661 [zuletzt abgerufen am 7.10.2022].

973 *Suire*, RPDS 2022, 131, 133.

974 Bei Kündigungen aus wirtschaftlichem Grund abweichender Fristbeginn gem. Art. L. 1235-7 C. trav.

975 Tabelle mit den einzelnen Verjährungsfristen und dem jeweiligen Fristbeginn bei *Suire*, RPDS 2022, 131, 134–140. Zu den verschiedenen Zeitpunkten des Fristbeginns siehe auch *Bataille/Cormorant*, La procédure prud'homale, Rn. 297. Zu den Schwierigkeiten durch die verschiedenen Verjährungsfristen sowie Lösungsmöglichkeiten siehe *Icard/Bugada*, RDT 2021, 556.

976 Art. L. 1134-5 C. trav.

977 Art. 2226 Abs. 1 C. civ.

978 Art. L. 1237-14 Abs. 4 C. trav.

979 Art. L. 1234-20 Abs. 2 C. trav.

Abs. 1 C. civ.). Eine Vereinbarung ist ausgeschlossen für Lohnforderungen[980] und Klagen wegen Diskriminierung[981.982]

283 Die Verjährung führt nicht automatisch zur Unzulässigkeit der Klage, vielmehr muss der Klagegegner eine entsprechende Einrede (*fin de non-recevoir*) erheben.[983] Dies ist grundsätzlich in jedem Verfahrensstadium möglich.[984] Die Klageerhebung unterbricht (*interrompt*) die Verjährung (Art. R. 1452-1 Abs. 2 C. trav.; Art. 2241 C. civ.). Die Frist beginnt anschließend neu.[985]

284 Viele Verjährungsfristen wurden in den letzten Jahren verkürzt,[986] was teilweise auf erhebliche Kritik stieß.[987] Verglichen mit der dreiwöchigen (prozessualen Klageerhebungs-)Frist[988], welche das deutsche Recht den Arbeitnehmern zur Geltendmachung der Unwirksamkeit ihrer Kündigung einräumt (§ 4 S. 1 i.V.m. § 7 KSchG), sind die französischen Fristen aber immer noch äußerst lang. Bei Kündigungen zeigt sich mithin ein eklatanter Unterschied zwischen Deutschland und Frankreich. Hier besteht allerdings auch ein grundlegender Systemunterschied: Das deutsche Kündigungsrecht basiert auf dem Bestandsschutzprinzip; eine sozial ungerechtfertigte Kündigung ist rechtsunwirksam (§ 1 Abs. 1 KSchG).[989] Das Interesse beider Parteien, vor allem des Arbeitgebers, an einer raschen Rechtssicherheit – Normzweck des § 4 KSchG[990] – ist daher ungleich höher als in Frankreich, wo unrechtmäßige Kündigungen in der Regel nur Schadensersatz- und Entschädigungsansprüche begründen.[991]

---

980 Art. 2254 Abs. 3 C. civ.

981 Art. L. 1134-5 Abs. 2 C. trav.

982 *Suire*, RPDS 2022, 131, 140.

983 Vgl. Art. 122 C. pr. civ.; *Bataille/Cormorant*, La procédure prud'homale, Rn. 300.

984 *Bataille/Cormorant*, La procédure prud'homale, Rn. 300.

985 Art. 2231 C. civ.; *Suire*, RPDS 2022, 131, 140.

986 *Antonmattei*, Droit du travail, Rn. 74; *Suire*, RPDS 2022, 131, 131.

987 *Auzero/Baugard/Dockès*, Droit du travail, Rn. 116 f. m.w.N.

988 Mit materiell-rechtlicher Wirkung; BAG 26.6.1986 – 2 AZR 358/85, AP KSchG 1969 § 4 Nr. 14; BAG 24.6.2004 – 2 AZR 461/03, NZA 2004, 1330; BAG 11.12.2008 – 2 AZR 472/08, NZA 2009, 692.

989 Dazu MüHdb ArbR/*Greiner*, § 107 Rn. 14 ff., § 111 Rn. 6 f.

990 BeckOK-ArbR/*Kerwer*, § 4 KSchG Rn. 1–3; Linck/Preis/Schmidt/*Hesse*, § 7 KSchG Rn. 2; MüHdb ArbR/*Rachor*, § 130 Rn. 2.

991 Anders bei nichtigen Kündigungen. Ausführlich dazu *Aldea*, Das französische Kündigungsrecht.

V. Güteverhandlung vor dem *bureau de conciliation et d'orientation*

285 Nach der gesetzlichen Konzeption steht die gütliche Einigung (*conciliation*) im Vordergrund des Verfahrens: Die erste Vorschrift des Kapitels über die CPH im Code du travail statuiert, dass nur bei Scheitern der Güteverhandlung ein Urteil ergehen soll (Art. L. 1411-1 C. trav.). Zwar ist die Güteverhandlung daher grundsätzlich obligatorisch; hiervon gibt es allerdings immer mehr Ausnahmen.[992] Hierzu gehört beispielsweise der Antrag auf Umwandlung eines Praktikumsvertrags in einen Arbeitsvertrag.[993]

1. Besetzung und Kompetenzen des *bureau de conciliation et d'orientation*

286 Das *bureau de conciliation et d'orientation* ist mit je einem Arbeitgeberrichter und einem Arbeitnehmerrichter besetzt. Grundsätzlich rotieren die *conseillers*.[994] Es können jedoch vorrangig bestimmte *conseillers* eingesetzt werden, die sich so auf die Güteverhandlung spezialisieren können.[995] Der Vorsitzende ist abwechselnd ein Arbeitnehmer- und ein Arbeitgeberrichter.[996]

287 Bis 2015 hieß dieses Organ nur *bureau de conciliation*.[997] Der Zusatz „*et d'orientation*" verdeutlicht, dass seine Aufgaben nicht mehr auf das Güteverfahren beschränkt sind.[998] Es ist nun auch zuständig für die (umfassendere) Vorbereitung der Entscheidungsreife (*mise en état*) und einstweilige Regelungen. Vor allem hat es im Rahmen der *orientation* nun verschiedene Möglichkeiten der Verweisung.[999] Bei Säumnis einer Partei kann es ein Urteil fällen.[1000] Das *bureau de conciliation*

---

992 *Auzero/Baugard/Dockès*, Droit du travail, Rn. 106. Zur Entwicklung des Anteils der Verfahren zwischen 2004 und 2018, in denen die Güteverhandlung entbehrlich war, siehe Ministère de la Justice, Les affaires prud'homales dans la chaîne judiciaire de 2004 à 2018, S. 12 f.

993 Art. L. 1454-5 C. trav.

994 Vgl. *Baugard*, Dr. soc. 2017, 599, 603.

995 Art. R. 1454-7 Abs. 1 C. trav.; *Canayer* et al., La justice prud'homale au milieu du gué, S. 28.

996 Art. R. 1454-7 Abs. 2 C. trav.

997 Umbenennung durch loi n° 2015-990 du 6 août 2015, JORF n° 181 du 7 août 2015.

998 *Auzero/Baugard/Dockès*, Droit du travail, Rn. 106; *Orif*, Dr. soc. 2015, 819, 823; *Boulmier* et al., Le Lamy procédure prud'homale, Rn. 450.

999 Siehe dazu unten Rn. 289 f.

1000 Art. L. 1454-1-3 C. trav.; *Auzero/Baugard/Dockès*, Droit du travail, Rn. 106; *Boulmier* et al., Le Lamy procédure prud'homale, Rn. 450. Zur Rechtslage

et d'orientation kann schließlich auch außerhalb der Güteverhandlung geschlossene Einigungen gerichtlich bestätigen (*homologuer*), sodass sie vollstreckbar werden.[1001]

2. Ablauf der Güteverhandlung

a) Gesetzliche Konzeption

288 Zu Beginn ruft das *bureau de conciliation et d'orientation* die einzelnen Sachen öffentlich auf, um die Anwesenheit der Parteien festzustellen.[1002] Die Güteverhandlung selbst ist sodann nicht öffentlich.[1003] Dies soll eine freiere Aussprache ermöglichen.[1004] Sofern eine Partei vertreten ist, muss sie nicht persönlich erscheinen.[1005]

289 Die *conseillers* hören die Ausführungen beider Parteien und bemühen sich, eine gütliche Einigung zu erzielen.[1006] Das Gesetz macht keine Angaben über Streitbeilegungsmethoden. Es bestimmt nur, dass das *bureau de conciliation et d'orientation* die Parteien getrennt und vertraulich anhören kann (Art. L. 1454-1 Abs. 2 C. trav.).[1007] Dies ist nach Angabe einiger Autoren aufgrund von Zeitmangel in der Praxis jedoch kaum durchführbar.[1008]

290 Bei einer vollständigen oder teilweisen Einigung der Parteien erstellen die *conseillers* ein Protokoll (*procès-verbal*)[1009], in welchem deren Inhalt und

---

vor Einführung der Vorschrift im Jahr 2015 siehe *Baugard*, Dr. soc. 2017, 599, 602. Auf das Versäumnisurteil wird im Rahmen dieser Arbeit nicht weiter eingegangen.

1001 Siehe insb. Art. R. 1471-1 f. C. trav., Art. 1534, 1565–1567 C. pr. civ., Art. 2066 C. civ. Siehe dazu *Bataille/Cormorant*, La procédure prud'homale, Rn. 1311.

1002 *Bataille/Cormorant*, La procédure prud'homale, Rn. 1032.

1003 Art. R. 1454-8 S. 2 C. trav.

1004 *Ray*, Droit du travail, Rn. 107; vgl. Ministère de la Justice, Portail d'information de la désignation des conseillers prud'hommes, FAQ Frage H2, abrufbar unter: https://www.designation-prudhommes.justice.gouv.fr/faq/mayotte/h-la-procedure/h2-comment-se-deroulent-les-audiences-prudhomales [zuletzt abgerufen am 7.10.2022].

1005 Vgl. oben Rn. 268.

1006 Art. R. 1454-10 S. 1 C. trav. Kritisch dazu *Boulmier*, Dr. soc. 2015, 430, 436.

1007 *Lacabarats*, RJS 2016, 187, 189.

1008 *Baugard*, Dr. soc. 2017, 599, 603; *Orif*, Dr. soc. 2015, 819, 820; vgl. auch *Boulmier*, Dr. soc. 2015, 430, 436.

1009 Die Einigung ist ein vor dem Richter geschlossener Vertrag (*contrat conclu devant le juge*), *Auzero/Baugard/Dockès*, Droit du travail, Rn. 120.

gegebenenfalls die noch offenen Ansprüche niedergeschrieben werden.[1010] Es kann ein Auszug aus dem Protokoll erstellt werden, welcher als Vollstreckungstitel gilt.[1011] Das Einigungsprotokoll ist eine prozessbeendende gerichtliche Urkunde und kann nur wegen Nichtigkeit angefochten werden.[1012]

Vor allem aufgrund der Vollstreckbarkeit stellt der Kassationshof für das Zustandekommen des Vergleichs Anforderungen an die *conseillers*: Die Güteverhandlung sei „ein gerichtlicher Akt, der eine aktive Beteiligung des *bureau de conciliation* an der Suche nach einer Einigung der Parteien unter Wahrung der Rechte jeder Partei voraussetzt".[1013] Insbesondere müssten die *conseillers* sicherstellen, dass die Parteien über ihre jeweiligen Rechte informiert waren.[1014] Bei Verletzung dieser Anforderungen ist das Einigungsprotokoll nichtig, sodass der CPH erneut angerufen werden kann.[1015] Die Nichtigkeit nahm der Kassationshof beispielsweise an in einem Fall, in dem der Arbeitnehmer als Gegenleistung für seinen Klageverzicht nur einen Betrag erhielt, auf den er ohnehin Anspruch hatte.[1016] Das *bureau de conciliation* muss zudem prüfen, dass der Vergleich gegenseitige Zugeständnisse enthalte.[1017] 291

b) Sonderfall: Einigung auf eine Pauschalentschädigung

Streiten die Parteien eines unbefristeten Arbeitsverhältnisses über den tatsächlichen und ernsthaften Kündigungsgrund (*cause réelle et sérieuse*) oder die 292

1010 Art. R. 1454-10 C. trav.

1011 Art. R. 1454-11 C. trav.

1012 *Boulmier* et al., Le Lamy procédure prud'homale, Rn. 507.

1013 Im Original: „*un acte judiciaire qui implique une participation active du bureau de conciliation à la recherche d'un accord des parties préservant les droits de chacune d'elles*", Cass. soc. 28 mars 2000, n° 97-42.419, Bull. 2000 V n° 135; Cass. soc. 5 déc. 2007, n° 06-40.634, abrufbar unter: https://www.legifrance.gouv.fr/juri/id/JURITEXT000017583888 [zuletzt abgerufen am 7.10.2022].

1014 Cass. soc. 28 mars 2000, n° 97-42.419, Bull. 2000 V n° 135; Cass. soc. 5 déc. 2007, n° 06-40.634, abrufbar unter: https://www.legifrance.gouv.fr/juri/id/JURITEXT000017583888 [zuletzt abgerufen am 7.10.2022]; *Auzero/Baugard/Dockès*, Droit du travail, Rn. 120.

1015 Cass. soc. 28 mars 2000, n° 97-42.419, Bull. 2000 V n° 135; *Auzero/Baugard/Dockès*, Droit du travail, Rn. 120.

1016 Cass. soc. 28 mars 2000, n° 97-42.419, Bull. 2000 V n° 135.

1017 Cass. soc. 24 mai 2006, n° 04-45.877, Bull. 2006 V n° 189; Cass. soc. 5 déc. 2007, n° 06-40.634, abrufbar unter: https://www.legifrance.gouv.fr/juri/id/JURITEXT000017583888 [zuletzt abgerufen am 7.10.2022]; siehe auch *Boulmier* et al., Le Lamy procédure prud'homale, Rn. 507.

Rechtswidrigkeit (*irrégularité*) einer Kündigung, können sie sich (unbeschadet anderer gesetzlicher, tariflicher oder vertraglicher Entschädigungen) auf eine Pauschalentschädigung einigen (Art. L. 1235-1 C. trav.).[1018] Art. D. 1235-21 C. trav. definiert die Höhe einer solchen Entschädigung in Abhängigkeit der Beschäftigungsdauer bei demselben Arbeitgeber. Sie bewegt sich zwischen zwei Monatsgehältern (Beschäftigung von weniger als einem Jahr) und 24 Monatsgehältern (Beschäftigung von mindestens 30 Jahren). Verständigen sich die Parteien auf eine Entschädigung in maximal dieser vorgesehenen Höhe, hat dies steuerliche und abgabenrechtliche Vorteile.[1019] Mit der Einigung sind alle gesetzlichen Ansprüche abgegolten.[1020]

c) *Praxis*

293 Aufgrund der Nichtöffentlichkeit der Güteverhandlung lassen sich kaum Aussagen über ihren tatsächlichen Ablauf treffen. *Ray* spielt in einem Nebensatz auf deren extrem kurze Dauer an.[1021] Zwei Rechtsanwälte beschreiben in einem Beitrag, dass in der Güteverhandlung nur die Vergleichsbereitschaft eruiert werde, aber keine inhaltliche Verhandlung stattfinde.[1022] Auch eine weitere französische Rechtsanwältin beschrieb in einem persönlichen Gespräch, dass die Güteverhandlung eine reine Formsache sei und es hier eigentlich nur zu einem Vergleichsschluss käme, wenn die Parteien vorab eine Einigung gefunden hätten.[1023]

294 Anderen Autoren zufolge ist die Güteverhandlung umfangreicher und tiefergehender. *Boulmier* et al. beschreiben eine strukturierte Verhandlung, in der die Parteien nacheinander ihre Standpunkte kundtun und gegebenenfalls Einigungsvorschläge unterbreiten.[1024] Nach einem Handbuch dauert die

---

1018 *Bataille/Cormorant*, La procédure prud'homale, Rn. 1053; *Boulmier* et al., Le Lamy procédure prud'homale, Rn. 508. Kritisch dazu *Boulmier*, Dr. soc. 2015, 430, 439.

1019 Dazu *Boulmier* et al., Le Lamy procédure prud'homale, Rn. 508; *Delpuech/Kebour-Rejasse/Guérinot*, Aller aux prud'hommes, Rn. 35.27.

1020 Vgl. Art. L. 1235-1 Abs. 2 C. trav.

1021 „*Il n'est donc pas certain que le passage en conciliation* (surtout s'il dure six minutes TTC) […]", *Ray*, Droit du travail, Rn. 100 (Hervorhebung durch die Verfasserin).

1022 *Chevalier/Drouin*, AE 2019, 120, 123.

1023 Rechtsgespräch mit einer französischen Rechtsanwältin am CPH Paris am 17.5.2022.

1024 *Boulmier* et al., Le Lamy Procédure prud'homale, Rn. 503.

Güteverhandlung abhängig von den *conseillers* und den Streitpunkten zwischen 10 und 45 Minuten.[1025] Dass die Berichte derart voneinander abweichen, dürfte für eine stark unterschiedliche Praxis bei den einzelnen CPH, möglicherweise auch bei den einzelnen Sektionen und *conseillers* sprechen.

3. Vorbereitung der Entscheidungsreife

Wenn die Sache noch nicht verhandlungsreif für das *bureau de jugement* ist, 295 kann das *bureau de conciliation et d'orientation* die Entscheidungsreife vorbereiten (*mise en état*, Art. L. 1454-1-2 C. trav.).[1026] Nach Anhörung der Parteien legen die *conseillers* Fristen und Bedingungen für die Übermittlung der Anträge, Klagebegründungen und Beweisstücke fest. Sie können die Parteien auch zur Abgabe bestimmter Dokumente auffordern (Art. R. 1454-1 C. trav.). Erst seit 2016 können die *conseillers* – sowohl *bureau de conciliation et d'orientation* als auch *bureau de jugement* – eine Verfügung über den Abschluss der Vorbereitung der mündlichen Verhandlung erlassen (*ordonnance de clôture de l'instruction*).[1027] Danach gestellte Anträge oder eingebrachte Beweismittel sind unzulässig.[1028]

Zur Vorbereitung der Entscheidungsreife können ein oder zwei *conseillers* 296 als Berichterstatter (*conseiller rapporteur*) ernannt werden, die sodann alle notwendigen Maßnahmen ergreifen (Art. L. 1454-1-2 Abs. 3 C. trav.).[1029] Dass hier ausnahmsweise ein einzelner *conseiller* tätig werden kann, ist eine Ausnahme vom sonst strengen Grundsatz der Parität.[1030] In der Praxis kommt er allerdings sehr selten zum Einsatz.[1031]

1025 *Delpuech/Kebour-Rejasse/Guérinot*, Aller aux prud'hommes, Rn. 35.23.

1026 Wird ausnahmsweise direkt das *bureau de jugement* angerufen oder ist die Sache trotz Vorbereitung durch das *bureau de conciliation et d'orientation* noch nicht verhandlungsreif, stehen die Befugnisse dem *bureau de jugement* zu; Art. L. 1454-1-2 Abs. 2; R. 1454-19-1 C. trav.; *Antonmattei*, Droit du travail, Rn. 79; *Bataille/Cormorant*, La procédure prud'homale, Rn. 1113 ff.

1027 Art. L. 1454-1-2 Abs. 5 C. trav.

1028 Art. R. 1454-19-3 Abs. 1 C. trav. Siehe dazu *Bataille/Cormorant*, La procédure prud'homale, Rn. 1118–1124. Kritisch zur Einführung *Beckers*, RDT 2017, 279, 282.

1029 Siehe dazu *Bataille/Cormorant*, La procédure prud'homale, Rn. 1254 ff.

1030 *Auzero/Baugard/Dockès*, Droit du travail, Rn. 105; vgl. *Bataille*, La procédure prud'homale, Rn. 71.

1031 *Bataille/Cormorant*, La procédure prud'homale, Rn. 1254. Untersuchungen im Jahr 2019 zeigten, dass die CPH diese Möglichkeit sehr unterschiedlich nutzen.

4. Verweisung an das *bureau de jugement*

a) *Grundfall*

297 Blieb die Güteverhandlung ganz oder teilweise erfolglos, hat das *bureau de conciliation et d'orientation* mehrere Möglichkeiten für die Verweisung der Sache (*orientation*). Der Standardfall ist die Verweisung an das *bureau de jugement* in normaler Besetzung von vier *conseillers* (Art. L. 1454-1-1, L. 1423-12 C. trav.). Ist die Rechtsstreitigkeit entscheidungsreif und der Verhandlungstag entsprechend organisiert, kann die streitige Verhandlung vor dem *bureau de jugement* sofort stattfinden (Art. R. 1454-18 Abs. 3 C. trav.).

b) *Neue Möglichkeiten der Verweisung*

298 Seit 2015 gibt es darüber hinaus zwei weitere Möglichkeiten: Die Rechtsstreitigkeit kann an das *bureau de jugement* in reduzierter Besetzung mit je einem Arbeitgeberrichter und einem Arbeitnehmerrichter verwiesen werden (Art. L. 1454-1-1 Nr. 1, R. 1423-35 Nr. 2 C. trav.). Dieses muss sodann innerhalb von drei Monaten ein Urteil fällen. Voraussetzung für diese Verweisung ist zum einen, dass die Parteien ihr zustimmen. Zum anderen ist sie nur zulässig bei einem Antrag auf gerichtliche Beendigung des Arbeitsverhältnisses (*demande de résiliation judiciaire du contrat de travail*) und bei Streitigkeiten über Kündigungen (Art. L. 1454-1-1 Nr. 1 C. trav.).[1032] Diese machen einen Großteil der Streitigkeiten vor den CPH aus.[1033]

299 Alternativ kann das *bureau de conciliation et d'orientation* die Sache unmittelbar an das *bureau de jugement* unter Vorsitz des *juge départiteur* verweisen (Art. L. 1454-1-1 Nr. 2 C. trav.). Der *juge départiteur* ist ein (Berufs-)Richter des ordentlichen Gerichts erster Instanz, der bei Pattsituationen hinzugezogen wird.[1034] Seine Einschaltung ist damit nun erstmals ohne vorherigen

---

Dies liege teilweise an einer mangelhaften Kenntnis der Verfahrensregeln und an der Beziehung zur örtlichen Anwaltschaft; *Canayer* et al., La justice prud'homale au milieu du gué, S. 28.

1032 Das Urteil umfasst sodann alle geltend gemachten Ansprüche und ist nicht auf die o.g. Gegenstände beschränkt; Art. L. 1454-1-1 C. trav.

1033 *Boulmier*, Dr. soc. 2015, 430, 436; *Orif*, Dr. soc. 2015, 819, 823. Im Jahr 2020 betrafen knapp 75 % der bei den CPH erhobenen Klagen eine Beanstandung des Kündigungsgrundes; eigene Berechnung auf Grundlage der Zahlen aus: Ministère de la Justice, Références statistiques justice, Justice civile et commerciale, Le contentieux du travail, 2020, S. 47.

1034 Siehe dazu unten Rn. 356 ff.

Stimmenpatt möglich.[1035] Hierfür setzt das Gesetz voraus, dass die Parteien einen entsprechenden Antrag stellen oder dass die Natur der Streitigkeit das Vorgehen rechtfertigt (*si la nature du litige le justifie*). Letzteres kann beispielsweise durch besondere Schwierigkeiten des Falls oder einer neuen Rechtsfrage erfüllt sein.[1036] Durch die Hinzuziehung des *juge départiteur* geben die *conseillers* die besondere Besetzung des CPH ohne Berufsrichter auf. Es gibt daher Stimmen, die dies als (partielle) Einführung eines Schöffensystems ansehen.[1037]

c) *Reaktionen auf die neuen Optionen*

Die beiden oben genannten besonderen Verweisungen sollen der Verfahrensbeschleunigung dienen.[1038] Besonders die Option, direkt einen *juge départiteur* einzuschalten, sei sinnvoll, da die *conseillers* selbst am besten wüssten, welche Fälle typischerweise in einer Pattsituation endeten. Eine Verzögerung könne so vermieden werden.[1039] 300

Einige Autoren zweifeln jedoch an der praktischen Bedeutung der neuen Möglichkeiten. In beiden Fällen sei fraglich, ob die Parteien zustimmen oder einen entsprechenden Antrag stellen würden.[1040] Dies gelte auch für die *conseillers* selbst.[1041] Es sei unwahrscheinlich, dass die *conseillers* ohne einen entsprechenden Antrag freiwillig einen *juge départiteur* hinzuziehen und somit auf einen Teil ihrer Entscheidungskompetenz verzichten.[1042] Darüber hinaus sei bei der Verweisung an das *bureau de jugement* in reduzierter Besetzung unklar, ob die Frist von drei Monaten tatsächlich eingehalten würde und angesichts 301

1035 Vgl. *Ray*, Droit du travail, Rn. 107.

1036 *Bataille/Cormorant*, La procédure prud'homale, Rn. 1081.

1037 *Auzero/Baugard/Dockès*, Droit du travail, Rn. 105; *Boulmier*, Dr. soc. 2015, 430, 437 f.; *Boulmier* et al., Le Lamy Procédure prud'homale, Rn. 295; *Géa*, RJS 2016, 191, 193; *Orif*, Dr. soc. 2015, 819, 823.

1038 *Canayer* et al., La justice prud'homale au milieu du gué, S. 27.

1039 *Florès/Pécaut-Rivolier*, Dr. soc. 2017, 605, 607 f.; *Lacabarats*, RJS 2016, 187, 190; *Orif*, Dr. ouvr. 2016, 387, 389 f. (mit Einschränkungen).

1040 *Bataille*, La procédure prud'homale, Rn. 64; für die Verweisung mit reduzierter Besetzung *Angotti/Gauriau*, Dr. soc. 2017, 611, 614; *Orif*, Dr. soc. 2015, 819, 823; für die Einschaltung des *juge départiteur Auzero/Baugard/Dockès*, Droit du travail, Rn. 105.

1041 *Angotti/Gauriau*, Dr. soc. 2017, 611, 614; *Bataille*, La procédure prud'homale, Rn. 64.

1042 *Auzero/Baugard/Dockès*, Droit du travail, Rn. 105; bestätigt durch empirische Beobachtungen von *Canayer* et al., La justice prud'homale au milieu du gué, S. 27.

der knappen personellen Ressourcen überhaupt eingehalten werden könne.[1043] Bei Fristüberschreitung drohen zudem keine Konsequenzen.[1044] Ein Bericht aus dem Jahr 2019 legt nahe, dass die neuen Möglichkeiten tatsächlich nur sehr selten genutzt werden.[1045]

5. Einigungsquote

a) Geringe Zahl von gütlichen Einigungen

302 Die CPH wurden zunächst vor allem zum Zwecke der Streitbeilegung geschaffen. Auch praktisch hatte die gütliche Einigung eine überragende Bedeutung.[1046] Im Laufe der Jahre ging ihr Anteil jedoch kontinuierlich zurück und seit dem Jahr 1976 machen Urteile den überwiegenden Teil der Erledigungen aus.[1047] Im Jahr 2020 endeten nur noch 9,6 % aller erledigten Verfahren mit einem Vergleich (8.205 Vergleiche bei 85.422 Erledigungen).[1048]

303 Allerdings gibt es erhebliche Unterschiede zwischen den einzelnen CPH.[1049] Hierzu sind – soweit ersichtlich – keine offiziellen detaillierten Statistiken erhältlich. *Ray* gibt eine Spannweite von weniger als 2 % bis mehr als 40 % erfolgreichen Güteverhandlungen an, mit den konkreten Beispielen Paris (5 %) und Toulouse (35 %);[1050] *Canayer* et al. gehen von Quoten zwischen 0 und 26 % aus.[1051]

1043 *Bataille*, La procédure prud'homale, Rn. 64; *Beckers*, RDT 2017, 279, 281; *Boulmier*, Dr. soc. 2015, 430, 436; *Orif*, Dr. soc. 2015, 819, 823.

1044 *Bataille*, La procédure prud'homale, Rn. 64.

1045 Die Berichterstatter schlagen daher testweise vor, dass die *conseillers* den *juge départiteur* in bestimmten Fällen verpflichtend von Beginn an hinzuziehen müssen; *Canayer* et al., La justice prud'homale au milieu du gué, S. 27, 76.

1046 Siehe Rn. 23, 26.

1047 *Moritz*, Das französische Arbeitsgericht, S. 145, der sich bei der Angabe zu 1976 auf eine Auskunft des Justizministeriums stützt. Nach *Baugard* wurde der allmähliche Bedeutungsverlust der Güteverhandlung ab 1985 festgestellt; *Baugard*, Dr. soc. 2017, 599, 599.

1048 Eigene Berechnung auf der Grundlage von Zahlen aus: Ministère de la Justice, Références statistiques justice, Justice civile et commerciale, Le contentieux du travail, 2020, S. 47. Ähnliches gilt für das Vorjahr, siehe Ministère de la Justice, Références statistiques justice, Justice civile et commerciale, Le contentieux du travail, 2019, S. 47.

1049 Vgl. *Canayer* et al., La justice prud'homale au milieu du gué, S. 9.

1050 *Ray*, Droit du travail, Rn. 100, 107.

1051 *Canayer* et al., La justice prud'homale au milieu du gué, S. 42.

b) Einordnung und Erklärungsansätze

Es gibt vielfältige Versuche zur Einordnung und Erklärung dieser niedrigen Anteile. 304

aa) Hohe Zahl von vorgerichtlichen Lösungen?

Manche Autoren führen relativierend an, dass nur die Fälle vor den CPH verhandelt würden, in denen außergerichtliche alternative Streitbeilegungsmethoden erfolglos waren.[1052] Eine französische Rechtsanwältin berichtete damit übereinstimmend in einem persönlichen Gespräch, dass in den meisten ihrer Fälle schon vor Klageerhebung eine Einigung erzielt werde. Nur bei gescheiterten Vergleichsverhandlungen würde ein Verfahren vor dem CPH eingeleitet.[1053] Dabei ist auch zu bedenken, dass angesichts der langen Fristen für die Klageerhebung[1054] – anders als bei Kündigungsstreitigkeiten in Deutschland[1055] – ausreichend Zeit für einen vorherigen Einigungsversuch besteht. 305

Die in Frankreich noch recht junge Möglichkeit, einen Aufhebungsvertrag (*rupture conventionnelle*) zu schließen, könnte vergleichsgeeignete Fälle zudem von vornherein dem gerichtlichen Verfahren entziehen.[1056] Ein Grund für die niedrigen Einigungsquoten könnte daher sein, dass insgesamt wenig Fälle vor die CPH gebracht werden – und zwar nur die strittigsten.[1057] 306

bb) Gründe im Verfahren

Auch der Verfahrensablauf könnte die niedrige Einigungsquote bedingen:[1058] Bis zur Verhandlung vor dem *bureau de conciliation et d'orientation* hat der Beklagte oftmals noch gar nicht seine Position dargelegt, sodass die *conseillers* und möglicherweise auch die Parteien den Konflikt noch nicht umfassend 307

1052 *Daugareilh* et al., in: Ebisui et al., Resolving individual labour disputes, S. 108.

1053 Rechtsgespräch am CPH Paris am 17.5.2022.

1054 Siehe oben Rn. 281 ff.

1055 § 4 S. 1 i.V.m. § 7 KSchG.

1056 *Canayer* et al., La justice prud'homale au milieu du gué, S. 43; *Holleaux*, Sem. Soc. Lamy, n° 1679, 1er juin 2015; *Orif*, Dr. soc. 2015, 819, 821; Rapport Lacabarats, S. 66.

1057 Vgl. *Canayer* et al., La justice prud'homale au milieu du gué, S. 43; *Daugareilh* et al., in: Ebisui et al., Resolving individual labour disputes, S. 108.

1058 *Bonafé-Schmitt* sah im Jahr 1987 einen Grund für die niedrigen Einigungsquoten in der zunehmenden Verrechtlichung der Güteverhandlung und der Arbeitsbeziehungen, Mouv. soc. 141 (1987), 121, 127.

kennen.[1059] Die Güteverhandlung dauert zudem oftmals zu kurz.[1060] Darüber hinaus könnte die Möglichkeit, sich auch in der Güteverhandlung anwaltlich vertreten zu lassen, hinderlich für einen Vergleichsschluss sein.[1061] Dies gilt vor allem angesichts der Praxis, dass die Rechtsanwälte überwiegend alleine erscheinen.[1062] Es gibt auch Stimmen, die einen Zusammenhang zwischen der Einigungsquote und der Verfahrensdauer sehen: Eine bald zu erwartende gerichtliche Entscheidung steigere die Bereitschaft für Zugeständnisse.[1063] In Anbetracht der langen Verfahrensdauer bei den CPH[1064] vermag auch diese These den Befund zu erklären.

cc) Einigungen ohne Beteiligung des Conseil de Prud'hommes

308 Ein weiterer gewichtiger Punkt für die niedrige Einigungsquote könnte in der Statistik selbst zu finden sein: Nach Angabe einiger Autoren erfasse der dort angegebene Anteil der Vergleiche nur solche, die protokolliert wurden, nicht aber die – auch während des bereits laufenden Gerichtsprozesses – ohne Beteiligung des CPH erzielten Einigungen.[1065] Dass die Zahl der gütlichen Einigungen insgesamt viel höher liege, zeige der hohe Anteil der Verfahren, die ohne Urteil beendet würden.[1066]

309 Tatsächlich weist die Statistik für das Jahr 2020 aus, dass nur in 60,3 % der Verfahren ein streitiges Urteil (*décision statuant sur la demande*) erging.[1067] Die anderweitig erledigten Verfahren (39,7 % der gesamten Erledigungen)

1059 Vgl. *Canayer* et al., La justice prud'homale au milieu du gué, S. 42; *Orif*, Dr. soc. 2015, 819, 820 f.

1060 *Orif*, Dr. soc. 2015, 819, 820; vgl. oben 293 f.

1061 *Canayer* et al., La justice prud'homale au milieu du gué, S. 42.

1062 Vgl. *Orif*, Dr. soc. 2015, 819, 820; Rapport Lacabarats, S. 67 f.

1063 *Lehnisch/Mariani/Regent*, RDT 2021, 728, 732.

1064 Siehe hierzu Rn. 372 ff.

1065 *Canayer* et al., La justice prud'homale au milieu du gué, S. 43; *Serverin*, Connaître la justice prud'homale pour améliorer son fonctionnement, S. 7 f.; vgl. *Holleaux*, Sem. Soc. Lamy, n° 1679, 1er juin 2015.

1066 *Serverin*, Connaître la justice prud'homale pour améliorer son fonctionnement, S. 7 f.; so auch bereits *Bonafé-Schmitt*, Mouv. soc. 141 (1987), 121, 128; vgl. auch Ministère de la Justice, Les affaires prud'homales dans la chaîne judiciaire de 2004 à 2018, S. 38 f. Letzterer Bericht entstand ebenfalls in Zusammenarbeit mit *Serverin*. Kritisch zu diesem Argument Rapport Lacabarats, S. 66 f.

1067 Eigene Berechnung auf der Grundlage der Zahlen aus: Ministère de la Justice, Références statistiques justice, Justice civile et commerciale, Le contentieux du travail, 2020, S. 47.

unterteilen sich wie folgt: 24,2 % Vergleich (*accord des parties*), 27,2 % Streichung (*radiation*)[1068], 3,4 % Hinfälligkeit (*caducité*)[1069], 33,3 % Verzicht (*désistement*) und 11,8 % andere Gründe.[1070]

Welche Fälle die Kategorie „*accord des parties*" (24,2 %) im Einzelnen erfasst, 310
ist in der zitierten Statistik nicht definiert. Es dürften aber nur die Fälle sein, in denen der CPH an der Einigung beteiligt war – etwa weil die Parteien sich vor dem CPH geeinigt haben oder weil der CPH eine außergerichtliche Einigung gerichtlich bestätigt hat.[1071] In wie vielen Fällen das Verfahren darüber hinaus *de facto* durch eine Einigung beendet wurde, sie aber nicht als solche in die Statistik einging, kann nicht abgelesen werden.[1072] Nachvollziehbar erscheint, dass einem Verzicht oftmals oder gar überwiegend ein außergerichtlicher Vergleich vorausgehen könnte.[1073] Bei der Streichung und der Hinfälligkeit ist dies weniger klar, da hier das Verfahren später gegebenenfalls wiederaufgenommen werden kann.[1074]

Geht man davon aus, dass während der laufenden Verfahren vor den CPH 311
deutlich mehr außergerichtliche als gerichtliche Vergleiche geschlossen werden, so stellt sich die Frage, warum das Güteverfahren – trotz der gesetzlichen Intention – so wenig erfolgreich ist und die Parteien öfter ohne gerichtliche Beteiligung zu einer gütlichen Einigung gelangen.[1075] Denkbar ist, dass die

---

1068 Eine Streichung sanktioniert die „mangelhafte Sorgfalt der Parteien", Art. 381 C. pr. civ.

1069 Der CPH kann die Hinfälligkeit bei Säumnis des Klägers beschließen, Art. R. 1454-12, R. 1454-21 C. trav., Art. 468 C. pr. civ. Siehe dazu *Boulmier* et al., Le Lamy Procédure prud'homale, Rn. 464 f., 550 f.

1070 Ministère de la Justice, Références statistiques justice, Justice civile et commerciale, Le contentieux du travail, 2020, S. 47.

1071 Vgl. Ministère de la Justice, Les affaires prud'homales dans la chaîne judiciaire de 2004 à 2018, S. 40. Dort sind die Beendigungsgründe für das Jahr 2018 weiter aufgeschlüsselt und enthalten insbesondere die Kategorien „*constate un accord*", „*constate la conciliation*" und „*homologue un accord*".

1072 Entschiedener hingegen Ministère de la Justice, Les affaires prud'homales dans la chaîne judiciaire de 2004 à 2018, S. 38 f.: Eine Einigung impliziert sei bei *conciliations, homologations ou constats d'accord, acquiescements des défendeurs, retraits conjoints du rôle* und *désistements des demandeurs*. Entsprechend differenzierte Zahlen sind jedoch nicht in der oben zitierten Statistik aus 2020 enthalten.

1073 Vgl. *Boulmier* et al., Le Lamy Procédure prud'homale, Rn. 556.

1074 *Serverin*, Dr. ouvr. 2008, 253, 256 f.; vgl. auch Tabelle in Ministère de la Justice, Les affaires prud'homales dans la chaîne judiciaire de 2004 à 2018, S. 40. Anders *Holleaux*, Sem. Soc. Lamy, n° 1679, 1er juin 2015.

1075 Auf diese Frage wird im Vergleich zu Deutschland näher eingegangen (Rn. 325 ff.).

Besetzung ausschließlich mit Arbeitnehmerrichtern und Arbeitgeberrichtern Vergleiche nicht fördert. Die Gründe könnten aber auch im Verfahren selbst zu suchen sein. Gerade die lange Verfahrensdauer[1076] könnte die Parteien auch noch nach Klageerhebung zu einer außergerichtlichen Einigung als „kleineres Übel" bewegen.[1077]

c) Maßnahmen zur Förderung gütlicher Einigungen

312 Um die Güteverhandlung zu stärken und das Verfahren effizienter zu gestalten, gab und gibt es immer wieder Neuerungen und Vorschläge.

aa) Öffnung für alternative Streitbeilegungsmethoden

313 Im Zuge der Reform 2015[1078] wurde die Möglichkeit eröffnet, alternative Streitbeilegungsinstrumente auf individualarbeitsrechtliche Streitigkeiten anzuwenden, namentlich die *médiation conventionnelle* und die *procédure participative*.[1079] Dies geschah zum einen zur Förderung der gütlichen Streitbeilegung, zum anderen zur Verfahrensbeschleunigung bzw. Senkung der Verfahrenszahlen.[1080] Die *conseillers* können den Parteien nun auch empfehlen oder sie anweisen, sich an einen Mediator zu wenden.[1081]

314 Im Ergebnis dürfte die Öffnung für alternative Streitbeilegungsmethoden die Güteverhandlung aber eher schwächen als stärken.[1082] Sie entfernt die CPH weiter von ihrer historisch zentralen Aufgabe, die sich immer noch in Art. L. 1411-1 C. trav. widerspiegelt. *Boulmier* kritisiert, dass die Güteverhandlung nun auf eine private, kostenpflichtige und letztlich lukrative Stelle ausgelagert werden kann.[1083] Dies benachteilige den Arbeitnehmer, denn er könne dadurch gefügig gemacht werden.[1084] Es sei aber viel mehr angezeigt, den *conseillers* mehr Handlungsoptionen einzuräumen.[1085]

1076 Dazu unten Rn. 372 ff.

1077 Anders *Lehnisch/Mariani/Regent*, RDT 2021, 728, 732; siehe oben Rn. 307.

1078 Loi n° 2015-990 du 6 août 2015, JORF n° 181 du 7 août 2015.

1079 Art. 1528 f. C. pr. civ. Siehe dazu *Boulmier*, Dr. soc. 2015, 430, 440 f.

1080 *Baugard*, Dr. soc. 2017, 599, 603; *Boulmier*, Dr. soc. 2015, 430, 440.

1081 Art. R. 1471-2 C. trav.; *Boulmier*, Dr. soc. 2017, 584, 585.

1082 *Baugard*, Dr. soc. 2017, 599, 604; vgl. *Orif*, Dr. soc. 2015, 819, 821.

1083 *Boulmier*, Dr. soc. 2017, 584, 585; ähnlich *Beckers*, RDT 2017, 279, 280. Kritisch auch *Bataille/Cormorant*, La procédure prud'homale, Rn. 1073.

1084 *Boulmier*, Dr. soc. 2017, 584, 585.

1085 *Boulmier*, Dr. soc. 2017, 584, 585.

bb) *Ausgewählte weitere Vorschläge*

Lacabarats ist der Auffassung, es könne keine effektive Güteverhandlung geben, wenn die Parteien vorher die Beweislage nicht einschätzen können, weil ihnen noch nicht alle Schriftstücke vorliegen. Dies sei aber eine weitverbreitete Praxis.[1086] Außerdem hätten die *conseillers* zu wenig Zeit, die Güteverhandlung vorzubereiten.[1087] Zielfördernd sei zudem, (nur) die für eine gütliche Streitbeilegung geeigneten Fälle in einer besonderen Sitzung zu behandeln, in der die *conseillers* idealerweise eine spezielle Ausbildung hätten.[1088] 315

Canayer et al. schlagen vor, den obligatorischen Charakter der Güteverhandlung ganz abzuschaffen und den Parteien zu erlauben, der ersten Verhandlung auch ohne einen Vertreter fernzubleiben. Die *conseillers* sollten in geeigneten Fällen eine Güteverhandlung vor dem *bureau de conciliation et d'orientation*, aber auch eine Mediation oder andere Streitbeilegungsmethoden vorschlagen können. Dies solle die Effizienz des Verfahrens erhöhen, da nur in aussichtsreichen Fällen ein Einigungsversuch unternommen wird.[1089] Bestimmte *conseillers* sollten eine spezifische Ausbildung für die Güteverhandlung erhalten.[1090] Werde eine Güteverhandlung durchgeführt, sollten die Parteien persönlich erscheinen.[1091] Auch der Beklagte solle verpflichtet sein, seine Schriftsätze und Verteidigungsmittel vor der Güteverhandlung schriftlich einzureichen.[1092] 316

6. Vergleich mit Deutschland

a) *Güteverhandlung*

Auch in Deutschland steht die gütliche Einigung der Parteien im Vordergrund und ist ein prägendes Merkmal der Arbeitsgerichte.[1093] Dies spiegelt sich zum einen darin wider, dass hier die Güteverhandlung (§ 54 ArbGG) – anders als vor den ordentlichen Gerichten[1094] – obligatorisch ist. Zum anderen soll die 317

1086 *Lacabarats*, RJS 2016, 187, 189; ähnlich *Beckers*, RDT 2017, 279, 280; *Orif*, Dr. soc. 2015, 819, 821.

1087 *Lacabarats*, RJS 2016, 187, 189.

1088 *Lacabarats*, RJS 2016, 187, 189.

1089 *Canayer* et al., La justice prud'homale au milieu du gué, S. 49 f., recommandation n° 3.

1090 *Canayer* et al., La justice prud'homale au milieu du gué, S. 51, recommandations n° 4, 5.

1091 *Canayer* et al., La justice prud'homale au milieu du gué, S. 52, recommandation n° 6.

1092 *Canayer* et al., La justice prud'homale au milieu du gué, S. 52, recommandation n° 7.

1093 *Junker*, Grundkurs Arbeitsrecht, Rn. 836, 880.

1094 § 278 Abs. 2 S. 1 ZPO.

Kammer während des gesamten Verfahrens, also auch nach gescheiterter Güteverhandlung, auf eine Einigung hinwirken (§ 57 Abs. 2 ArbGG).[1095]

318 Im Unterschied zu Frankreich ist die Güteverhandlung in Deutschland öffentlich. Sie ist kein eigenes vorgeschaltetes Verfahren, sondern Teil der mündlichen Verhandlung, namentlich ihr Beginn (§ 54 Abs. 1 S. 1 ArbGG).[1096] Dies darf nicht darüber hinwegtäuschen, dass die Güteverhandlung ein wichtiger Verfahrensabschnitt ist. In der Praxis terminieren Vorsitzende die Güteverhandlung überwiegend auf einen eigenen Tag,[1097] sodass der äußerliche Ablauf ähnlich wie in Frankreich ist.

319 Während der Güteverhandlung ist die Richterbank in beiden Ländern mit weniger Richtern besetzt als in der streitigen Verhandlung. Ein wesentlicher Unterschied ist, dass in Deutschland die ehrenamtlichen Richter überhaupt nicht an der Güteverhandlung beteiligt sind.[1098] Ihre Beteiligung ist vielmehr unzulässig,[1099] sie dürfen aber im Gerichtssaal (nicht auf der Richterbank) anwesend sein.[1100]

320 Ähnlich wie in Frankreich kann der deutsche Richter die Güteverhandlung recht frei gestalten;[1101] das Gesetz gibt nur vor, dass er das gesamte Streitverhältnis mit den Parteien unter freier Würdigung aller Umstände zu erörtern hat (§ 54 Abs. 1 S. 2 ArbGG).[1102] Er kann den Parteien auch eine Mediation oder ein anderes Verfahren der außergerichtlichen Konfliktbeilegung vorschlagen (§ 54a Abs. 1 ArbGG).

b) Anteil der gütlichen Einigungen

321 In Deutschland wurden von den insgesamt 332.957 im Jahr 2020 im Urteilsverfahren erledigten Verfahren 220.607, mithin 66,3 %, durch

---

1095 BeckOK-ArbR/*Hamacher*, § 57 Rn. 18; Tschöpe/*Rolfs*, ArbR Hb, 5. Teil, C. Rn. 42.

1096 BeckOK-ArbR/*Hamacher*, § 54 Rn. 1; GMP/*Künzl*, ArbGG, § 54 Rn. 11; *Junker*, Grundkurs Arbeitsrecht, Rn. 880; O/K/S/*Künzl*, Hb ArbG Verf, Rn. 212.

1097 *Schmidt/Luczak*, in: Die Arbeitsgerichtsbarkeit, S. 241; Tschöpe/*Rolfs*, ArbR Hb, 5. Teil, C. Rn. 4.

1098 Für die Leitung der Güteverhandlung nach französischem Vorbild nur durch ehrenamtliche Richter plädiert *Kraushaar*, NZA 1987, 761, 764; dagegen *Binkert/Eylert*, NZA 1989, 872.

1099 GK-ArbGG/*Schütz*, § 54 Rn. 20; GMP/*Künzl*, § 54 ArbGG Rn. 9; Schwab/Weth/*Korinth/Nause*, § 54 ArbGG Rn. 4.

1100 ErfK/*Koch*, § 54 ArbGG Rn. 4; a.A. Schwab/Weth/*Korinth*, § 54 ArbGG Rn. 7, der eine Anwesenheit auf der Richterbank für zulässig erachtet.

1101 O/K/S/*Künzl*, Hb ArbG Verf, Rn. 215.

1102 Möglich ist auch eine Verweisung an einen Güterichter, § 54 Abs. 6 ArbGG.

gerichtlichen Vergleich erledigt.[1103] Ein ähnliches Bild zeigt sich in den Jahren zuvor (2019: 64,5 %, 2018: 63,3 %)[1104] sowie 2021 (65,6 %)[1105]. Die Tendenz ist daher deutlich: Es gibt erheblich mehr gerichtliche Vergleiche als in Frankreich. Dieser Unterschied ist bemerkenswert, steht doch sowohl bei den deutschen Arbeitsgerichten als auch bei den CPH die gütliche Einigung geschichtlich und aktuell im Vordergrund des Verfahrens.[1106] In Deutschland scheinen diese gerichtlichen Einigungsbemühungen also weitaus erfolgreicher als in Frankreich zu sein.

Eine derart klare Aussage lässt sich für die *Gesamtzahl* der gütlichen Eini- 322
gungen in individualarbeitsrechtlichen Streitigkeiten nicht treffen: Weder in Frankreich noch in Deutschland ist die Zahl der außergerichtlichen Vergleiche vor oder während eines laufenden Gerichtsverfahrens – soweit ersichtlich – statistisch erfasst.[1107] Allerdings lassen die Zahlen der nicht durch streitiges Urteil erledigten Verfahren gewisse Rückschlüsse zu: Der Anteil der in Frankreich im Jahr 2020 anderweitig erledigten Verfahren betrug insgesamt 39,7 %.[1108] Abzüglich der durch Vergleich (*accord des parties*) erledigten Verfahren[1109] verbleiben 30,1 % anderweitig erledigte Verfahren. Selbst wenn man aber davon ausginge, dass – unrealistischerweise[1110] – 90 % der sonstigen Erledigungen auf einer

---

1103 Zahlen aus: Statistisches Bundesamt, Arbeitsgerichtsstatistik 2020, Tabelle 2.1.1. Die Statistik unterscheidet nicht nach Vergleichsschlüssen in der Güteverhandlung, im Kammertermin oder nach § 278 Abs. 6 ZPO.

1104 Eigene Berechnung auf Grundlage der Zahlen aus: Bundesministerium für Arbeit und Soziales, Ergebnisse der Statistik der Arbeitsgerichtsbarkeit 2019 und Bundesministerium für Arbeit und Soziales, Ergebnisse der Statistik der Arbeitsgerichtsbarkeit 2018.

1105 Statistisches Bundesamt, Arbeitsgerichtsstatistik 2021, Tabelle 2.1.1. Zur besseren Vergleichbarkeit werden im Folgenden – wie für die CPH – die Zahlen für das Jahr 2020 verwendet.

1106 *Höland* et al. bezeichnen es als „überraschend", dass die Quote in Frankreich trotz der „stärker verhandlungs- als rechtsorientierte[n] Streitbeilegung" niedriger als in Deutschland ist, AuR 2018, 404, 409.

1107 Vgl. oben Rn. 308 ff.; vgl. auch *Gottwald*, in: FS Schlosser, S. 231.

1108 Eigene Berechnung auf Grundlage der Zahlen aus: Ministère de la Justice, Références statistiques justice, Justice civile et commerciale, Le contentieux du travail, 2020, S. 47. Siehe auch oben Rn. 309.

1109 24,2 % dieses Anteils, mithin umgerechnet 8.205 Verfahren.

1110 Das Ministère de la Justice nimmt an, dass zwischen 2004 und 2018 von allen anderweitig erledigten Verfahren zwischen 48,3 % und 53,8 % eine (gerichtliche oder außergerichtliche) gütliche Einigung zugrunde lag; Ministère de la Justice, Les affaires prud'homales dans la chaîne judiciaire de 2004 à 2018, S. 39.

außergerichtlichen Einigung beruhen,[1111] verbliebe ein Verhältnis von gerundet 60 % streitigen Urteilen in der Sache gegenüber 37 % gütlichen Einigungen.

323 In Deutschland erging 2020 aber nur in 7,1 % der Verfahren ein streitiges Urteil.[1112] Auch hier können den sonstigen Erledigungen außergerichtliche Vergleiche vorangehen. Zu den 66,3 % der durch gerichtlichen Vergleich erledigten Verfahren könnte also noch ein erheblicher Anteil von außergerichtlichen Vergleichen hinzukommen. Mithin verbleibt in jedem Fall eine erhebliche Diskrepanz zwischen der Einigungsquote in Frankreich und der in Deutschland.

324 Die **Übersicht 5** zeigt die Erledigungsgründe in Frankreich und in Deutschland jeweils im Jahr 2020:[1113]

1111 Bei 25.700 anderweitig erledigten Verfahren (ohne streitige Urteile und ohne gerichtliche Vergleiche) würde das bedeuten, dass 23.130 Verfahren letztlich durch außergerichtlichen Vergleich erledigt wurden. Das wären 27,1 % aller erledigten Verfahren.

1112 Von den insgesamt 322.957 erledigten Verfahren wurden 23.773 Verfahren durch streitiges Urteil beendet; Statistisches Bundesamt, Arbeitsgerichtsstatistik 2020, Tabelle 2.1.1.

1113 Zahlen für Frankreich bzw. deren Berechnungsgrundlage aus Ministère de la Justice, Références statistiques justice, Justice civile et commerciale, Le contentieux du travail, 2020, S. 47; Zahlen für Deutschland aus Statistisches Bundesamt, Arbeitsgerichtsstatistik 2020, Tabelle 2.1.1,

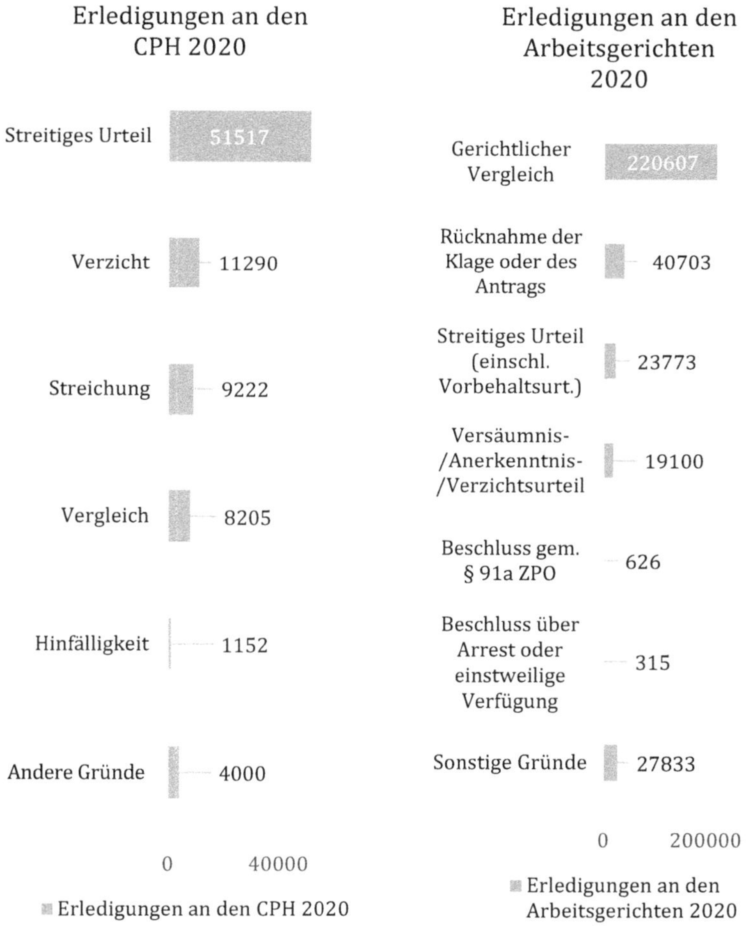

Übersicht 5: Erledigungen an den CPH und an den Arbeitsgerichten 2020

c) Mögliche rechtliche Faktoren für die Diskrepanz

325 Worauf diese Diskrepanz im Einzelnen zurückzuführen ist, kann nicht abschließend ergründet werden. Die möglichen Einflüsse sind vielfältig und betreffen nicht nur die Rechtsordnung, sondern vielmehr auch gesellschaftliche, ökonomische

und politische Umstände, darunter auch die Arbeitsmärkte.[1114] Dennoch lohnt sich ein Blick auf rechtliche Faktoren, die jedenfalls *auch* Einfluss auf die Vergleichsfreundlichkeit oder -feindlichkeit der Arbeitsgerichtsverfahren beider Länder haben.

aa) Bestandsschutz gegen Abfindungsschutz

326 Da bei den Verfahrensgegenständen sowohl in Frankreich als auch in Deutschland die Klagen gegen Kündigungen zahlenmäßig eine besonders große Bedeutung haben,[1115] ist ein Blick auf diese Rechtsstreitigkeiten besonders aufschlussreich. Hier zeigt sich in den beiden Ländern eine unterschiedliche materiell-rechtliche Ausgangslage, welche die Vergleichsbereitschaft der Parteien beeinflussen dürfte:[1116] Ist eine Kündigungsschutzklage in Deutschland erfolgreich, besteht das Arbeitsverhältnis weiter (Bestandsschutz).[1117] Eine einmal ausgesprochene Kündigung führt aber, auch wenn sie rechtswidrig ist, in aller Regel zu einer Zerrüttung zwischen Arbeitnehmer und Arbeitgeber.[1118] Beide Parteien, jedenfalls aber der Arbeitgeber, haben regelmäßig kein Interesse daran, das Arbeitsverhältnis weiterzuführen. Dies gilt in besonderem Maße auch für Arbeitnehmer, die bereits eine neue Stelle gefunden haben.[1119] Ist

1114 Vgl. *Junker*, JZ 1994, 921, 924, der konstatiert, dass „gerade bei der Rechtsverwirklichung alles mit jedem zusammenhängt". Zu den Grenzen der Arbeitsrechtsvergleichung *Junker*, in: FS Canaris, S. 715 f.; vgl. auch *Zweigert/Kötz*, Einführung in die Rechtsvergleichung, S. 42 f.

1115 Vgl. *Boulmier* et al., Le Lamy Procédure prud'homale, Rn. 15; *Ray*, Droit du travail, Rn. 99; In Deutschland hatten im Jahr 2020 43,3 % der erledigten Klagen Kündigungen zum Gegenstand; eigene Berechnung auf Grundlage der Zahlen aus: Bundesministerium für Arbeit und Soziales, Ergebnisse der Statistik der Arbeitsgerichtsbarkeit 2020, Tabelle 2.1.1. In Frankreich betrafen im Jahr 2020 knapp 75 % der bei den CPH erhobenen Klagen eine Beanstandung des Kündigungsgrundes; eigene Berechnung auf Grundlage der Zahlen aus: Ministère de la Justice, Références statistiques justice, Justice civile et commerciale, Le contentieux du travail, 2020, S. 47.

1116 So auch *Moritz*, ZfRSoz 1984, 51, 74 f., 77; *Moritz*, Das französische Arbeitsgericht, S. 237. *Moritz* sieht eine weitere Erklärungsmöglichkeit für die „Tendenz zum Urteil" in einer „allgemeinen Verrechtlichungsentwicklung", ZfRSoz 1984, 51, 75.

1117 *Junker*, Grundkurs Arbeitsrecht, Rn. 390.

1118 Vgl. MüHdb ArbR/*Greiner*, § 111 Rn. 7.

1119 *Moritz*, Das französische Arbeitsgericht, S. 223 f.; MüHdb ArbR/*Greiner*, § 111 Rn. 7.

die Kündigung dagegen wirksam, endet das Arbeitsverhältnis ohne Entschädigung für den Arbeitnehmer. Ein Vergleich kann gegenüber diesen beiden Extremen eine interessengerechtere Lösung herbeiführen.[1120]

In Frankreich, wo Arbeitnehmer nur im Ausnahmefall einer nichtigen Kündigung einen Anspruch auf Weiterbeschäftigung haben,[1121] drehen sich die Kündigungsstreitigkeiten hingegen um Schadensersatz- und Entschädigungsforderungen.[1122] Auch bei einer rechtmäßigen Kündigung steht einem Arbeitnehmer, der zuvor für mindestens acht Monate unbefristet beschäftigt war, grundsätzlich eine finanzielle Entschädigung zu (Art. L. 1234-9 C. trav.). Für den Arbeitnehmer geht es daher letztlich immer um Geld. Dieses Ergebnis kann er zwar ebenso durch einen Vergleich erzielen. Andererseits kann der Arbeitnehmer darauf spekulieren, durch ein Urteil eine höhere Summe zu erreichen. Das gilt vor allem vor dem Hintergrund, dass die Höhe der Entschädigung bei unrechtmäßigen Kündigungen bisher im Ermessen des Richters stand.[1123] Dem Arbeitnehmer wurden teilweise sehr hohe Summen zugesprochen.[1124] Das dürfte sein Interesse an einer gütlichen Streitbeilegung deutlich verringern. Allerdings gilt dieses Argument seit 2017 nicht mehr in gleichem Maße: Heute bestehen für die Entschädigungssummen bei Kündigungen ohne tatsächlichen und ernsthaften Kündigungsgrund (*licenciement sans cause réelle et sérieuse*) zwingende gesetzliche Unter- und Obergrenzen (Art. L. 1235-3 C. trav., sog. „*barème Macron*"). Sie sind gestaffelt nach der Betriebszugehörigkeit des 327

1120 *Moritz*, ZfRSoz 1984, 51, 74, 77; *Moritz*, Das französische Arbeitsgericht, S. 223 f., 237–239; vgl. *Aldea*, Das französische Kündigungsrecht, S. 167; *Junker*, Grundkurs Arbeitsrecht, Rn. 392; MüHdb ArbR/*Greiner*, § 111 Rn. 7.

1121 Insbesondere bei einem Verstoß gegen ein Grundrecht oder bei diskriminierenden Entlassungen, Art. L. 1235-3-1 Nr. 1, 3 C. trav. Siehe zu den Ausnahmen und zu deren Begründung *Aldea*, Das französische Kündigungsrecht, S. 290 ff.

1122 Vgl. *Aldea*, Das französische Kündigungsrecht, S. 132 f., 163 f.; *Moritz*, ZfRSoz 1984, 51, 75.

1123 Cass. soc. 13 mars 2001, n° 98-46.244, Bull. 2001 V n° 85, S. 65; Cass. soc. 16 févr. 1987, n° 84-42.569, Bull. 1987 V n° 78, S. 50; *Jäcklein*, AuR 2017, 498, 499; vgl. *Aldea*, Das französische Kündigungsrecht, S. 148, 300; *Grangé*, JCP-S 2019, Nr. 1162, 1, 1 f.

1124 Vgl. *Antonmattei*, Droit du travail, Rn. 380; *Ray*, Droit du travail, Rn. 604; anders *Aldea*, Das französische Kündigungsrecht, S. 149.

Arbeitnehmers.[1125] Auf die früher möglichen hohen Summen kann ein Arbeitnehmer heute nicht mehr hoffen.[1126]

bb) Kündigungsvorgespräch

328 Vor Ausspruch einer Kündigung aus arbeitnehmerbezogenen Motiven[1127] (*licenciement pour motif personnel*) muss in Frankreich ein Kündigungsvorgespräch (*entretien préalable*) stattfinden (Art. L. 1232-2 C. trav.). Dieses bezweckt eine Bedenkzeit für den Arbeitgeber[1128] und bietet eine Gelegenheit zu einer gemeinsamen Lösung.[1129] Nach *Ray* würden darüber hinaus vor einer gerichtlichen Kündigungsstreitigkeit regelmäßig informelle Verhandlungen stattfinden. Daher würden letztlich nur die Fälle, in denen keine einvernehmliche Lösung gefunden werden konnte, vor den CPH gebracht.[1130] Die gesetzliche Festlegung einer Pauschalentschädigung bei Streitigkeiten über den tatsächlichen und ernsthaften Kündigungsgrund[1131] dürfte einer solchen vorgerichtlichen Einigung zudem zuträglich sein: Zwar ist der Rückgriff hierauf im Verfahren fakultativ; der Betrag bietet den Parteien aber einen Anhaltspunkt für eine mögliche Einigung.

329 In Deutschland findet vor Ausspruch der Kündigung – außer bei einer Verdachtskündigung – kein zwingendes Gespräch mit dem Arbeitnehmer statt.[1132] Der Arbeitgeber muss zwar den Betriebsrat anhören (§ 102 Abs. 1 S. 1

1125 Es gibt eine Tabelle für Unternehmen mit elf oder mehr Arbeitnehmern und eine Tabelle für Unternehmen mit weniger als elf Arbeitnehmern. Zur Verfassungsmäßigkeit dieses *barème Macron* Cons. const. 21 mars 2018, n° 2018-761 DC, Rn. 83–91, JORF n° 76 du 31 mars 2018; zur Vereinbarkeit mit dem Übereinkommen Nr. 158 der Internationalen Arbeitsorganisation und mit Art. 24 der Europäischen Sozialcharta Cass. soc. 11 mai 2022, n° 21-14.490, abrufbar unter https://www.courdecassation.fr/decision/627b537f4d359c057dd01cf4 [zuletzt abgerufen am 7.10.2022]; Cass. soc. 11 mai 2022, n° 21-15.247, abrufbar unter: https://www.legifrance.gouv.fr/juri/id/JURITEXT000045802477 [zuletzt abgerufen am 7.10.2022]. Zu den Ausnahmen für die Anwendbarkeit des *barème Macron* siehe *Boulmier* et al., Le Lamy Procédure prud'homale, Rn. 909 f.

1126 Vgl. *Ray*, Droit du travail, Rn. 607.

1127 Übersetzung angelehnt an die Umschreibung von *Aldea*, Das französische Kündigungsrecht, S. 99.

1128 *Ray*, Droit du travail, Rn. 100.

1129 *Keller*, Dr. soc. 2003, 890, 892.

1130 *Ray*, Droit du travail, Rn. 100.

1131 Siehe dazu oben Rn. 292.

1132 *Aldea*, Das französische Kündigungsrecht, S. 123.

BetrVG).[1133] Diese Anhörung ist jedoch nicht in gleichem Maße einigungsförderlich wie das französische Kündigungsvorgespräch: Letzteres findet zwischen den Parteien eines potentiellen Vergleichs statt; in Deutschland ist der Arbeitnehmer an der Anhörung dagegen nicht persönlich beteiligt.[1134]

cc) Zeitpunkt der Klageerhebung

Auch hierzulande dürften viele Parteien eine einvernehmliche Lösung einem Gerichtsverfahren vorziehen und dementsprechend auch ohne formales Kündigungsvorgespräch eine Einigung anstreben. Allerdings ist das Zeitfenster für eine vorgerichtliche Einigung wegen der materiellen Ausschlussfrist von nur drei Wochen (§ 4 S. 1 i.V.m. § 7 KSchG) sehr kurz und bietet daher wenig Gelegenheit für eine fruchtbare Aussprache zwischen Arbeitgeber und Arbeitnehmer. Letzterer muss daher zur Sicherheit gegebenenfalls noch vor dem Gesprächsbeginn mit dem Arbeitgeber Klage erheben, um eine Präklusion zu verhindern. 330

An dieser Stelle dürfte ein wesentlicher Systemunterschied liegen, der sich auch in den Einigungsquoten beider Länder niederschlägt: In Frankreich sind die Fristen, in denen ein Arbeitnehmer gerichtlich gegen seine Entlassung vorgehen kann, deutlich länger:[1135] Klagen im Zusammenhang mit der Beendigung des Arbeitsverhältnisses müssen grundsätzlich innerhalb von zwölf Monaten ab Zugang der Beendigungserklärung erhoben werden.[1136] Macht der Arbeitnehmer geltend, dass seine Entlassung auf einem diskriminierenden Motiv beruht, kann er dies sogar innerhalb von fünf Jahren geltend machen.[1137] Diese Differenz spricht dafür, dass in Frankreich deutlich mehr *vor*gerichtliche Einigungen erzielt werden als in Deutschland.[1138] 331

1133 In Frankreich ist der Sozial- und Wirtschaftsausschuss (CSE) nur in wenigen Fällen zu beteiligen; siehe dazu Art. L. 1233-5 ff. C. trav., L. 2312-14 C. trav.; *Bataille/Cormorant*, La procédure prud'homale, Rn. 593. Auf die Einzelheiten des Kündigungsvorgesprächs kann im Rahmen dieser Arbeit nicht vertieft eingegangen werden. Siehe hierzu *Aldea*, Das französische Kündigungsrecht, S. 65–68; *Auzero/Baugard/Dockès*, Droit du travail, Rn. 449.

1134 Soweit dies erforderlich erscheint, soll der Betriebsrat vor seiner Stellungnahme allerdings den betroffenen Arbeitnehmer hören, § 102 Abs. 2 S. 4 BetrVG. Siehe zum Ganzen BeckOK-ArbR/*Mauer*, § 102 BetrVG.

1135 Siehe bereits Rn. 284.

1136 Art. L. 1471-1 Abs. 2 C. trav.; siehe oben Rn. 281.

1137 Art. L. 1134-5 Abs. 1 C. trav.; *Suire*, RPDS 2022, 131, 139.

1138 Siehe auch Rn. 305 f.

dd) Rechtlicher und tatsächlicher Rahmen der Güteverhandlung

332 In prozessualer Hinsicht könnte die gesetzliche Konzeption der Güteverhandlung Einfluss auf die Vergleichschancen haben: Bei den CPH wird zur Vorbereitung der Güteverhandlung nur eine sehr knappe Zeit vergütet – namentlich 30 Minuten je Sitzungstag.[1139] Diese 30 Minuten kann zudem nur ein einziger *conseiller* geltend machen (der Vorsitzende oder ein von ihm benannter *conseiller*).[1140] Den *conseillers* ist es also kaum möglich, das Streitverhältnis vorab einzuschätzen, um so den Parteien einen geeigneten Vergleichsvorschlag zu unterbreiten oder die Findung eines solchen maßgeblich zu fördern.[1141] Ein Praxisbericht legt nahe, dass die Güteverhandlung in Frankreich ohnehin keine echte Verhandlung ist, sondern dort nur die Bereitschaft für einen Vergleichsschluss abgefragt wird.[1142]

333 In Deutschland muss – und kann[1143] – der Vorsitzende die Güteverhandlung zwar nicht nach Maßgabe von § 56 Abs. 1 ArbGG umfassend vorbereiten und ihm liegt oftmals noch keine Klageerwiderung vor (vgl. § 47 Abs. 2 ArbGG). Wie intensiv er den Termin vorbereitet, steht in seinem Ermessen.[1144] Vergleichsfördernd dürfte aber sein, dass der Berufsrichter in der Güteverhandlung aufgrund seiner Expertise eine recht verlässliche – wenngleich vorläufige – juristische Einschätzung des Sachverhalts bieten kann.[1145] Er kann dabei die bevorstehenden Prozessrisiken hervorheben.[1146] So ist es besonders bei Streitigkeiten, die sich im Kern um eine Rechtsfrage drehen oder die besondere Prozessrisiken bergen, möglich, die Vergleichsbereitschaft der Parteien

---

1139 Art. D. 1423-65 C. trav. Siehe dazu Rn. 161. Kritisch dazu Rapport Lacabarats, S. 36.

1140 Art. R. 1423-55 Nr. 2a) C. trav.

1141 Vgl. *Canayer* et al., La justice prud'homale au milieu du gué, S. 43.

1142 *Chevalier/Drouin*, AE 2019, 120, 123. Siehe auch oben 293 f.

1143 Str., ErfK/*Koch*, § 54 ArbGG Rn. 3; GK-ArbGG/*Schütz*, § 54 ArbGG Rn. 22; GMP/*Künzl*, § 54 ArbGG Rn. 17; GWBG/*Benecke*, § 54 Rn. 18; Schwab/Weth/*Korinth*, § 54 ArbGG Rn. 6; a.A. (§ 46 Abs. 2 S. 1 ArbGG i.V.m. § 273 ZPO anwendbar): Düwell/Lipke/*Kloppenburg/Tautphäus*, § 54 ArbGG Rn. 20; MüHdb ArbR/*Pulz*, § 390 Rn. 31.

1144 Für eine gründliche Vorbereitung plädiert GK-ArbGG/*Schütz*, § 54 ArbGG Rn. 41. Es ist unüblich, die Güteverhandlung und die streitige Verhandlung auf den gleichen Tag zu terminieren, was wiederum eine Vorbereitung nach Maßgabe von § 56 Abs. 1 ArbGG erfordern würde; vgl. Tschöpe/*Rolfs*, ArbR Hb, 5. Teil, C. Rn. 4.

1145 Vgl. Schwab/Weth/*Korinth*, § 54 ArbGG Rn. 9 f.

1146 ErfK/*Koch*, § 54 ArbGG Rn. 4; GK-ArbGG/*Schütz*, § 54 ArbGG Rn. 40; O/K/S/*Künzl*, Hdb ArbG Verf, Rn. 214.

zu steigern.[1147] Der Richter kann den Parteien auch einen Vergleichsvorschlag unterbreiten.[1148] Wurde in der Güteverhandlung noch keine Einigung erzielt, wirkt das Gericht auch im Kammertermin auf einen Vergleichsschluss hin (§ 57 Abs. 2 ArbGG). Hier ist der Vorsitzende umfassend vorbereitet (§ 56 Abs. 1 ArbGG), kann die Streitigkeit und die Rechtslage bereits gut einschätzen und zudem seine Erkenntnisse aus dem Gütetermin nutzen, um die Parteien erneut einander näher zu bringen.

Auch wenn genügend Zeit und Ressourcen vorlägen, dürfte eine juristische Einschätzung der Streitigkeit zur Förderung der Vergleichsbereitschaft in der Güteverhandlung vor den CPH hingegen unzulässig sein. Der Kassationshof entschied in einer zivilrechtlichen Streitigkeit, dass ein Richter, der spätere Entscheidungselemente für den Fall einer gescheiterten Einigung äußerte, damit gegen das Gebot der Unparteilichkeit aus Art. 6 EMRK verstoßen hatte.[1149] Den *conseillers* dürfte es daher nicht erlaubt sein, den voraussichtlichen Ausgang des Verfahrens in der Güteverhandlung darzulegen. 334

ee) Kostenanreiz

In finanzieller Hinsicht ist das Kostenprivileg in Deutschland ein Anreiz für die Parteien, sich zu einigen:[1150] Bei Beendigung des Verfahrens durch gerichtlichen Vergleich entfallen die Gerichtsgebühren.[1151] Im gerichtskostenfreien Verfahren bei den CPH[1152] gibt es keinen Raum für eine vergleichbare Regelung. Für deutsche Rechtsanwälte ist ein Vergleichsschluss aufgrund der Einigungsgebühr[1153] attraktiv.[1154] In Frankreich fußt die Rechtsanwaltsvergütung nur auf Honorarvereinbarungen.[1155] Ob sich hieraus eine Veranlassung für 335

1147 Vgl. *Binkert/Eylert*, NZA 1989, 872, 873; *Moritz*, Das französische Arbeitsgericht, S. 248, der von den „Schrecknisse[n] des weiteren Verfahrens“ spricht; O/K/S/*Künzl*, Hdb ArbG Verf, Rn. 214.

1148 Schwab/Weth/*Korinth*, § 54 ArbGG Rn. 9.

1149 Cass. 2e civ. 15 mars 2012, n° 11-01.194, Bull. 2012 II, n° 54; *Pasquier*, RDT 2015, 275, 276 Fn. 16.

1150 BeckOK-ArbR/*Hamacher*, § 57 ArbGG Rn. 2.

1151 Anlage 1 GKG, Teil 8, Vorbemerkung 8; GMP/*Künzl*, § 12 ArbGG Rn. 22 ff., dort auch zu den Einzelheiten.

1152 Siehe dazu Rn. 393.

1153 Nr. 1000, 1003 Abs. 1 RVG-VV.

1154 Zudem steht ihm weiterhin die Terminsgebühr zu; BAG 20.6.2006 – 3 AZB 78/05, NJW 2006, 3022; GMP/*Künzl*, § 12 ArbGG Rn. 29.

1155 Siehe auch Rn. 395.

besondere Vergleichsbemühungen gibt, hängt vom Einzelfall ab, insbesondere vom Abrechnungsmodell.

ff) Stellung der Richter

336 Schließlich dürfte sich in den beiden Ländern auch die Vergleichsgeneigtheit der Richter unterscheiden:[1156] Ob die deutschen Berufsrichter aus Karrieregründen dergestalt unter „Vergleichsdruck" stehen, dass sie ihre Urteile möglichst präzise begründen und so einer Aufhebung in der Rechtsmittelinstanz vorbeugen sollten,[1157] ist im Hinblick auf die richterliche Unabhängigkeit zwar fraglich. Oftmals dürften ein dahingehender innerer Anspruch und Verantwortungsbewusstsein bestehen. Jedenfalls sollten die Berufsrichter die Zahl ihrer laufenden Verfahren möglichst konstant halten. Zur Bewältigung der vielen Eingänge ist es essenziell, möglichst viele Verfahren ohne Urteil und daher mit weniger Arbeitsaufwand und deutlich zügiger zu beenden.[1158]

337 Die *conseillers* müssen zwar ebenfalls unter großem Zeitaufwand ein Urteil verfassen, haben aber im Hinblick auf ihrer Karriere unstreitig keinen Anreiz, dass das Urteil in der Rechtsmittelinstanz nicht aufgehoben wird oder dass die Zahl ihrer laufenden Verfahren möglichst gering ist. Hinzu kommt, dass die *conseillers*, die im *bureau de conciliation et d'orientation* den Einigungsversuch leiten, im weiteren Verfahrensgang nicht zwingend zum Richterkollegium des *bureau de jugement* gehören.[1159] Eine gütliche Erledigung führt für sie also nicht notwendigerweise zu einer persönlichen Arbeitsentlastung.

338 Ein weiterer Faktor für die Einigungsbemühungen könnte im Gegensatz zwischen Berufsrichtern und Laienrichtern liegen: Ersterer ist von Berufs wegen neutral; er ist zudem selbst weder Arbeitnehmer noch Arbeitgeber. Die *conseillers* müssen zwar ebenfalls unparteiisch sein, gehören aber immer klar einer Seite an und werden in ihrer Eigenschaft als Arbeitnehmer bzw. Arbeitgeber zu *conseillers* berufen.[1160] Es liegt daher nahe, dass es ihnen (auch) um die Durchsetzung von Recht ihrer jeweiligen Seite geht und um die Herstellung von Gerechtigkeit im Rechtssinne. Dies könnte ein eher konfrontatives Verhalten

---

1156 *Moritz*, Das französische Arbeitsgericht, S. 239; vgl. *Moritz*, ZfRSoz 1984, 51, 78. Das weitere Argument von *Moritz*, dass die *conseillers* weniger vergleichsorientiert seien, weil sie kein Urteil schreiben müssten (S. 75, 78), gilt heute nicht mehr.

1157 So *Moritz*, Das französische Arbeitsgericht, S. 239.

1158 *Moritz*, Das französische Arbeitsgericht, S. 239.

1159 *Boulmier* et al., Le Lamy Procédure prud'homale, Rn. 559; vgl. *Bataille/Cormorant*, La procédure prud'homale, Rn. 72.

1160 Vgl. oben Rn. 172 f.

fördern.[1161] Der deutsche Berufsrichter hat demgegenüber mehr Abstand zum Konflikt und könnte daher konsensorientierter sein.

VI. Streitige Verhandlung vor dem *bureau de jugement*

Kommt keine Einigung zustande, folgt die streitige Verhandlung vor dem *bureau de jugement* (*phase de jugement*). Aufgrund der stetig sinkenden Zahl der gütlichen Einigungen gewann dieser Verfahrensteil in den letzten Jahrzehnten stark an Bedeutung. Die Parteien werden hierzu mit einfachem Brief geladen.[1162] Die Verhandlung ist öffentlich.[1163] 339

Das *bureau de jugement* ist grundsätzlich besetzt mit vier *conseillers* (je zwei Arbeitgeber und zwei Arbeitnehmer), wobei stets abwechselnd der Präsident der Sektion oder sein Stellvertreter als Vorsitzender beteiligt sind (Art. L. 1423-12 C. trav.). Der Vorsitzende leitet die Verhandlung.[1164] Die *conseillers*, mit denen zuvor das *bureau de conciliation et d'orientation* besetzt war, können auch Teil des *bureau de jugement* sein, müssen dies aber nicht.[1165] 340

1. Ablauf der streitigen Verhandlung

a) *Aufruf der Sachen und Prüfung der Verhandlungsreife*

Die mündliche Verhandlung vor dem *bureau de jugement* beginnt mit dem Aufruf der Sachen. Nachdem die *conseillers* die Anwesenheit der Parteien bzw. ihrer Vertreter festgestellt haben, prüfen sie, ob die einzelnen Rechtssachen verhandlungsreif sind. Dazu eruieren sie – typischerweise mit den Rechtsanwälten[1166] –, ob diese alle Dokumente untereinander ausgetauscht haben.[1167] Die *conseillers* haben zu diesem Zeitpunkt des Verfahrens zwar jedenfalls die förmliche Klageschrift (*requête*) erhalten. Der weitere Austausch von Schriftsätzen und Dokumenten findet aber zwischen den Parteien und nicht notwendigerweise 341

1161 Vgl. auch unten Rn. 355.
1162 *Miné*, Le grand livre du droit du travail, S. 53.
1163 Die *conseillers* können die Öffentlichkeit in den Fällen des Art. 435 C. pr. civ. ausschließen.
1164 *Miné*, Le grand livre de droit du travail, S. 55.
1165 *Boulmier* et al., Le Lamy Procédure prud'homale, Rn. 559; vgl. *Bataille/Cormorant*, La procédure prud'homale, Rn. 72. Auch der Vorsitzende muss nicht derselbe sein, Cass. soc. 14 juin 1989, n° 86-41.956; Bull. 1989 V n° 446.
1166 Siehe oben Rn. 272.
1167 Praktische Beobachtungen bei Besuchen des CPH Straßburg (21.9.2021), des CPH Lyon (28.2.–4.3.2022) und des CPH Caen (19.–20.5.2022).

über das Gericht statt. Die Parteien müssen dem CPH auch keine Kopien schicken. In den besuchten Verhandlungen baten die Rechtsanwälte sehr häufig um mehr Zeit für den Austausch. Die *conseillers* verschoben daraufhin den Termin (*renvoi*).[1168] Je nach den Umständen kann auch eine Streichung der Sache (*radiation*) beschlossen werden.[1169]

b) Plädoyers

342 Ist die Rechtssache verhandlungsreif, halten die Rechtsanwälte ihre Plädoyers, beginnend mit dem Klägervertreter.[1170] Die *conseillers* gewähren ihnen hierfür üblicherweise je 15–20 Minuten[1171] und können die Ausführungen auch währenddessen abkürzen.[1172] Parteien ohne anwaltliche Vertretung schildern ihre Situation formlos. Die *conseillers* können den Parteien beziehungsweise ihren Vertretern Fragen stellen.[1173] In eigenen praktischen Beobachtungen nahmen sie diese Möglichkeit nur vereinzelt wahr.[1174] Ebenfalls erwiderten die Rechtsanwälte nur selten das gegnerische Plädoyer. Oft ließen die *conseillers* auch überhaupt keine Replik zu und unterbanden Einwürfe des gegnerischen Rechtsanwalts.[1175] Auffallend war schließlich, dass sich nur manche *conseillers* Notizen machten.

1168 Praktische Beobachtungen bei Besuchen des CPH Straßburg (21.9.2021), des CPH Lyon (28.2.–4.3.2022) und des CPH Caen (19.–20.5.2022); vgl. auch *Boulmier* et al., Le Lamy Procédure prud'homale, Rn. 595 f.

1169 Art. 381–383 C. pr. civ.

1170 Art. 440 Abs. 2 C. pr. civ.; *Bataille/Cormorant*, La procédure prud'homale, Rn. 1126 f.; *Boulmier* et al., Le Lamy Procédure prud'homale, Rn. 569.

1171 Rechtsgespräch mit Rechtsanwalt *Dubray* am 3.3.2022 (er berichtete von 20 Minuten). *Bataille/Cormorant* schreiben, dass eine Viertelstunde ein „beliebter Durchschnitt" sei; *Bataille/Cormorant*, La procédure prud'homale, Rn. 1126. Eine französische Rechtsanwältin aus Paris berichtete, dass oftmals auch nur zehn Minuten gewährt werden; Rechtsgespräch am 17.5.2022.

1172 *Bataille/Cormorant*, La procédure prud'homale, Rn. 1129.

1173 *Bataille/Cormorant*, La procédure prud'homale, Rn. 1126.

1174 Besuche des CPH Straßburg (21.9.2021) und des CPH Lyon (28.2.–4.3.2022), etwas häufiger in Caen (19.–20.5.2022).

1175 Besuche des CPH Straßburg (21.9.2021) und des CPH Lyon (28.2.–4.3.2022). *Bataille/Cormorant* berichten hingegen, dass das Gericht Repliken – anders als Wiederholungen – generell zulässt; *Bataille/Cormorant*, La procédure prud'homale, Rn. 1126. Nach *Boulmier* et al. müssen Erwiderungen aufgrund des *principe du contradictoire* zugelassen werden; *Boulmier* et al., Le Lamy Procédure prud'homale, Rn. 569; anders *Bataille/Cormorant*, La procédure prud'homale, Rn. 1126.

c) Schriftsätze und Beweismittel

Am Ende der mündlichen Verhandlung[1176] überreichen die Parteien dem Gericht ihre Schriftsätze und Beweisstücke.[1177] Sind beide Parteien anwaltlich vertreten und machen beide ihre Ansprüche im Prozess (auch) schriftlich geltend, müssen die Rechtsanwälte am Tag der streitigen Verhandlung schriftliche *conclusions* abgeben.[1178] Dies sind systematisierte und konsolidierte Schriftsätze.[1179] Jeder Anspruch muss ausdrücklich formuliert sein und angegeben werden, durch welche Dokumente er bewiesen wird.[1180] Die *conclusions* enthalten neben einem Verzeichnis der Beweisstücke auch einen Tenor (*dispositif*), der alle Anträge umfasst.[1181] Nur über die in diesem Tenor aufgeführten Ansprüche – nicht über weitere früher schriftlich oder mündlich geltend gemachten Ansprüche – wird ein Urteil ergehen.[1182] 343

Auch in den Fällen, in denen das Gesetz die Parteien nicht zur Abgabe von *conclusions* verpflichtet, können diese ihre Ansprüche und Klagegründe schriftlich geltend machen.[1183] In der mündlichen Verhandlung kann eine Partei ihren Vortrag sodann darauf beschränken, auf diese Schriftstücke Bezug zu nehmen.[1184] Das Gesetz schreibt zudem vor, dass der *greffier* die mündlichen Stellungnahmen und Anträge vermerkt (Art. R. 1453-4 S. 2 C. trav.).[1185] In persönlichen Beobachtungen gaben alle anwaltlich vertretenen Parteien *conclusions* ab.[1186] 344

1176 Oder zu deren Beginn, *Bataille/Cormorant*, La procédure prud'homale, Rn. 1100.

1177 *Bataille/Cormorant*, La procédure prud'homale, Rn. 1131; Praktische Beobachtungen bei Besuchen des CPH Straßburg (21.9.2021), des CPH Lyon (28.2.–4.3.2022) und des CPH Caen (19.–20.5.2022).

1178 Art. R. 1453-5 C. trav.

1179 *Bataille/Cormorant*, La procédure prud'homale, Rn. 1107.

1180 *Bataille/Cormorant*, La procédure prud'homale, Rn. 1107.

1181 Art. R. 1453-5 C. trav.; *Bataille/Cormorant*, La procédure prud'homale, Rn. 350.

1182 Art. R. 1453-5 C. trav.; *Antonmattei*, Droit du travail, Rn. 80; *Bataille/Cormorant*, La procédure prud'homale, Rn. 350, 1107.

1183 *Boulmier* et al., Le Lamy Procédure prud'homale, Rn. 569.

1184 Art. R. 1453-4 S. 1 C. trav.; *Boulmier* et al., Le Lamy Procédure prud'homale, Rn. 496.

1185 *Bataille/Cormorant*, La procédure prud'homale, Rn. 1104.

1186 Besuche des CPH Straßburg (21.9.2021), des CPH Lyon (28.2.–4.3.2022) und des CPH Caen (19.–20.5.2022).

345 Schließlich gibt der Vorsitzende bekannt, an welchem Tag die Urteilsverkündung stattfinden wird.[1187] Möglich ist auch, dass sich die *conseillers* unmittelbar beraten und das Urteil im Anschluss verkünden.[1188]

d) Praktische Beobachtungen und Vergleich zu Deutschland

346 Dem deutschen Juristen dürfte die Beschränkung der Redezeit problematisch erscheinen und Bedenken im Hinblick auf den Anspruch auf rechtliches Gehör (Art. 103 Abs. 1 GG) hervorrufen. Allerdings ist zu berücksichtigen, dass die anwaltlichen konsolidierten Schriftsätze im Prozess vor den CPH – trotz des Mündlichkeitsgrundsatzes – die wesentliche Entscheidungsgrundlage bilden.[1189] Daher können die Ausführungen der Parteien auch bei verkürztem mündlichen Vortrag umfassend berücksichtigt werden.

347 *Conseillers* aus Lyon berichteten in einem persönlichen Gespräch, dass sie die Akten – wie gesetzlich vorgesehen[1190] – typischerweise erst nach der mündlichen Verhandlung lesen.[1191] Ohnehin liegen sie ihnen erst dann vollständig vor.[1192] Dies vermag zu erklären, warum sie den Parteien nur wenige Fragen stellen. Da die Rechtsanwälte, welche in der weit überwiegenden Zahl der Verfahren die Parteien vertreten,[1193] ihre Schlussfolgerungen in der Regel schriftlich ausführen müssen, können sich die *conseillers* bei den Urteilsberatungen auf diese stützen. Eigenen Notizen kommt daher eine geringere Bedeutung zu, was auch die persönliche Beobachtung über deren Seltenheit erklärt.

348 Am CPH Caen wirkten die Vorsitzenden des *bureau de jugement* hingegen jeweils sehr gut vorbereitet.[1194] Eine Vorsitzende berichtete in einem persönlichen Gespräch, dass sie am Tag zuvor die Akten (die oftmals nur aus der Klageschrift bestehen) studiere und ihren Kollegen am Morgen des Verhandlungstags einen Überblick gebe.[1195] In der Verhandlung stellten die *conseillers* dort etwas

---

1187 Art. 450 C. pr. civ.; *Antonmattei*, Droit du travail, Rn. 81; Praktische Beobachtungen bei Besuchen des CPH Straßburg (21.9.2021), des CPH Lyon (28.2.–4.3.2022) und des CPH Caen (19.–20.5.2022).

1188 *Antonmattei*, Droit du travail, Rn. 81; *Bataille/Cormorant*, La procédure prud'homale, Rn. 1134.

1189 Siehe oben Rn. 343; Rechtsgespräche mit *conseillers* des CPH Lyon (28.2.–4.3.2022).

1190 Vgl. Art. R. 1423-55 lit. 2 a) C. trav.

1191 Rechtsgespräche mit einigen Lyoner *conseillers* (28.2.–4.3.2022).

1192 Siehe oben Rn. 343.

1193 Siehe oben Rn. 272.

1194 Besuch des CPH Caen 19.–20.5.2022.

1195 Rechtsgespräch mit einer Vorsitzenden des CPH Caen (Sektion Diverses) am 20.5.2022.

öfter Fragen an die Parteien, jedoch im Vergleich zu Deutschland immer noch sehr wenige und zudem aus Zuhörerperspektive teilweise sehr offen und mit weniger Fokus auf die für das konkrete Urteil relevanten Umstände.

Aus deutscher Perspektive überrascht vor allem, dass die *conseillers* kaum 349 in die Lage versetzt werden, die streitige Verhandlung vorbereiten zu können. Während das ArbGG eine umfassende Vorbereitung in Deutschland vorschreibt (§ 56 Abs. 1 S. 1 ArbGG), ist dies nach der französischen Konzeption nicht vorgesehen. Entsprechend groß sind die praktischen Unterschiede im Verhandlungsablauf. Besonders deutlich wird dies bei den mündlichen Ausführungen der Rechtsanwälte: Während in Deutschland nach der Einführung in den Sach- und Streitstand in der Regel nur noch die wesentlichen Aspekte erörtert werden,[1196] schildern die Rechtsanwälte in Frankreich regelmäßig den gesamten Fall aus der Sicht ihres jeweiligen Mandanten. Die mündliche Erörterung erscheint daher weniger zielgerichtet. Ohne eine entsprechende Vorbereitung haben die *conseillers* auch überhaupt nicht die Möglichkeit, die streitige Verhandlung ähnlich wie in Deutschland zu strukturieren und zu leiten.

Unterschiede zeigten sich auch bei der räumlichen Gestaltung der Gerichts- 350 säle: In Deutschland sitzen sich die Parteien oftmals gegenüber und schauen sich an; die Richterbank ist oftmals seitlich von ihnen. An den besuchten CPH waren die Tische für die Parteien nebeneinander mit Blick zur Richterbank.[1197] Ein Dialog zwischen dem Kläger und dem Beklagten wurde also nicht nur von den *conseillers*, sondern schon räumlich eingeschränkt.[1198]

2. Beweislast und Beweisführung

Nach Art. 6, 9 C. pr. civ. muss jede Partei die für die Begründung ihres 351 Anspruchs erforderlichen Tatsachen beweisen. So muss etwa der Kläger das Vorliegen eines Arbeitsvertrags beweisen, damit der Zuständigkeitsbereich der CPH eröffnet ist.[1199]

1196 O/K/S/*Künzl*, Hb ArbG Verf, Rn. 243.

1197 Dies gilt für die Sitzungssäle für die Verhandlungen vor dem *bureau de jugement*. Am CPH Straßburg gibt es beispielsweise gesonderte Säle für die Güteverhandlung, die anders ausgestattet sind (Besuch am 21.9.2021).

1198 Besuche des CPH Straßburg (21.9.2021), des CPH Lyon (28.2.–4.3.2022), des CPH Paris (17.5.2022) und des CPH Caen (19.–20.5.2022).

1199 *Bataille/Cormorant*, La procédure prud'homale, Rn. 384. Zu Einzelheiten und Beispielsfällen siehe *ebenda*, Rn. 384–386.

352 In einigen Bereichen bestehen Beweiserleichterungen zugunsten des Arbeitnehmers.[1200] Hierzu gehört beispielsweise die abgestufte Darlegungs- und Beweislast bei sexueller Belästigung und Mobbing (Art. L. 1154-1 C. trav.).[1201] Bei einer Kündigung wegen groben Fehlverhaltens (*faute lourde*) sowie bei einer Kündigung wegen schweren Fehlverhaltens (*faute grave*) trägt der Arbeitgeber allein die Beweislast für ein entsprechendes Verhalten des Arbeitnehmers.[1202] Besondere Regelungen bestehen bei einer Kündigung ohne tatsächlichen und ernsthaften Kündigungsgrund (*licenciement sans cause réelle et sérieuse*): Die *conseillers* beurteilen den Kündigungsgrund anhand der von beiden Parteien vorgetragenen Tatsachen.[1203] Sie können bei Bedarf Untersuchungsmaßnahmen anordnen, die sie für nützlich halten (Art. L. 1235-1 Abs. 3 C. trav.).[1204] Verbleibende Zweifel an der Rechtmäßigkeit einer Kündigung wirken zugunsten des Arbeitnehmers (Art. L. 1235-1 Abs. 5 C. trav.).

353 Der Kassationshof entschied bezogen auf die Verfahren bei den CPH: „*la preuve est libre*".[1205] Zum einen können sich die Parteien grundsätzlich aller Beweismittel bedienen.[1206] Zum anderen sind die *conseillers*, ähnlich wie in Deutschland

---

1200 Siehe dazu im Einzelnen *Boulmier* et al., Le Lamy Procédure prud'homale, Rn. 848 ff. Zu gesetzlichen Vermutungen und Fiktionen *Boulmier* et al., Le Lamy Procédure prud'homale, Rn. 870 ff.

1201 Siehe dazu *Dupays* et al., Le Lamy Social, Rn. 4160.

1202 Cass. soc. 28 mars 2012, n° 10-27.779, abrufbar unter: https://www.legifrance.gouv.fr/juri/id/JURITEXT000025607498 [zuletzt abgerufen am 7.10.2022]; Cass. soc. 17 mai 2011, n° 10-16.207, abrufbar unter: https://www.legifrance.gouv.fr/juri/id/JURITEXT000024053044 [zuletzt abgerufen am 7.10.2022]; Cass. soc. 16 mars 2010, n° 08-41.393, abrufbar unter: https://www.legifrance.gouv.fr/juri/id/JURITEXT000022004419 [zuletzt abgerufen am 7.10.2022]; Cass. soc. 21 janv. 2009, n° 06-46.391, abrufbar unter: https://www.legifrance.gouv.fr/juri/id/JURITEXT000020186013/ [zuletzt abgerufen am 7.10.2022]; *Boulmier* et al., Le Lamy Procédure prud'homale, Rn. 849.

1203 *Auzero/Baugard/Dockès*, Droit du travail, Rn. 468 m.w.N.; *Bataille/Cormorant*, La procédure prud'homale, Rn. 390.

1204 *Aldea* beschreibt dies als „eine Art Untersuchungsgrundsatz wie im deutschen Strafrecht"; *Aldea*, Das französische Kündigungsrecht, S. 171. Siehe zu Einzelheiten *ebenda*, S. 171 f.

1205 Cass. soc. 27 mars 2001, n° 98-44.666, Bull. 2001 V n° 108; Cass. soc. 23 oct 2013, n° 12-22.342, Bull. 2013 V n° 245.

1206 Cass. soc. 27 mars 2001, n° 98-44.666, Bull. 2001 V n° 108; *Bataille/Cormorant*, La procédure prud'homale, Rn. 391. Zu den einzelnen Beweismitteln und deren (Un-)Zulässigkeit unter bestimmten Umständen siehe *Bataille/Cormorant*, La procédure prud'homale, Rn. 397 ff. Zum Beweis mittels dem Arbeitgeber

(§ 286 ZPO), frei in der Beweiswürdigung.[1207] In persönlichen Beobachtungen fiel auf, dass in keiner der besuchten Verhandlungen eine Zeugenvernehmung stattfand.[1208] Die Beweisstücke wurden vielmehr alle schriftlich eingereicht. Aus deutscher Sicht war überraschend,[1209] dass auch Zeugenaussagen schriftlich eingereicht und in zwei Fällen auszugsweise im Rahmen des Plädoyers vorgelesen wurden. Zwei *conseillers* bestätigten, dass in der Praxis nur selten Zeugen gehört werden. Dies habe vor allem zeitliche Gründe.[1210] In der Literatur wird die Bevorzugung von schriftlichen Nachweisen (*attestations écrites*) damit erklärt, dass dies für Praktiker das sicherste Beweismittel sei. Zudem biete dies die Garantie, Gehör zu finden, da die *conseillers* eine Zeugenvernehmung ablehnen können.[1211] Auch hier zeigt sich, dass der Mündlichkeitsgrundsatz bei den CPH nur noch eine eingeschränkte Rolle spielt.[1212]

3. Urteilsberatungen

Nach der Verhandlung ziehen sich die *conseillers* zur Urteilsberatung zurück.[1213] 354
Die Beratungen sind geheim (Art. 448 C. pr. civ.).[1214] Die in eigenen praktischen Beobachtungen befragten *conseillers* in Lyon und Caen berichteten, dass sie sich erst an einem späteren Termin, den sie erst nach der mündlichen Verhandlung vereinbaren, zu dem Urteil beraten.[1215] Bei den einzelnen CPH variiert die Praxis jedoch.[1216]

---

gehörenden Dokumenten durch den Arbeitnehmer, auch unter strafrechtlichen Gesichtspunkten, siehe *Dupays* et al., Le Lamy Social, Rn. 5480 m.w.N.

1207 Cass. soc. 23 oct 2013, n° 12-22.342, Bull. 2013 V n° 245; *Dupays* et al., Le Lamy Social, Rn. 5480. Ausführlich zur Beweislast und Beweisführung vor den CPH *Boulmier* et al., Le Lamy Procédure prud'homale, Rn. 751 ff., 827 ff.

1208 Besuche des CPH Straßburg 21.9.2021, des CPH Lyon 28.2.–4.3.2022, des CPH Paris 17.5.2022 und des CPH Caen 19.–20.5.2022.

1209 Vgl. §§ 56 Abs. 1 S. 2 Nr. 4, 58 Abs. 1 ArbGG; O/K/S/*Künzl*, Hb ArbG Verf, Rn. 274, 286.

1210 Rechtsgespräch mit zwei *conseillers* des CPH Caen, Sektion Diverses, am 20.5.2022. Ebenso *Delpuech/Kebour-Rejasse/Guérinot*, Aller aux prud'hommes, Rn. 31.18.

1211 *Bataille/Cormorant,* La procédure prud'homale, Rn. 391.

1212 Vgl. oben Rn. 256 ff.

1213 *Miné*, Le grand livre de droit du travail, S. 56.

1214 *Bataille/Cormorant,* La procédure prud'homale, Rn. 1138.

1215 Rechtsgespräche mit einigen *conseillers* in Lyon (Besuch 28.2.–4.3.2022) und in Caen (Besuch 19.–20.5.2022); so auch *Orif*, Dr. ouvr. 2016, 387, 390.

1216 *Bataille/Cormorant,* La procédure prud'homale, Rn. 1134, 1142.

a) Mehrheitsentscheidung

355 Die *conseillers* müssen ihre Entscheidungen mit absoluter Mehrheit fällen (Art. 449 C. pr. civ., Art. R. 1454-23 Abs. 1 C. trav.). Nach Berichten in der Literatur gleicht die Urteilsfindung manchmal[1217] oder gar oft[1218] einer Verhandlung zwischen den *conseillers*.[1219] Diese Praxis bestätigte der Präsident des CPH Lyon. Die *conseillers* trügen in den Beratungen ihre „*casquette de salarié/d'employeur*" (etwa: Arbeitnehmer- bzw. Arbeitgeberkappe).[1220] Gerade bei der Festlegung einer Entschädigungssumme würden die beiden Lager um die Höhe feilschen.[1221] Letzteres bestätigten auch zwei *conseillers* des CPH Caen.[1222]

b) Pattsituation

356 Da die Anzahl der Richter aufgrund der paritätischen Besetzung immer gerade ist und die Stimmen jeweils das gleiche Gewicht haben, kann es zur Stimmengleichheit kommen (*partage des voix*).[1223] In diesem Fall wird die Rechtssache verwiesen an das *bureau de jugement* mit gleicher Besetzung, nun allerdings unter Vorsitz eines *juge départiteur* (Art. L. 1454-2 Abs. 1, Art. R. 1423-35 Nr. 4a) C. trav.).[1224] Dieser ist ein (Berufs-)Richter des ordentlichen Gerichts erster Instanz (*tribunal judiciaire*), in dessen Gerichtsbezirk der CPH seinen Sitz hat. Er hat sodann die ausschlaggebende Stimme. Da seine Stimme jedoch das gleiche Gewicht hat, können die *conseillers* ihn – sofern mindestens einer seine vorherige Entscheidung ändert – auch überstimmen.[1225] Die Verweisungsentscheidung muss nicht begründet, also insbesondere nicht der Grund für den Stimmenpatt offengelegt werden.[1226]

1217 Vgl. *Géa*, RJS 2016, 191, 192 f.

1218 *Burgess* et al., The roles, resources and competencies of employee lay judges, S. 14.

1219 Vgl. auch *Höland* et al., AuR 2018, 404, 409.

1220 Rechtsgespräch mit dem Präsidenten des CPH Lyon *Augier* am 3.3.2022; vgl. auch *Willemez*, in: Michel/Willemez, Les prud'hommes, S. 130.

1221 Rechtsgespräch mit dem Präsidenten des CPH Lyon *Augier* am 3.3.2022.

1222 Rechtsgespräch mit zwei *conseillers* des CPH Caen, Sektion Diverses, 20.5.2022.

1223 Dies gilt auch für Entscheidungen des *bureau de conciliation et d'orientation*, insbesondere über verfahrensleitende Maßnahmen. Auch dieses kann zur Auflösung eines Stimmenpatts den *juge départiteur* hinzuziehen.

1224 Zum teilweisen Stimmenpatt, also nur bezogen auf eine bestimmte Frage, siehe *Bataille/Cormorant*, La procédure prud'homale, Rn. 1333.

1225 *Boulmier* et al., Le Lamy Procédure prud'homale, Rn. 999.

1226 *Boulmier* et al., Le Lamy Procédure prud'homale, Rn. 992; *Canayer* et al., La justice prud'homale au milieu du gué, S. 65, die vorschlagen, dies zu ändern (recommandation n° 29).

aa) Verfahrensgang

Dem *juge départiteur* liegen vor der erneuten mündlichen Verhandlung alle Akten vor, darunter auch die *conclusions* der Rechtsanwälte.[1227] Das Gesetz sieht für die Fortsetzung eine Frist von einem Monat vor (Art. L. 1454-2 Abs. 1 C. trav.). Diese wird in der Praxis jedoch kaum eingehalten.[1228] Der Präsident des CPH Lyon berichtete, dass sich das Verfahren bei Einschaltung eines *juge départiteur* dort um sechs bis sieben Monate verlängere. Dies sei im Vergleich zu anderen CPH aber noch moderat.[1229] 357

Sind die *conseillers* teilweise oder gar vollständig abwesend, kann der *juge départiteur* allein entscheiden (Art. L. 1454-4, R. 1454-31 Abs. 1 S. 1 C. trav.).[1230] Vorher ersucht er die Stellungnahme der anwesenden *conseillers* (Art. R. 1454-31 Abs. 1 S. 2 C. trav.). Bei einem Besuch einer Verhandlung mit dem *juge départiteur* in Paris fiel auf, dass nur vereinzelt *conseillers* anwesend waren.[1231] Ein empirischer Bericht lässt den Schluss zu, dass dies kein Einzelfall war.[1232] Über die Gründe kann nur spekuliert werden.[1233] 358

In persönlichen Beobachtungen erinnerte das Verfahren vor dem *juge départiteur* an die mündliche Verhandlung bei einem deutschen Arbeitsgericht: Die Richterin erklärte zu Beginn den Ablauf des Verfahrens, führte dann in jeder Sache in den Sach- und Streitstand ein und erbat danach ergänzende Anmerkungen der Rechtsanwälte. Sie wies auch auf rechtliche Schwierigkeiten hin und stellte immer wieder Rückfragen. Da die Rechtsanwälte bereits vor dem *bureau de jugement* ihre Plädoyers gehalten hatten, sollten sie diese hier nicht wiederholen und nur auf ausgewählte Punkte eingehen. Anders als hierzulande beschränkte die Richterin deren Redezeit aber sehr strikt auf zwölf Minuten und kontrollierte dies auch mit einer Stoppuhr.[1234] 359

1227 Persönliche Beobachtung bei Besuch des CPH Paris (*audience de départage*) am 17.5.2022; Rechtsgespräche mit *conseillers* des CPH Lyon 28.2.–4.3.2022.

1228 *Bataille/Cormorant*, La procédure prud'homale, Rn. 1336.

1229 Rechtsgespräch mit dem Präsidenten des CPH Lyon *Augier* am 3.3.2022; vgl. auch *Bataille/Cormorant*, La procédure prud'homale, Rn. 1336.

1230 Dies gilt nicht, wenn das *bureau de conciliation et d'orientation* die Sache ohne vorherige Pattsituation an das *bureau de jugement* unter Vorsitz des *juge départiteur* verwiesen hat (siehe oben Rn. 299), Art. L. 1454-1-1 Nr. 2 S. 2 C. trav.

1231 Besuch des CPH Paris (*audience de départage*) am 17.5.2022.

1232 *Canayer* et al., La justice prud'homale au milieu du gué, S. 64; ebenso *Florès/Pécaut-Rivolier*, Dr. soc. 2017, 605, 608; anders für die ländlichen CPH *Bataille/Cormorant*, La procédure prud'homale, Rn. 1331.

1233 Erklärungsansätze bei *Canayer* et al., La justice prud'homale au milieu du gué, S. 64; *Florès/Pécaut-Rivolier*, Dr. soc. 2017, 605, 608.

1234 Besuch des CPH Paris (*audience de départage*) am 17.5.2022.

bb) Der juge départiteur

360 Die *juges départiteurs* sollen nach Art. L. 1454-2 Abs. 3 C. trav. jährlich ausgewählt werden *„en fonction de leurs aptitudes et connaissances particulières"*, also aufgrund ihrer besonderen Fähigkeiten und Kenntnisse. Die Auswahl trifft der Präsident des ordentlichen Gerichts erster Instanz (*tribunal judiciaire*), Art. L. 1454-2 Abs. 3 C. trav. Oftmals sind die ausgewählten Richter jedoch nicht auf das Arbeitsrecht spezialisiert.[1235] Außer in Paris seien sie auch nicht ausschließlich als *juge départiteur* tätig, vielmehr mache diese Tätigkeit häufig nur einen kleinen Teil ihrer Arbeit aus.[1236] Dementsprechend kritisieren einige Autoren, dass ihnen die nötigen Fachkenntnisse fehlen würden.[1237] Dies führe zu einer mangelhaften Qualität der Entscheidungen.[1238] Aufgrund der erneuten Verhandlung verlängert sich das Verfahren zudem beträchtlich.[1239] Darüber hinaus gebe es aktuell zu wenige *juges départiteurs*.[1240]

cc) Zusammenarbeit zwischen dem juge départiteur *und den* conseillers

361 Das Gesetz macht kaum Vorgaben zur Zusammenarbeit zwischen dem *juge départiteur* und den *conseillers*, sodass bei den einzelnen CPH erhebliche Unterschiede bestehen können.[1241] *Bataille* geht davon aus, dass die Urteilsfindung bei vollständiger Besetzung kollegial abläuft und ohne besondere Rolle des *juge départiteur*.[1242] Eine empirische Studie berichtet hingegen von einer Dominanz des

---

1235 Vgl. *Boulmier*, Dr. soc. 2015, 430, 438 Fn. 63; die von der Hans-Böckler-Stiftung finanzierte Studie *Burgess* et al., The roles, resources and competencies of employee lay judges, S. 14, 58; *Canayer* et al., La justice prud'homale au milieu du gué, S. 44; vgl. auch *Florès/Pécaut-Rivolier*, Dr. soc. 2017, 605, 609, die aufgrund des erst 2015 eingeführten Programmsatzes der besonderen Fähigkeiten und Kenntnisse jedoch Chancen auf eine Verbesserung sehen.

1236 *Florès/Pécaut-Rivolier*, Dr. soc. 2017, 605, 606.

1237 Vgl. *Boulmier*, Dr. soc. 2017, 584, 586; *Daugareilh* et al., in: Ebisui et al., Resolving individual labour disputes, S. 108; Rapport Lacabarats, S. 53.

1238 *Daugareilh* et al., in: Ebisui et al., Resolving individual labour disputes, S. 108.

1239 Vgl. *Daugareilh* et al., in: Ebisui et al., Resolving individual labour disputes, S. 108.

1240 *Florès/Pécaut-Rivolier*, Dr. soc. 2017, 605, 808; vgl. auch *Beckers*, RDT 2017, 279, 281.

1241 *Bataille*, La procédure prud'homale, Rn. 70; *Bataille/Cormorant*, La procédure prud'homale, Rn. 1332.

1242 *Bataille*, La procédure prud'homale, Rn. 70; *Bataille/Cormorant*, La procédure prud'homale, Rn. 1332.

Berufsrichters.[1243] *Canayer* et al. sprechen ebenfalls von teilweise schwierigen Verhältnissen zwischen den *conseillers* und dem Berufsrichter.[1244]

Conseillers aus Lyon berichteten, dass der *juge départiteur* die mündliche Ver- 362
handlung umfassend vorbereite und den Parteien dort gezielt Fragen stelle. Er erkundige sich üblicherweise auch bei den *conseillers*, über welche Punkte es Meinungsverschiedenheiten gab, die schließlich zur Pattsituation führten.[1245]

dd) Vermeidung von Pattsituationen

Im Jahr 2020 wurden von insgesamt 72.664 beendeten Verfahren 9.177 363
(= 12,6 %) unter Einschaltung eines *juge départiteur* entschieden.[1246] Betrachtet man nur die Verfahren, die nach einer Urteilsberatung (*délibéré*) beendet wurden (45.690), beträgt der Anteil 20,1 %.[1247] Empirische Beobachtungen legen nahe, dass es zwischen den einzelnen CPH erhebliche Unterschiede gibt.[1248] Es sei festzustellen, dass sich die *conseillers* an kleineren CPH in der Tendenz öfter einigen.[1249] *Ray* beschreibt bezüglich der Pattsituationen eine Spannweite von 1 % in Cherbourg und Chalons, 3 % in Aix-le-Bains bis hin zu 43 % in Bobigny und gar 62 % in Calais.[1250]

Viele *conseillers* empfinden eine Stimmengleichheit als Scheitern des Gerichts. 364
Sie versuchen deshalb regelmäßig, eine solche Situation durch Verhandlungen untereinander zu vermeiden.[1251] Die Entscheidung des Gesetzgebers, in einer

---

1243 *Burgess* et al., The roles, resources and competencies of employee lay judges, S. 60.

1244 *Canayer* et al., La justice prud'homale au milieu du gué, S. 45, 63 f. Vorschlag für einen besseren Rahmen für die Zusammenarbeit *ebenda* S. 64, recommandation n° 27.

1245 Rechtsgespräche mit *conseillers* des CPH Lyon (28.2.–4.3.2022).

1246 Zahlen aus Ministère de la Justice, Références statistiques justice, Activité des juridictions, L'activité civile et commerciale des juridictions, 2020, S. 63.

1247 Ministère de la Justice, Références statistiques justice, Activité des juridictions, L'activité civile et commerciale des juridictions, 2020, S. 63.

1248 *Canayer* et al., La justice prud'homale au milieu du gué, S. 9; ebenso Ministère de la Justice, Portail d'information de la désignation des conseillers prud'hommes, FAQ Frage B4, abrufbar unter: https://www.designation-prudhommes.justice.gouv.fr/faq/mayotte/b-activite-des-conseils-de-prudhommes/b4-combien-daffaires-sont-soumises-une-audience [zuletzt abgerufen am 7.10.2022].

1249 *Canayer* et al., La justice prud'homale au milieu du gué, S. 9.

1250 *Ray*, Droit du travail, Rn. 108.

1251 *Burgess* et al., The roles, resources and competencies of employee lay judges, S. 54 f., 81 f.; *Rolland*, Dr. soc. 2013, 618, 620 f.; vgl. *Florès/Pécaut-Rivolier*, Dr. soc. 2017, 605, 606; *Höland* et al., AuR 2018, 404, 409; *Marguénaud/Mouly*, Dr. soc.

Pattsituation einen *juge départiteur* hinzuzuziehen, stieß bereits bei ihrer Einführung im Jahr 1905 bei den *conseillers* auf Ablehnung.[1252] In einem Bericht zum 100-jährigen Jubiläum des Gerichts schrieb der CPH Toulon: „*le moyen le plus efficace de protester contre son introduction serait de ne jamais avoir besoin de juge pour départager les voix*".[1253] Auch der Präsident des CPH Lyon äußerte, dass ein hoher Anteil von Pattsituationen ein starkes Argument für die Einführung eines Schöffensystems sei.[1254]

365 Bei Zuziehung des *juge départiteur* wird der besondere Charakter der CPH verändert und dem eines Schöffengerichts angeglichen.[1255] Der *juge départiteur* hat dabei aber sogar mehr Macht als es an einem Schöffengericht in der Regel der Fall sein würde: Er kann (und soll) in Pattsituationen den Ausgang des Verfahrens bestimmen und hat bei Abwesenheit von einem oder mehreren *conseillers* automatisch eine Alleinentscheidungskompetenz[1256] (Ausnahme: Hinzuziehung ohne vorherigen Stimmenpatt[1257]). Inwieweit er die Stellungnahmen der *conseillers* beachtet, bleibt ihm überlassen. Folglich sind diese ab seiner Einschaltung möglicherweise nur noch Statisten. Obwohl es nicht der Regelfall zu sein scheint,[1258] ist dieses Szenario für die *conseillers* eine Gefahr.

c) Rechtsvergleichende Gegenüberstellung

366 Die Rolle der *conseillers* in der streitigen Verhandlung kennt zwei Extreme: Entweder entscheiden die Arbeitnehmerrichter und die Arbeitgeberrichter allein,

---

2005, 803, 807. Auch der Präsident des CPH Lyon *Augier* berichtete, dass Pattsituationen wenn möglich vermieden werden (Rechtsgespräch am 3.3.2022).

1252 *Olszak*, in: Michel/Willemez (Hrsg.), Les prud'hommes, S. 21.

1253 Conseil de Prud'hommes Toulon, Compte rendu des fêtes du centenaire du conseil des prud'hommes, 1907, S. 45, 105, 109; zitiert nach *Olszak*, in: Michel/Willemez (Hrsg.), Les prud'hommes, S. 21.

1254 Rechtsgespräch mit dem Präsidenten des CPH Lyon *Augier* am 3.3.2022.

1255 Vgl. *Moritz*, Das französische Arbeitsgericht, S. 162. *Mollot* schrieb dazu im Jahr 1842, als die Parität noch nicht eingeführt war und die Fabrikkaufleute die Mehrheit hatten: „*En retirant la voix impaire aux fabricants, on ne pourrait pas la donner aux ouvriers, on devrait la remettre dans les mains d'un homme étranger à la juridiction, et ce tiers fût-il un magistrat administratif ou judiciaire, le tribunal perdrait* sa spécialité. *Quelle étrange composition après cela!*"; De la Compétence des Conseils de Prud'hommes, S. 59, Hervorhebungen im Original.

1256 Art. L. 1454-4, R. 1454-31 Abs. 1 C. trav.

1257 Art. L. 1454-1-1 Nr. 2 S. 2 C. trav. Siehe dazu oben Rn. 299 und Fn. 1230.

1258 *Bataille*, La procédure prud'homale, Rn. 70.

das heißt ohne einen Berufsrichter. Im Fall eines Stimmenpatts entscheidet der Berufsrichter letztlich allein, es sei denn ein *conseiller* ändert seine zuvor geäußerte Auffassung. Demgegenüber haben die ehrenamtlichen Richter in Deutschland in der mündlichen Verhandlung und Entscheidungsfindung einen konstanten Einflussbereich.

Die Stimmenverteilung bei der Urteilsfindung an den deutschen Arbeitsge- 367
richten ist aufgrund des Beratungsgeheimnisses nicht öffentlich.[1259] Eine Studie und Angaben in der Literatur lassen aber vermuten, dass ein ganz erheblicher Teil der Entscheidungen einstimmig getroffen wird.[1260] Ein möglicher Erklärungsansatz hierfür ist die Dominanz des Vorsitzenden gegenüber den ehrenamtlichen Richtern.[1261] Andererseits kann die Einstimmigkeit auch als Indiz für eine fruchtbare Zusammenarbeit gewertet werden, in der nach Beratungen und Austausch ein Konsens gefunden wurde.[1262]

4. Urteil

Die Verantwortung für die Urteilsabfassung trägt der Vorsitzende des *bureau de* 368
jugement.[1263] Der Präsident und die befragten *conseillers* des CPH Lyon berichteten, dass sie sich die Arbeit in der Praxis untereinander aufteilten und jeder eine oder mehrere Rechtssachen des Sitzungstags übernehme.[1264] Das Kernstück des Urteils ist der Tenor (*dispositif*).[1265] Nur dieser erwächst in Rechtskraft.[1266]

1259 §§ 43, 45 Abs. 1 S. 2 DRiG.

1260 BHK/*Klein*, XVI Rn. 9; *Burgess* et al., The roles, resources and competencies of employee lay judges, S. 54; ebenso die persönlichen Eindrücke von *Müller*, AuR 1978, 14, 18.

1261 Vgl. *Burgess* et al., The roles, resources and competencies of employee lay judges, S. 38 m.w.N.; *Moritz*, Das französische Arbeitsgericht, S. 246 f.; a.A. *Müller*, AuR 1978, 14, 18.

1262 Vgl. *Burgess* et al., The roles, resources and competencies of employee lay judges, S. 54; in diese Richtung auch *Müller*, AuR 1978, 14, 18.

1263 Vgl. *Bataille/Cormorant,* La procédure prud'homale, Rn. 1140.

1264 Rechtsgespräche mit dem Präsidenten des CPH Lyon *Augier* am 3.3.2022 und mit einigen Lyoner *conseillers* (28.2.–4.3.2022); vgl. auch Ministère de la Justice, Portail d'information de la désignation des conseillers prud'hommes, FAQ Frage G2, abrufbar unter: https://www.designation-prudhommes.justice.gouv.fr/faq/mayotte/g-organisation-dun-conseil-de-prudhommes/g2-la-redaction-des-jugements-est-elle [zuletzt abgerufen am 7.10.2022].

1265 *Bataille/Cormorant,* La procédure prud'homale, Rn. 1140, 1142. Siehe dort auch zum Aufbau und notwendigen Inhalt der Urteile.

1266 *Bataille/Cormorant,* La procédure prud'homale, Rn. 1140; Cass. 1er civ., 16 avr. 2015, n° 14-13.280, Bull. 2015 I n° 95.

a) *Urteilsbegründung*

369 Das Urteil muss begründet werden.[1267] Aus der Begründung dürfen sich keine Zweifel an der Unparteilichkeit des Gerichts ergeben.[1268] So hob der Kassationshof in der Vergangenheit beispielsweise Urteile von CPH auf, in denen die Urteilsbegründung im Wesentlichen aus den – teilweise zusammengefassten, teilweise stilistisch angepassten – Ausführungen einer Partei bestand.[1269] Die Formulierungen müssen darüber hinaus die gebotene Zurückhaltung aufweisen.[1270] Ein französischer Rechtsanwalt, der ausschließlich im Arbeitsrecht tätig ist, schilderte, dass die Urteile von sehr unterschiedlicher Qualität seien. Dies sei ein großes Problem.[1271] Die Qualität der Urteilsbegründungen ist maßgeblich beeinflusst von der Ausbildung der *conseillers*.[1272]

b) *Rolle des* greffier

370 Der *greffier* hat die Aufgabe, das Urteil zu redigieren (Art. R. 1423-41 Abs. 1 S. 4 C. trav.: *Il met en forme les décisions*). Dazu gehört zum einen die Kontrolle der äußeren Form. Er prüft aber auch, ob alle geltend gemachten Ansprüche bearbeitet wurden und das Urteil insoweit vollständig sowie schlüssig ist.[1273] Der *greffier* kann keine Rechtskontrolle durchführen. Manche fügen aber juristische Anmerkungen ein. Über alle Änderungsvorschläge entscheidet der

---

1267 *Bataille/Cormorant,* La procédure prud'homale, Rn. 1141. Siehe dort auch zu den Anforderungen im Einzelnen.

1268 *Bataille/Cormorant,* La procédure prud'homale, Rn. 1140; *Boulmier* et al., Le Lamy procédure prud'homale, Rn. 301; *Pasquier*, RDT 2015, 275, 276; vgl. Cass. soc. 8 avr. 2014, n° 13-10.209, Bull. 2014 V n° 98.

1269 Z.B. Cass. soc. 24 sept. 2014, n° 13-19.559, abrufbar unter: https://www.legifrance.gouv.fr/juri/id/JURITEXT000029518924 [zuletzt abgerufen am 7.10.2022]; Cass. soc. 13 juin 2018, n° 17-15.004, abrufbar unter: https://www.legifrance.gouv.fr/juri/id/JURITEXT000037098333 [zuletzt abgerufen am 7.10.2022]; Cass. soc. 3 juill. 2019, n° 17-28.770 u.a., abrufbar unter: https://www.legifrance.gouv.fr/juri/id/JURITEXT000038762905 [zuletzt abgerufen am 7.10.2022]; *Boulmier* et al., Le Lamy Procédure prud'homale, Rn. 297, 301.

1270 Vgl. Cass. soc. 8 avr. 2014, n° 13-10.209, Bull. 2014 V n° 98; Cass. soc. 12 juin 2014, n° 13-16.236, Bull. 2014 V n° 141; *Pasquier*, RDT 2015, 275, 276.

1271 Rechtsgespräch mit Rechtsanwalt *Dubray* am 3.3.2022. Vgl. auch *Holleaux*, Sem. Soc. Lamy, n° 1679, 1er juin 2015; Rapport Lacabarats, S. 40; anders *Bataille/Cormorant,* La procédure prud'homale, Rn. 9.

1272 Vgl. *Orif*, Dr. ouvr. 2016, 387, 398.

1273 Vgl. *Canayer* et al., La justice prud'homale au milieu du gué, S. 41.

Vorsitzende des *bureau de jugement*.[1274] Ein *greffier* des CPH Lyon berichtete, dass das Redigieren je nach Qualität des Urteilsentwurfs drei bis vier Monate dauere, bei sehr guten Entwürfen etwa zwei Monate.[1275]

c) Urteilsverkündung

Das Urteil wird am Ende der streitigen Verhandlung gegenüber den Parteien 371
oder – weitaus praxisrelevanter[1276] – später öffentlich verkündet, letzteres durch Bereitstellung am CPH.[1277] Jeder Besucher kann Einsicht nehmen.[1278] Ausreichend ist die Verkündigung der Urteilsformel (*dispositif*).[1279] Die Geschäftsstelle übermittelt den Parteien das vollständige Urteil per Einschreiben mit Rückschein.[1280]

VII. Verfahrensdauer

1. Dauer der Verfahren vor den Conseils de Prud'hommes

a) Statistische Dauer

Die Verfahren vor den CPH dauerten im Jahr 2020 durchschnittlich 18,3 Monate 372
(2019: 16,6 Monate; 2018: 16,9 Monate).[1281] Im Falle einer Pattsituation dauerte das Verfahren durchschnittlich sogar 38,4 Monate.[1282] Selbst das Eilverfahren

1274 Rechtsgespräche mit dem Präsidenten des CPH Lyon *Augier* am 3.3.2022, mit einigen Lyoner *conseillers* und einem *greffier* (28.2.–4.3.2022).

1275 Rechtsgespräch mit einem *greffier* des CPH Lyon am 2.3.2022.

1276 *Boulmier* et al., Le Lamy Procédure prud'homale, Rn. 577, 921.

1277 Vgl. Art. R. 1454-25 Abs. 1 C. trav.; *Bataille/Cormorant,* La procédure prud'homale, Rn. 1139.

1278 Praktische Beobachtungen bei einem Besuch des CPH Lyon (28.2.–4.3.2022); *Bataille/Cormorant,* La procédure prud'homale, Rn. 1139.

1279 Art. 452 Abs. 2 C. pr. civ.; *Bataille/Cormorant,* La procédure prud'homale, Rn. 1142; *Boulmier* et al., Le Lamy Procédure prud'homale, Rn. 923.

1280 Art. R. 1454-26 Abs. 1 C. trav.

1281 Ministère de la Justice, Références statistiques justice, Activité des juridictions, L'activité civile et commerciale des juridictions, 2020, S. 63. Nicht eingeschlossen in diese Zahl sind die Eilverfahren. An anderer Stelle wird die durchschnittliche Verfahrensdauer (ebenfalls ohne Eilverfahren, aber wohl auch ohne Pattsituationen) mit 15,4 Monaten angegeben; Ministère de la Justice, Références statistiques justice, Justice civile et commerciale, Le contentieux du travail, 2020, S. 47.

1282 Ministère de la Justice, Références statistiques justice, Justice civile et commerciale, Le contentieux du travail, 2020, S. 47.

(*référé*) – in den vorherigen Statistiken nicht enthalten – dauerte 2020 im Schnitt 3,1 Monate.[1283] Bereits seit einigen Jahren ist die lange Verfahrensdauer ein Problem.[1284]

373 Regional gibt es erhebliche Unterschiede.[1285] Es lässt sich nicht generell feststellen, dass die Verfahrensdauer an kleinen CPH mit wenigen Fällen kurz ist, an den großen hingegen lang.[1286] *Canayer* et al. geben eine Spannweite von durchschnittlich 4,9 (CPH Saint-Omer) bis 35,9 Monate (CPH Vannes) an.[1287] Besonders eklatant ist die Situation unter anderem am CPH Nanterre, wo die Verfahren im Jahr 2017 durchschnittlich 25,2 Monate dauerten,[1288] nach anderer Quelle im Jahr 2016 sogar 31 Monate.[1289] Dessen Zuständigkeit umfasst die Unternehmen aus *La Défense*; über 50 % der Verfahren betreffen die Sektion Führungskräfte.[1290] In den vergangenen Jahren scheint sich die Situation in Nanterre noch weiter zugespitzt zu haben.[1291]

374 Die Verfahrensdauer bei den CPH ist im Vergleich zu anderen französischen Gerichten sehr lang. Vor den ordentlichen Gerichten erster Instanz dauerten die Verfahren im Jahr 2020 durchschnittlich 9,7 Monate (mit Eilverfahren), mit einer deutlichen Steigerung seit 2016.[1292] Die Verfahren vor den – ebenfalls ohne Berufsrichter besetzten – Handelsgerichten dauerten im Jahr 2020

1283 Ministère de la Justice, Références statistiques justice, Activité des juridictions, L'activité civile et commerciale des juridictions, 2020, S. 63. An anderer Stelle wird eine durchschnittliche Dauer von 3,0 Monaten angegeben (wohl ohne Pattsituationen), Ministère de la Justice, Références statistiques justice, Justice civile et commerciale, Le contentieux du travail, 2020, S. 47.

1284 Vgl. *Serverin*, RDT 2012, 471, 472.

1285 *Canayer* et al., La justice prud'homale au milieu du gué, S. 38; *Géa*, RJS 2016, 191, 193; *Ray*, Droit du travail, Rn. 109.

1286 *Canayer* et al., La justice prud'homale au milieu du gué, S. 38–40.

1287 *Canayer* et al., La justice prud'homale au milieu du gué, S. 39.

1288 *Canayer* et al., La justice prud'homale au milieu du gué, S. 39.

1289 *Ray*, Droit du travail, Rn. 109. Siehe zur Situation in Nanterre auch *Lehnisch/Mariani/Regent*, RDT 2021, 728, 729 f.

1290 *Ray*, Droit du travail, Rn. 109; vgl. *Serverin*, RDT 2012, 471, 476.

1291 *Grivotte*, Manque de moyens au tribunal de Nanterre, actu Hauts-de-Seine 9.1.2021, abrufbar unter: https://actu.fr/ile-de-france/nanterre_92050/manque-de-moyens-au-tribunal-de-nanterre-jusqu-a-quatre-ans-de-delais-pour-une-procedure_38500705.html [zuletzt abgerufen am 7.10.2022], nach deren Bericht die die Verfahren vor dem CPH Nanterre bis zu vier Jahre dauerten.

1292 Im Jahr 2016 dauerten die Verfahren noch durchschnittlich 6,7 Monate; 2018 bereits 7,4 Monate; Ministère de la Justice, Références statistiques justice, Activité des juridictions, L'activité civile et commerciale des juridictions, 2020, S. 57.

durchschnittlich 9,6 Monate (ohne Eilverfahren), wobei auch hier in den vergangenen Jahren eine Zunahme zu verzeichnen ist.[1293] Dass die Dauer bei den CPH generell länger als an den anderen Gerichten ist, liegt insbesondere am zweistufigen Verfahren (Güteverhandlung und streitige Verhandlung) und an den durch die paritätische Besetzung bedingten Pattsituationen.[1294]

b) Verurteilungen des französischen Staates

Frankreich wird regelmäßig von inländischen Gerichten wegen der überlangen Verfahrensdauer zu Entschädigungszahlungen verurteilt.[1295] Der Staat haftet nach französischem Recht bei grober Pflichtverletzung (*faute lourde*) und bei Justizverweigerung (*déni de justice*).[1296] Letzteres umfasst auch unangemessen lange Verfahren.[1297] Von den Fällen, in denen Frankreich im Jahr 2020 wegen Justizverweigerung in Zivilsachen verurteilt wurde, betrafen 81 % die CPH. Der Staat musste Entschädigungen in Höhe von 1.083.693,55 € zahlen.[1298] Auch die neu eingeleiteten Verfahren betrafen ganz überwiegend die CPH (600 von 908 Verfahren).[1299] 375

Eine überlange Verfahrensdauer verletzt auch das Recht auf ein faires Verfahren aus Art. 6 Abs. 1 EMRK, wonach jede Person ein Recht darauf hat, dass über Streitigkeiten innerhalb angemessener Frist verhandelt wird. Welche Dauer (noch) angemessen ist, hängt vom jeweiligen Fall ab.[1300] Der EGMR betrachtet folgende Kriterien als besonders wichtig: „die Bedeutung der Sache für den Beschwerdeführer, Umfang und Komplexität des Falles, das Verhalten des Beschwerdeführers und das Verhalten der Behörden".[1301] Arbeitsrechtliche Streitigkeiten sind aufgrund ihrer Bedeutung für das Leben des Arbeitnehmers regelmäßig besonders zeitkritisch.[1302] Auch der EGMR verurteilte Frankreich 376

1293 Im Jahr 2016 dauerten die Verfahren noch durchschnittlich 8,2 Monate; Ministère de la Justice, Références statistiques justice, Activité des juridictions, L'activité civile et commerciale des juridictions, 2020, S. 65.

1294 *Serverin*, RDT 2012, 471, 472.

1295 *Lehnisch/Mariani/Regent*, RDT 2021, 728, 728; *Poirier*, Dr. ouvr. 2013, 656, 661.

1296 Art. L. 141-1 Abs. 2 C. org. jud.

1297 *Lehnisch/Mariani/Regent*, RDT 2021, 728, 728; *Serverin*, RDT 2012, 471, 472; vgl. *Poirier*, Dr. ouvr. 2013, 656, 660.

1298 Ministère de la Justice, Rapport au parlement, 2021 pour l'année 2020, S. 9.

1299 Ministère de la Justice, Rapport au parlement, 2021 pour l'année 2020, S. 4.

1300 *Serverin*, RDT 2012, 471, 473; vgl. *Poirier*, Dr. ouvr. 2013, 656, 659.

1301 *Meyer*, in: Karpenstein/Mayer (Hrsg.), EMRK, Art. 6 EMRK Rn. 88 m.w.N.

1302 Vgl. EGMR 28.3.2006 – Nr. 28738/02 – Le Bechennec/Frankreich, Rn. 16; EGMR 29.1.2004 – Nr. 53084/99 – Kormacheva/Russland, Rn. 56;

bereits wegen Verletzung von Art. 6 Abs. 1 EMRK durch eine überlange Dauer des arbeitsgerichtlichen Verfahrens.[1303]

c) Gründe für die lange Verfahrensdauer

aa) Finanzielle und personelle Ausstattung

377 Zu den Faktoren für die überlange Verfahrensdauer zählen allen voran die unzureichenden finanziellen und personellen Kapazitäten der CPH,[1304] ganz besonders ihrer Administration.[1305] Bezeichnend hierfür ist die Schilderung des Präsidenten des CPH Lyon, wonach sie weit mehr Verhandlungen durchführen könnten, wenn es genügend *greffiers* gäbe.[1306] Ohne einen *greffier* kann weder eine Verhandlung vor dem *bureau de conciliation et d'orientation* noch vor dem *bureau de jugement* stattfinden.[1307]

378 Die finanzielle Ausstattung der Gerichte ist Sache des Staates.[1308] Im europäischen Vergleich sind die Ausgaben für die Justiz in Frankreich sehr gering; den CPH ist zudem nur ein sehr kleiner Teil des Budgets gewidmet.[1309] Bei den CPH werden überdies keine Gebühren erhoben,[1310] die zur Finanzierung des Gerichts beitragen könnten.

EGMR 8.4.2003 – Nr. 42277/98 – Jussy/Frankreich, Rn. 23; EGMR 14.11.2000 – Nr. 38437/97 – Delgado/Frankreich, Rn. 50; EGMR 28.6.1990 – Nr. 11761/85 – Obermeier/Österreich, Rn. 72; *Lehnisch/Mariani/Regent*, RDT 2021, 728, 728; *Poirier*, Dr. ouvr. 2013, 656, 658.

1303 EGMR 8.4.2003 – Nr. 42277/98 – Jussy/Frankreich; EGMR 14.11.2000 – Nr. 38437/97 – Delgado/Frankreich.

1304 *Poirier*, Dr. ouvr. 2013, 656, 660; vgl. *Beckers*, RDT 2017, 279, 279; *Guiomard*, RDT 2014, 129, 131; *Serverin*, RDT 2012, 471, 475; vgl. zur finanziellen Ausstattung auch *Canayer* et al., La justice prud'homale au milieu du gué, S. 55.

1305 Vgl. *Serverin*, RDT 2012, 471, 477.

1306 Rechtsgespräch mit dem Präsidenten des CPH Lyon *Augier* am 3.3.2022; so auch bereits in *Hanssen*, Les Prud'hommes de Lyon contre la loi Macron, La Tribune 15.1.2015, abrufbar unter: https://region-aura.latribune.fr/finance-droit/2015-01-15/les-prud-hommes-de-lyon-contre-la-loi-macron.html [zuletzt abgerufen am 7.10.2022]; vgl. auch *Beckers*, RDT 2017, 279, 281; *Canayer* et al., La justice prud'homale au milieu du gué, S. 57; *Poirier*, Dr. ouvr. 2013, 656, 661; Rapport Marshall, S. 111.

1307 Vgl. oben Rn. 110.

1308 Siehe dazu *Canayer* et al., La justice prud'homale au milieu du gué, S. 55.

1309 *Poirier*, Dr. ouvr. 2013, 656, 660.

1310 Siehe Rn. 393.

bb) Zersplitterte Zuständigkeiten

Ein weiterer Faktor für die lange Verfahrensdauer sind die zersplitterten Zuständigkeiten für arbeitsrechtliche Streitigkeiten.[1311] Nach der gesetzlichen Konzeption kann ein Gericht zwar grundsätzlich über alle Verteidigungsmittel entscheiden. Dies gilt jedoch nicht für solche, die in die ausschließliche Zuständigkeit eines anderen Gerichts fallen (Art. 49 Abs. 1 C. pr. civ.). Hängt die Entscheidung von einer Frage ab, die eine ernsthafte Schwierigkeit (*difficulté sérieuse*) begründet und in die Zuständigkeit des Verwaltungsgerichts fällt, muss der CPH ihm diese Frage vorlegen und das Verfahren aussetzen (Art. 49 Abs. 2 C. pr. civ.).[1312] 379

Ein Beispiel hierfür ist die Klage eines Arbeitnehmers gegen seine Kündigung im Rahmen einer Massenentlassung. Bei einer großen Massenentlassung in Unternehmen mit mindestens 50 Beschäftigten muss der Arbeitgeber einen Arbeitsplatzerhaltungsplan (*plan de sauvegarde de l'emploi*) aufstellen; die Verwaltung (genauer: die DREETS[1313]) muss diesen genehmigen.[1314] Die Überprüfung dieser Genehmigung fällt in die ausschließliche Zuständigkeit des Verwaltungsgerichts.[1315] Der CPH ist hingegen zuständig für die Prüfung der Rechtmäßigkeit der einzelnen Kündigungen und muss in diesem Rahmen auch prüfen, ob individuelle Weiterbeschäftigungsmöglichkeiten bestanden.[1316] 380

Abweichend vom oben genannten Grundsatz muss der CPH (ebenso wie andere Gerichte der ordentlichen Gerichtsbarkeit) die Frage dann nicht dem Verwaltungsgericht vorlegen, wenn angesichts einer gefestigten Rechtsprechung offensichtlich ist, dass die infragestehende Verwaltungsentscheidung 381

1311 Vgl. *Bataille/Cormorant*, La procédure prud'homale, Rn. 1205; *Galy*, Dr. soc. 2019, 353, 357. Siehe zu den zersplitterten Zuständigkeiten Rn. 59 ff.

1312 Bis 2015 mussten die Parteien selbst noch das andere Gericht anrufen; *Galy*, Dr. soc. 2019, 353, 357 m.w.N.

1313 Siehe oben Rn. 65.

1314 Art. L. 1233-57-4, L. 1233-61 C. trav. Der Prüfungsumfang der DREETS ist abhängig davon, ob der Arbeitsplatzerhaltungsplan auf einer Kollektivvereinbarung oder einer einseitigen Entscheidung des Arbeitgebers beruht. Siehe zu den Einzelheiten *Bataille/Cormorant*, La procédure prud'homale, Rn. 586 ff.

1315 Art. L. 1235-7-1 C. trav.; Cass. soc. 21 nov. 2018, n° 17-16.766, 17-16.767, abrufbar unter: https://www.legifrance.gouv.fr/juri/id/JURITEXT000037676934/ [zuletzt abgerufen am 7.10.2022]; siehe dazu *Galy*, Dr. soc. 2019, 353.

1316 Cass. soc. 21 nov. 2018, n° 17-16.766, 17-16.767, abrufbar unter: https://www.legifrance.gouv.fr/juri/id/JURITEXT000037676934/ [zuletzt abgerufen am 7.10.2022].

rechtswidrig ist.[1317] Diese Ausnahme gilt auch zur Vermeidung von überlangen Verfahren.[1318]

cc) Gründe im Verfahren

382 Nach Klageerhebung kommunizieren die Parteien ohne Beteiligung des Gerichts und tauschen die Schriftsätze und Beweisangebote nur untereinander aus. Die *conseillers* wissen daher oftmals am Tag der streitigen Verhandlung nicht, in welchem Stadium sich das Verfahren befindet und ob die Sache verhandlungs- und schließlich auch entscheidungsreif ist. Daher kommt es sehr häufig am Tag der streitigen Verhandlung zu Terminsverlegungen.[1319] Dies bedeutet eine erhebliche Verzögerung, zumal die neuen Termine oft recht weit in der Zukunft liegen.[1320] Diese Verzögerungen könnten möglicherweise durch verfahrensleitende Maßnahmen verringert werden.[1321] Allerdings ist zu bedenken, dass die *conseillers* keine hauptamtlichen Richter sind und nur für bestimmte Aufgaben und mit zeitlichen Höchstgrenzen vergütet werden.[1322] Darüber hinaus sind viele CPH überlastet.[1323] Praktisch ist es ihnen daher kaum möglich, die Verfahren entsprechend zu leiten. Problematisch ist zudem die Praxis, die Urteilsberatungen nicht unmittelbar im Anschluss an die streitige Verhandlung, sondern oftmals erst deutlich später vorzunehmen.[1324]

383 In Pattsituationen – die immerhin 12,6 % der Rechtssachen im Jahr 2020 betrafen[1325] – ist die Verzögerung besonders dramatisch.[1326] Dass die Verfahren

---

1317 T. confl. 17 oct. 2011, n° 3828, abrufbar unter: https://www.legifrance.gouv.fr/ceta/id/CETATEXT000025147591/ [zuletzt abgerufen am 7.10.2022]; *Galy*, Dr. soc. 2019, 353, 357.

1318 T. confl. 17 oct. 2011, n° 3828, abrufbar unter: https://www.legifrance.gouv.fr/ceta/id/CETATEXT000025147591/ [zuletzt abgerufen am 7.10.2022]

1319 Praktische Beobachtungen bei Besuchen des CPH Straßburg (21.9.2021), des CPH Lyon (28.2.–4.3.2022) und des CPH Caen (19.–20.5.2022); vgl. auch *Orif*, Dr. ouvr. 2016, 387, 390 f.; *Poirier*, Dr. ouvr. 2013, 656, 660.

1320 Praktische Beobachtungen bei Besuchen des CPH Straßburg (21.9.2021), des CPH Lyon (28.2.–4.3.2022) und des CPH Caen (19.–20.5.2022); vgl. auch *Serverin*, RDT 2012, 471, 475.

1321 Vgl. *Orif*, Dr. ouvr. 2016, 387, 391.

1322 Siehe oben Rn. 159 ff.

1323 *Poirier*, Dr. ouvr. 2013, 656, 660.

1324 *Orif*, Dr. ouvr. 2016, 387, 390.

1325 Siehe oben Rn. 363.

1326 Vgl. *Boulmier*, Dr. soc. 2015, 430, 437; *Serverin*, RDT 2012, 471, 474.

in diesem Fall durchschnittlich 38,4 Monate dauerten,[1327] dürfte zwei Gründen geschuldet sein: Zum einen ist die Zahl der *juges départiteurs* beziehungsweise deren zeitliche Verfügbarkeit zu niedrig – was wiederum mit der finanziellen bzw. personellen Ausstattung der Justiz zusammenhängt.[1328] Seine Einschaltung führt aufgrund der zusätzlichen Verhandlung zwangsläufig zu einer Verzögerung.[1329] Entgegen Art. L. 1454-2 Abs. 1 C. trav., der eine Frist von einem Monat vorsieht, findet die Verhandlung vor dem *juge départiteur* in der Praxis überdies regelmäßig erst erheblich später statt.[1330] Zum anderen dauert das Verfahren bis zu seiner Hinzuziehung oftmals schon sehr lange:[1331] Wenngleich der *juge départiteur* bei Pattsituationen in jedem Verfahrensstadium hinzugezogen werden kann, dürfte der relevanteste Fall der Stimmenpatt bei den Urteilsberatungen sein.[1332] Diese Urteilsberatungen finden in der Regel nicht unmittelbar nach der streitigen Verhandlung statt, sondern erst zu einem späteren Zeitpunkt.[1333] Damit vergeht allein bis zur Benachrichtigung des *juge départiteur* schon viel Zeit.

2. Gegenmaßnahmen

Ein Ziel der großen Reform 2015[1334] war es, der überlangen Verfahrensdauer 384
entgegenwirken.[1335] Die Maßnahmen waren insbesondere die Abschwächung des Grundsatzes des persönlichen Erscheinens, die Abschaffung des Prinzips der Einheitlichkeit, die Zulassung von alternativen Streitbeilegungsinstrumenten bei individualarbeitsrechtlichen Streitigkeiten sowie der Anwaltszwang

1327 Ministère de la Justice, Références statistiques justice, Justice civile et commerciale, Le contentieux du travail, 2020, S. 47.

1328 Vgl. *Beckers*, RDT 2017, 279, 281; *Boulmier*, Dr. soc. 2017, 584, 586; *Poirier*, Dr. ouvr. 2013, 656, 661.

1329 *Serverin*, RDT 2012, 471, 474.

1330 *Boulmier*, Dr. soc. 2015, 430, 438; vgl. auch Rapport Lacabarats, S. 8; *Serverin*, RDT 2012, 471, 474 (dort Analyse von konkreten Fällen, in denen der Staat wegen Justizverweigerung verurteilt wurde).

1331 Anders *Boulmier*, der die Zeit ab Hinzuziehung bis zur Entscheidung des *juge départiteur* als hauptursächlich für die Verzögerung sieht, *Boulmier*, Dr. soc. 2015, 430, 438.

1332 Statistisch wurde in 20,1 % der Verfahren, die nach einer Urteilsberatung beendet wurden, ein *juge départiteur* eingeschaltet; siehe oben Rn. 363.

1333 Siehe oben Rn. 354.

1334 Loi n° 2015-990 du 6 août 2015, JORF n° 181 du 7 août 2015.

1335 *Boulmier* et al., Le Lamy Procédure prud'homale, Rn. 10; *Boulmier*, Dr. soc. 2015, 430, 430.

bei Berufungen.[1336] Auch die neuen Befugnisse des *bureau de conciliation et d'orientation* – namentlich die *orientation* – sollen zu einer Verkürzung beitragen, etwa indem die *conseillers* die Rechtsstreitigkeit nach gescheiterter Güteverhandlung an ein reduziert besetztes *bureau de jugement* verweisen oder unmittelbar einen *juge départiteur* hinzuziehen können.[1337] Das Ziel dieser und neuerer Vorschriften ist es auch, die Zahl der Neueingänge zu reduzieren.[1338]

385 Ob die Maßnahmen Wirkung zeigen, kann noch nicht abschließend beurteilt werden.[1339] Die Zahl der Neueingänge ging jedenfalls deutlich zurück:[1340] Bereits seit 2013 werden immer weniger neue Verfahren eingeleitet; ab 2015 fällt die Kurve besonders steil ab.[1341] Im Vergleich zu 2013 hat sich die Zahl der Neueingänge 2020 halbiert.[1342] Dieser Rückgang lässt sich aber auch darauf zurückführen, dass seit 2008 eine einvernehmliche Beendigung des Arbeitsvertrags (*rupture conventionnelle*) möglich ist, die viele Kündigungen ersetzt und weniger streitanfällig ist.[1343] Ebenso dürften die erhöhten Anforderungen an die Klageschrift für einige Arbeitnehmer abschreckend sein;[1344] manche sehen einen weiteren Grund für die sinkenden Zahlen in den Obergrenzen für die Kündigungsentschädigung („*barème Macron*").[1345]

1336 Vgl. *Boulmier*, Dr. soc. 2017, 584, 584.

1337 *Canayer* et al., La justice prud'homale au milieu du gué, S. 27.

1338 *Ray*, Droit du travail, Rn. 96, 102; vgl. *Antonmattei*, Droit du travail, Rn. 60; *Boulmier*, Dr. soc. 2015, 430, 440.

1339 *Boulmier* et al., Le Lamy Procédure prud'homale, Rn. 10.

1340 *Antonmattei*, Droit du travail, Rn. 60; *Ray*, Droit du travail, Rn. 101. Zahlen und Analysen für den Zeitraum von 2004 bis 2018 in Ministère de la Justice, Les affaires prud'homales dans la chaîne judiciaire de 2004 à 2018, S. 10 ff.

1341 Ausnahme zwischen 2018 und 2019, dort nur Rückgang um 0,1 %; Ministère de la Justice, Références statistiques justice, Activité des juridictions, L'activité civile et commerciale des juridictions, 2020, S. 63.

1342 Ministère de la Justice, Références statistiques justice, Activité des juridictions, L'activité civile et commerciale des juridictions, 2020, S. 62 f.

1343 *Canayer* et al., La justice prud'homale au milieu du gué, S. 34; *Grangé*, JCP-S 2019, Nr. 1162, 1, 1; Ministère de la Justice, Références statistiques justice, Activité des juridictions, L'activité civile et commerciale des juridictions, 2020, S. 62; vgl. auch *Antonmattei*, Droit du travail, Rn. 60.

1344 *Grangé*, JCP-S 2019, Nr. 1162, 1, 1; vgl. oben Rn. 275 ff.

1345 *Boulmier* et al., Le Lamy Procédure prud'homale, Rn. 10; *Grangé*, JCP-S 2019, Nr. 1162, 1, 1.

Bei der Verfahrensdauer zeigt sich ein anderes Bild: Sie ist gegenüber 2016 (17,0 Monate) im Jahr 2020 sogar gestiegen (18,3 Monate, jeweils ohne Eilverfahren).[1346] Dies dürfte auch auf die 2020 begonnene Pandemie zurückzuführen sein.[1347] Vor dem Hintergrund sinkender Verfahrenszahlen ist eine – wenngleich geringe – Verlängerung der Verfahrensdauer besonders bedenklich.[1348] 386

3. Vergleich mit den deutschen Arbeitsgerichten

In Deutschland dauerten die Urteilsverfahren vor den Arbeitsgerichten im Jahr 2021 insgesamt durchschnittlich 3,7 Monate (2020: 3,4 Monate). Verfahren, die durch ein streitiges Urteil erledigt wurden, dauerten im Durchschnitt 8,1 Monate.[1349] Begrenzt auf Bestandsstreitigkeiten (§ 61a ArbGG) lag die durchschnittliche Dauer bei 3,1 Monaten; hiervon dauerten die Verfahren bei Erledigung durch streitiges Urteil im Durchschnitt 7,8 Monate.[1350] 387

Das arbeitsgerichtliche Verfahren ist hierzulande stark geprägt vom Beschleunigungsgrundsatz (§ 9 Abs. 1 ArbGG), der im Vergleich zum zivilgerichtlichen Verfahren nochmals mehr im Fokus steht und durch Regelungen im ArbGG konkretisiert wird.[1351] Bei Kündigungsverfahren und Klagen wegen Benachteiligungen gilt die Beschleunigungspflicht nochmal in erhöhtem Maße (§§ 61a, 61b ArbGG). Das Verfahren ist daher nach der gesetzlichen Konzeption straff organisiert. So haben die Parteien eine Einlassungsfrist von nur einer Woche (§ 47 Abs. 1 ArbGG). Verspätetes Vorbringen kann zurückgewiesen werden (§§ 56 Abs. 2, 61a Abs. 5 ArbGG). Der Vorsitzende muss die mündliche Verhandlung umfassend vorbereiten, sodass möglichst nur ein Kammertermin erforderlich ist (§§ 56 Abs. 1, 57 Abs. 1 S. 1 ArbGG). Eine Vertagung ist allerdings nur in Ausnahmefällen anfechtbar.[1352] Die Urteilsverkündung erfolgt grundsätzlich am Ende der mündlichen Verhandlung. Nur ausnahmsweise soll ein Verkündungstermin bestimmt werden, überdies in der Regel höchstens drei 388

1346 Ministère de la Justice, Références statistiques justice, Activité des juridictions, L'activité civile et commerciale des juridictions, 2020, S. 63.
1347 *Boulmier* et al., Le Lamy Procédure prud'homale, Rn. 10.
1348 Vgl. *Boulmier* et al., Le Lamy Procédure prud'homale, Rn. 10.
1349 Statistisches Bundesamt, Arbeitsgerichtsstatistik 2021, Tabelle 2.3; Statistisches Bundesamt, Arbeitsgerichtsstatistik 2020, Tabelle 2.3.
1350 Statistisches Bundesamt, Arbeitsgerichtsstatistik 2021, Tabelle 2.3.
1351 BeckOK-ArbR/*Clemens*, § 9 ArbGG Rn. 2; GMP/*Prütting*, § 9 ArbGG Rn. 5.
1352 ErfK/*Koch*, § 57 ArbGG Rn. 1; Schwab/Weth/*Korinth*, § 57 ArbGG Rn. 12.

Wochen später (§ 60 Abs. 1 ArbGG).[1353] Ein Verstoß gegen § 60 Abs. 1 ArbGG bleibt jedoch ohne Folgen.[1354]

389 Wenngleich es keine vergleichbar umfassenden Regelungen im Code du travail gibt, finden sich auch hier an einigen Stellen Vorschriften über den zeitlichen Ablauf. Bei Einschaltung des *juge départiteur* muss das Verfahren innerhalb eines Monats fortgesetzt werden (Art. L. 1454-2 Abs. 1 C. trav.). Macht das *bureau de conciliation et d'orientation* von der Möglichkeit Gebrauch, die Rechtsstreitigkeit an das *bureau de jugement* in reduzierter Besetzung zu verweisen,[1355] muss dieses innerhalb von drei Monaten ein Urteil fällen (Art. L. 1454-1-1 Nr. 1 C. trav.). Auch für Verfahren wegen Kündigungen aus wirtschaftlichen Gründen (*licenciements pour motif économique*) sieht das Gesetz Fristen vor: Die Güteverhandlung findet statt im Monat der Klageerhebung (Art. R. 1456-2 C. trav.), die Maßnahmen zur Vorbereitung der Entscheidungsreife müssen innerhalb von drei Monaten erfolgen (Art. R. 1456-3 C. trav.) und das *bureau de jugement* muss innerhalb von sechs Monaten nach der Verweisung entscheiden (Art. R. 1456-4 C. trav.). Schließlich muss das *bureau du jugement* in Fällen, in denen eine Güteverhandlung entbehrlich ist, jeweils innerhalb eines Monats ein Urteil fällen.[1356]

390 Eine Überschreitung der Fristen durch den CPH bleibt jeweils sanktionslos,[1357] ist allerdings ein Kriterium für die Verurteilung des Staates wegen überlanger Verfahrensdauer.[1358] Auch in Deutschland ist fraglich, ob die Fristen in der Praxis stets strikt eingehalten werden können. Eine Rolle spielt hierbei auch die zeitliche Verfügbarkeit der Rechtsanwälte. Rechtliche Konsequenzen drohen hier ebenfalls nicht. Der Hauptunterschied zwischen den beiden Ländern dürfte darin liegen, dass die dem CPH auferlegten Fristen ohne entsprechende personelle Kapazitäten in der Praxis nicht annähernd einhaltbar sind und daher um ein Vielfaches überschritten werden müssen.[1359]

1353 O/K/S/*Künzl*, Hb ArbG Verf, Rn. 331. Zu den weiteren Regelungen zur Beschleunigung des arbeitsgerichtlichen Verfahrens siehe GMP/*Prütting*, § 9 ArbGG Rn. 6.

1354 BeckOK-ArbR/*Hamacher*, § 60 ArbGG Rn. 14; O/K/S/*Künzl*, Hb ArbG Verf, Rn. 331.

1355 Siehe oben Rn. 298.

1356 Art. L. 1245-2 Abs. 1, L. 1251-41 Abs. 1, L. 1451-1, L. 1454-5 C. trav.

1357 *Boulmier* et al., Le Lamy Procédure prud'homale, Rn. 512, 1312; vgl. *Serverin*, RDT 2012, 471, 474.

1358 *Poirier*, Dr. ouvr. 2013, 656, 659 f.; *Serverin*, RDT 2012, 471, 473.

1359 Vgl. *Boulmier*, Dr. soc. 2015, 430, 436; *Orif*, Dr. ouvr. 2016, 387, 389.

VIII. Kosten

Seit Errichtung der CPH sollte das Verfahren kostengünstig sein.[1360] Diese Prämisse hat bis heute Bestand. 391

1. Anfallende Kosten und Kostentragung

a) Kosten des Verfahrens zu Lasten der unterlegenen Partei

Das französische Recht bezeichnet als *dépens* diejenigen Verfahrenskosten, welche die unterlegene Partei tragen muss (Art. 695 f. C. pr. civ.).[1361] Art. 695 C. pr. civ. listet im Einzelnen auf, welche Posten darunter fallen, insbesondere von der Geschäftsstelle erhobene Gebühren (Nr. 1) und die Entschädigung von Zeugen (Nr. 3). Das Gericht kann die *dépens* ausnahmsweise vollständig oder teilweise der obsiegenden Partei auferlegen, muss diese Entscheidung aber besonders begründen (Art. 696 C. pr. civ.).[1362] Rechtsanwälte können persönlich zur Kostentragung verurteilt werden, soweit sie die Grenzen ihres Mandats überschritten haben (Art. 697 C. pr. civ.). 392

Die *dépens* spielen im Verfahren vor den CPH nur eine untergeordnete Rolle.[1363] Der Code du travail legt ausdrücklich fest, dass das Tätigwerden der *conseillers* für die Parteien unentgeltlich ist (Art. L. 1442-8 C. trav.). Es werden keine Gerichtskosten erhoben. Allerdings können Entschädigungen für Zeugen anfallen,[1364] Kosten für Sachverständigengutachten[1365] oder Gebühren für den Gerichtsvollzieher (*huissier*), etwa im Rahmen der Zwangsvollstreckung.[1366] Letztere Gebühren sind im Verfahren vor den CPH allerdings nur halb so hoch wie in den allgemeinen Zivilverfahren.[1367] 393

b) Sonstige Kosten

Nicht von den *dépens* umfasste Kosten (*frais*) können einer Partei auf Antrag gemäß Art. 700 C. pr. civ. auferlegt werden.[1368] Dazu gehören insbesondere die 394

1360 Vgl. oben Rn. 22.

1361 *Boulmier* et al., Le Lamy Procédure prud'homale, Rn. 949 f.; *Dupays* et al., Le Lamy Social, Rn. 5487.

1362 Zu den Einzelheiten *Boulmier* et al., Le Lamy Procédure prud'homale, Rn. 950.

1363 Vgl. *Bataille/Cormorant*, La procédure prud'homale, Rn. 1024, 1109.

1364 Art. R. 1423-54 C. trav.

1365 *Bataille/Cormorant*, La procédure prud'homale, Rn. 1026.

1366 *Boulmier* et al., Le Lamy Procédure prud'homale, Rn. 949.

1367 Art. R. 1423-53 C. trav.

1368 *Boulmier* et al., Le Lamy Procédure prud'homale, Rn. 954.

Rechtsanwaltskosten.[1369] Es können aber beispielsweise auch Anreisekosten geltend gemacht werden.[1370] Die *conseillers* entscheiden über die Angemessenheit der Kostenauferlegung.[1371] Dies gilt sowohl für das „ob“ als auch für die Höhe der zu erstattenden Kosten.[1372] Allerdings kann nur diejenige Partei nach Art. 700 C. pr. civ. verurteilt werden, welche die *dépens* (zumindest teilweise) tragen muss.[1373]

395 Auch bei zugesprochener Kostenerstattung nach Art. 700 C. pr. civ. muss die obsiegende Partei die Rechtsanwaltskosten oftmals anteilig selbst tragen.[1374] Dies liegt auch am französischen System der Rechtsanwaltsvergütung, das – anders als in Deutschland – kein Vergütungsgesetz kennt. Der Rechtsanwalt und der Mandant schließen eine schriftliche Honorarvereinbarung.[1375] Die Höhe des Honorars berücksichtigt die Vermögensverhältnisse des Mandanten, die Schwierigkeit der Angelegenheit, die dem Anwalt entstandenen Kosten, seinen Bekanntheitsgrad und die von ihm geleisteten Arbeiten; reine Erfolgshonorare sind unzulässig.[1376] Die Hinzuziehung eines Verbandsverteidigers (*défenseur syndical*) ist hingegen kostenfrei.[1377]

1369 *Bataille/Cormorant*, La procédure prud'homale, Rn. 1020; *Boulmier* et al., Le Lamy Procédure prud'homale, Rn. 952, 955. Besondere Regeln bestehen für den Fall, dass die Rechtsanwaltskosten von der Prozesskostenhilfe übernommen werden. Siehe dazu *Bataille/Cormorant*, La procédure prud'homale, Rn. 1023; *Boulmier* et al., Le Lamy Procédure prud'homale, Rn. 957.

1370 *Bataille/Cormorant*, La procédure prud'homale, Rn. 1020; *Boulmier* et al., Le Lamy Procédure prud'homale, Rn. 955.

1371 *Boulmier* et al., Le Lamy Procédure prud'homale, Rn. 954; vgl. Cass. soc. 7 mai 1981, n° 79-41.503, abrufbar unter: https://www.legifrance.gouv.fr/juri/id/JURITEXT000007007828 [zuletzt abgerufen am 7.10.2022].

1372 Cass. 2e civ. 10 oct. 2002, n° 00-13.832, Bull. 2002 II n° 219; *Bataille/Cormorant*, La procédure prud'homale, Rn. 1022.

1373 Cass. soc. 22 mars 1983, n° 81-40.513, abrufbar unter: https://www.legifrance.gouv.fr/juri/id/JURITEXT000007011800 [zuletzt abgerufen am 7.10.2022]; *Bataille/Cormorant*, La procédure prud'homale, Rn. 1021; *Boulmier* et al., Le Lamy Procédure prud'homale, Rn. 956.

1374 Vgl. *Bataille/Cormorant*, La procédure prud'homale, Rn. 1020.

1375 Art. 10 loi n° 71-1130 du 31 décembre 1971, modifié par loi n° 2015-990 du 6 août 2015 – art. 51 (V).

1376 Art. 10 loi n° 71-1130 du 31 décembre 1971, modifié par loi n° 2015-990 du 6 août 2015 – art. 51 (V).

1377 Art. D. 1453-2-1 Abs. 2 C. trav.

2. Prozesskostenhilfe

Personen ohne ausreichende finanzielle Mittel können Prozesskostenhilfe (*aide juridictionnelle*) beantragen.[1378] Voraussetzung ist zum einen die französische oder europäische Staatsbürgerschaft oder ein gewöhnlicher Aufenthalt in Frankreich.[1379] Zum anderen müssen das steuerliche Referenzeinkommen sowie der Wert des beweglichen und unbeweglichen Vermögens unter bestimmten Höchstgrenzen liegen.[1380] Eine etwaig bestehende Rechtsschutzversicherung ist vorrangig heranzuziehen.[1381] Ausnahmsweise können auch juristische Personen ohne Gewinnerzielungsabsicht, beispielsweise Gewerkschaften, Prozesskostenhilfe erhalten.[1382] 396

Die Prozesskostenhilfe deckt die Kosten für das Verfahren umfassend ab, darunter insbesondere die Kosten für einen – auch selbstgewählten – Rechtsanwalt, Kosten für einen Sachverständigen sowie Gebühren für den Gerichtsvollzieher.[1383] Ausgenommen sind die Kosten, die der Partei nach Art. 700 C. pr. civ. auferlegt werden.[1384] Neben der vollständigen Übernahme gibt es, abhängig vom monatlichen Einkommen, auch eine teilweise Prozesskostenhilfe.[1385] 397

1378 Art. 2 loi n° 91-647 du 10 juillet 1991, JORF n° 162 du 13 juillet 1991, modifié par loi n° 2007-210 du 19 février 2007 – Art. 5, JORF 21 février 2007. Das Antragsformular (Cerfa n° 16146*03) ist abrufbar unter: https://www.service-public.fr/particuliers/vosdroits/R1444 [zuletzt abgerufen am 7.10.2022].

1379 Art. 3 loi n° 91-647 du 10 juillet 1991, JORF n° 162 du 13 juillet 1991, modifié par loi n° 2016-274 du 7 mars 2016 – Art. 28.

1380 Vgl. Art. 4 loi n° 91-647 du 10 juillet 1991, JORF n° 162 du 13 juillet 1991, modifié par loi n° 2020-1721 du 29 décembre 2020 – Art. 234. Zur Berechnungsgrundlage siehe *Bataille/Cormorant*, La procédure prud'homale, Rn. 420.

1381 Art. 2 Abs. 4 loi n° 2007-210 du 19 février 2007, JORF n° 44 du 21 février 2007, modifié par loi n° 2007-210 du 19 février 2007 – Art. 5, JORF 21 février 2007.

1382 Art. 2 Abs. 2 loi n° 91-647 du 10 juillet 1991, JORF n° 162 du 13 juillet 1991, modifié par loi n° 2007-210 du 19 février 2007 – Art. 5, JORF 21 février 2007; *Bataille/Cormorant*, La procédure prud'homale, Rn. 419.

1383 *Bataille/Cormorant*, La procédure prud'homale, Rn. 417, 424.

1384 *Bataille/Cormorant*, La procédure prud'homale, Rn. 417.

1385 *Bataille/Cormorant*, La procédure prud'homale, Rn. 422. Zur Prozesskostenhilfe für eine Vergleichsverhandlung vor Einleitung des Verfahrens siehe *Bataille/Cormorant*, La procédure prud'homale, Rn. 428.

3. Vergleich zu Deutschland

398 Auch das deutsche arbeitsgerichtliche Verfahren soll kostengünstig sein und ist gegenüber dem Zivilprozess kostenrechtlich privilegiert. So wird an den Arbeitsgerichten kein Gerichtskostenvorschuss erhoben (§ 11 GKG). Im Vergleich zum Zivilprozess ist der Streitwert oft niedriger.[1386] In einigen Fällen werden die Gerichtsgebühren ermäßigt oder erlassen, insbesondere bei einem gerichtlichen Vergleich.[1387]

399 Das Kostenrisiko wird zudem beschränkt durch § 12a Abs. 1 S. 1 ArbGG, wonach die obsiegende Partei im erstinstanzlichen Urteilsverfahren grundsätzlich keinen Anspruch auf Kostenerstattung für die Zuziehung eines Prozessbevollmächtigten oder Beistands und auf Entschädigung wegen Zeitversäumnisses hat. Im Vergleich zu Frankreich kann dies für die obsiegende Partei allerdings nachteilig sein, da dort eine (jedenfalls teilweise) Erstattung nach Art. 700 C. pr. civ. möglich ist. In welchem Land die obsiegende Partei hinsichtlich der Kosten finanziell besser steht, dürfte nicht zuletzt von der Honorarvereinbarung abhängen.

IX. Rechtsbehelfe

1. Berufung

400 Gegen die Entscheidungen der CPH ist die Berufung (*appel*) statthaft (Art. L. 1462-1 C. trav.).[1388] Dies gilt auch für Urteile der CPH, die ausschließlich über die Zuständigkeit entscheiden; hier gelten allerdings kürzere Fristen und das Verfahren ist beschleunigt.[1389] Zuständig ist die Sozialkammer des Berufungsgerichts (*Cour d'appel, chambre sociale*).[1390] Das Berufungsgericht ist Teil der ordentlichen Gerichtsbarkeit und ausschließlich mit Berufsrichtern

---

1386 § 42 Abs. 2, 3 GKG; GK-ArbGG/*Ahrendt*, Einf. Rn. 111. Zu weiteren Einzelheiten siehe *ebenda*.

1387 Anlage 1 GKG, Teil 8, Vorbemerkung 8; siehe oben Rn. 335.

1388 Zu den Einzelheiten des Berufungsverfahrens gegen Urteile der CPH siehe *Bataille/Cormorant*, La procédure prud'homale, Rn. 723 ff. Zu den weiteren Rechtsbehelfen siehe *Boulmier* et al., Le Lamy Procédure prud'homale, Rn. 1183 ff., 1277 ff.

1389 Art. 83 ff. C. pr. civ. Früher gab es hierfür den Rechtsbehelf des *contredit*. Auf Einzelheiten dieses Berufungsverfahrens wird an dieser Stelle nicht näher eingegangen, siehe hierzu *Bataille/Cormorant*, La procédure prud'homale, Rn. 1922 ff.

1390 Art. R. 1461-2 Abs. 1 C. trav.

besetzt.[1391] Die Berufungsfrist beträgt einen Monat ab Zustellung (*notification*) des Urteils durch die Geschäftsstelle.[1392] Es werden keine Gerichtsgebühren erhoben.[1393]

Die Berufungssumme beträgt 5.000 €.[1394] Gegen Urteile, die einen Klageantrag zum Gegenstand haben, dessen Streitwert nicht beziffert werden kann (*demande indéterminée*), kann ebenso Berufung eingelegt werden (Art. 40 C. pr. civ.). Dies gilt beispielsweise für Klagen auf ein Tun oder Unterlassen[1395] oder Klagen auf Umwandlung eines befristeten in einen unbefristeten Arbeitsvertrag.[1396] Die Berufung ist unzulässig bei Klagen auf Ausstellung von Arbeitszeugnissen, Lohnzetteln oder anderen vom Arbeitgeber zu erstellenden Arbeitspapieren.[1397] 401

Seit 2016 besteht vor dem Berufungsgericht Vertretungszwang, wahlweise durch einen Anwalt oder einen Verbandsverteidiger (*défenseur syndical*).[1398] Seit der Grundsatz der Einheitlichkeit abgeschafft wurde, können in der Berufung grundsätzlich keine neuen Klageanträge gestellt werden.[1399] Die Einlegung der Berufung hat einen Suspensiveffekt (*effet suspensif*) und einen Devolutiveffekt (*effet dévolutif*).[1400] Das Berufungsgericht entscheidet erneut in tatsächlicher und rechtlicher Hinsicht,[1401] ist also eine zweite Tatsacheninstanz. 402

1391 Vorschlag für eine Beteiligung von Arbeitnehmer- und Arbeitgeberrichtern Rapport Marshall, S. 54 (proposition 11.6.9); kritisch dazu *Guiomard*, RDT 2014, 129, 132.

1392 Art. R. 1461-1 Abs. 1 C. trav.; *Dupays* et al., Le Lamy Social, Rn. 5508.

1393 Vgl. *Boulmier* et al., Le Lamy Procédure prud'homale, Rn. 1242.

1394 Art. R. 1462-1 Nr. 1, D. 1462-3 C. trav. Zur Berechnung der Berufungssumme siehe *Bataille/Cormorant*, La procédure prud'homale, Rn. 1451 ff.

1395 *Dupays* et al., Le Lamy Social, Rn. 5501.

1396 Cass. soc. 12 mars 1996, n° 92-31.129, 92-43.140, Bull. 1996 V Nr. 93.

1397 Art. R. 1462-1 Nr. 2 C. trav.; *Bataille/Cormorant*, La procédure prud'homale, Rn. 1442.

1398 Art. R. 1461-1 Abs. 2, R. 1453-2 Nr. 2 C. trav.; *Auzero/Baugard/Dockès*, Droit du travail, Rn. 128; *Boulmier* et al., Le Lamy Procédure prud'homale 2021, Rn 1432; *Bataille/Cormorant*, La procédure prud'homale, Rn. 139.

1399 *Bataille/Cormorant*, La procédure prud'homale, Rn. 1437, 1668; vgl. oben Rn. 263 f.

1400 Art. 539, 561 C. pr. civ.; *Bataille/Cormorant*, La procédure prud'homale, Rn. 1491; *Boulmier* et al., Le Lamy Procédure prud'homale, Rn. 1214 f.

1401 Art. 561 Abs. 2 C. pr. civ.; *Bataille/Cormorant*, La procédure prud'homale, Rn. 1497.

2. Kassation

403 Die Parteien können beim Kassationshof (*Cour de cassation*) einen Antrag auf Kassation (*pourvoi en cassation*) einlegen.[1402] Zuständig ist die Sozialkammer (*chambre sociale*). Gegenstand der Kassationsbeschwerde kann das Urteil des Berufungsgerichts (*Cour d'appel*) sein oder, bei Unzulässigkeit der Berufung (*jugement en dernier ressort*), ein Urteil des CPH.[1403] Die Kassationsbeschwerde muss innerhalb von zwei Monaten ab Zustellung des angegriffenen Urteils eingelegt werden.[1404] Sie hat keinen Suspensiveffekt.[1405] Vor dem Kassationshof besteht Anwaltszwang.[1406] Der Kassationshof nimmt ausschließlich eine Rechtskontrolle vor und ist keine weitere Tatsacheninstanz.[1407] Er entscheidet nur über die Rechtsfrage und verweist die Sache zur erneuten Verhandlung an ein anderes Gericht zurück.[1408]

3. Berufungsquote

a) Hohe Zahl von Berufungen

404 Die Berufungsquote gegen Urteile der CPH betrug im Jahr 2019 (ohne Eilverfahren) 60,1 %.[1409] Im Vergleich dazu lag sie bei dem ordentlichen Gericht erster Instanz (*tribunal judiciaire*) im selben Jahr bei 15,3 %.[1410] Soweit ersichtlich, ist

---

1402 Zu den Einzelheiten der Kassation siehe *Bataille/Cormorant*, La procédure prud'homale, Rn. 983 ff. Grundlegend zu den Unterschieden und Gemeinsamkeiten von Kassation und Revision *Ferrand*, Cassation française et révision allemande.

1403 Art. 605 C. pr. civ.; *Auzero/Baugard/Dockès*, Droit du travail, Rn. 128; *Dupays* et al., Le Lamy Social, Rn. 5511.

1404 Art. 612 C. pr. civ.; *Dupays* et al., Le Lamy Social, Rn. 5512; *Miné*, Le grand livre du droit du travail, S. 57.

1405 *Bataille/Cormorant*, La procédure prud'homale, Rn. 2005; *Dupays* et al., Le Lamy Social, Rn. 5511.

1406 *Dupays* et al., Le Lamy Social, Rn. 5512; vgl. *Miné*, Le grand livre du droit du travail, S. 57.

1407 Art. 604 C. pr. civ.; *Faissner*, Die Gerichtsverwaltung, S. 131; vgl. *Bataille/Cormorant*, La procédure prud'homale, Rn. 2005. Siehe dazu auch *Zweigert/Kötz*, Einführung in die Rechtsvergleichung, S. 119 f.

1408 Vgl. *Bataille/Cormorant*, La procédure prud'homale, Rn. 2019, zu den Ausnahmen gem. Art. 627 C. pr. civ., Art. L. 411-3 C. org. jud. siehe Rn. 2036.

1409 Ministère de la Justice, Les chiffres clés de la Justice 2021, S. 7.

1410 Ministère de la Justice, Les chiffres clés de la Justice 2021, S. 7.

nicht statistisch erfasst, welche Partei die Berufung eingelegt hat.[1411] Ähnlich wie bei der Verfahrensdauer bestehen auch hier erhebliche Unterschiede zwischen den einzelnen CPH.[1412] Es gibt keinen eindeutigen Befund darüber, ob gegen Urteile mit Beteiligung eines *juge départiteur* besonders häufig Berufung eingelegt wird.[1413]

b) Erklärungsansätze

Die hohe Zahl an eingelegten Berufungen kann einerseits als Indikator dafür 405
angesehen werden, dass die Entscheidungen der CPH – und damit letztlich auch das Gericht als solches – bei den Parteien wenig Akzeptanz und Anerkennung erfahren.[1414] Allerdings ist bei der Interpretation der Zahlen zu beachten, dass der französische Instanzenzug Besonderheiten aufweist: Während erstinstanzlich ausschließlich Arbeitnehmer- und Arbeitgeberrichter entscheiden, sind die Berufungsgerichte nur mit Berufsrichtern besetzt. Zudem sind letztere eine zweite Tatsacheninstanz. Folglich ist die Berufung im Grunde genommen ein Neuanfang unter völlig anderer Besetzung. Dies kann der unterlegenen Partei Grund zur Hoffnung geben, dass die Entscheidung zweitinstanzlich anders ausfallen wird.[1415]

Aus der Statistik geht allerdings nicht hervor, dass die Berufungsgerichte 406
tatsächlich völlig andere Entscheidungen als die CPH treffen. Stattdessen ergibt sich ein wenig eindeutiges Bild: Den größte Anteil der Berufungsentscheidungen hatten im Jahr 2020 teilweise Aufrechterhaltungen der erstinstanzlichen Urteile (43,3 %). Vollständig bestätigt wurden 22,5 %, vollständig aufgehoben 14,3 % der Urteile.[1416]

1411 Vgl. Ministère de la Justice, Les affaires prud'homales dans la chaîne judiciaire de 2004 à 2018, S. 53.

1412 Vgl. *Canayer* et al., La justice prud'homale au milieu du gué, S. 9; Ministère de la Justice, Les affaires prud'homales dans la chaîne judiciaire de 2004 à 2018, S. 50 f.

1413 Vgl. Ministère de la Justice, Les affaires prud'homales dans la chaîne judiciaire de 2004 à 2018, S. 49.

1414 Vgl. die von der Hans-Böckler-Stiftung finanzierte Studie *Burgess/Corby/Latreille*, Comparative Labor Law & Policy Journal 2014, 191, 213; *Holleaux*, Sem. Soc. Lamy, n° 1679, 1er juin 2015; a.A. *Guiomard*, RDT 2014, 129, 131.

1415 *Moritz*, Das französische Arbeitsgericht, S. 189 f.; vgl. *Moritz*, ZfRSoz 1984, 51, 76.

1416 Eigene Berechnung auf Grundlage der Zahlen aus: Ministère de la Justice, Références statistiques justice, Justice civile et commerciale, Le contentieux du travail, 2020, S. 47. Der verbleibende Anteil entfällt auf andere Arten der Erledigung.

407 Dass der Sprung von erstinstanzlich nur Laienrichtern zu zweitinstanzlich nur Berufsrichtern nicht zwingend eine hohe Berufungsquote bedingt, zeigt ein Blick auf die französischen Handelsgerichte. Sie sind ausschließlich besetzt mit (gewählten) Kaufleuten;[1417] Berufung wird ebenfalls bei dem Berufungsgericht (Kammer für Handelssachen) eingelegt.[1418] Die Berufungsquote ist mit 14,3 % aber deutlich niedriger als bei den CPH.[1419]

408 Ein weiterer Faktor für die hohe Zahl der eingelegten Berufungen könnte aus der Besetzung der CPH resultieren: Für die berufliche Zukunft der *conseillers* ist es irrelevant, wie viele ihrer Urteile aufgehoben werden und aus welchen Gründen.[1420] Dies kann dazu führen, dass sie das Recht freier interpretieren als dies ein Berufsrichter tun würde.[1421] Empirische Erkenntnisse legen damit übereinstimmend nahe, dass die Urteile der CPH oftmals eine geringe Begründungstiefe aufweisen[1422] – was nicht zuletzt besonders aufgrund der fehlenden universitären juristischen Ausbildung auch zu erwarten ist.[1423] Eine unzureichende Urteilsbegründung kann für die unterlegene Partei ein Faktor dafür sein, Berufung einzulegen.[1424]

409 Aus finanzieller Sicht bestehen wenige Hindernisse, Berufung einzulegen, denn auch das Verfahren vor dem Berufungsgericht ist gerichtskostenfrei. Zwar besteht dort Vertretungszwang, sodass die Rechtsanwaltskosten zu kalkulieren sind. Zulässig ist aber auch eine Vertretung durch einen Verbandsverteidiger. Diese ist unentgeltlich. Ob allein die geringen Kosten eine zweite Instanz attraktiv machen, ist aber fraglich. Angesichts der (ebenfalls) langen

---

1417 Art. L. 721-1, L. 723-1 ff. C. com.; siehe oben Rn. 62.

1418 Siehe oben Rn. 66.

1419 Ministère de la Justice, Les chiffres clés de la Justice 2021, S. 7.

1420 Vgl. *Durand/Jaussaud*, Traité de droit du travail, S. 55.

1421 Vgl. *Durand/Jaussaud*, Traité de droit du travail, S. 55, die auch anführen, dass sich die *conseillers* aufgrund ihrer Kenntnisse der beruflichen Anforderungen und einem instinktiven Sinn für Fairness über das Recht hinweggesetzt hätten. Derartige Initiativen seien zwar vom Kassationshof unterbunden worden, hätten aber oftmals Gesetzesreformen angeregt.

1422 *Canayer* et al., La justice prud'homale au milieu du gué, S. 41; vgl. *Holleaux*, Sem. Soc. Lamy, n° 1679, 1er juin 2015; gegen diesen Vorwurf *Bataille/Cormorant*, La procédure prud'homale, Rn. 9.

1423 Vgl. *Canayer* et al., La justice prud'homale au milieu du gué, S. 41.

1424 *Canayer* et al., La justice prud'homale au milieu du gué, S. 42.

Verfahrensdauer vor den Berufungsgerichten[1425] stehen dem zeitliche und damit gegebenenfalls mittelbar finanzielle Nachteile gegenüber.[1426]

In Anbetracht der Berufungsquote lässt sich für Frankreich feststellen, 410 dass die Mehrheit der Streitigkeiten, die in den Zuständigkeitsbereich der CPH fallen und berufungsfähig sind[1427], letztlich doch von einem Berufsrichter entschieden werden – und zwar ohne Beteiligung von Arbeitnehmer- und Arbeitgebervertretern.[1428]

4. Die arbeitsgerichtliche Berufung und Revision in Deutschland

In Deutschland kann unter den Voraussetzungen von § 64 ArbGG Berufung 411 gegen die Urteile der Arbeitsgerichte eingelegt werden. Hierfür ist das Landesarbeitsgericht zuständig. Die Berufungssumme beträgt in Deutschland 600 € (§ 64 Abs. 2 lit. b ArbGG). Im Vergleich zu Frankreich ist der Betrag also erheblich geringer. Rechtsstreitigkeiten über das Bestehen, das Nichtbestehen oder die Kündigung eines Arbeitsverhältnisses sind, unabhängig vom Erreichen der Berufungssumme, stets berufungsfähig (§ 64 Abs. 2 lit. c ArbGG). Ebenso wie in Frankreich ist die zweite Instanz eine weitere Tatsacheninstanz, in der das Urteil nicht nur rechtlich, sondern auch tatsächlich überprüft wird.[1429] Auch in Deutschland hat die Berufung einen Suspensiveffekt und einen Devolutiveffekt.[1430] In Deutschland wurden im Jahr 2020 14.262 Berufungen eingelegt.[1431] Verglichen mit der Zahl der Erledigungen bei den Arbeitsgerichten im selben Jahr (332.957 im Urteilsverfahren)[1432] ist von einer im Vergleich zu Frankreich sehr niedrigen Berufungsquote auszugehen.

1425 Im Jahr 2020 dauerte das Verfahren vor den Berufungsgerichten (ohne Beschränkung auf arbeitsrechtliche Streitigkeiten) im Durchschnitt 15,1 Monate, mit steigender Tendenz gegenüber den Vorjahren; Ministère de la Justice, Références statistiques justice, Justice civile et commerciale, Le contentieux du travail, 2020, S. 69.

1426 *Canayer* et al. nennen als weitere Faktoren für die hohe Berufungsquote die psychologische Situation gekündigter Arbeitnehmer, steuerliche Erwägungen der Arbeitgeber und die Tatsache, dass nur die strittigsten Fälle vor den CPH verhandelt werden; *Canayer* et al., La justice prud'homale au milieu du gué, S. 41.

1427 Vgl. Ministère de la Justice, Références statistiques justice, Justice civile et commerciale, Le contentieux du travail, 2020, S. 68.

1428 *Lacabarats*, RJS 2016, 187, 187; Rapport Lacabarats, S. 18.

1429 O/K/S/*Künzl*, Hb ArbG Verf, Rn. 460.

1430 O/K/S/*Künzl*, Hb ArbG Verf, Rn. 460.

1431 Statistisches Bundesamt, Arbeitsgerichtsstatistik 2020, Tabelle 4.2.

1432 Statistisches Bundesamt, Arbeitsgerichtsstatistik 2020, Tabelle 2.1.1.

412 Für die Revisionen gegen Urteile der Landesarbeitsgerichte (§ 72 ArbGG) sowie Sprungrevisionen gegen Urteile der Arbeitsgerichte (§ 76 ArbGG) ist in Deutschland das Bundesarbeitsgericht zuständig. Voraussetzung ist, dass die Revision vom Landesarbeitsgericht zugelassen wurde (§ 72 Abs. 1 ArbGG). Bei Nichtzulassung kann Beschwerde nach § 72a ArbGG eingelegt werden. Eine Sprungrevision setzt die schriftliche Zustimmung des Gegners und eine Zulassung des Arbeitsgerichts auf Antrag einer Partei voraus (§ 76 Abs. 1 S. 1 ArbGG). Ebenso wie in Frankreich ist die dritte Instanz in Deutschland keine weitere Tatsacheninstanz.[1433] Das Bundesarbeitsgericht prüft die angegriffene Entscheidung nur auf Rechtsfehler.[1434] Im Gegensatz zur französischen Kassation[1435] hat die Revision einen Suspensiveffekt. In beiden Ländern besteht in der Berufungsinstanz sowie in der Kassations-/Revisionsinstanz Vertretungszwang (§ 11 Abs. 4 ArbGG).

1433 GMP/*Schlewing/Dickerhof-Borello*, § 1 ArbGG Rn. 4; O/K/S/*Künzl*, Hb ArbG Verf, Rn. 523.

1434 GMP/*Schlewing/Dickerhof-Borello*, § 1 ArbGG Rn. 4; O/K/S/*Künzl*, Hb ArbG Verf, Rn. 523.

1435 *Antonmattei*, Droit du travail, Rn. 83; *Bataille/Cormorant*, La procédure prud'homale, Rn. 2005; *Dupays* et al., Le Lamy Social, Rn. 5511.

Ergebnisse

§ 1 Historische Entwicklung

Viele Charakteristika der Conseils de Prud'hommes sind geschichtlich begründet. Dazu gehört besonders die Besetzung ausschließlich mit juristischen Laien, seit Mitte des 19. Jahrhunderts fest verbunden mit dem Grundsatz der Parität. Das Gericht ist bis heute nach Branchen untergliedert. Diese Einteilung und die besondere Besetzung sind Ausdruck des historisch engen Bezugs zwischen dem Gericht und den Parteien. Seit jeher ist das Verfahren zweistufig aufgebaut, beginnend mit dem Schlichtungsversuch vor dem *bureau de conciliation* und der anschließenden streitigen Verhandlung vor dem *bureau de jugement*. Auch wenn sie mittlerweile an tatsächlicher Bedeutung verloren hat, ist die gütliche Streitbeilegung noch immer das vorrangige Ziel des Verfahrens. 413

Die Conseils de Prud'hommes prägten auch die deutschen Arbeitsgerichte, welche rund 100 Jahre später entstanden. Ihre – wenngleich nicht unmittelbaren – Vorgänger waren die Räte der Gewerbeverständigen. Diese Gerichte wurden in den damals unter französischer Verwaltung stehenden Gebieten nach dem Vorbild der Conseils de Prud'hommes errichtet. Bis heute werden in Deutschland Arbeitnehmer und Arbeitgeber an der Rechtsprechung beteiligt. Ein wesentliches historisches Element ist die vorrangig angestrebte gütliche Erledigung (§ 57 Abs. 2 ArbGG). Die Güteverhandlung ist ein obligatorischer Verfahrensabschnitt (§ 54 ArbGG). 414

§ 2 Organisation

Die Conseils de Prud'hommes sind die Eingangsinstanz für individualarbeitsrechtliche Streitigkeiten. Sie sind die einzigen besonderen Arbeitsgerichte in Frankreich. Für kollektivarbeitsrechtliche Streitigkeiten sind die ordentlichen Gerichte (*tribunaux judiciaires*) zuständig. Über Berufungs- und Kassationsanträge gegen die Urteile der Conseils de Prud'hommes entscheiden die Sozialkammern der ordentlichen Gerichte (Berufungsgericht und Kassationshof). Die Conseils de Prud'hommes sind ausschließlich mit Arbeitnehmer- und Arbeitgeberrichtern (*conseillers*) besetzt, während in den Rechtsmittelgerichten ausschließlich Berufsrichter entscheiden. Anders als in Frankreich gibt es in Deutschland eine eigenständige Arbeitsgerichtsbarkeit. Alle drei Instanzen sind besetzt mit Berufsrichtern und ehrenamtlichen Richtern aus dem Kreis der Arbeitnehmer und der Arbeitgeber. 415

416 Trotzt ihrer besonderen Besetzung ausschließlich mit *conseillers* sind die Conseils de Prud'hommes keine reine Schlichtungsinstanz. Sie sind als vollwertiges Gericht konzipiert. Die Unparteilichkeit des Gerichts wird gewährleistet durch die paritätische Besetzung, das Verbot imperativer Mandate (*mandats impératifs*), die Hinzuziehung eines externen Berufsrichters in Pattsituationen (*juge départiteur*) und die Anfechtbarkeit der Urteile. Die Parität hat eine tragende Bedeutung für das Gericht und wird streng eingehalten.

§ 3 Die *conseillers*

417 Bis 2017 wurden die *conseillers* gewählt, heute werden sie auf Vorschlag der Gewerkschaften und Arbeitgeberverbände berufen. Vor jeder Neuernennung berechnen der Justiz- und der Arbeitsminister nach detaillierten Regelungen, welcher Organisation wie viele Sitze zustehen. Sofern deren Kandidatenlisten zulässig sind und die vorgeschlagenen Personen die Voraussetzungen für das Amt erfüllen, ernennen der Justiz- und der Arbeitsminister die Kandidaten zu *conseillers*.

418 Auch in Deutschland werden die ehrenamtlichen Richter berufen. Welche Organisationen wie viele Vorschläge einbringen dürfen, regelt das Gesetz nur schemenhaft. Es gibt insbesondere keine Vorgaben darüber, wie die Bedeutung der einzelnen Organisationen zu bestimmen ist. Beide Länder haben gemein, dass die Gewerkschaften und Arbeitgeberverbände einen enormen Einfluss bei der Auswahl der *conseillers* und der ehrenamtlichen Richter haben.

419 Während die ehrenamtlichen Richter in Deutschland zwar grundsätzlich die gleichen Befugnisse wie der Berufsrichter haben, ist ihr Aufgabenbereich – anders als bei den *conseillers* – begrenzt. Dies dürfte im Wesentlichen darauf zurückzuführen sein, dass sie den Berufsrichter nicht ersetzen, sondern durch ihre praktischen Erfahrungen ergänzen sollen. Die tatsächliche Einflussnahme der ehrenamtlichen Richter kann in Deutschland stark variieren. Auch der Berufsrichter kann dies zu einem gewissen Maße beeinflussen, indem er sie mehr oder weniger aktiv einbindet. Andererseits haben ihre Stimmen das gleiche Gewicht, sodass die ehrenamtlichen Richter den Vorsitzenden überstimmen können.

§ 4 Zuständigkeit

420 Die Conseils de Prud'hommes sind sachlich zuständig für alle Streitigkeiten zwischen Arbeitnehmern und Arbeitgebern, die im Zusammenhang (*à l'occasion*) mit einem dem Code du travail unterliegenden Arbeitsvertrag entstehen

können. Den Begriff „Zusammenhang mit einem Arbeitsvertrag" legt der Kassationshof weit aus. Da die sachliche Kompetenz stets an den Arbeitsvertrag anknüpft, sind nur individualarbeitsrechtliche Streitigkeiten erfasst. Maßgeblich für die Abgrenzung ist, ob der vom Arbeitnehmer geltend gemachte Anspruch die Anerkennung oder Ausübung eines individuellen Rechts betrifft.

Die interne Zuständigkeit betrifft die Zuordnung der Fälle zu den fünf Sek- 421
tionen Führungskräfte, Industrie, Handel und kommerzielle Dienstleistungen, Landwirtschaft und Diverses. Mit Ausnahme der Sektion Führungskräfte richtet sich die Geschäftsverteilung nach dem Tarifvertrag, dem das Arbeitsverhältnis des beteiligten Arbeitnehmers unterliegt. Der Justizminister und der Arbeitsminister erstellen bei jeder turnusmäßigen Ernennung der neuen *conseillers* eine Verteilungstabelle, die jeden (Branchen-)tarifvertrag einer Sektion zuordnet. Gibt es keinen Tarifvertrag, ist die Sektion Diverses zuständig. Trotz des niedrigen gewerkschaftlichen Organisationsgrades ist die Tarifbindung in Frankreich extrem hoch, sodass es keine Konzentration bei der Sektion Diverses gibt.

§ 5 Verfahren

Die Parteien verteidigen sich vor den Conseils de Prud'hommes (CPH) grund- 422
sätzlich selbst. Sie können sich jedoch vertreten lassen (*représenter*) oder einen Beistand hinzuziehen (*assister*). In der Praxis macht die Komplexität des Verfahrens, insbesondere die Anforderungen an die Klageschrift, eine Prozessvertretung erforderlich oder jedenfalls stark empfehlenswert. Heute sind daher über 90 % der klagenden Arbeitnehmer anwaltlich vertreten. In eigenen praktischen Beobachtungen ergab sich der Eindruck, dass die Rechtsanwälte das Verfahren maßgeblich prägen. Sie erschienen in aller Regel ohne ihren Mandanten.

Sowohl in Deutschland als auch in Frankreich steht die gütliche Einigung 423
nach der gesetzlichen Konzeption im Vordergrund des Verfahrens. In beiden Ländern beginnt das Verfahren mit einer Güteverhandlung, in welcher die Richterbank mit weniger Richtern besetzt als in der streitigen Verhandlung. Ein wesentlicher Unterschied ist, dass die ehrenamtlichen Richter in Deutschland an diesem Verfahrensabschnitt nicht beteiligt sind. Anders als in Deutschland ist die Güteverhandlung in Frankreich nichtöffentlich.

Die praktische Bedeutung der gütlichen Einigung unterscheidet sich zwi- 424
schen den beiden Ländern enorm: Wurden im Jahr 2020 bei den deutschen Arbeitsgerichten im Urteilsverfahren etwa 66 % der Verfahren durch einen gerichtlichen Vergleich erledigt, waren es bei den CPH nur 9,6 %. Die Unterschiede dürften zum einen beeinflusst sein durch die materielle Rechtslage bei

Kündigungsstreitigkeiten, welche jeweils den überwiegenden Teil der Verfahrensgegenstände ausmachen. Das in Deutschland geltende Bestandsschutzprinzip entspricht oftmals nicht den Parteiinteressen; eine Einigung über eine Abfindung ist daher in vielen Fällen interessengerechter als ein Urteil. Demgegenüber haben Arbeitnehmer in Frankreich nur ausnahmsweise einen Anspruch auf Weiterbeschäftigung. Wesentlich dürfte zudem sein, dass es in Frankreich mehr Raum für vorgerichtliche Einigungsmöglichkeiten gibt: Ein Kündigungsvorgespräch ist dort obligatorisch, vor allem aber sind die Fristen, innerhalb derer Klage gegen eine Kündigung erhoben werden kann, erheblich länger als in Deutschland. Auch prozessuale Faktoren könnten die Vergleichsfreundlichkeit der Verfahren vor den CPH verringern, insbesondere die rechtliche Konzeption der Güteverhandlung, der fehlende Kostenanreiz und die Stellung der Richter.

425 Die streitige Verhandlung vor den CPH ist öffentlich. Die Richterbank ist besetzt mit jeweils zwei Arbeitnehmer- und zwei Arbeitgeberrichtern. Während der Vorsitzende die streitige Verhandlung in Deutschland umfassend vorbereiten muss, steht den *conseillers* diese Möglichkeit überhaupt nicht zur Verfügung: Nach der Klageerhebung findet der Schriftverkehr unmittelbar zwischen den Parteien statt. Die *conseillers* kennen daher bis zur Verhandlung noch nicht den gesamten Sach- und Streitstand. Auch beim Ablauf der streitigen Verhandlung zeigten sich in eigenen praktischen Beobachtungen Besonderheiten im Vergleich zu Deutschland. Im Zentrum standen die Plädoyers der Rechtsanwälte; die *conseillers* begrenzten deren Dauer. Einen Dialog zwischen den Parteien oder mit den *conseillers* gab es nur vereinzelt.

426 Ein großer Kritikpunkt an den CPH betrifft die Verfahrensdauer. Im Jahr 2020 dauerten sie durchschnittlich 15,4 Monate, bei Pattsituationen sogar 38,4 Monate, wobei regional erhebliche Unterschiede bestehen. Zu den Gründen zählen allen voran die unzureichenden finanziellen und personellen Kapazitäten, aber auch das kaum konzentrierte Verfahren – besonders bei Einschaltung des *juge départiteur* – sowie die zersplitterten Zuständigkeiten.

427 Die Berufungsquote gegen Urteile der CPH ist mit knapp über 60 % (Stand 2019) sehr hoch. Sie impliziert eine geringe Akzeptanz der Urteile und womöglich auch der CPH als Institution. Allerdings ist bei der Interpretation der Zahlen die Besonderheit des französischen Instanzenzugs zu beachten: Während erstinstanzlich ausschließlich Arbeitnehmer- und Arbeitgeberrichter entscheiden, ist das Berufungsgericht eine zweite Tatsacheninstanz, die nur mit Berufsrichtern besetzt ist. Dies ist eine neue Ausgangssituation für die unterlegene Partei. Die Einlegung der Berufung wird zudem begünstigt durch die geringere Begründungstiefe der Urteile der CPH sowie durch die Gerichtskostenfreiheit.

In Anbetracht der Berufungsquote wird die Mehrheit der (berufungsfähigen) individualarbeitsrechtlichen Streitigkeiten also letztlich doch von einem Berufsrichter entschieden – und zwar ohne Beteiligung von Arbeitnehmer- und Arbeitgebervertretern.

Literaturverzeichnis

Aldea, Oliver E., Das französische Kündigungsrecht im Spannungsfeld von Abfindungen und Bestandsschutz, 2010 [zitiert als *Aldea*, Das französische Kündigungsrecht]

Angotti, Olivier / Gauriau, Bernard, Les avocats travaillistes face au défi des nouvelles procédures, Dr. soc. 2017, 611–617

Antonmattei, Paul-Henri, Droit du travail, 2021

Arndt, Claus, Der Richter im demokratischen Staat (Zur Verabschiedung des Gesetzes über die Richteramtsbezeichnungen und die Präsidialverfassung der Gerichte durch den Bundestag), DRiZ 1972, 41–42

Aust-Dodenhoff, Karin, Die Arbeitsgerichtsbarkeit auf dem Weg zur ordentlichen Gerichtsbarkeit?, NZA 2004, 24–26

Auzero, Gilles / Baugard, Dirk / Dockès, Emmanuel, Droit du travail, 35. Auflage 2021

Azar-Baud, Maria José, Action civile et discriminations: l'apport de l'action de groupe, Dr. soc. 2020, 353–359

Bachmann, Birgit / Breidenbach, Stephan / Coester-Waltjen, Dagmar / Heß, Burkhard / Nelle, Andreas / Wolf, Christian (Hrsg.), Grenzüberschreitungen. Beiträge zum Internationalen Verfahrensrecht und zur Schiedsgerichtsbarkeit. Festschrift für Peter Schlosser zum 70. Geburtstag, 2005

Bader, Peter / Hohmann, Roger, Bindung an Vorschlagslisten bei der Berufung ehrenamtlicher Richterinnen und Richter in der Arbeits- und Sozialgerichtsbarkeit, NZA 2015, 321–325

Bader, Peter / Hohmann, Roger / Klein, Harald, Die ehrenamtlichen Richterinnen und Richter in der Arbeits- und Sozialgerichtsbarkeit. Ihre Rechtsstellung, ihre Rechte und Pflichten, 13. Auflage 2012 [zitiert als BHK/*Bearbeiter*]

Banos, Julie, En grève, les prud'hommes refusent de compter leur temps, L'OBS 19.2.2009, abrufbar unter: https://www.nouvelobs.com/rue89/rue89-economie/20090216.RUE8470/en-greve-les-prud-hommes-refusent-de-compter-leur-temps.html [zuletzt abgerufen am 7.10.2022]

Baron, Auguste (Hrsg.), Histoire de Lyon pendant les journées des 21, 22 et 23 novembre 1831, contenant les causes, les conséquences et les suites de ces déplorables événements, 1832 [zitiert als *Baron* (Hrsg.), Histoire de Lyon pendant les journées des 21, 22 et 23 novembre 1831]

Bas, Philippe / Benbassa, Esther / Bigot, Jacques / Buffet, François-Noël / Cukierman, Cécile / Mézard, Jacques / Zocchetto, François, Cinq ans pour sauver la justice! Rapport d'information fait au nom de la commission des lois constitutionnelles, de législation, du suffrage universel, du Règlement et d'administration générale par la mission d'information sur le redressement de la justice, 4.4.2017, abrufbar unter: https://www.senat.fr/notice-rapport/2016/r16-495-notice.html [zuletzt abgerufen am 7.10.2022] [zitiert als *Bas* et al., Cinq ans pour sauver la justice]

Bataille, Étienne, La procédure prud'homale, 3. Auflage 2017

Bataille, Étienne / Cormorant, Muriel, La procédure prud'homale, 4. Auflage 2020

Baugard, Dirk, La „nouvelle" conciliation, Dr. soc. 2017, 599–604

Beck'scher Online-Kommentar Arbeitsrecht, Hrsg.: *Rolfs, Christian / Giesen, Richard / Meßling, Miriam / Udsching, Peter*, 65. Edition, Stand: 1.9.2022 [zitiert als BeckOK-ArbR/*Bearbeiter*]

Beckers, Maude, La réforme de la procédure prud'homale: l'illusion de l'efficacité, RDT 2017, 279–283

Berger-Delhey, Ulf, Zur Mitwirkung ehrenamtlicher Richter in der Arbeits- und Sozialgerichtsbarkeit – Fehlertatbestände und Fehlerfolgen, RdA 1988, 15–26

Bernert, Günther, Die französischen Gewerbegerichte (Conseils de Prud'hommes) und ihre Einführung in den linksrheinischen Gebieten zwischen 1808 und 1813, in: Scherner, Karl Otto / Willoweit, Dietmar (Hrsg.), Vom Gewerbe zum Unternehmen, Studien zum Recht der gewerblichen Wirtschaft im 18. und 19. Jahrhundert, 1982, S. 112–151 [zitiert als *Bernert*, in: Scherner/Willoweit (Hrsg.), Vom Gewerbe zum Unternehmen]

Bewer, Rudolf, Zur Geschichte der Arbeitsgerichte. Ein Rückblick auf 50 Jahre, ZZP 1925, 74–88

Binkert, Gerhard / Eylert, Mario, Beteiligung der ehrenamtlichen Richter in der Güteverhandlung vor dem Arbeitsgericht?, NZA 1989, 872–874

Blet, Raymond, Le conseiller prud'homme: un juge engagé dans une juridiction impartiale, Dr. ouvr. 2006, 254–258

Bonafé-Schmitt, Jean-Pierre, Les prud'hommes: du conseil de discipline à la juridiction de droit commun du travail, Mouv. soc. 141 (1987), 121–148

Boulmier, Daniel, Le volet prud'homal du projet de loi Macron: en „coup de force" mais sans „coup de jeune", Dr. soc. 2015, 430–441

Boulmier, Daniel, Pot-pourri des acteurs de la justice sociale, Dr. soc. 2017, 584–587

Boulmier, Daniel / Dorant, Anne / Gardin, Alexia / Nivelles, Vanessa, Le Lamy Procédure prud'homale, Edition 2021 [zitiert als *Boulmier* et al., Le Lamy Procédure prud'homale 2021]

Boulmier, Daniel / Dorant, Anne / Gardin, Alexia / Moins, Laurent, Le Lamy Procédure prud'homale, Edition 2022 [zitiert als *Boulmier* et al., Le Lamy Procédure prud'homale]

Brand, Jürgen, Untersuchungen zur Entstehung der Arbeitsgerichtsbarkeit in Deutschland. Erster Teilband. Zwischen genossenschaftlicher Standesgerichtsbarkeit und kapitalistischer Fertigungskontrolle, 1990 [zitiert als *Brand*, Band 1]

Brand, Jürgen, Untersuchungen zur Entstehung der Arbeitsgerichtsbarkeit in Deutschland. Band 2. Von der Ehre zum Anspruch, 2002 [zitiert als *Brand*, Band 2]

Braudo, Serge, Dictionnaire juridique, Dictionnaire du droit privé abrufbar unter: https://www.dictionnaire-juridique.com/index.php [zuletzt abgerufen am 7.10.2022]

Brexl, Walter, Die Rechtsstellung des französischen Richters unter besonderer Berücksichtigung des Arbeitsrichters (nebst einem kurzen Abriss des arbeitsgerichtlichen Verfahrens), 1971 [zitiert als *Brexl*, Die Rechtsstellung des französischen Richters]

Brugnot, Thomas / Porte, Emmanuel, La transmission du savoir-faire prud'homal: formation syndicale et rôle des pairs, in: Michel, Hélène / Willemez, Laurent (Hrsg.), Les prud'hommes, actualité d'une justice bicentenaire, 2008, S. 181–199 [zitiert als *Brugnot/Porte*, in: Michel/Willemez (Hrsg.), Les prud'hommes]

Bundesministerium für Arbeit und Soziales, Ergebnisse der Statistik der Arbeitsgerichtsbarkeit 2018, abrufbar unter: https://www.bmas.de/DE/Service/Statistiken-Open-Data/Statistik-zur-Arbeitsgerichtsbarkeit/statistik-zur-arbeitsgerichtsbarkeit.html [zuletzt abgerufen am 7.10.2022]

Bundesministerium für Arbeit und Soziales, Ergebnisse der Statistik der Arbeitsgerichtsbarkeit 2019, abrufbar unter: https://www.bmas.de/DE/Service/Statistiken-Open-Data/Statistik-zur-Arbeitsgerichtsbarkeit/statistik-zur-arbeitsgerichtsbarkeit.html [zuletzt abgerufen am 7.10.2022]

Bundesministerium für Arbeit und Soziales, Ergebnisse der Statistik der Arbeitsgerichtsbarkeit 2020, abrufbar unter: https://www.bmas.de/DE/Service/Statistiken-Open-Data/Statistik-zur-Arbeitsgerichtsbarkeit/statistik-zur-arbeitsgerichtsbarkeit.html [zuletzt abgerufen am 7.10.2022]

Burgess, Pete / Corby, Susan / Latreille, Paul, Lay judges and labor courts: A question of legitimacy, Comparative Labor Law & Policy Journal 2014, 191–216.

Burgess, Pete / Corby, Susan / Höland, Armin / Michel, Hélène / Willemez, Laurent / Buchwald, Christina / Krausbeck, Elisabeth, The roles, resources and competencies of employee lay judges. A cross-national study of Germany, France and Great Britain, 2017, abrufbar unter: https://www.boeckler.de/de/faust-detail.htm?sync_id=7919 [zuletzt abgerufen am 7.10.2022] [zitiert als *Burgess* et al., The roles, resources and competencies of employee lay judges]

Canayer, Agnès / Delattre, Nathalie / Féret, Corinne / Gruny, Pascale, La justice prud'homale au milieu du gué, Rapport d'information fait au nom de la commission des affaires sociales et de la commission des lois constitutionnelles, de législation, du suffrage universel, du Règlement et d'administration générale sur la justice prud'homale, 10.7.2019, abrufbar unter: http://www.senat.fr/rap/r18-653/r18-653.html [zuletzt abgerufen am 7.10.2022] [zitiert als *Canayer* et al., La justice prud'homale au milieu du gué]

Charbonnier, Romain, Le petit monde des prud'hommes de Lyon, La Tribune 23.5.2016, abrufbar unter: https://region-aura.latribune.fr/territoire/2016-05-23/le-petit-monde-des-prud-hommes-de-lyon.html [zuletzt abgerufen am 7.10.2022]

Chevalier, Claire / Drouin, Xavier, Die Beendigung von Arbeitsverhältnissen nach französischem Recht – Ein Überblick nach der Reform Macron, AE 2019, 120–125

Collomp, Jean-Paul, Conseil de prud'hommes et impartialité, Dr. ouvr. 2004, 129–137

Cotterau, Alain, Cent quatre-vingts années d'activité prud'homale, Mouv. soc. 141 (1987), 3–8

Cotterau, Alain, Justice et injustice ordinaire sur les lieux de travail d'après les audiences prud'homales (1806–1866), Mouv. soc. 141 (1987), 25–59

DARES, Taux de syndicalisation des salariés en France de 1949 à 2019, 2021, abrufbar unter: https://dares.travail-emploi.gouv.fr/donnees/la-syndicalisation [zuletzt abgerufen am 7.10.2022]

Däubler, Wolfgang, Richterliche Neutralität in der Arbeitsgerichtsbarkeit (Zum Beschluss des Präsidiums des Bundesarbeitsgerichts v. 23.10.1975), AuR 1976, 369–373

Daugareilh, Isabelle / Fiorentino, Allison / Merkhantar, Joël / Niquège, Sylvain / Poirier, Mireille / Sautereau, Nicolas / Tournaux, Sébastien, France, in: Ebisui, Minawa / Cooney, Sean / Fenwick, Colin (Hrsg.), Resolving individual labour disputes: A comparative overview, 2016, S. 103–134 [zitiert als *Daugareilh* et al., in: Ebisui et al., Resolving individual labour disputes]

David, Marcel, L'évolution historique des Conseils de prud'hommes en France, Dr. soc. 2 (1974), 3–21

Delpuech, Valérie / Kebour-Rejasse, Amina / Guérinot, Sandra, Aller aux prud'hommes, 5. Auflage 2020

Deutscher Arbeitsgerichtsverband (Hrsg.), Die Arbeitsgerichtsbarkeit: Festschrift zum 100jährigen Bestehen des Deutschen Arbeitsgerichtsverbandes, 1994

Dufresne, Anne / Maggi-Germain, Nicole, Zwischen Staatsinterventionismus und Tarifautonomie – Die Allgemeinverbindlicherklärung von Tarifverträgen in Frankreich, WSI-Mitteilungen 2012, 534–540

Düwell, Josef / Lipke, Gert-Albert, Arbeitsgerichtsgesetz, Kommentar zum gesamten Arbeitsverfahrensrecht, 5. Auflage 2019 [zitiert als Düwell/Lipke/*Bearbeiter*]

Dupays, Alain / Jullien, Dominique / Hautefort, Marie / Phérivong, Catherine (Hrsg.), Le Lamy Social, Droit du travail, Charges sociales, Edition 2021 [zitiert als *Dupays* et al., Le Lamy Social 2021]

Dupays, Alain / Jullien, Dominique / Couprie, Emmanuelle / Hautefort, Marie / Phérivong, Catherine (Hrsg.), Le Lamy Social, Droit du travail, Charges sociales, Edition 2022 [zitiert als *Dupays* et al., Le Lamy Social]

Dupic, Emmanuel, La justice en France. Acteurs et enjeux, 2017 [zitiert als *Dupic*, La justice en France]

Durand, Paul / Jaussaud, R., Traité de droit du travail, Band 1, 1947

Durand, Thierry, Élections prud'homales: la démocratie coûte trop cher, à bas la démocratie!, Dr. ouvr. 2014, 322–326

Duvergier, J B., Collection complète des lois, décrets, ordonnances, règlements et avis du conseil d'état, Band 3, 1791

Duvergier, J B., Collection complète des lois, décrets, ordonnances, règlements et avis du conseil d'état, Band 17, 1810

Duvergier, J. B., Collection complète des lois, décrets, ordonnances, règlements et avis du conseil d'état, Band 48, 1848

Duvergier, J B., Collection complète des lois, décrets, ordonnances, règlements et avis du conseil d'état, Band 53, 1853

Duvergier, J. B., Collection complète des lois, décrets, ordonnances, règlements et avis du conseil d'état, Band 80, 1880

Ebisui, Minawa / Cooney, Sean / Fenwick, Colin (Hrsg.), Resolving individual labour disputes: A comparative overview, 2016

Erfurter Kommentar zum Arbeitsrecht, Hrsg.: *Müller-Glöge, Rudi / Preis, Ulrich / Schmidt, Ingrid* (Hrsg.), 22. Auflage 2022 [zitiert als ErfK/*Bearbeiter*]

Faber, Ulrich / Feldhoff, Kerstin / Nebe, Katja / Schmidt, Kristina / Waßer, Ursula (Hrsg.), Gesellschaftliche Bewegungen – Recht unter Beobachtung und in Aktion. Festschrift für Wolfhard Kohte, 2016

Faissner, Lea C., Die Gerichtsverwaltung der ordentlichen Gerichtsbarkeit in Frankreich und Deutschland, 2018 [zitiert als *Faissner*, Die Gerichtsverwaltung]

Favennec-Héry, Françoise / Marquet de Vasselot, Laurent, Les articulations des contentieux, JCP-S 2019, Nr. 1163, 1–10

Ferkane, Ylias, Le défenseur syndical: la représentation sans la représentativité. Cons. Const. 14 septembre 2021, n° 2021-928 QPC, RDT 2021, 723–727

Ferrand, Frédérique, Cassation française et révision allemande. Essai sur le contrôle exercé en matière civile par la Cour de cassation française et par la Cour fédérale de Justice de la République fédérale d'Allemagne, 1993 [zitiert als *Ferrand*, Cassation française et révision allemande]

Florès, Philippe / Pécaut-Rivolier, Laurence, Les nouveaux juges départiteurs, Dr. soc. 2017, 605–610

Flößer, Monika, Frankreich: Örtliche Zuständigkeit des Conseil de Prud'hommes, EuZA 2022, 385

Franzen, Martin, Das dritte Geschlecht in der Betriebsverfassung, in: Gräfl, Edith / Lunk, Stefan / Oetker, Hartmut / Trebinger, Yvonne (Hrsg.), 100 Jahre Betriebsverfassungsrecht, 2020, S. 129–142 [zitiert als *Franzen*, in: FS 100 Jahre Betriebsverfassungsrecht]

Galy, Marion, Le contentieux des licenciements économiques collectifs: une nouvelle illustration de la complexité juridictionnelle en droit du travail (à propos de Soc., 21 nov. 2018, n° 17-16.766 et 17-16.767), Dr. soc. 2019, 353–359

Gäntgen, Hans Jörg, Die ehrenamtlichen Richterinnen und Richter in der Arbeitsgerichtsbarkeit, RdA 2015, 201–206

Gauriau, Bernard / Miné, Michel, Droit du travail, 4. Auflage 2021

Géa, Frédéric, Une meilleure justice du travail?, RJS 2016, 191–195

Gemeinschaftskommentar zum Arbeitsgerichtsgesetz, *Ahrendt, Martina / Bader, Peter / Horcher, Michael / Krumbiegel, Markus / Mikosch, Ernst / Schleusener, Aino / Schütz, Friedrich / Vossen, Reinhard*, Band 1, Loseblattwerk (Stand 133 September 2022) [zitiert als GK-ArbGG/*Bearbeiter*]

Gemeinschaftskommentar zum Arbeitsgerichtsgesetz, *Ahrendt, Martina / Bader, Peter / Horcher, Michael / Krumbiegel, Markus / Mikosch, Ernst / Schleusener, Aino / Schütz, Friedrich / Vossen, Reinhard*, Band 2, Loseblattwerk (Stand 133 Juni 2022) [zitiert als GK-ArbGG/*Bearbeiter*]

Germelmann, Claas-Hinrich / Matthes, Hans-Christoph / Prütting, Hanns (Hrsg.), Arbeitsgerichtsgesetz Kommentar, 10. Auflage 2022 [zitiert als GMP/*Bearbeiter*]

Gilles, Peter, Prozessrechtsvergleichung: Zustand, Bedeutung und Eigenheiten einer Rechtsdisziplin im Aufschwung; Generalbericht zum Thema „Special

Features of Comparative Procedural Law/Spécificités du Droit Judiciaire Comparé/Eigenheiten der Prozessrechtsvergleichung“ aus Anlass des Weltkongresses der Internationalen Vereinigung für Prozessrecht in Taormina (Sizilien) 1995, 1996 [zitiert als *Gilles*, Prozessrechtsvergleichung]

Globig, Klaus, Gerichtsbarkeit als Mittel sozialer Befriedung, dargestellt am Beispiel der Entstehung der Arbeitsgerichtsbarkeit in Deutschland, 1985 [zitiert als *Globig*, Gerichtsbarkeit als Mittel sozialer Befriedung]

Gottlieb, F. P., Über die Amtsbefugnisse des Rats der Gewerbeverständigen und das rechtliche Verfahren bei demselben, nach den dahin zielenden französischen und diese teils modifizierenden, teils abändernden preußischen Gesetzen und Verordnungen, 1831 [zitiert als *Gottlieb*, Über die Amtsbefugnisse des Rats der Gewerbeverständigen]

Gottwald, Peter, Zum Stand der Zivilprozessrechtsvergleichung, in: Bachmann, Birgit / Breidenbach, Stephan / Coester-Waltjen, Dagmar / Heß, Burkhard / Nelle, Andreas / Wolf, Christian (Hrsg.), Grenzüberschreitungen. Beiträge zum Internationalen Verfahrensrecht und zur Schiedsgerichtsbarkeit. Festschrift für Peter Schlosser zum 70. Geburtstag, 2005, S. 227–245 [zitiert als *Gottwald*, in: FS Schlosser]

Grabenwarter, Christoph / Pabel, Katharina, Europäische Menschenrechtskonvention. Ein Studienbuch, 7. Auflage 2021 [zitiert als *Grabenwarter/Pabel*, EMRK]

Graf, Günter, Das Arbeitsgerichtsgesetz von 1926. Weimarer Verfassungsvollzug auf justizpolitischen Irrwegen des Kaiserreichs?, 1993 [zitiert als *Graf*, Das Arbeitsgerichtsgesetz von 1926]

Gräfl, Edith / Lunk, Stefan / Oetker, Hartmut / Trebinger, Yvonne (Hrsg.), 100 Jahre Betriebsverfassungsrecht, 2020

Grangé, Joël, Le renouveau du contentieux prud’homal, JCP-S 2019, Nr. 1162, 1–2

GRECO (Group of States against Corruption/Groupe d’États contre la corruption), Quatrième cycle d’évaluation, Prévention de la corruption des parlementaires, des juges et des procureurs, Rapport d’évaluation, France, Verabschiedung am 6.12.2013, Veröffentlichung am 27.1.2014, abrufbar unter: https://rm.coe.int/16806c5dfa [zuletzt abgerufen am 7.10.2022] [zitiert als GRECO, Rapport d’évaluation France]

Grivotte, Emma, Manque de moyens au tribunal de Nanterre: jusqu’à quatre ans de délai pour une procédure, actu Hauts-de-Seine 9.1.2021, abrufbar unter: https://actu.fr/ile-de-france/nanterre_92050/manque-de-moyens-au-tribunal-de-nanterre-jusqu-a-quatre-ans-de-delais-pour-une-procedure_38500705.html [zuletzt abgerufen am 7.10.2022] [zitiert als *Grivotte*, Manque de moyens au tribunal de Nanterre, actu Hauts-de-Seine 9.1.2021]

Grunsky, Wolfgang / Waas, Bernd / Benecke, Martina / Greiner, Stefan, Arbeitsgerichtsgesetz Kommentar, 8. Auflage 2014 [zitiert als GWBG/*Bearbeiter*]

Guinchard, Serge / Debard, Thierry, Lexique des termes juridiques, 28. Auflage 2020

Guiomard, Frédéric, Quelles réformes pour la justice sociale? Première partie: Les juridictions, RDT 2014, 129–133

Guiomard, Frédéric, Les conseils de prud'hommes, de l'élection à la désignation: un contrôle constitutionnel léger, RDT 2015, 164–169

Halberstadt, Mariella, Die Gestaltung des Arbeitsvertrags durch Tarifvertrag im französischen Recht, 2017

Hamelin, David, L'ancrage local de la justice du travail: le conseil des prud'hommes de Poitiers 1968–1979, in: Michel, Hélène / Willemez, Laurent (Hrsg.), Les prud'hommes, actualité d'une justice bicentenaire, 2008, S. 47–69 [zitiert als *Hamelin*, in: Michel/Willemez (Hrsg.), Les prud'hommes]

Hanssen, Maxime, Les Prud'hommes de Lyon contre la loi Macron, La Tribune 15.1.2015, abrufbar unter: https://region-aura.latribune.fr/finance-droit/2015-01-15/les-prud-hommes-de-lyon-contre-la-loi-macron.html [zuletzt abgerufen am 7.10.2022]

Héas, Franck, Le statut des conseillers prud'hommes, Dr. soc. 2017, 588–593

Heldrich, Andreas / Prölss, Jürgen / Koller, Ingo / Langenbucher, Katja / Grigoleit, Hans Christoph / Hager, Johannes / Hey, Felix Christopher / Neuner, Jörg / Petersen, Jens / Singer, Reinhard (Hrsg.), Festschrift für Claus-Wilhelm Canaris zum 70. Geburtstag, Band II, 2007

Hepple, Bob, Labour Courts: Some Comparative Perspectives, Curr. Leg. Probl. 41 (1), 169–196.

Herzog, Herbert, Die Vertretung der Parteien vor den Arbeitsgerichten im Deutschen Reiche und im übrigen Europa, 1934 [zitiert als *Herzog*, Die Vertretung der Parteien vor den Arbeitsgerichten]

Hessisches Ministerium der Justiz, Ehrenamtliche Richterinnen und Richter in der Arbeitsgerichtsbarkeit. Ein Leitfaden, Stand September 2020, abrufbar unter: https://justizministerium.hessen.de/sites/justizministerium.hessen.de/files/2021-08/2020_ehrenamtl.richterinnenrichter_internet.pdf [zuletzt abgerufen am 7.10.2022] [zitiert als Hessisches Ministerium der Justiz, Ehrenamtliche Richterinnen und Richter in der Arbeitsgerichtsbarkeit]

Hohmann, Roger, Arbeitsgerichtsgesetz, 3. Auflage 2014

Höland, Armin, Wie Laien Recht pflegen. Rechtsanthropologische Fragen zu ehrenamtlichen Richtern in der Arbeitsgerichtsbarkeit und zu Selbstverwaltern in der Sozialversicherung, in: Faber, Ulrich / Feldhoff, Kerstin / Nebe, Katja / Schmidt, Kristina / Waßer, Ursula (Hrsg.), Gesellschaftliche

Bewegungen – Recht unter Beobachtung und in Aktion. Festschrift für Wolfhard Kohte, 2016, S. 97–119 [zitiert als *Höland*, in: FS Kohte]

Höland, Armin / Buchwald, Christina / Krausbeck, Elisabeth, Ehrenamtliche Richterinnen und Richter in der Arbeitsgerichtsbarkeit – Erkenntnisse aus der Forschung in Deutschland, Frankreich und Großbritannien, AuR 2018, 404–410

Höland, Armin / Buchwald, Christina, Ehrenamtliche Richterinnen und Richter in der Arbeitsgerichtsbarkeit und in der Sozialgerichtsbarkeit – Ergebnisse einer repräsentativen Befragung in Baden-Württemberg, Berlin und Sachsen-Anhalt, unter Mitarbeit von *Elisabeth Krausbeck*, 2018, abrufbar unter: https://lag.sachsen-anhalt.de/fileadmin/Bibliothek/Politik_und_Verwaltung/MJ/MM/lag/Oeffentlichkeit/Abschlussbericht_eaRi_ZSH_2018.07.25.pdf [zuletzt abgerufen am 7.10.2022] [zitiert als *Höland/Buchwald*, Ehrenamtliche Richterinnen und Richter in der Arbeitsgerichtsbarkeit und in der Sozialgerichtsbarkeit]

Holleaux, Benoît, Comment revitaliser la justice prud'homale? Du charme des temps anciens aux dures réalités des temps présents, Sem. Soc. Lamy n° 1679, 1er juin 2015

Icard, Julien / Bugada, Alexis, Faut-il simplifier la prescription en droit du travail?, RDT 2021, 556–562

Ide, Günter, Die Stellung der ehrenamtlichen Richter, in: Deutscher Arbeitsgerichtsverband (Hrsg.), Die Arbeitsgerichtsbarkeit: Festschrift zum 100jährigen Bestehen des Deutschen Arbeitsgerichtsverbandes, 1994, S. 253–264 [zitiert als *Ide*, in: Die Arbeitsgerichtsbarkeit]

Intrup-Dopheide, Johanna, Tariffähigkeit, Gewerkschaftspluralität und Tarifmehrheiten in Frankreich. Eine Untersuchung des Gesetzes zur Erneuerung der sozialen Demokratie mit vergleichendem Blick auf Deutschland, 2013 [zitiert als *Intrup-Dopheide*, Tariffähigkeit, Gewerkschaftspluralität und Tarifmehrheiten in Frankreich]

Intrup-Dopheide, Johanna, Die Gewerkschaftspluralität in Frankreich nach dem Gesetz zur Erneuerung der sozialen Demokratie, EuZA 2013, 542–555.

Jäcklein, Wolf, Arbeitsmarktreform in Frankreich (2017), AuR 2017, 498–499

Jacobs, Matthias / Bornemann, Lionn / Vogt, Tobias, Aus zwei mach drei – Betriebsratswahlen und das dritte Geschlecht, in: Klapp, Michaela / Linck, Rüdiger / Preis, Ulrich / Reinhard, Barbara / Wolf, Roland (Hrsg.), Die Sicherung der kollektiven Ordnung. Festschrift für Ingrid Schmidt, 2021, S. 163–176 [zitiert als *Jacobs/Bornemann/Vogt*, in: FS Schmidt]

Joussen, Jacob / Unberath, Hannes (Hrsg.), Mediation im Arbeitsrecht. Tagung vom 25./26.April 2009, 2009

Junker, Abbo, Rechtsvergleichung als Grundlagenfach, JZ 1994, 921–928

Junker, Abbo, Grund und Grenzen der Arbeitsrechtsvergleichung, in: Heldrich, Andreas /Prölss, Jürgen / Koller, Ingo / Langenbucher, Katja / Grigoleit, Hans Christoph / Hager, Johannes / Hey, Felix Christopher / Neuner, Jörg / Petersen, Jens / Singer, Reinhard (Hrsg.), Festschrift für Claus-Wilhelm Canaris zum 70. Geburtstag, Band II, 2007, S. 705–719 [zitiert als *Junker*, in: FS Canaris]

Junker, Abbo, Grundkurs Arbeitsrecht, 21. Auflage 2022

Junker, Abbo, Anmerkung zu BAG, Beschluss v. 22.6.2021, JZ 2022, 41–45

Kamptz, Karl Albert von, Jahrbücher für die preußische Gesetzgebung, Rechtswissenschaft und Rechtsverwaltung, Band 5, 1815

Kamptz, Karl Albert von, Jahrbücher für die preußische Gesetzgebung, Rechtswissenschaft und Rechtsverwaltung, Band 38, 1831

Karpenstein, Ulrich / Mayer, Franz C. (Hrsg.), Konvention zum Schutz der Menschenrechte und Grundfreiheiten, 3. Auflage 2022 [zitiert als *Bearbeiter*, in: Karpenstein/Mayer (Hrsg.), EMRK]

Keller, Marianne, Contrat de travail. Clause contractuelle de conciliation. Fin de non-recevoir. Anmerkung zu Cour de cassation (chambre mixte), 14 février 2003, Dr. soc. 2003, 890–892

Keller, Marianne / Grumbach, Tiennot, Sur l'impartialité de la juridiction prud'homale… encore?, Cour de cassation, ch. soc. 19 décembre 2003 et 26 janvier 2005, Dr. soc. 2006, 52–58

Kieffer, Monique, La législation prud'homale de 1806 à 1807, Mouv. soc. 141 (1987), 9–23

Kirchner, Hildebert, Abkürzungsverzeichnis der Rechtssprache, bearbeitet von *Eike Böttcher*, 10. Auflage 2021

Klapp, Michaela / Linck, Rüdiger / Preis, Ulrich / Reinhard, Barbara / Wolf, Roland (Hrsg.), Die Sicherung der kollektiven Ordnung. Festschrift für Ingrid Schmidt, 2021

Kollerbaur, Agnes Maria, Die französische Arbeitsinspektion. Eine Untersuchung unter besonderer Berücksichtigung ihrer Rolle bei Kündigungen, 2010 [zitiert als *Kollerbaur*, Die französische Arbeitsinspektion]

Kraushaar, Bernhard, Für eine Angleichung der deutschen und der französischen Arbeitsgerichtsbarkeit – Anregungen für eine Novellierung des Arbeitsgerichtsgesetzes, NZA 1987, 761–765

Kühne, Rudolf, Die Zusammenarbeit zwischen Berufsrichtern und ehrenamtlichen Richter, DRiZ 1975, 390–397

Künzl, Reinhard, Die Beteiligung ehrenamtlicher Richter am arbeitsgerichtlichen Verfahren. Berufung, Stellung und Aufgaben, ZZP 1991, 150–191

Lacabarats, Alain, L'avenir des juridictions du travail: Vers un tribunal prud'homal du XXIème siècle, Rapport à Madame la Garde des Sceaux, Ministre de la Justice, Juli 2014, abrufbar unter: http://www.justice.gouv.fr/publication/rap_lacabarats_2014.pdf [zuletzt abgerufen am 7.10.2022] [zitiert als Rapport Lacabarats]

Lacabarats, Alain, Les conseils de prud'hommes, RJS 2016, 187–190

Langenscheidt-Redaktion (Hrsg.), Handwörterbuch Französisch, Neubearbeitung 2006

Laroque, Pierre, Contentieux social et juridiction sociale, Dr. soc. 1954, 271–280

Larousse, Dictionnaire de français, abrufbar unter: https://www.larousse.fr/dictionnaires/francais-monolingue [zuletzt abgerufen am 7.10.2022]

Lehnisch, Bruno / Mariani, Jean-Philippe / Regent, Barbara, Les délais de jugement anormalement longs en droit du travail, RDT 2021, 728–732

Leinemann, Wolfgang, Die geschichtliche Entwicklung der Arbeitsgerichtsbarkeit bis zur Errichtung des BAG, NZA 1991, 961–966

Lemercier, Claire, Comment peut-on être prud'homme? Les facettes du mandat à Paris avant 1870, in: Michel, Hélène / Willemez, Laurent (Hrsg.), Les prud'hommes, actualité d'une justice bicentenaire, 2008, S. 27–45 [zitiert als *Lemercier,* in: Michel/Willemez (Hrsg.), Les prud'hommes]

Lent, Friedrich, Laienrichter im Zivilprozess, AcP 1949, 193–216

Lesch, Hagen / Vogel, Sandra / Busshoff, Hannah / Giza, Adam, Stärkung der Tarifbindung. Ordnungspolitische Überlegungen, empirische Erkenntnisse und offene Fragen, 2017 [zitiert als *Lesch* et al., Stärkung der Tarifbindung]

Linck, Rüdiger / Preis, Ulrich / Schmidt, Ingrid (Hrsg), Kündigungsrecht. Großkommentar zum gesamten Recht der Beendigung von Arbeitsverhältnissen, 6. Auflage 2021 [zitiert als Linck/Preis/Schmidt/*Bearbeiter*]

Linsenmaier, Wolfgang, Von Lyon nach Erfurt – Zur Geschichte der deutschen Arbeitsgerichtsbarkeit, NZA 2004, 401–408

Löwisch, Manfred / Rieble, Volker, Tarifvertragsgesetz Kommentar, 4. Auflage 2017 [zitiert als *Löwisch/Rieble*, TVG]

Lyon-Caen, Pierre, La juridiction prud'homale et l'article 6-1 de la convention européenne des droits de l'homme, RJS 2003, 936–941

Maggi-Germain, Nicole, Les enjeux autour de la réforme de la formation des conseillers prud'hommes, Dr. soc. 2015, 547–550

Marguénaud, Jean-Pierre / Mouly, Jean, L'impartialité des juridictions du travail devant la Cour européenne des droits de l'Homme (arrêt AB Kurt Kellermann c./Suède du 26 octobre 2004), Dr. soc. 2005, 803–807

Marshall, Didier, Les juridictions du XXIe siècle, une institution qui, en améliorant qualité et proximité, s'adapte à l'attente des citoyens, et aux métiers de la justice, Rapport du groupe de travail présidé par Didier Marshall, premier président de la cour d'appel de Montpellier, Dezember 2013, abrufbar unter: http://www.justice.gouv.fr/publication/rapport_Marshall_2013.pdf [zuletzt abgerufen am 7.10.2022] [zitiert als Rapport Marshall]

Meyer-Ladewig, Jens / Nettesheim, Martin / Raumer, Stefan von (Hrsg.), Europäische Menschenrechtskonvention, 4. Auflage 2017 [zitiert als *Bearbeiter,* in: Meyer-Ladewig/Nettesheim/von Raumer (Hrsg.), EMRK]

Michel, Hélène, L'expérience professionnelle des conseillers prud'hommes. Usages et enjeux d'une compétence „de terrain", in: Michel, Hélène / Willemez, Laurent (Hrsg.), Les prud'hommes, actualité d'une justice bicentenaire, 2008, S. 161–178 [zitiert als *Michel,* in: Michel/Willemez (Hrsg.), Les prud'hommes]

Michel, Hélène / Willemez, Laurent, Actualité d'une justice du travail, in: Michel, Hélène / Willemez, Laurent (Hrsg.), Les prud'hommes, actualité d'une justice bicentenaire, 2008, S. 5–11 [zitiert als *Michel/Willemez,* in: Michel/Willemez (Hrsg.), Les prud'hommes]

Michel, Hélène / Willemez, Laurent (Hrsg.), Les prud'hommes, actualité d'une justice bicentenaire, 2008

Miné, Michel, Le grand livre du droit du travail en pratique, 30. Auflage 2020 [zitiert als *Miné,* Le grand livre du droit du travail]

Ministère de la Justice, Annuaire des conseils de prud'hommes, abrufbar unter: http://www.annuaires.justice.gouv.fr/annuaires-12162/annuaire-des-conseils-de-prudhommes-21779.html [zuletzt abgerufen am 7.10.2022]

Ministère de la Justice, École nationale des greffes, Greffier, abrufbar unter: http://www.eng.justice.fr/index.php?rubrique=11692&ssrubriqss=11698 [zuletzt abgerufen am 7.10.2022]

Ministère de la Justice, Portail d'information de la désignation des conseillers prud'hommes, abrufbar unter: https://www.designation-prudhommes.justice.gouv.fr [zuletzt abgerufen am 7.10.2022]

Ministère de la Justice, Chantiers de la justice. Amélioration et simplification de la procédure civile. Référents: Frédérique Agostini et Nicolas Molfessis, 2018, abrufbar unter: http://www.justice.gouv.fr/publication/chantiers_justice/Chantiers_justice_Livret_03.pdf [zuletzt abgerufen am 7.10.2022] [zitiert als Rapport Agostini/Molfessis]

Ministère de la Justice, La réforme des juridictions sociales entre en vigueur au 1er janvier 2019. Loi du 18 novembre 2016 de modernisation de la justice du XXIe siècle, Dossier d'information, 2018, abrufbar unter: http://www.justice.gouv.fr/art_pix/ref_juridictions_sociales_di_20181218.pdf [zuletzt abgerufen am 7.10.2022] [zitiert als Ministère de la Justice, La réforme des juridictions sociales]

Ministère de la Justice, Direction des affaires civiles et du sceau, pôle d'évaluation de la justice civile, Les affaires prud'homales dans la chaîne judiciaire de 2004 à 2018. Baisse des demandes, concentration des litiges, juridictionnalisation de leur traitement, Rapport établi en collaboration avec *Evelyne Serverin*, Juli 2019, abrufbar unter: http://www.justice.gouv.fr/art_pix/Le_contentieux_Prud-homal_valid_19.09.2019.pdf [zuletzt abgerufen am 7.10.2022] [zitiert als Ministère de la Justice, Les affaires prud'homales dans la chaîne judiciaire de 2004 à 2018]

Ministère de la Justice, Références statistiques justice, justice civile et commerciale, Le contentieux du travail, 2019, abrufbar unter: http://www.justice.gouv.fr/art_pix/5-PARTIE4_References_stastiques_justice_2019_16x24.pdf [zuletzt abgerufen am 7.10.2022]

Ministère de la Justice, Références statistiques justice, justice civile et commerciale, Le contentieux du travail, 2020, abrufbar unter: http://www.justice.gouv.fr/art_pix/PARTIE-4_Annuaire_ministere-justice_2019_16x24.pdf [zuletzt abgerufen am 7.10.2022]

Ministère de la Justice, Références statistiques justice, Activité des juridictions, L'activité civile et commerciale des juridictions, 2020, abrufbar unter: http://www.justice.gouv.fr/art_pix/PARTIE-6_Annuaire_ministere-justice_2020_16x24.pdf [zuletzt abgerufen am 7.10.2022]

Ministère de la Justice, Les chiffres clés de la Justice 2021, abrufbar unter: http://www.justice.gouv.fr/art_pix/chiffres_cles_2021_web.pdf [zuletzt abgerufen am 7.10.2022]

Ministère de la Justice, Rapport au parlement, 2021 pour l'année 2020 en exécution de l'article 22 de la loi organique n° 2007-287 du 5 mars 2007 relative au recrutement, à la formation et à la responsabilité des magistrats, abrufbar unter: https://www.dalloz-actualite.fr/sites/dalloz-actualite.fr/files/resources/2021/10/rapport-2020.pdf [zuletzt abgerufen am 7.10.2022] [zitiert als Ministère de la Justice, Rapport au parlement, 2021 pour l'année 2020]

Ministère du travail, de l'emploi, de la formation professionnelle et du dialogue social, Rapport au Président de la République relatif à l'ordonnance n° 2016-388 du 31 mars 2016 relative à la désignation des conseillers prud'hommes, JORF n° 77 du 1 avril 2016, abrufbar unter: https://www.legifrance.gouv.fr/jorf/id/JORFTEXT000032325262 [zuletzt abgerufen am 7.10.2022] [zitiert als Rapport au Président de la République relatif à l'ordonnance n° 2016-388 du 31 mars 2016]

Ministerium der Justiz und für Europa Baden-Württemberg, Leitfaden für ehrenamtliche Richterinnen und Richter in der Arbeitsgerichtsbarkeit, [ohne Jahresangabe], abrufbar unter: https://www.km-bw.de/pb/site/pbs-bw-new/get/documents/jum1/JuM/import/landesarbeitsgericht%20baden-württemberg/Aktuelles/2020/Leitfaden-ehrenamtliche%20Richter%20in%20der%20Arbeitsgerichtsbarkeit.11.03.2019.pdf [zuletzt abgerufen am 7.10.2022] [zitiert als Ministerium der Justiz und für Europa BW, Leitfaden für ehrenamtliche Richterinnen und Richter in der Arbeitsgerichtsbarkeit]

Mollot, François Etienne, De la Compétence des Conseils de Prud'hommes, et de leur organisation, 1842 [zitiert als *Mollot*, De la Compétence des Conseils de Prud'hommes]

Moritz, Klaus, Beitrag ehrenamtlicher Richter zur Regelung von Arbeitskonflikten in Deutschland und Frankreich, ZfRSoz 1984, 51–78

Moritz, Klaus, Das französische Arbeitsgericht. Gerichtsverfassung und Verfahrensrealität eines Laiengerichts, 1987 [zitiert als *Moritz*, Das französische Arbeitsgericht]

Morvan, Patrick, „Partisane“ mais paritaire donc impartiale: la juridiction prud'homale, JCP-G 2004, 269–270

Moussy, Pascal, Encore et toujours à propos de l'impartialité: lorsque la rigueur cède devant l'effet de mode, Dr. ouvr. 2003, 48–56

Mouvement des Entreprises de France Puy-de-Dôme, Fiche mandat Conseiller Prud'homme, 2017, abrufbar unter: https://www.medef63.fr/wp-content/uploads/2020/09/Fiche-mandat-CPH-2017.pdf [zuletzt abgerufen am 7.10.2022]

Müller, Gerhard, Das Bundesarbeitsgericht und die Verbände, AuR 1978, 14–26

Münchener Handbuch zum Arbeitsrecht, Hrsg.: *Kiel, Heinrich / Lunk, Stefan / Oetker, Hartmut* (Hrsg.), Band 2: Individualarbeitsrecht II, 5. Auflage 2021 [zitiert als MüHdb ArbR/*Bearbeiter*]

Münchener Handbuch zum Arbeitsrecht, Hrsg.: *Kiel, Heinrich / Lunk, Stefan / Oetker, Hartmut* (Hrsg.), Band 4: Kollektives Arbeitsrecht II, Arbeitsgerichtsverfahren, 5. Auflage 2022 [zitiert als MüHdb ArbR/*Bearbeiter*]

Neumann, Dirk, Kurze Geschichte der Arbeitsgerichtsbarkeit, NZA 1993, 342–345

Nielebock, Helga, „Fünf oder zwei Gerichtsbarkeiten“?, NZA 2004, 28–30

OECD, Perspectives de l'emploi de l'OCDE 2017, abrufbar unter: https://www.oecd-ilibrary.org/employment/perspectives-de-l-emploi-de-l-ocde-2017_empl_outlook-2017–fr [zuletzt abgerufen am 7.10.2022]

OECD, France. Main indicators and characteristics of collective bargaining, Version 17.2.2021, abrufbar unter: https://www.oecd.org/employment/collective-bargaining-database-France.pdf [zuletzt abgerufen am 7.10.2022]

Olszak, Norbert, Invention et défense du caractère paritaire de la juridiction prud'homale, in: Michel, Hélène / Willemez, Laurent (Hrsg.), Les prud'hommes, actualité d'une justice bicentenaire, 2008, S. 15–24 [zitiert als *Olszak*, in: Michel/Willemez (Hrsg.), Les prud'hommes]

Opolony, Bernhard, 25 Jahre ArbGG 1979 – Ein Blick zurück nach vorn, NZA 2004, 519–524

Orif, Vincent, Quels commandements pour la nouvelle procédure prud'homale?, Dr. soc. 2015, 819–825

Orif, Vincent, La réforme des juridictions prud'homales au regard du droit à un procès équitable, Dr. ouvr. 2016, 387–399

Orif, Vincent, Les nouveaux blocs de compétences, Dr. soc. 2017, 618–623

Ostrowicz, Alexander / Künzl, Reinhard / Scholz, Christian, Handbuch des arbeitsgerichtlichen Verfahrens. Eine systematische Darstellung des gesamten Verfahrensrechts mit einstweiligem Rechtsschutz und Zwangsvollstreckungsrecht, 6. Auflage 2020 [zitiert als O/K/S/*Bearbeiter*, Hb ArbG Verf]

Pasquier, Thomas, Neutralité et impartialité devant le conseil de prud'hommes, RDT 2015, 275–278

Poirier, Mireille, La lenteur excessive de la justice prud'homale (TGI Paris 5 juin 2013, n° 12/04402), Dr. ouvr. 2013, 656–662

Portail national des directions régionales, de l'économie, de l'emploi, du travail et des solidarités, Protéger, accompagner, développer: au cœur des missions des DREETS, abrufbar unter: https://dreets.gouv.fr/Proteger-accompagner-developper-au-coeur-des-missions-des-DREETS [zuletzt abgerufen am 7.10.2022] [zitiert als Portail national des DREETS, Protéger, accompagner, développer]

Prütting, Hanns, Reichweite und Grenzen der Mediation im Arbeitsrecht, in: Joussen, Jacob / Unberath, Hannes (Hrsg.), Mediation im Arbeitsrecht. Tagung vom 25./26.April 2009, 2009, S. 99–117 [zitiert als *Prütting*, in: Joussen/Unberath (Hrsg.), Mediation im Arbeitsrecht]

Przemyski, Philippe / Przemyski-Zajac, Patricia, Le conseil des prud'hommes, une juridiction originale mais contestée, Rev. huiss. 1999, 445–453

Quetant, Guy-Patrice, L'impartialité du juge du travail: la Convention européenne des droits de l'homme et le Conseil de prud'hommes, Jur. Soc. Lamy N° 36, 18 mai 1999

Ray, Jean-Emmanuel, Droit du travail, droit vivant, 30. Auflage 2022 [zitiert als *Ray*, Droit du travail]

Richard, Jacky / Pascal, Alexandre, Pour le renforcement de la légitimité de l'institution prud'homale: Quelle forme de désignation des conseillers prud'hommes? Rapport au ministre du travail, de la solidarité et de la fonction publique, 2010, abrufbar unter: https://www.vie-publique.fr/rapport/31092-pour-le-renforcement-de-la-legitimite-de-linstitution-prudhomale [zuletzt abgerufen am 7.10.2022] [zitiert als *Richard/Pascal*, Quelle forme de désignation des conseillers prud'hommes?]

Rolland, Yves, Le conseil de prud'hommes entre mythe et réalité, Dr. soc. 2013, 618–621

von Salis, Franz, Die Conseils de Prud'hommes des Kantons Genf, 1950

Sawall, Sandra, Die Entwicklung der Arbeitsgerichtsbarkeit, 2007

Scherner, Karl Otto / Willoweit, Dietmar (Hrsg.), Vom Gewerbe zum Unternehmen, Studien zum Recht der gewerblichen Wirtschaft im 18. und 19. Jahrhundert, 1982

Schleusener, Axel, Der Gewerkschaftsbegriff in § 11 ArbGG, NZA 1999, 408–411.

Schmidt, Klaus / Luczak, Stefan, Der Berufsrichter in der Arbeitsgerichtsbarkeit, in: Deutscher Arbeitsgerichtsverband (Hrsg.), Die Arbeitsgerichtsbarkeit: Festschrift zum 100jährigen Bestehen des Deutschen Arbeitsgerichtsverbandes, 1994, S. 221–251 [zitiert als *Schmidt/Luczak*, in: Die Arbeitsgerichtsbarkeit]

Schwab, Norbert / Weth, Stephan (Hrsg.), Arbeitsgerichtsgesetz Kommentar, 6. Auflage 2022 [zitiert als Schwab/Weth/*Bearbeiter*]

Schwedes, Rolf, Der Wiederaufbau der Arbeitsgerichtsbarkeit in den neuen Bundesländern, in: Deutscher Arbeitsgerichtsverband (Hrsg.), Die Arbeitsgerichtsbarkeit: Festschrift zum 100jährigen Bestehen des Deutschen Arbeitsgerichtsverbandes, 1994, S. 147–167 [zitiert als *Schwedes*, in: Die Arbeitsgerichtsbarkeit]

Seifert, Christian, Die Entwicklung des Gütegedankens im arbeitsgerichtlichen Verfahren, 2011

Serverin, Evelyne, Négocier à l'ombre du tribunal, Dr. ouvr. 2008, 253–259

Serverin, Evelyne, À la recherche d'un principe régulateur de l'indemnisation du temps juridictionnel des conseillers prud'hommes: apports et limites de l'arrêt du Conseil d'État du 17 mars 2010, RDT 2010, 316–320

Serverin, Evelyne, Le procès des délais de procédure prud'homale, RDT 2012, 471–478

Serverin, Evelyne, Connaître la justice prud'homale pour améliorer son fonctionnement, Note à l'intention de M. le Président *Lacabarats*, président de la

Chambre sociale de la Cour de cassation, 21.4.2014, abrufbar unter: https://docplayer.fr/42166533-Connaitre-la-justice-prud-homale-pour-ameliorer-son-fonctionnement.html [zuletzt abgerufen am 7.10.2022] [zitiert als *Serverin*, Connaître la justice prud'homale pour améliorer son fonctionnement]

Söllner, Alfred, Die Arbeitsgerichtsbarkeit im Wandel der Zeiten, in: Deutscher Arbeitsgerichtsverband (Hrsg.), Die Arbeitsgerichtsbarkeit: Festschrift zum 100jährigen Bestehen des Deutschen Arbeitsgerichtsverbandes, 1994, S. 1–17 [zitiert als *Söllner*, in: Die Arbeitsgerichtsbarkeit]

Sonnenberg, Anika, Der Güterichter im Arbeitsrecht, 2019

Staats, Johann-Friedrich, Deutsches Richtergesetz, 2012

Stahlhacke, Eugen, Die Entwicklung der Gerichtsbarkeit in Arbeitssachen bis 1890, in: Deutscher Arbeitsgerichtsverband (Hrsg.), Die Arbeitsgerichtsbarkeit: Festschrift zum 100jährigen Bestehen des Deutschen Arbeitsgerichtsverbandes, 1994, S. 59–73 [zitiert als *Stahlhacke*, in: Die Arbeitsgerichtsbarkeit]

Statistisches Bundesamt (Destatis), Rechtspflege, Arbeitsgerichte, 2020. Fachserie 10 Reihe 2.8, 20.8.2021, abrufbar unter: https://www.destatis.de/DE/Themen/Staat/Justiz-Rechtspflege/Publikationen/Downloads-Gerichte/arbeitsgerichte-2100280207004.pdf?__blob=publicationFile [zuletzt abgerufen am 7.10.2022] [zitiert als Statistisches Bundesamt, Arbeitsgerichtsstatistik 2020]

Statistisches Bundesamt (Destatis), Rechtspflege, Arbeitsgerichte, 2021. Fachserie 10 Reihe 2.8, 9.8.2022, abrufbar unter: https://www.destatis.de/DE/Themen/Staat/Justiz-Rechtspflege/Publikationen/Downloads-Gerichte/arbeitsgerichte-2100280217004.pdf?__blob=publicationFile [zuletzt abgerufen am 7.10.2022] [zitiert als Statistisches Bundesamt, Arbeitsgerichtsstatistik 2021]

Statistisches Bundesamt (Destatis), Beschäftigungsstatistik – Sozialversicherungspflichtig Beschäftigte am Arbeitsort, Stand: 22.2.2022, abrufbar unter: https://www.destatis.de/DE/Themen/Arbeit/Arbeitsmarkt/Erwerbstaetigkeit/Tabellen/insgesamt.html [zuletzt abgerufen am 7.10.2022] [zitiert als Statistisches Bundesamt, Beschäftigungsstatistik – Sozialversicherungspflichtig Beschäftigte am Arbeitsort 1999–2021]

Statistisches Bundesamt (Destatis), Außenhandel. Rangfolge der Handelspartner im Außenhandel der Bundesrepublik Deutschland (vorläufige Ergebnisse), 2021, erschienen am 13.9.2022, abrufbar unter: https://www.destatis.de/DE/Themen/Wirtschaft/Aussenhandel/Tabellen/rangfolge-handelspartner.pdf?__blob=publicationFile [zuletzt abgerufen am 7.10.2022] [zitiert als: Statistisches Bundesamt, Außenhandel 2021]

Stöhr, Alexander, Laienrichter im Zivil- und Arbeitsgerichtsprozess. Eine rechtstatsächliche, verfassungsrechtliche und methodologische Untersuchung, ZZP 2018, 481–511

Stöhr, Alexander, Historische Entwicklung der Laienrichterbeteiligung in der Arbeitsgerichtsbarkeit, AuR 2021, G13–G16.

Suire, Estelle, La procédure civile dans le contentieux du conseil de prud'hommes, RPDS 2020, 139–141

Suire, Estelle, Le droit à la formation des conseillers prud'hommes, RPDS 2021, 407–409

Suire, Estelle, La prescription dans les relations individuelles, RPDS 2022, 131–140

Tschöpe, Ulrich, Arbeitsrecht Handbuch, 12. Auflage 2021 [zitiert als Tschöpe/*Bearbeiter*, ArbR Hb]

Verrier, Benoît, Les conseillers prud'hommes: des syndicalistes „éprouvés". Les logiques syndicales du mandat prud'homal, in: Michel, Hélène / Willemez, Laurent (Hrsg.), Les prud'hommes, actualité d'une justice bicentenaire, 2008, S. 101–119 [zitiert als *Verrier*, in: Michel/Willemez (Hrsg.), Les prud'hommes]

Wagner, Christean, Soll es weiter ehrenamtliche Richter geben?, DRiZ 2005, 118–120

Wenzel, Leonhard, 75 Jahre deutsche Arbeitsgerichtsbarkeit. Rückblick auf die Geschichte eines Gerichtszweigs [Teil 1], JZ 1965, 697–702

Wenzel, Leonhard, 75 Jahre deutsche Arbeitsgerichtsbarkeit. Rückblick auf die Geschichte eines Gerichtszweigs [Teil 2], JZ 1965, 749–754

Weth, Stephan, Einige prozessrechtliche Anmerkungen zur großen Justizreform, NZA 2006, 182–187

Wigand, Ruth, Zur Bedeutungsgeschichte von „prud'homme", 1939

Willemez, Laurent, Activités judiciaires et trajectoires juridiques. Les conseillers prud'hommes et le droit du travail, in: Michel, Hélène / Willemez, Laurent (Hrsg.), Les prud'hommes, actualité d'une justice bicentenaire, 2008, S. 121–136 [zitiert als *Willemez*, in: Michel/Willemez (Hrsg.), Les prud'hommes]

Windel, Peter, Soll am Laienrichterwesen festgehalten werden?, ZZP 1999, 293–313

Zimmermann, Ursula, Die Entwicklung der Gewerbegerichtsbarkeit in Deutschland. Unter besonderer Berücksichtigung der Verhältnisse in Bayern, 2004 [zitiert als *Zimmermann*, Die Entwicklung der Gewerbegerichtsbarkeit in Deutschland]

Zweigert, Konrad / Kötz, Hein, Einführung in die Rechtsvergleichung auf dem Gebiete des Privatrechts, 3. Auflage 1996 [zitiert als *Zweigert/Kötz*, Einführung in die Rechtsvergleichung]

Zwickel, Martin, Bürgernahe Ziviljustiz: Die französische juridiction de proximité aus deutscher Sicht; zugleich ein Beitrag zur Definition eines Gesamtmodells bürgernaher Justiz, 2010 [zitiert als *Zwickel*, Bürgernahe Ziviljustiz]

Verzeichnis der Übersichten

Schriften zum Arbeitsrecht und Wirtschaftsrecht

Herausgegeben von Abbo Junker

Band 1 Christoph-N. Lerche: Der Europäische Betriebsrat und der deutsche Wirtschaftsausschuß. Eine vergleichende Analyse der betrieblichen Mitwirkung der Arbeitnehmer vor dem Hintergrund der Globalisierung der Märkte. 1997.

Band 2 Christian Walter Mecke: Zur rechtlichen Verbindlichkeit kollektiver Vereinbarungen in England. 1997.

Band 3 Katja Francke: Die betriebliche Mitwirkung der Arbeitnehmer in Belgien. Unter Berücksichtigung vergleichender Aspekte zum deutschen Betriebsverfassungsrecht. 1997.

Band 4 Christian Schulze: Die Zulässigkeit einstweiliger Verfügungen gegen Betriebsänderungen. 1998.

Band 5 Stefan Miersch: Die Rechtsfolgen mitbestimmungswidriger Maßnahmen für das Arbeitsverhältnis. Eine zivilrechtsdogmatische Untersuchung. 1998.

Band 6 Heike Wegner: Internationaler Verbraucherschutz beim Abschluß von Timesharingverträgen: § 8 Teilzeitwohnrechtegesetz. 1998.

Band 7 Julia Wichmann: Dienstleistungsfreiheit und grenzüberschreitende Entsendung von Arbeitnehmern. 1998.

Band 8 Johann-Volker Peter: Société par actions simplifiée (S.A.S.). Die Vereinfachte Aktiengesellschaft in Frankreich, eine Rechtsform für die Kooperation von Unternehmen. 1999.

Band 9 Sylvia Schnelle: Der Europäische Betriebsrat in Spanien. Zugleich eine Einführung in das spanische Recht der Arbeitnehmervertretung. 1999.

Band 10 Viktoria Bornhagen: Die Zumutbarkeit als Rechtsgedanke im Arbeitsrecht. 1999.

Band 11 Thorsten Schacht: Der Übereilungsschutz beim arbeitsrechtlichen Aufhebungsvertrag. Arbeitnehmerschutz bereits de lege lata? 2000.

Band 12 Marcus Hellmann: Immobilienkauf nach spanischem Recht. 1999.

Band 13 Nicolaus Johannes Ehinger: Die juristischen Personen des öffentlichen Rechts als herrschende Unternehmen. 2000.

Band 14 Alexander Lentz: Das kollektive Arbeitsrecht der Republik Südafrika. Eine Untersuchung mit Bezügen zum deutschen Recht. 2000.

Band 15 Michaela Brunssen: Der Arbeitgeberverbandswechsel. Tarifrechtliche und arbeitskampfrechtliche Konsequenzen. 2000.

Band 16 Morten Petersenn: Das Recht des Grundstückskaufs in Südafrika. 2000.

Band 17 Stefan Krüger: Die umwandlungsrechtliche Haftungsregelung bei der Betriebsaufspaltung und ihre Analogiefähigkeit. 2001.

Band 18 Jürgen Kitzinger: Der GmbH-Geschäftsführer zwischen Arbeits- und Gesellschaftsrecht. Im Blickpunkt: Zuständigkeit der Arbeitsgerichte. 2001.

Band 19 Anja Ruge: Die Lohnersatzansprüche ehemaliger Zwangsarbeiter gegen deutsche Industrieunternehmen. 2001.

Band 20 Michael Knoll: Die Sozialauswahl im Arbeitsrecht. 2001.

Band 21 Britta Albrecht: Mediation im Arbeitsrecht. Individualarbeitsrecht und Betriebsverfassungsrecht. 2001.

Band 22 Annusch Barten: Das System der Arbeitnehmervertretung in Frankreich. 2001.

Band 23 Diane Westera: Der Wiedereinstellungsanspruch nach wirksamer Kündigung. 2001.

Band 24 Kristin Doerlich: Die Tariffähigkeit der Gewerkschaft. Eine Analyse der Mächtigkeitsrechtsprechung des Bundesarbeitsgerichts im Lichte neuerer Erfahrungen. 2002.

Band 25 Tina Witten: Vertragsgestaltung und Gesetzesbindung im Recht der Zeitarbeit. 2002.

Band 26 Martin Hellfeier: Die Leistungszeit im Arbeitsverhältnis. Eine Untersuchung zum Fixschuldcharakter der Arbeitspflicht und zu den Folgen ihrer Nichterfüllung. 2003.

Band 27 Almut Maulshagen: Betriebliche Arbeitskampfregelungen. 2003.

Band 28 Maren Band: Tarifkonkurrenz, Tarifpluralität und der Grundsatz der Tarifeinheit. 2003.

Band 29 Manuela Schulz: Der Bereitschaftsdienst in öffentlich-rechtlich organisierten Krankenhäusern. Eine rechtliche Bewertung. 2003.

Band 30 Felix Benedikt: Die Kürzung von Tariflöhnen zur Sanierung. Eine verfassungskonforme Auslegung des § 3 III TVG entsprechend § 626 BGB. 2003.

Band 31 Tim Kaden: Individuelle Bündnisse für Arbeit und Günstigkeitsprinzip. 2003.

Band 32 Simone Kreiling: Die Erstreckung betrieblicher und betriebsverfassungsrechtlicher Tarifnormen auf Außenseiter. 2004.

Band 33 Carsten Beck: Betriebliche Mitbestimmung und Kündigungsschutz. Die Funktionen betrieblicher Mitbestimmung im und deren Einfluß auf den Kündigungsschutz nach dem KSchG. 2004.

Band 34 Jost Eder: Die Regelungsabrede als Alternative zur Betriebsvereinbarung bei der Gestaltung materieller Arbeitsbedingungen. 2004.

Band 35 Christian Pfab: Wirkungsweise und Reichweite tarifvertraglicher Öffnungsklauseln. 2004.

Band 36 Julia Amlang: Die unternehmerische Entscheidungsfreiheit bei „betriebsbedingten Kündigungen" im europäischen Rechtsvergleich. Kündigung aus wirtschaftlichen Gründen in Deutschland, Frankreich, Spanien, Großbritannien und Schweden. 2005.

Band 37 Alida Milthaler: Das Fragerecht des Arbeitgebers nach den Vorstrafen des Bewerbers. 2006.

Band 38 Doreen Peter: Nebentätigkeiten von Arbeitnehmern. Interessenkollisionen von Arbeitgebern und Arbeitnehmern. 2006.

Band 39 Julia V. C. Bartlog: Das Verhältnis von Gesetz und Tarifvertrag. 2006.

Band 40 Michael Fuhlrott: Der geschädigte Arbeitnehmer. Zur Verfassungsmäßigkeit des Ausschlusses von Schmerzensgeld in der Unfallversicherung sowie zur Herleitung der Haftung bei Eigenschäden im Hinblick auf das Verschuldensprinzip. 2006.

Band 41 Femke Reinecke: Leistungsbestimmung des Arbeitnehmers. 2006.

Band 42 Maria M. Bausback: Der Bestandsschutz des Arbeitsverhältnisses auf europäischer und internationaler Ebene. Entwicklungen vom Mittelalter bis zur Gegenwart. Teil 1 / Teil 2. 2007.

Band 43 Jens Günther: AGB-Kontrolle von Arbeitsverträgen. Analyse der deutschen Rechtslage nach der Schuldrechtsreform und vergleichende Betrachtung des österreichischen Kontrollsystems. 2007.

Band 44 Claudiana Triskatis: Ethikrichtlinien im Arbeitsrecht. 2008.

Band 45 Annette Bruder: Die Weitergabe von Insiderinformationen durch Arbeitnehmervertreter. 2008.

Band 46 Ute Dietrich: Nichtraucherschutz am Arbeitsplatz. 2008.

Band 47 Markus Ebert: Übertragung und Zuordnung von Versorgungsverpflichtungen gegenüber Arbeitnehmern im Rahmen einer umwandlungsrechtlichen Spaltung. 2008.

Band 48 Susanne Schneider: Broad-based Black Economic Empowerment in der Republik Südafrika. 2008.

Band 49 Mandy Reichel: Die Einbeziehung des Außenseiter-Arbeitgebers in den Verbandsarbeitskampf. 2008.

Band 50 Abbo Junker (Hrsg.): Betriebsübergang in Europa. Symposion aus Anlass des 10-jährigen Bestehens der Schriften zum Arbeitsrecht und Wirtschaftsrecht am 10.10.2008 in München. 2009.

Band 51 Till Bender: Vorschläge zur Neuordnung des Sonderkündigungsschutzes nach MuSchG und SGB IX. 2009.

Band 52 Manuela Rauch: Die geschlechtsbezogene Diskriminierung am Arbeitsplatz nach kalifornischem Recht. 2009.

Band 53 Tina Luise Allenberg: Das französische règlement intérieur d'entreprise. Die Arbeitsordnung im französischen Arbeitsrecht. 2009.

Band 54 Bernd Haas: Anwaltliches Mandatsverhältnis zum Betriebsrat. 2009.

Band 55 Martin Fröhlich: Die erweiterte Weisungsbefugnis des Arbeitgebers im spanischen Recht. 2009.

Band 56 Stefanie Lorenzen: Inhaltskontrolle beim Betriebsübergang. Die Anpassung tariflicher Arbeitnehmerpflichten nach Privatisierungen. 2009.

Band 57 Oliver E. Aldea: Das französische Kündigungsrecht im Spannungsfeld von Abfindungen und Bestandsschutz. 2010.

Band 58 Wolfgang Stock: Die Einsetzung einer Transfergesellschaft. Unter besonderer Berücksichtigung betriebsverfassungs- und arbeitsförderungsrechtlicher Vorgaben. 2010.

Band 59 Claudia Hagedorn: Zulässigkeit und Grenzen von Tarifsozialplänen. 2010.

Band 60 Daniela Quink: Inhaltskontrolle von Freiwilligkeitsvorbehalten in Arbeitsverträgen. 2010.

Band 61 Kathrin Kentner: Arbeitskampfmittel der Arbeitgeber. 2010.

Band 62 Angela Nunes Fernandes Gil Wolf: Arbeitnehmereinsatz im Ausland. Das auf doppelte Arbeitsverhältnisse anwendbare Recht am Beispiel der Vertragsgestaltung eines internationalen Konzerns. 2010.

Band 63 Annemarie Berthold: Whistleblowing in der Rechtsprechung des Bundesarbeitsgerichts. 2010.

Band 64 Malte Koch: Die Beteiligung von Arbeitnehmervertretern an Aufsichtsrats- und Verwaltungsratsausschüssen einer Europäischen Aktiengesellschaft. 2011.

Band 65 Agnes Maria Kollerbaur: Die französische Arbeitsinspektion. Eine Untersuchung unter besonderer Berücksichtigung ihrer Rolle bei Kündigungen. 2011.

Band 66 Marcus Christian Leinenweber: Landesschlichtungsgesetze? 2011.

Band 67 Frederike Cathérine Gärtner: Die gesetzliche Regulierung von Bahnstreiks in Frankreich. Arbeitskampf vs. Kontinuität öffentlicher Dienstleistungen. 2011.

Band 68 Carolin van Straelen: Der Rollenkonflikt des Arbeitnehmervertreters zwischen Betriebsratsmitglied und Gewerkschaftsfunktionär. 2012.

Band 69 Anna Maria Jordan: Entgeltdiskriminierung in Frauenberufen? 2012.

Band 70 Dominic Köstner: Compliance-Richtlinien im Unternehmen. Arbeits-und datenschutzrechtliche Implementierungsaspekte. 2012.

Band 71 Michael Kobler: Fremdeinflüsse auf die tarifliche Willensbildung. 2012.

Band 72 Anne Kraas: Zulässigkeit und Grenzen der arbeitsvertraglichen Entgeltflexibilisierung. 2012.

Band 73 Melanie Amann: Die Belegschaftsabstimmung. 2012.

Band 74 Christina Mennemeyer: „Dritter Weg" und rechtliche Grenzen der Flexibilisierung des Arbeitsrechts der katholischen Kirche. 2012.

Band 75 Joël Philipp Hofmann: Rechtsmissbrauch und Verwirkung bei Widerspruch gegen den Übergang des Arbeitsverhältnisses nach § 613a BGB. 2013.

Band 76 Jennifer Junker: Das Recht der Arbeitnehmerüberlassung in Japan. 2013.

Band 77 Gabriele Geiselhart: Tarifliche Regelungsmacht bei Haustarifverträgen und Unternehmerfreiheit. Dargestellt am Beispiel von Standortgarantien und Zeitarbeitsquoten. 2013.

Band 78 Lorenz Sylvester Mitterer: AGB-Korrektur in Dauer- und Langzeitschuldverhältnissen. 2013.

Band 79 Janina Morgenweck: Die Arbeitsgerichtsbarkeit in England. 2013.

Band 80 Christoph B. Kistler: Die Rechtmäßigkeit von Spartenstreiks. Alte Kriterien in neuem Licht. 2013.

Band 81 Julia Strasser: Die Haftung bei Lohnwucher im Arbeitsrecht der USA. 2014.

Band 82 Stephanie Amschler: Constructive dismissal. Fingierte Arbeitgeberkündigung im englischen Kündigungsschutzrecht. 2014.

Band 83 Felix Berding: Die Urabstimmung im britischen Arbeitskampfrecht im Licht der EMRK. 2014.

Band 84 Christine Kumpf: Multinationalität der SE-Mitbestimmungsordnung. 2014.

Band 85 Florian Schiffer: Der Leistungsmaßstab im Arbeitsverhältnis. 2014.

Band 86 Stefan Hoffmann: Unterrichtungspflicht und Widerspruchsrecht bei Betriebsübergang gemäß § 613a Abs. 5 und 6 BGB – Grenzen, weitere aktuelle Rechtsprobleme und Strategien zur Risikominimierung. 2015.

Band 87 Marie-Theres Boetzkes: Die Konzernmutter als Mitarbeitgeberin im französischen Recht. 2015.

Band 88 Ines Kranz: Landesarbeitskampfgesetze? 2015.

Band 89 Hendrik Schulte-Wrede: Die Beteiligung der Arbeitnehmer in der Europäischen Privatgesellschaft – SPE. 2015.

Band 90 Kathrin Charlotte Enke: Beteiligungsvereinbarungen nach § 21 SEBG. 2015.

Band 91 Tom Christopher Pröstler: Modelle betrieblicher Arbeitnehmerbeteiligung. Ein historisch-europäischer Rechtsvergleich zwischen Deutschland und dem Vereinigten Königreich. 2015.

Band 92 Achim Engel: Collective Governance in Tarifverbänden. 2015.

Band 93 Michaela Felisiak: Regulierungsbedarf grenzüberschreitender Betriebsübergänge. Zweifel an der grenzüberschreitenden Anwendbarkeit des § 613a BGB. (Urteil des BAG vom 26. Mai 2011). 2015.

Band 94 Robert Cornelius Richard: Inhaltliche Grenzen des Zeugnisanspruchs des Arbeitnehmers. 2015.

Band 95 Martina Reiser: Umgehung des § 613a BGB durch Aufhebungsvereinbarung und Neuvertrag. 2015.

Band 96 Peter Illes: Das betriebsverfassungsrechtliche Verbot parteipolitischer Betätigung im Betrieb. 2016.

Band 97 Marc Bohlen: Die arbeitsvertragliche Befristung mittels eines gerichtlichen Vergleichs. 2016.

Band 98 Reimo Robin Richarz: Insolvenzrechtliche Einordnung von Ansprüchen des Arbeitnehmers. 2016.

Band 99 Christine Hepp: Mutterschutz für GmbH-Geschäftsführerinnen. Rechtslage de lege lata im Lichte verfassungsrechtlicher und europäischer Vorgaben. 2016.

Band 100 Sabrina Susanna Pechtold: Anerkennung von Gewerkschaften als Tarifvertragspartner in Großbritannien. 2016.

Band 101 Charlotte Sander: Die Zerrüttung des Arbeitsverhältnisses. Die Stellung der gerichtlichen Auflösung des Arbeitsverhältnisses gemäß §§ 9, 10 KSchG im System des Kündigungsschutzrechts. 2016.

Band 102 Tilmann Restle: Betriebsvereinbarungen und das Kartellverbot des Art. 101 Abs. 1 AEUV. Zur Anwendbarkeit der Albany-Ausnahme des EuGH auf Betriebsvereinbarungen im Sinne des BetrVG. 2016.

Band 103 Antje Hirsch-Hottes: Arbeitnehmerüberlassung aus vertragsrechtlicher Perspektive. 2017.

Band 104 Florian Hertenstein: Die schuldrechtliche Regelungsbefugnis der Tarifvertragsparteien. Unter besonderer Berücksichtigung schuldrechtlicher Verpflichtungen des Arbeitgebers zu einem unternehmerischen Verhalten. 2017.

Band 105 Eva Susanne Felisa Frey: Kündigungsschutz im portugiesischen Arbeitsrecht. 2018.

Band 106 Katrin Maily: Vergütung der Arbeitnehmervertreter. Governanceprobleme bei Doppelmandaten. 2019.

Band 107 Lea Sophie Grohmann: Mitbestimmungsvereitelung nach § 43 SEBG. 2020.

Band 108 Christina Meyer: Arbeitsrechtliche Streitbeilegung in Australien. 2020.

Band 109 Sarah Schimm: Arbeitgeberfluktuation. 2020.

Band 110 Miriam Engler: Entgeltgleichheit zwischen Männern und Frauen im französischen Arbeitsrecht. 2021.

Band 111 Andreas Schöberle: Der Streik im mexikanischen Arbeitsrecht. 2022.

Band 112 Philipp Bienstein: Die Auswirkungen des Tarifeinheitsgesetzes auf Betriebsübergänge und Unternehmensumstrukturierungen. 2023.

Band 113 Sarah Häußinger: Die TUPE Regulations: Betriebsübergang in Großbritannien. 2023.

Band 114 Monika Flößer: Die französischen Conseils de Prud'hommes. 2024.

www.peterlang.com